高速铁路运营安全风险管控

曲思源 编著

上海科学技术文献出版社

图书在版编目（CIP）数据

高速铁路运营安全风险管控 / 曲思源编著 . 一上海：上海科学技术文献出版社，2020
ISBN 978-7-5439-8040-2

Ⅰ.①高… Ⅱ.①曲… Ⅲ.①高速铁路—运营管理—安全管理—风险管理—研究 Ⅳ.① U238

中国版本图书馆 CIP 数据核字（2019）第 278670 号

责任编辑：王　珺
封面设计：合育文化

高速铁路运营安全风险管控
GAOSU TIELU YUNYING ANQUAN FENGXIAN GUANKONG
曲思源　编著
出版发行：上海科学技术文献出版社
地　　址：上海市长乐路 746 号
邮政编码：200040
经　　销：全国新华书店
印　　刷：常熟市文化印刷有限公司
开　　本：787mm×1092mm　1/16
印　　张：24.75
字　　数：466 000
版　　次：2021 年 1 月第 1 版　2021 年 1 月第 1 次印刷
书　　号：ISBN 978-7-5439-8040-2
定　　价：88.00 元
http://www.sstlp.com

内容简介

本书内容分为五章，从理论与方法、技术手段、案例分析的角度出发，阐述并分析了我国高铁运营安全风险管控的具体思路、应用技术和方法，组成高铁运营安全风险管控体系，具有示范性、推广性、普适性和前瞻性。

全书文字严谨、论据充分、层次清晰、通俗易懂、涉及面广，集中体现了我国高铁运营安全管理方面的最新动态，可供铁路运输管理人员、技术人员和科研人员以及高等院校交通运输专业的相关人员学习和参考，也可供社会上关心高速铁路事业发展的人士品读。

作者简介

曲思源，男，黑龙江林口人，中国铁路上海局集团有限公司运输部正高级工程师，工学博士，曾在北京交通大学、西南交通大学、同济大学读书，2020年被同济大学交通运输工程学院评为"杰出校友"，已发表论文二百余篇。二十多年的铁路工作经历，长期工作在铁路运输部门，前十年在哈尔滨铁路局从事车站、车务段、分局调度所、运输分处等工作，后十余年在中国铁路上海局集团公司调度所、运输部工作。组织研究科研开发与管理创新课题五十多项，多次获得国家、省部级、集团公司相关奖项，研究成果紧密结合铁路运营组织实际并不断创新。所著的科技作品有《铁路运输组织管理与优化》《城际铁路运营组织与管理》《高速铁路运营安全保障体系及应用》《高速铁路运营管理纵横》《铁路运营组织与管理系统分析》《高速铁路运营组织与管理》《长三角高速铁路运营管理创新与应用》《高铁简史》《高铁问答》等，组织和参与编写的作品有《行车工作协调艺术》《铁路车务安全管理技术与方法》《TDW铁路站场调速设备的发展与应用》《长三角高速铁路运营管理实践与探索》等。扫码可关注作者的微信公众号"高铁书院"。

序言 Foreword

　　高速铁路是以技术密集为标志的高度集中化的现代交通工具。伴随着高技术系统的集成化程度的增加，运营管理活动的复杂性、互动性及规模性也随之不断加大。高速铁路的发展离不开安全，安全是高速铁路运营和发展的第一要素，也是高速铁路运营的前提和保障。高速铁路的安全性不仅体现在规划、设计、建设等环节上，在运营管理中也要不断地研究与改进、优化和提高。高技术与复杂化伴随着高风险，一旦发生设备异常或人员操作失误，加之列车高速、密集地运行，可供纠偏和避免事故的时间极短，潜在的安全风险也很大。要解决这些影响高速铁路运营安全的理论与实践问题，就需要有清晰的安全管理思路和科学的管理方法，需要不断提升安全专业管理水平。

　　当今，在"互联网+"、物联网、大数据的时代，数字化、网络化、智能化已经成为主题，精细和精准化管理已成为高速铁路运营安全管理的趋势。综合构建高速铁路运营安全风险管控体系的相关理论、技术、方法等，包括事前科学预防、事中有效控制、事后及时救济等一系列措施，事前、事中、事后分别对应的是安全风险、隐患、应急机制，这对高铁运营安全具有重要的现实意义。高速铁路运营安全管控是基于技术手段的主动和预防性管理，是在现代科学技术、现代运作管理理论与实践以及对自然环境灾害认识的前提下，对安全管理的持续细化、全面深化及系统优化。本书以"长三角"高速铁路运营安全管控为基点，反映了当代高速铁路运营安全动态管理最新特征以及前沿问题,具有前瞻性、理论性、技术性、实用性及资料性等特点,同时具有较强的示范性。

因热爱而奋斗!中国铁路上海局集团公司运输部的正高级工程师曲思源博士就是这样一位杰出的实践者。他从事铁路运输实践与研究二十多年,在北京交通大学、西南交通大学、同济大学三所著名院校的交通运输专业求学。从饮水思源到同舟共济,他结合运输安全岗位的实际工作,运用现代安全管理的新理论和新成果,不断总结高速铁路安全管理的相关规律,在研究和探讨高速铁路运营现代安全管理方法中进行了有益的尝试,归纳、总结、提炼出高速铁路运营安全管理的方法和措施,并从理论和实践两个层面加以分析,为当代高速铁路运营安全管理提供了一些实用的思路和方法。本人对这本书的出版表示衷心的祝贺!

随着我国高速铁路事业的不断推进,希望更多的管理和研究人员关注我国高速铁路的发展,努力探索高速铁路运营安全管理的科学规律,不断提高高速铁路运营安全管理水平。

同济大学交通运输工程学院

徐行方教授

2020年9月

前言 Preface

建设高速铁路曾是中国几代人的梦想,如今,经过十几年的发展,中国高铁以高速、便捷、环保、大容量、公交通勤化的特征,覆盖了中国广袤的大地,为区域与城市发展带来新的模式,已成为人们日常出行的重要工具。中国高铁从初期的技术储备、引进、消化、吸收、创新再发展成为具有自我知识产权和中国标准的高铁,无论高铁运营里程还是高铁速度都已领先世界,高铁已成为中国走出去的一张靓丽的名片。"十三五"期末中国高铁里程将达3万公里,2030年高速铁路网将连接主要城市群、基本连接省会城市和其他50万人口以上的大中城市。

在中国高铁成功的背后,高铁运营成为交通运输安全高风险行业这一共识不可忽视,高速铁路设计建设时国家就高度重视其运营安全,从本质安全化和设计源头上健全了高铁运营安全保障体系,在实际运营过程中还构建了高速铁路安全风险防控机制,也逐步构建成了我国高铁运营安全管理的诸多赋予实践的做法。2018年8月,我的拙著《高速铁路运营安全保障体系及应用》出版,虽然此书根据问题导向的原则,紧跟时代潮流,力争把高铁运营安全保障体系全方位构建起来,但我还有一种意犹未尽的感觉,难以写尽完整的高铁运营安全问题。伴随着我国高铁的迅猛发展,安全管理又有了新的理念和实践并得到了共识,这些都继续推着我往前赶路,看到当前我国铁路正将引进的安全风险管理方法不断深入,而安全风险管理最核心和最有衡量评价的标准就在于安全风险管控方面，于是，我继续构思和设计这本高铁运营安全管理的新书，力争补充和完善没有做好或做到之处，为开拓新的安全理念只争朝夕。

风险无处不在，变化也就是风险，风险在各个领域、各个环节都广泛存在，安全是高速铁路的生命线。一旦发生风险事故，将直接造成高速铁路运营中断、客流拥堵，社会影响恶劣，后果极其严重。安全风险管理作为一门新兴的管理学科，是指通过识别生产经营活动中存在的危险、有害因素，运用定性或定量、评价方法确定其风险严重程度，进而确定风险控制的优先顺序和风险控制措施，以达到改善安全生产环境、减少和杜绝安全生产事故的目标而采取的措施和规定。在其形成和发展过程中，由于对风险管理的出发点、目标、运用范围等侧重点不同，会随着时代的发展而不断演变。其中，风险管控是安全风险管理主要内容之一，风险管控的基本内容、方法与程序是构成风险管理的重要方面。安全风险管控是风险管理的核心，并贯穿于风险管理整个过程。高速铁路运营安全管控是以运输生产过程为对象，以高风险环节、关键岗位的安全风险管理为重点，以落实"标准化作业、规范化管理"为核心，在识别并研判安全风险、制定安全风险控制措施的基础上，整合现有的安全管理规章制度、措施、办法和岗位标准，构建起符合铁路特点的安全风险管控体系，实现对运输生产整个过程、所有环节的严密控制，特别是高风险岗位作业环节的有效控制。可以说，风险管理重战略层，而风险管控重战术层，是风险管理活动的具体措施，是实现风险管理全过程的重要手段。

高铁运营风险是客观存在的，然而又是可防的、可控的。在坚持以人为本、预防为主，结合实际、有效融合，系统分析、上下结合，突出重点、有序推进，专业管理、综合监管，实用有效、持之永恒，科学合理、有法可依的基本原则的基础上，安全风险管控体系构建的总体思路和理念是坚持"一个理念""两个平台""三个机制"，形成综合性的安全风险管控体系。本书根据"问题导向"的原则，运用系统工程等理论武器，不断对长三角高铁运营安全管控方面的精细、超前管理等理念和做法加以分析，不断地总结铁路运营组织与管理的相关规律，反映当代铁路运营、技术及动态管理与优化的最新特征，从理论方法、技术手段、案例分析、持续改进的角度出发，通过大量的工程实例给出解决高铁运营安全管控问题的具体思路、应用技术和方法，并不断地将数据、案例、启示等融合在一起，不断地结合高铁运营安全管理的实践，将运营安全管理技术和方法加以提炼、改进、发展。总之，在研究和探讨现代铁路运营安全管理方法中进行了有益的尝试。正是对高铁安全的敬畏感和承担的安全风险分析的岗位工作，我才有机会逐步积累，完成了这本书的写作。记得小时候看《卡桑德拉大桥》这部惊险片，讲述了逃亡的恐怖分子将致命瘟疫传播到列车上，国际警局意图摧毁列车，车上的乘客们联合起来突破封锁的故事。当前，卫生防疫应该引起高度重视，作为高铁运营管理的一部分，也会越来越重要，影片中列车运行监控系统以及防疫的过程，我仍然记忆犹新，于是我又在书中补充了高铁卫生防疫等部分内容。另外，本书还特意增加了铁路运营面对新冠病毒疫情下的安全风险防控内容，以便给今后面对类似风险提供思路和参考。

风险管控体系是在对高铁运营安全理解的基础上，设计、分类、分层、梳理、整合、归纳，逐步完成的过程。本书体现最新的高铁运营安全技术和管理动态。高铁的发展是我源源不断的创作源泉！我尝试着将长三角高速铁路十年来的运营管理实践经验进行系统总结，并结合新时代特点，探索符合高铁发展规律的运营管理模式，为今后提供经验和借鉴，为我国高铁的发展尽微薄之力！在本书的相关研究和撰写过程中，参阅了大量的文献资料，国内外专家、学者在相关领域的研究成果构成了本书的重要基础。同时，也得到了很多同仁的热心帮助和积极支持，在此一并致以最诚挚的谢意！感谢中国铁路呼和浩特局集团公司调度所王勇挚友对本书做了校对！特别感谢上海科学技术文献出版社的编辑为此书付出的努力！同时，将此书也献给同济大学交通运输工程学院廿十周年院庆。

高速铁路运营安全管理是一个永无止境、需要不断探索和完善的重大课题。本书就是梳理相关知识点不断整合提炼而成。探索的艰辛与发现的喜悦已深深留在我的记忆之中。本书可作为铁路运输管理人员和技术人员以及高等院校交通运输专业的参考书，但受限于我的知识水平、实践能力以及视野，而且，一些方法是作者个人观点，仅供读者参考。我幸运此生赶上了我国铁路快速发展的时代，深感这世界变化太快，我的认识程度、知识结构及能力水平都无法与飞速发展的技术相适应。作者又来自铁路运营岗位，日常肩负繁重的安全生产管理任务，时间仓促，书中一定有不足之处，不妥之处在所难免，敬请广大读者批评指正。

曲思源

2020 年 8 月

联系邮箱：syqu0453@163.com

目录 Contents

第1章 绪 论

1.1 高速铁路概念 1
1.2 我国高速铁路发展 2
  1.2.1 我国高速铁路发展 2
  1.2.2 网络规划与建设 5
  1.2.3 技术发展与创新 6
1.3 高速铁路运营安全概述 13
  1.3.1 高速铁路事故的危害性 14
  1.3.2 我国高速铁路安全管理措施 15
  1.3.3 我国高速铁路采取"人防、物防、技防"的
     安全保障措施 18
  1.3.4 高铁运营安全面对的挑战与工作重点 19
1.4 高速铁路运营安全风险管控 21
  1.4.1 高速铁路运营安全风险管控内涵 21
  1.4.2 高速铁路运营安全风险管控研究内容 22

第2章 高铁运营风险管控理念、思路及方法

2.1 安全风险管控基础 26
  2.1.1 风险相关概念 27
  2.1.2 风险相关关系 29

2.1.3　安全风险辨识与研判 ………………………………………… 38
　　　2.1.4　风险分级与管控 ……………………………………………… 40
　　　2.1.5　安全风险公告和预警 ………………………………………… 45
　　　2.1.6　风险控制原则 ………………………………………………… 46
　　　2.1.7　风险管控评价 ………………………………………………… 47
　2.2　铁路全面推行安全风险管理的背景 ……………………………………… 48
　　　2.2.1　风险及风险管理概念的起源与发展 ………………………… 48
　　　2.2.2　铁路安全风险管理发展历程 ………………………………… 51
　　　2.2.3　高速铁路安全风险管理特点 ………………………………… 56
　　　2.2.4　铁路运营风险分析过程 ……………………………………… 57
　　　2.2.5　铁路安全风险管理与传统安全管理的关系 ………………… 58
　2.3　高铁运营风险因素 ……………………………………………………… 60
　　　2.3.1　影响因素 ……………………………………………………… 60
　　　2.3.2　单因素影响分析 ……………………………………………… 62
　　　2.3.2　多因素影响分析 ……………………………………………… 79
　2.4　高速铁路安全风险管控 ………………………………………………… 80
　　　2.4.1　安全风险管控与风险管理的关系 …………………………… 80
　　　2.4.2　安全风险管控理念和思路 …………………………………… 81
　　　2.4.3　高速铁路安全风险等级和分类 ……………………………… 83
　　　2.4.4　风险防控措施 ………………………………………………… 84
　　　2.4.5　风险控制模型 ………………………………………………… 84
　　　2.4.6　风险管控组织架构 …………………………………………… 87
　　　2.4.7　高速铁路安全风险管控机制构建 …………………………… 89
　2.5　全面建设高铁安全双重预防机制 ……………………………………… 99
　　　2.5.1　双重预防机制的含义 ………………………………………… 99
　　　2.5.2　正确对待双重预防机制 …………………………………… 100
　　　2.5.3　关键运作环节 ……………………………………………… 101
　　　2.5.4　全面推进做法 ……………………………………………… 103
　2.6　安全防护工程建设 …………………………………………………… 108
　　　2.6.1　环境整治内容 ……………………………………………… 108
　　　2.6.2　京沪高铁安全环境整治案例 ……………………………… 110

第 3 章 监测平台和安全保障体系建设

- 3.1 新型监测方法 114
  - 3.1.1 物联网技术 114
  - 3.1.2 传感器技术 116
  - 3.1.3 大数据技术 117
  - 3.1.4 人群监测技术 123
  - 3.1.5 无人机技术 124
- 3.2 高铁运营安全保障功能需求 126
  - 3.2.1 监控和检测预警技术需求 126
  - 3.2.2 集中统一管理和控制需求 128
  - 3.2.3 设备设施源头管理需求 128
  - 3.2.4 应急处置辅助决策支持 132
- 3.3 高铁运营安全保障体系 134
  - 3.3.1 人、设备、环境和管理的耦合关系 135
  - 3.3.2 "人防、物防、技防"理念的提出 135
  - 3.3.3 高速铁路运营安全保障体系的含义 137
  - 3.3.4 高速铁路运营安全保障体系框架和功能 137
- 3.4 工务系统监测 144
  - 3.4.1 自然灾害监测体系 144
  - 3.4.2 高速铁路线桥隧综合监测 149
- 3.5 高速铁路供电设备风险监测 152
  - 3.5.1 供电设备监测检测 152
  - 3.5.2 供电数据采集与监测 156
  - 3.5.3 高铁接触网检测 161
- 3.6 电务和通信设备监测 164
  - 3.6.1 高铁信号系统安全监测 164
  - 3.6.2 GSM-R 系统安全监测 168
  - 3.6.3 电务综合检测车 170
- 3.7 动车组运行监控检测 173
  - 3.7.1 动车组运行故障图像检测系统 173

3.7.2 车辆滚动轴承故障轨边声学诊断系统 ... 175
3.7.3 车辆轴温智能探测系统 ... 175
3.7.4 车顶状态动态监测系统 ... 175
3.7.5 轮对故障动态监测系统 ... 176
3.7.6 动车组故障信息化辅助设备 ... 176
3.8 设施设备管控建设 ... 178
3.8.1 现场作业管控建设 ... 179
3.8.2 设备质量管控建设 ... 182
3.8.3 固定设备检测监控 ... 185
3.8.4 基础设备状态整修 ... 186
3.9 风险预警 ... 192
3.9.1 监测与预警 ... 192
3.9.2 风险预警的基本概念 ... 193
3.9.3 铁路的风险预警 ... 197

第4章 调度指挥安全风险管控与应急处置

4.1 调度指挥管理体系 ... 202
4.1.1 调度指挥系统概况 ... 202
4.1.2 调度指挥设备及运用特征 ... 205
4.1.3 科学组织体系 ... 209
4.1.4 管理标准化体系 ... 211
4.2 调度应急指挥平台的构建 ... 215
4.2.1 应急管理概述 ... 215
4.2.2 建设目标 ... 218
4.2.3 建设内容 ... 219
4.2.4 调度应急指挥管理系统 ... 220
4.2.5 应急指挥协同平台 ... 222
4.2.6 应急恢复系统 ... 240
4.3 高速铁路调度应急处置培训及应急演练 ... 241
4.3.1 仿真培训系统 ... 242
4.3.2 应急演练 ... 247

目录 Contents

- 4.4 高速铁路应急处置 ... 251
  - 4.4.1 总体原则 ... 251
  - 4.4.2 关键环节 ... 252
- 4.5 高速铁路调度指挥风险管控 ... 257
  - 4.5.1 高速铁路调度指挥存在的安全风险 ... 257
  - 4.5.2 调度常见安全风险 ... 264
- 4.6 恶劣天气下调度指挥的风险管控 ... 266
  - 4.6.1 大风天气安全风险管控 ... 267
  - 4.6.2 雨天行车安全风险管控 ... 270
  - 4.6.3 冰雪天气下风险管控 ... 273
  - 4.6.4 地震管控 ... 276
  - 4.6.5 自然灾害及异物侵限风险管控 ... 281
  - 4.6.6 防灾系统故障管控 ... 285
- 4.7 高速铁路设备故障下调度指挥风险管控 ... 286
  - 4.7.1 工务设备故障下调度指挥风险管控 ... 286
  - 4.7.2 供电设备故障调度指挥风险管控 ... 289
  - 4.7.3 电务设备故障风险管控 ... 291
  - 4.7.4 调度集中指挥设备 CTC 故障风险管控 ... 297
  - 4.7.5 通信设备故障管控 ... 307
  - 4.7.6 动车组故障风险管控 ... 309
- 4.8 其他非正常情况下安全风险管控 ... 314
  - 4.8.1 行车组织风险管控 ... 314
  - 4.8.2 票务系统故障风险管控 ... 316
  - 4.8.3 高速铁路拥挤踩踏风险管控 ... 317
  - 4.8.4 高速铁路火灾爆炸风险管控 ... 321
  - 4.8.5 站、车发生旅客食物中毒事件管控 ... 324
  - 4.8.6 新型冠状病毒肺炎疫情下的铁路安全风险管控 ... 330

第 5 章 高铁事故应急处置与应急救援

- 5.1 事故应急处置能力及策略 ... 343
  - 5.1.1 事故应急处置能力概述 ... 343

  5.1.2 事故应急处置能力建设内容 …… 344
  5.1.3 基于事故风险分级的应急管制策略 …… 346
  5.1.4 事故应急响应模式 …… 347
 5.2 应急救援体系 …… 349
  5.2.1 应急救援概述 …… 349
  5.2.2 应急预案体系 …… 350
  5.2.3 应急组织体系 …… 352
  5.2.4 高速铁路应急指挥及救援组织 …… 353
  5.2.5 动车组火灾应急处置分析 …… 362
  5.2.6 隧道内动车组故障应急处置预案综合分析 …… 364
 5.3 事故趋势预测 …… 370
  5.3.1 事故预防概述 …… 370
  5.3.2 事故指标 …… 371
  5.3.3 基于人工神经网络方法的事故趋势预测 …… 372

参考文献 …… 375

Chapter 01

第1章 绪 论

高速铁路作为现代工业文明的崭新成果，发端于日本，发展于欧洲，兴盛于中国。目前，我国高速铁路技术与总体装备处于世界先进行列，部分指标已达国际领先水平。高速铁路的发展离不开安全，安全是高速铁路运营和发展的第一要素。

1.1 高速铁路概念

当今，世界已进入高速铁路时代，高速化已经成为世界铁路发展的共同趋势。高速铁路集中反映了一个国家铁路线路结构、列车牵引动力、高速运行控制、高速运营组织与管理等方面的技术进步，体现了一个国家的科技和工业水平。作为一种安全可靠、快捷舒适、运载量大、低碳环保的运输方式，高速铁路已在世界上多个国家得到发展。高速铁路促进了地区经济的发展，推进了城镇化进程，对经济发达、人口稠密地区的经济效益和社会效益的贡献尤为突出。

高速铁路概念是一个具有国际性的概念，对高速铁路的界定是一个动态的过程，并随着时代的发展而更新。高速铁路是一个系统，具有系统复杂性、多样性。国际铁路联盟（UIC）将高速铁路定义为："新建高速铁路的设计速度达到 250 km/h 及以上，经升级改造的高速铁路设计速度达到 200 km/h。"随着科学技术的发展和进步,"高速"的水平还会逐步提高。

在高速铁路定义的基础上,目前被广泛接受的世界铁路等级划分标准为:0—120 km/h（常速）、120—160 km/h（快速）、160—200 km/h（中速或准高速）、200—400 km/h（高速）、400 km/h 以上（超高速）,如图 1.1 所示。

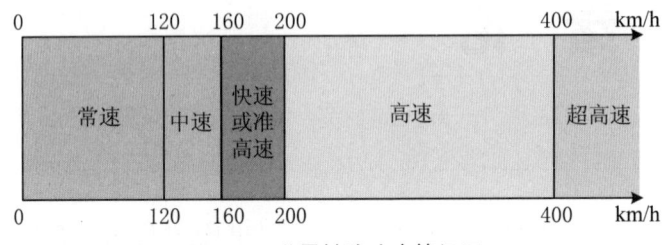

图 1.1　世界铁路速度等级图

我国建设发展高速铁路较晚,20 世纪 90 年代《铁路主要技术政策》第一次将高速铁路定义为:"新建设计开行 250 km/h 及以上动车组列车,初期运行速度不小于 200 km/h 的客运专线铁路。"从这个定义看,2003 年投入运营的沈阳—秦皇岛客运专线是我国第一条高速铁路。2014 年 11 月 1 日实施的《铁路技术管理规程》（高速铁路部分）总则说明,第二次将高速铁路定义为:200 km/h 及以上铁路,200 km/h 以下仅运行动车组的铁路,具有 CTCS-2/3 级列控和 CTC 系统,以运行动车组为主兼顾普速客车,采用防灾系统及高速等基本属性。

1.2　我国高速铁路发展

1.2.1　我国高速铁路发展

高速铁路技术始于日本,发展于欧洲,格局大变于中国。从"和谐号"到"复兴号",中国高速铁路已成为"中国制造"和"中国速度"的标杆,也成为向世界展示的"中国名片"。中国高速铁路产业从无到有、从弱到强、从追随到引领的发展之路,是中国特色自主创新之路。中国能提供针对各种难题的、覆盖各种速度等级的、从勘察设计到建设运营的全产业链服务,是当之无愧的高速铁路建设强国。

我国高速铁路通过坚持原始创新、集成创新和引进、消化、吸收、再创新相结合的原则,经过十多年的励精图治,发展迅速,取得了举世瞩目的成就,我国高速铁路已经成为世界上高速铁路运营的第四大体系，现已经系统掌握了时速 250、350 km 及以上速度等级的成套技术，构建了具有自主知识产权和世界先进水平的高速铁路技术体系。我国是全世界高速铁路里程最长、在建规模最大的国家，并拥有成套技术和装备标准体系、工程管理和技术运营经验，技术与装备总体上处于国际领先地位。中国高铁已成为闪耀世界的国家名片，在国际上受到广泛赞誉。

高速铁路仿佛一夜间就走进了人们的生活，高速铁路已经成为我国快速客运体系的主干。截止到 2020 年底，我国高铁营业里程已达 3.8 万公里以上、动车组配备 2700 余组，每天全国开行动车组列车 4500 余列，高铁、动车日均发送旅客 500 余万人，各项指标均居于世界前列。高速铁路以高速度、高密度、大容量、集约型、通勤化、低碳化等特征，在各种交通方式中具备极强的竞争力。高速铁路在国民生活中已成为不可缺少的交通工具，我国 50% 以上的铁路旅客发送量已经由动车组列车承担，每天有 400 多万旅客享受高速铁路旅行生活，改变了我国的交通格局，深刻地影响着人民生活，也大大增强了中华民族的自豪感和广大人民群众的幸福感，高速铁路已经成为我国的一张亮丽名片。高速铁路改变的不仅是不断刷新的"中国速度"，更为区域与城市发展带来新的模式与机遇。

中国国家铁路集团公司（以下简称国铁集团）认真贯彻落实国家创新驱动发展战略，加大铁路关键技术科研攻关力度，以"复兴号"中国标准动车组在京沪高铁实现 350 km 时速商业运营为标志，中国铁路在勘察设计、工程建造、高速动车组、列车控制、牵引供电、运营管理、安全保障等领域取得一系列自主创新成果，中国铁路总体技术水平迈入世界先进行列，部分技术处于世界领先水平。我国设计时速超过 350 km/h 等级的高速铁路约占 50%。我国高速铁路与其他铁路共同构成的快速客运网已达 4 万公里以上。我国以高速铁路为骨架的客运快速铁路网和以高速铁路为骨架的综合交通运输体系正在形成。我国拥有了世界上最现代化的铁路网和最发达的高速铁路网。

我国高速铁路有世界上第一条穿越高寒和冻土地区、冬夏最高温差高达 80 摄氏度的哈大高铁，有世界上唯一一条热带地区的海南环岛高铁，有修建在大面积湿陷性黄土地区的郑西高铁，有世界上第一条穿越高原、戈壁沙漠、大风区的兰新高铁，有一次建成里程最长、标准最高、开通三年即实现盈利的京沪高铁；我国拥有完全自主知识产权、具有世界先进水平的"复兴号"中国标准动车组，2017 年 9 月 21 日率先在京沪高铁实现 350 km/h 运营，并提供无线 Wi-Fi 覆盖、不间断充电插座、多模式车厢照明、无障碍设施等更加人性化的旅客服务；我国有世界上最先进的高铁技术，形成了满足各种运营条件的动车组系列产品，而且技术体系能够与欧洲、日本等国家的高铁技术兼容，对于推动铁路领域多边合作、实现真正意义的互联互通极为有利；我国有一流的高铁客运服务系统,依托铁路客户服务中心、客票系统和电子支付平台,推行互联网、电话等多种售票方式及网络订餐等延伸服务,提供旅客进出站导向揭示、车站广播、安全监控、紧急求助、同步时钟、旅客查询等多功能智能引导,致力打造便捷、舒适的高铁购票和乘车体验;我国已经建成全面覆盖高速铁路行车安全和基础设施的数十种检测监测系统,运用大数据方法,评估分析高铁设备设施的运用、维护、检修信息,掌握服役状态和性能变化规律,为修程修制优化、故障预测、故障处置等提供技术支撑;始终坚持安全发展的理念,坚守发展决不能以牺牲安全为代价的红线,把"万无一失"的理念贯穿高铁安全管理全过程,推动实施高铁"强基达标、提质增效"工程,强化人防、物防、技防"三位一体"的安全保障能力,确保了高铁和旅客安全。

我国高铁历经十年时间,从高铁运行"零的突破"到全球高铁大国。高铁已安全运送旅客 80 亿人次。网络购票、移动支付、智能导航、刷脸进站、自助订餐、站车 WiFi……让亿万旅客享受着美妙的旅行生活,展现了中国人民日益增长的获得感、幸福感。截至 2018 年 5 月,有 28 个省会城市、180 余个地级城市、370 余个县级城市已开通

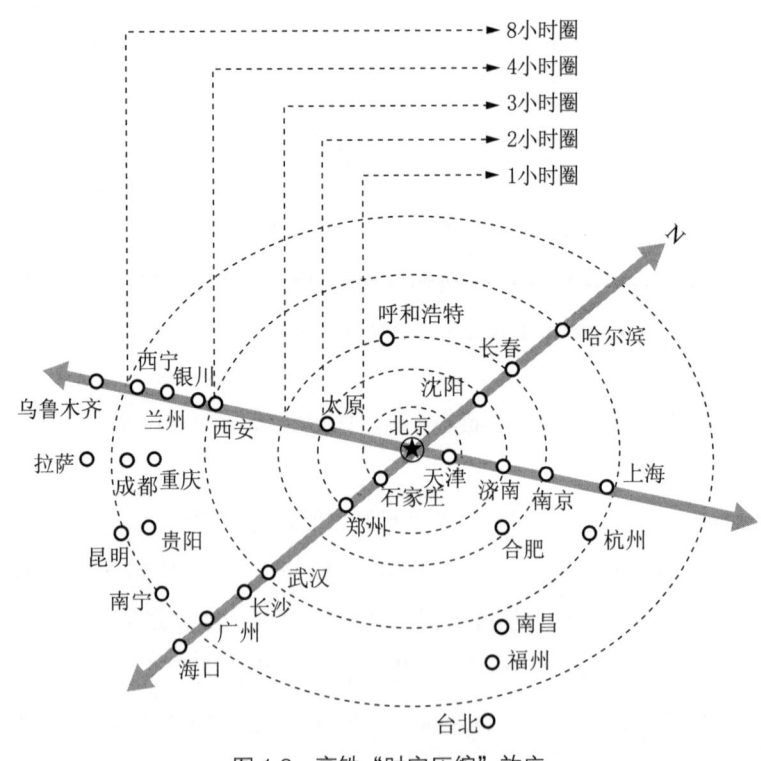

图 1.2　高铁"时空压缩"效应

高速铁路线路，将各种类型站点计算在内，全国共有超过 700 余个高速铁路车站，基本覆盖主要人口聚集区。高速铁路使城市边界被打破，空间距离被淡化，时间距离成为主要标尺，1 h 交通圈概念得到强化。现以北京为例，除乌鲁木齐和拉萨以及隔海的海口和台北等省会城市外，全国其他省会城市均进入北京 8 h 高铁交通圈，大大增强了全国各地与首都的社会经济联系，这可以说是高铁影响的"时空压缩"效应，如图 1.2 所示。

1.2.2 网络规划与建设

2004 年 1 月，国务院通过了《中长期铁路网规划》(不包括港、澳、台地区)，确定了扩大规模、完善结构、提高质量，快速扩充运输能力，迅速提高装备水平的铁路网发展目标。规划到 2020 年，我国将在主要繁忙干线实现客货分线，复线率和电化率均超过 50%，运输能力满足国民经济和社会发展需要。在经济发达的人口稠密地区发展高速轨道快速客运系统，以新建 1.2 万公里的铁路客运专线和高速轨道客运系统、2 万公里提速铁路为基础，形成以"四纵四横"快速客运通道和环渤海地区、长江三角洲地区、珠江三角洲地区 3 个高速快速客运系统为骨架，覆盖全国 50 万以上人口城市的铁路快速客运系统，全国铁路营业里程将达到 10 万公里，形成功能完善、点线协调的客货运输网络。

2008 年 11 月，《中长期铁路网规划（2008 年调整）》方案颁布实施。在维持原"四纵四横"基础骨架不变的基础上，建设项目进一步增加，高速客运系统由环渤海、长三角、珠三角地区扩展到其他经济发达和人口稠密地区，我国建成运营客运专线和按客运专线管理的旅客列车时速 200 km 及以上铁路总规模将达到约 29 000 km，其中新建时速 300—350 km 客运专线总里程将超过 10 000 km。

2016 年 7 月修编并颁布新的《中长期铁路网规划》，规划期为 2016—2025 年，远期展望为 2030 年，提出将构建以"八纵八横"主通道为骨架、区域连接线衔接、城际铁路补充的高速铁路网。到 2020 年，我国铁路网规模达 15 万公里，其中高速铁路 3 万公里，覆盖 80% 以上的大城市，形成"八纵八横"规模的高速铁路网。八纵通道包括沿海、京沪、京港（台）、京哈、京港澳、呼南、京昆、包（银）海、兰（西）广通道；八横通道包括绥满、京兰、青银、陆桥、沿江、沪昆、厦渝、广昆通道。到 2025 年，我国铁路网规模达 17.5 万公里左右，其中高速铁路 3.8 万公里左右，比 2015 年年底翻一番。到 2030 年，基本实现内外互联互通、区际多路畅通、省会高速铁路连通、地市快速通达、县域基本覆盖。统筹高速与普速，新建与既有，枢纽与通道；强化主通道，疏通微循环，与公路、民航、水运、城市轨道交通进行有效衔接，以高速铁路为大动脉的中国综合交通运输体系正展示出"交通强国"的英姿。

从"四纵四横"到"八纵八横",从东部走向西部,从国内走向海外,中国高速铁路的大发展开启了人类交通史的新纪元。我国高速铁路网规划呈现出总体规模大、与既有线联系紧密、点多、线长、面广、分期分线快速集中建设、各条线路运营条件下不同等特点,"四纵四横"升级到"八纵八横"将带动不同区域经济的均衡发展。原来的"四纵四横"重点是把北上广一线城市连接起来,而"八纵八横"打造的除以沿海、京沪等"八纵"通道和陆桥、沿江等"八横"通道为主干,还把城际铁路作为补充的高速铁路网,实现相邻大中城市间 1—4 h、城市群内 0.5—2 h 交通圈,给新时期快节奏的生活方式呈献最正点的交通产品需求,意味着东西南北高速铁路联通起来,给相对发展落后地区注入了新血液和新动力。

1.2.3 技术发展与创新

世界各国发展高速铁路的国情、路情不同,采用的技术和装备也不同,其运营管理和养护维修方式也不尽相同。日本和德国当初对引进的多个先进技术进行彻底模仿和推敲,不断积累,研发出独自的技术。中国在借鉴国外高速铁路先进技术的基础上,逐步形成了具有中国特色的高速铁路技术体系。我国高速铁路通过坚持原始创新、集成创新和引进、消化、吸收、再创新相结合的原则,经过十多年的励精图治,从最初使用引进国外技术、联合设计生产的和谐号动车组,到如今全部采用具有完全自主知识产权的标准化、系列化、简统化动车组——复兴号。中国成为世界上高速铁路建设里程最长、运行速度最高、运营场景最丰富、对自然环境适应性最强的国家。以"复兴号"中国标准动车组在京沪高铁实现 350 km/h 商业运营为标志,中国铁路在勘察设计、工程建造、高速动车组、列车控制、牵引供电、运营管理、安全保障等领域取得一系列自主创新成果,总体技术水平迈入世界先进行列,部分技术处于世界领先水平。中国具有完备、成套的铁路技术标准体系,系统掌握了不同气候环境、不同地质条件下建造高铁的成套技术,建设了高寒和热带高铁、沿海水网地区和沙漠风区高铁、西部山区和高原高铁。

1. 高速铁路运营系统概述

高速铁路是复杂的系统工程,是当今许多前沿科学技术,即信息技术、自动控制和新材料、新工艺等多种技术门类、多专业综合的高新技术的创新和集成。高速铁路是由土建、轨道、车辆、供电、通信、信号和控制多个子系统构成的复杂系统,是高质量、高稳定性的土建工程、性能优越的高速列车、先进可靠的列车运行控制系统以及高效的运输组织管理体系的集合体。高速铁路最大的特点是高速度、高安全性、高密度、高舒适性,围绕这些特点,高速铁路运营系统主要由六大核心系统构成,分别是基础设施

（工务工程）、牵引供电、通信信号、动车组、智能运输（运营调度与客运服务系统等）、养护维修，各系统之间既自成体系，集中体现各系统的巨大技术进步，各系统又相互关联、影响、匹配并协调运转，以我国高速铁路为例，高速铁路巨系统构架如图1.3所示。

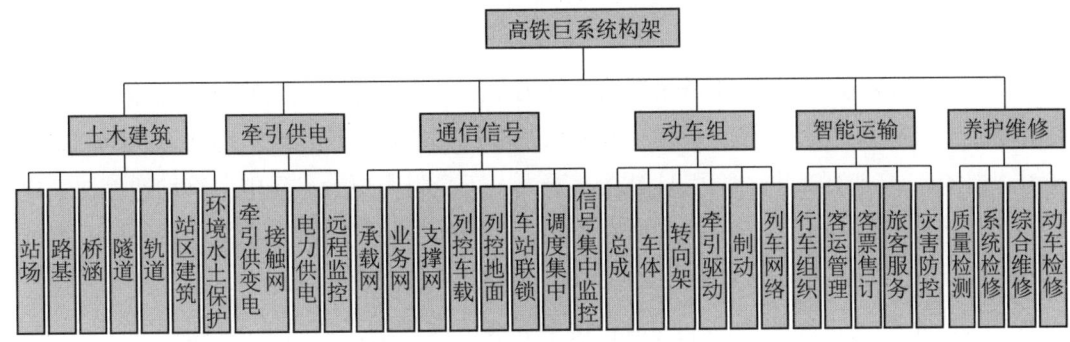

图1.3　高速铁路巨系统构架图

高速铁路是技术积累到一定程度重新组合后发生的质变。高速铁路全面突破普速铁路的理论、概念及控制手段和方式，统筹优化高速铁路系统需要的线路、高速列车、牵引供电、接触网、信号与通信、列车运输组织、旅客服务、运营维护等不同功能，并使系统间相互匹配、协调运转。例如，高速铁路突破了轮轨极限速度理论的设想，通过交—直—交电传动方式的技术突破，解决了大功率牵引电机在有限空间和重量下的技术难题；通过采用新结构和新材料，实现了流线型的高速车体外形、动力性能优良的高速转向架的制造和有效减轻列车重量；通过列车高速运行轮轨黏着、弓网规律探索研究，为研制牵引和制动功率大、运行阻力小、环境噪声低的高速动车组提供了条件；融现代计算机技术、通信技术、信号技术和遥感技术于一体的高速铁路列车运行自动控制系统和调度指挥系统的变革，以及轨道线路、桥隧工程技术的发展和进步等为高速列车的安全、舒适运营创造了前提条件。

（1）工务工程

工务工程系统是实现列车高速运行的基础。工务工程通常由路基、轨道、桥梁、隧道和站场工程构成。高速铁路要求线路的空间曲线平滑，平纵断面变化尽可能平缓；要求路基、轨道、桥梁具有高稳定性、高精度和小残余变形。我国地域辽阔，气候与地质条件非常复杂，国外修建铁路的成套经验仅部分可供参考。我国高速铁路土建技术，主要源自长期经验的积累，是自主开发的结晶。在线路技术方面，我国高速铁路采用道床和路基强化技术、无砟轨道、无缝道岔、跨区间超长无缝线路等，提高了轨道平顺性、刚度均匀性，大大减少了维修工作量，既保证了高速行车安全，又满足了旅客舒适度的要求。同时，我国高速铁路还建立了严格的线路状态检测和保障轨道持久高平顺的科学管理系统。在无砟轨道领域，我国高速铁路全力推进CRTS Ⅲ型板式无砟轨道系统自主研制工作，系统开展设计理论、结构设计、工程材料、制造、施工和养护维修技术研究，形成了具有自主知识产权的高速铁路CRTS Ⅲ型板式无砟轨道技术体系。

（2）牵引供电

牵引供电系统的主要功能是为高速铁路列车运行提供稳定、高质量的电流，通常由供电系统、变电系统、接触网系统、电力系统和远程监控系统构成。与普速列车的电力牵引相比较，高速列车电力牵引具有功率更大、所受阻力更大、受电弓移动速度快、电流易发生波动性等特点。牵引供电技术依靠专门的外部装置，从三相电力系统接受电能向单相交流电气化铁道形式的列车输送电能，是列车运行的不竭动力。在高速列车运行过程中，受电弓通过在接触网上的滑行接触完成电能传输，为列车运行提供牵引动力。但是，当列车运行达到一定速度值时，接触网的波动和受电弓的振动，会导致两者之间发生离线现象，并产生离线电弧，对列车的平稳运行产生威胁。接触网技术的意义就在于避免这种问题的产生，保证电能的平稳可靠传输。接触网技术包括接触网系统的组成、主要构成部件及其作用以及高速弓网受流技术。

（3）通信信号

信号与通信技术是整个铁路网络的"大脑和神经"，时刻保持着列车安全、高速运行。高速铁路信号与控制系统是集计算机控制与数据传输于一体的综合控制和管理系统，通常称为列车运行自动控制系统ATCS（Automatic Train Control Systems）或者信号与控制系统，由车载子系统、地面子系统、联锁子系统、调度集中系统CTC（Centralized Traffic Control）和通信系统构成，是高速列车安全、高密度运行的基本保证。涉及行车安全的信号系统及电路设计，必须符合"故障导向安全"的要求，该系统采用集中管理、分散控制为主的集散式控制方式，分为行车指挥自动化与列车运行自动化两部分，其主要功能为及时、准确地完成指挥列车运行的各种信息的传输；为旅客提供各种服务的通信；为设备维修及运营管理提供通信条件，满足维修人员沿线作业的需求。随着先进的通信、控制和计算机技术在铁路通信系统的应用，信号与通信技术不断向更加集成化、智能化的方向发展。其中，列车控制系统是对列车运行实现自动控制的系统，包括车载设备和地面设备。根据信号制式的不同，列车控制系统的车载设备主要有机车信号、列车运行监控装置（LKJ）和列车超速防护设备（ATP）等。地面设备包括轨道电路、应答器、列控中心和无线通信等。列车运行控制就是列车通过获取地面信息和命令，控制列车运行速度，并调整与前行列车之间的距离。我国在参照欧洲铁路列车运行控制系统

（ETCS）技术规范的基础上，结合我国高速铁路实际，研发了中国列车控制系统CTCS，以分级（CTCS—0/1/2/3/4）的形式满足不同线路运输需求，在不干扰动车组乘务员正常驾驶的前提下，有效保证列车运行安全。

（4）动车组

动车组是铁路旅客运输的高速运载工具，由若干动力车和拖车（或全部由动力车）长期固定联挂在一起组成的车组。传统的机车牵引型式就是牵引动力集中配置，列车由一台或几台机车集中于一端来牵引。由于机车总功率受到限制，难以满足进一步提高速度的要求。高速动车组的牵引动力的配置有两种型式，即集中配置型和分散配置型，目前普遍采用的是分散配置型。

动车组列车是高新技术的系统化集成，涉及机械、材料、电子计算机、网络通信、工程仿真等领域的最新技术。我国高速动车组列车的关键技术被归结为九大类：系统集成、车体、转向架、牵引变压器、牵引变流器、牵引电机、牵引控制、制动系统、列车网络控制系统。高速动车组需要性能良好的转向架、制动系统、低噪声及优良的空调设施。动力分散方式动车组的动力配置有两种模式：一种是完全分散模式，即动车组中的车辆全部为动力车；另一种是相对分散模式，即高速列车编组中部分是动力车，部分为无动力的拖车，如目前我国普遍运用的各型动车组。动力集中式动车组在我国还没有得到广泛应用，目前正处于研究试制阶段。

我国动车组生产厂家主要包括中国中车旗下的中车唐山机车车辆有限公司，中车长春轨道客车股份有限公司，中车青岛四方机车车辆股份有限公司，青岛四方庞巴迪铁路运输设备有限公司。动车组的发展主要经历了三个阶段：

第一代动车组主要以时速200—300 km的"和谐号"动车组为主，编组类型按速度等级、车种车型确定，主要有4个系列运营动车组及检测用动车组，具体如下：CRH1：CRH1A、CRH1B、CRH1E；中车青岛四方机车车辆股份有限公司制造。CRH2：CRH2A、CRH2B、CRH2C、CRH2E、CRH2G；青岛四方庞巴迪铁路运输设备有限公司制造。CRH3：CRH3A、CRH3C、CRH3G；中车唐山机车车辆有限公司制造。CRH5：CRH5A、CRH5G；中车长春轨道客车股份有限公司制造。CRHAJ、CRHBJ不同的字母表示了不同速度等级、编组形式等差异，具体如下：A——运行速度200 km/h、8辆编组、座车；B——运行速度200 km/h、16辆编组、座车；C——运行速度300 km/h、8辆编组、座车；E——运行速度200 km/h、16辆编组、卧车。

第二代动车组主要是时速350 km的"和谐号"高速动车组，用字母A、B、C、D表示各技术平台的动车组型号，其中：CRH380A/AL代表四方股份制造；CRH380B/BL代表长客股份或唐山公司制造；CRH380CL 代表长客股份制造；CRH380D 代表青岛 BST 公司制造。其中 CRH380AL、CRH380BL、CRH380CL 为 16 辆编组，其余均为 8 辆编组。

第三代动车组是指"复兴号"中国标准动车组。中国标准动车组与 CRH 系列动车组的区别在于形成了中国标准体系，而非欧标、日标，并自行设计、自主研发，拥有全面自主知识产权。

（5）智能运输

高速铁路运营调度系统是集计算机、通信、网络等现代化技术的现代化综合系统，对列车运行计划和基础设施维修计划进行审批和管理，指挥列车运行，是完成高速铁路运输组织特别是日常运营的根本保证，通常由计划调度、列车调度、动车组调度、综合维修调度、供电调度和客运服务调度构成。其中，CTC（调度集中控制系统）是调度中心（调度员）对某一调度区段内的信号设备进行集中控制、对列车运行直接指挥管理的技术装备。分散自律调度集中系统综合了计算机技术、网络通信技术和现代控制技术，采用智能化分散自律设计原则，是以列车运行调整计划控制为核心，兼顾列车与调车作业的高度自动化调度指挥系统。

客运服务系统的主要功能是处理与旅客服务相关的事件，包括发售车票、信息采集、信息发布、日常投诉、紧急救助、旅客疏散、旅客赔付等工作；另外还有统计分析功能，为管理决策层提供决策参考，通常由票务系统、旅客服务系统、市场营销计划和客运组织管理构成。客运服务系统是基于高速铁路高速度、高密度、大客流的特点，以旅客为中心，从旅客角度分析其从购票进站到乘车出站全过程所需的信息和资源，有效利用计算机技术、网络技术和移动互联等先进的技术手段，为旅客提供高效、便捷的出行服务的信息系统。客运服务系统主要由旅客服务系统和票务系统两部分构成。依托铁路客户服务中心、客票系统和电子支付平台，推行互联网、电话等多种售票方式及网络订餐等延伸服务，提供旅客进出站导向揭示、车站广播、安全监控、紧急求助、同步时钟、旅客查询等多功能智能引导，致力打造便捷、舒适的高铁购票和乘车体验。

（6）养护维修

针对各种设备，各国高速铁路都构建了闭环管理的高速铁路设施设备安全检测监测系统，通过实时采集各种移动设备和固定设施信息，进行分析运用，构建了风、雨、地震等自然灾害及异物侵限监测系统，实时监测高速铁路运行环境安全，已经建成全面覆盖高速铁路行车安全和基础设施的数十种检测监测系统，运用大数据方法，评估分析高铁设备设施的运用、维护、检修信息，掌握服役状态和性能变化规律，为修程修制优化、故障预测、故障处置等提供技术支撑。高速铁路设备检测系统如图 1.4 所示。

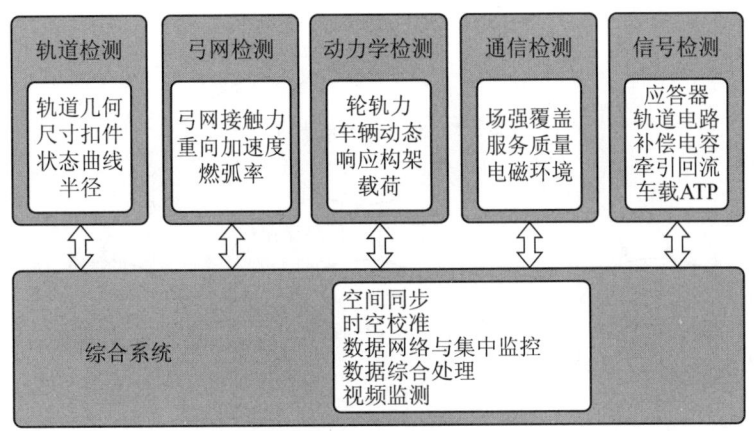

图 1.4　高速铁路设备检测系统图

以高速铁路对轨道的平顺性要求为例，自京津、武广等高速铁路通车以来，为了掌握运营期间轨道结构状态、掌握大跨度桥梁等特殊地段轨道结构的运营状态，相关部门对高速铁路轨道结构监测技术进行了深入研究，针对部分重点区段（如大跨度桥梁、道岔区）的轨道结构服役状态开展监控测试。高速铁路轨道服役状态监测系统由自动化监测子系统、安全预警与状态评估系统、数据存储与管理子系统和用户界面子系统组成。轨道状态监测系统使用至今，状态良好，适应了高速铁路高速度、大密度的运营，为铁路的养护维修提供了实时数据和有关建议。例如，2016年底，沪昆高铁全线贯通，动车组驶过贵州的北盘江大桥只花了 8 秒，而建设者们却整整花了 6 年。作为世界上跨度最大的钢筋混凝土拱桥，北盘江大桥主跨 445 米，距离江面 300 米，需应对相当于 10 级狂风的峡谷风速。然而，当动车组以 300 公里的时速疾驰而过时，桥面变形只有 3 毫米，远低于 10 毫米的世界前沿标准。同时，实测数据为轨道结构设计提供了指导，为规范和标准中相关参数提供了支撑、验证。目前，主要采用光纤光栅技术和视觉测量技术相结合的方式开展现场轨道服役状态的监测。随着激光、视觉测量等先进技术和手段的提升，轨道服役状态的监测方法将逐渐从接触式转向非接触式技术。

当前，推进高铁综合维修生产一体化管理是确保高铁安全的必然要求、确保高铁基础设施质量的重要举措、推动高铁高质量发展的必然选择，铁路工电系统要优化生产组织架构，强化作业组织、安全防护、联合应急处置；进一步强化专业化检修、结合部管理，推进标准化规范化建设；统筹资源利用，完善配套保障，创新探索长效机制；明确任务目标，统筹协调推进，形成攻坚合力，确保顺利实施，为"交通强国、铁路先行""强基达标、提质增效"作出新贡献。高速铁路六大系统关系如图 1.5 所示。

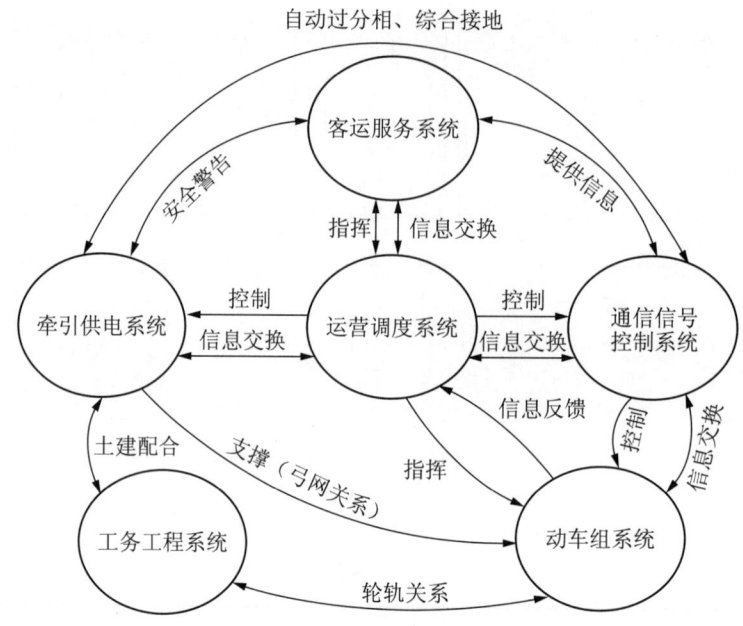

图 1.5 高速铁路系统关系图

2. 技术特征

我国广袤的土地、复杂的地形和多变的气候为高速铁路建设带来了困难，却也让中国高速铁路具有了全世界少有的适应性，具有在热带地区建设和运营高速铁路的成功经验。我国从南到北 5000 多公里，在北方寒冷的地区有哈大等高速铁路，南方在海南岛已经建成并运营了一条热带地区环岛高速铁路。我国高速铁路后来居上，技术先进、安全可靠、兼容性好、性价比高。

（1）技术先进。为适应我国地质及气候条件复杂多样的特点，我国高速铁路在路基、桥梁、隧道、客站等基础设施建设，以及无砟轨道、牵引供电、通信信号等专业领域，攻克了一系列技术难题。我国不仅全面掌握了高速铁路总体设计、接口管理、联调联试等关键技术，还依托高速铁路运营大数据，针对进一步降低高速铁路运行的全寿命周期成本、提高列车调度的效率、减缓机车零部件老化磨损等前沿问题展开研究，不断优化高速铁路的整体性能。

（2）安全可靠。除了技术先进能保障安全可靠外，在运营管理方面，系统掌握了复杂路网条件下的高速铁路运营调度技术，建立了适应大客流、高密度的客运服务系统，构建了高速铁路安全风险防控体系，为高速铁路安全运营提供了可靠技术保障。

（3）兼容性好。兼容性好源于我国高速铁路发展过程中突出的系统集成创新能力。

我国高速铁路在工程建设、动车组、列控、牵引供电等主要领域，与世界先进技术具有良好的兼容性，不仅融合 UIC、IEC（国际电工委员会）、ISO（国际标准化组织）、EN（欧洲）、JIS（日本工业）等国际先进标准，也与德国的西门子（Velaro-E）、日本的川崎重工（E2-1000）、法国阿尔斯通（SM3）、加拿大的庞巴迪（Regina）等完全兼容。

（4）性价比高。我国高速铁路性价比高，首先体现在建设工期和质量上。通过创新施工组织动态管理模式，以工厂化、机械化等为支撑，实现施工方案、资源配置与控制目标的最佳匹配，大大提高了建设效率，确保了工期和质量。工期短并不是不合理地压缩工期，而是通过科学测算合理确定工期。其次，根据世界银行 2014 年 7 月的研究报告，我国高速铁路每公里建设成本约为发达国家的 2/3，新研发的列车采用镁合金、碳纤维等先进的轻量化材料，运用有"中国元素"的低阻力设计，采用高效的牵引制动系统，关注最易损耗的每个零部件，从而使整车寿命可达 30 年。中国标准化动车组整体运行阻力降低 12%，人均百公里能耗下降 17%。

我国高速铁路以最短的时间成为我国技术追赶最为成功的产业之一，其辉煌并非一日之功，主要原因应主要归功于我国长期积累的技术团队、技术能力和技术平台，始于 2004 年的"成套引进"路线，帮助中国高速铁路产业建立起现代化的制造体系，还获得了完整的产品生产与运营经验，以最小的代价、最短的时间推动高速铁路全产业链的大发展，我国原先所积累的技术团队、技术能力、自主创新得到充分调动和释放。例如，在"中华之星"的研发过程中培养了人才，这些人员很多在后来引进技术过程中承担技术骨干。再如，机车车辆并非"中国高速铁路是依赖外国帮助并获得全套技术的结果"。日本、德国、法国技术以及庞巴迪公司技术动车组，外方对诸如转向架、网络控制、变流装置、空气制动等核心硬件和软件技术都拒绝转让。引进中，我国得到的主要是生产图纸、制造工艺、质量控制和检测方法，即制造合格产品所必需的义件、管理知识和有关专利。因此，解释中国高速铁路技术成就的关键变量不仅是"引进、消化、吸收、再创新"，而是该工业在自力更生阶段形成的技术能力基础和使这个基础继续发扬光大的自主创新路线，坚持自主创新是增强自己能力的唯一途径。

1.3 高速铁路运营安全概述

安全是一切交通运输方式永恒的主题。高速铁路作为铁路运输的一种新形式，具有高速度、技术构成复杂、集成化程度高、耦合程度高和组织一体化等特点,是当今时代发展和经济技术进步的集中体现,是高新技术的系统集成,与普速铁路比较,存在着现代科技上的巨大差异;存在着人、机功能分工和组合上的差别。在高速铁路快速发展的同时,高速铁路的安全问题也备受各界关注。高速铁路列车具有速度高、行车密度高、安全要求高等特点,高速铁路安全管理的各方面都要比普速铁路严格许多。高速铁路技术装备先进,在一定程度上提高了其安全性能。但高速铁路运营要素众多且富于变化,运营安全在一定程度上处于不确定状态,也因此对高速铁路运营安全就提出了更高、更严、更具特色的要求。自1964年世界上第一条高速铁路——日本的新干线诞生以来,高速铁路安全问题就随之而来,高速铁路安全事故涉及人员之多、范围之广、影响之大,一直是全世界共同关注的焦点。高速铁路运营一旦发生事故,后果非常严重,破坏性和影响极大。各国都在努力提高高速铁路安全管理水平。如何确保高速铁路运营安全持续稳定,成为铁路部门需要面对的首要任务和重大课题,如何通过管理的方法和手段提升实现安全,是摆在所有企业及行业管理部门面前的难题。

1.3.1 高速铁路事故的危害性

如图1.6所示,高速铁路系统涉及车务、机务、车辆、供电、调度、通信、客运等多个部门和多项设备,相互必须协调统一,才能保证高速铁路的正常运行。高速铁路系统内部环境和外部环境,都会对高速铁路运营安全产生一定的影响。内部因素主要是涉

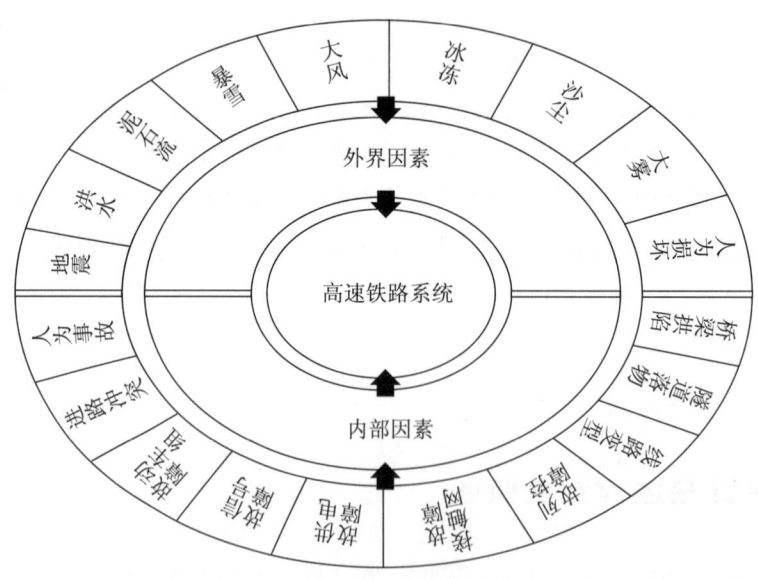

图 1.6 高速铁路安全影响因素

及人员、设施设备、管理等因素，外界因素主要包括自然环境和社会环境。例如，在日常高速铁路运营过程中，由于人为失误、系统偶然故障、环境条件变化等随机因素影响，就会发生一些无法预测的事故，轻则造成列车延误晚点，影响乘客出行；重则造成人员伤亡和财产损失。

2008 年至 2018 年 8 月，境外共发生主要高速铁路事故 70 件（含路内和路外事故），涉及日本、法国、德国、美国、西班牙、意大利、英国、韩国、挪威、葡萄牙、瑞典、奥地利、比利时、芬兰、瑞士、捷克、中国台湾等共 17 个国家和地区，共造成 145 人死亡、880 人受伤，部分列车延误。其中，日本新干线事故最多，共发生 16 件，多为列车延误事故，但造成的人员伤亡损失较小；此外，发生高铁事故数量较多的国家还包括：德国 9 件、法国 9 件、美国 7 件、英国 6 件、西班牙 5 件、意大利 4 件、韩国 3 件；其余国家及地区均为 1—2 件。特别重大、重大、较大、一般四类事故占比分别为 1.4%、4.3%、1.4% 和 92.9%，这说明 10 年间境外发生的高速铁路事故绝大多数为一般事故。高铁事故的主要原因包括直接人为原因、技术原因和其他原因等。直接人为原因主要是指铁路移动和固定设备被盗或被损坏，铁路职工明显违章操作、违章作业或误动作，路外行车干涉（如道口冲突）等；技术原因主要是指铁路设备本身技术故障，或一些设备运行性能恶化，或设备超限运行、使用但没有被及时发现等；其他原因主要指因治安因素引起的列车爆炸、火灾，以及一些突发的自然灾害等。在 2008 年至 2018 年 8 月境外 70 件铁路事故中，技术缺陷事故 23 件，占 32.9%；直接人为事故 22 件，占 31.4%；未知事故 13 件，占 18.6%；其他事故 12 件，占 17.1%。除了原因未知的事故以外，技术缺陷和人为因素等原因引起的事故所占比例最高，因此在重视以技术装备现代化保障铁路行车安全的同时，也要重视对人员生产作业技能和操作规范的训练和监督管理。

《RT 轨道交通》公众号通过数据统计表分析，2015 年 1 月至 2018 年 10 月，国内外发生过与高铁相关的重大事故共计 14 起，其中因车辆关键技术及零部件故障引起的事故 8 起，轨道故障事故 3 起，供电系统故障事故 2 起，安全速度控制系统故障事故 1 起。

1.3.2　我国高速铁路安全管理措施

（1）高铁安全管控

把安全"万无一失"的理念嵌入运营管理全过程，强化担当和责任意识，防止出现松懈麻痹、降低标准等倾向。认真梳理分析高铁建设运营以来，逐步暴露出的周期性隐患和问题，探索把握高铁安全规律，强化路基沉降、桥墩偏移、轨道板离缝泛浆、CRTS-Ⅱ型轨道板等病害及隧道口、长大路堑等薄弱处所、列控系统风险评估和监控整治；紧盯"复兴号"达速运营安全保障措施落实。全面总结京沪高铁标准示范线建设经验，辐射推广到其他高铁。扎实开展高铁运营安全质量服务效益综合评价工作，推进高铁防护工程建设。

（2）旅客安全管控

严控客车走行部、制动系统、电气线路等检修质量，强化服务设备设施整治；站车消防、客车"两炉一灶一电"和禁烟管理。加强客站、客车视频监控管理，强化旅客天桥、地道等关键部位改造和客流疏导，进出站口、客运电梯等关键部位管理，严防发生拥挤踩踏。规范和落实干部监督检查标准，严把接发旅客列车防错办、防机车车辆溜逸等关键控制。加强客站设备设施委托管理，确保设备质量达标、运用安全可靠。

（3）劳动安全管控

弘扬生命至上、安全第一思想，坚持劳动安全隐患"零容忍"，以防车辆伤害、触电伤害、道路交通事故、中毒窒息等为重点，完善落实劳动安全"八防"措施，强化惯性"两违"整治。安全"红线"管理，规范行车作业标准化用语，落实"上道必防护"措施。加强作业环境危害风险辨识，按岗位进行明示。单人单岗作业管控，落实"手比、眼看、口呼"有形化措施。推广双面警示灯、作业通道门禁等物防、来车报警等技防措施。突出典型事故案例、防护措施有形化，常态化开展安全警示教育，增强职工自我保护意识和防护技能。

（4）施工安全管控

落实"施工不行车，行车不施工"基本要求，严把施工方案审查、干部到岗、施工防护、开通确认、邻近营业线施工监督关，强化施工安全管控。深入开展施工方案质量整顿，编制程序、标准和责任落实，强化安全源头控制。干部到场把关，强化Ⅲ级施工、点外作业、故障处置安全卡控。严肃信号联锁试验纪律，深入开展联锁管理专项检查。委外施工管理，严禁无资质、无方案、无计划、无防护、无监督违章施工。路外单位施工安全管控，盯控承诺"刚性"规定落实，发生问题追究设备管理单位同等责任。

（5）外部环境管控

落实高铁外部环境管理制度，加强高铁线路防护设施巡查维护、通道门和高铁站台管理、站场闲杂人员清理，严防进入封闭线路。持续推进高铁桥下全封闭，规范设置安全防护设施、界碑标桩、警示标识。深入开展铁路安全法制和爱路护路宣传教育，健全与地方政府、铁路监管机构、司法机关联动协调治理环境安全问题工作机制，依法维护铁路安全。巩固扩大高铁环境治理成果，推进环境治理"双段长"制，深化隐患排查整治，净化高铁外部安全环境。

（6）治安和消防安全

落实高铁治安防范、反恐防暴各项措施，大力推进科技信息化、指挥扁平化、安保实战常态化建设。落实旅客实名制验证验票进站和人员、携带品安检核查、高铁快运和行包受理承运"三个100%"制度，加强铁鞋、脱轨器等防溜防撞器材管理，加大违法犯罪行为打击力度，完善突发事件应急响应、联合处置机制，筑牢反恐安全防线。落实站段消防安全主体责任，完善消防设备设施"用、管、修"制度，加强电气火灾隐患综合治理，高铁大客站供用电安全及旅客列车、人员密集场所、行车重点部位等消防安全管理，整改消防突出隐患，加强日常培训演练，提升消防安全"四个能力"。

（7）季节性安全防控

强化春运、暑运、节假日、防洪抗台、防寒过冬、恶劣天气等关键时期安全，动态完善防范措施，形成常态化应对机制。坚持全年、全员防洪，增强主动防范意识，深化隐患排查整治，提高防洪工程质量，突出抓好新线特别是高铁隧道防洪质量问题整改，开展崩塌落石、地质灾害、挡护设施质量风险评估。加强季节性安全检查，落实设备防胀、防断、防雷、防污闪、防鸟害等安全措施。坚持导向安全，恶劣天气、客流高峰、列车大面积晚点等非正常情况下行车组织。强化主动避险意识，落实停、封、扣、限措施，确保运输安全稳定。

（8）提升应急处置水平

围绕"行车单一指挥"，进一步明确铁路局集团公司、站段、现场应急处置的责任界线，行车指挥和技术指导"两条线"，规范信息上报流程，确保信息渠道畅通，逐级联系、单一指挥，减少对现场处置人员的干扰；执行应急处置"一案一总结、一案一分析、一案一评价"制度，动态修订完善应急预案，做到简洁、管用、有效，构建"导向安全、分工明确、信息畅通、预案科学、支持有力"的应急管理体系。强化救援列车和救援队建设，推进高铁救援技术装备研发应用，加强路地协调配合，统筹社会化资源利用，提高应急处置能力。

（9）强化人员培训，提升队伍业务素质

强化人员入职教育、继续教育，树立正确的安全理念，提升设计队伍的技术业务素质。通过开展多种形式的技术比武，加强设备维护人员的专业培养，提升维护人员专业技术知识，培养出一批系统技术业务骨干。不断加强人员安全教育，树立牢固的红线意识，杜绝作业过程中的违章违纪。

1.3.3 我国高速铁路采取"人防、物防、技防"的安全保障措施

近十年来,我国高铁安全风险管理方面,主要开展了"人防、物防、技防"相关对策。

(1) 人防措施

进一步强化行车人员的教育培训,增强对铁路一线作业人员、关键工种的实作技能培训,加强作业人员规范专业化管理,不断完善专业管理规章制度与作业标准,不定期地开展铁路安全隐患全方位的排查,发现问题应立即解决,及时消除隐患。

(2) 物防措施

对行车人员现场作业管控进一步强化,要求在每次每列列车开车前,行车人员一定要对车辆情况、线路中的隧道、高架桥梁、路基和轨道结构等进行全面、仔细的检查,确保列车的每个零件都在安全可控范围内,并进一步完善应急体系建设。

(3) 技防措施

采用先进的调度指挥系统,地面车辆安全智能监控设备、动车组安全智能监控装置,强化数据综合分析,形成车上、地面立体化的智能化实时检测监测体系,有效避免了人工检测的不确定性和不可控性,进一步提高高铁防护能力。例如,调度指挥系统:采用并结合了先进的通信、信号、计算机网络、数据传输、多媒体技术等现代信息技术,在保证网络安全的前提下,与相关系统紧密结合、互联互通、信息共享,完成智能化的调度指挥工作,例如开发了以下相关技防措施:

① 列车超速报警:主要安装于列车底部,可准确采集列车运行速度,当列车超过一定限制速度时,网络控制系统可时时报警,司机需立即调整运行速度。

② 轴承过热报警:列车温度传感器对轴承进行监视,一旦温度过高,网络控制系统马上报警,避免轴承温度过高抱死,以免造成车毁人亡的事故。

③ 烟雾监测报警:列车有传感器,若有旅客抽烟,一个烟头的烟雾,传感器就能感知到,司机就知道车厢有烟,然后选择合适地点停车。

④ 异物设立监视报警系统:有可能有闲人进入高铁的路段,可能发生崩塌落石的地段,设置金属防护网、异物监测网、监视报警系统,保证受侵信息及时传输到综合调度中心,控制列车的运行。

⑤ 暴雨增设摄像机传感器:年降水量大于 200 mm 的地区装雨量计,并设置三级降雨量预警,实行警戒、限速、停运等措施。在必要的地点,增设摄像机、倾斜计、应变计、检测网等传感器,监测路基灾害。

⑥ 地震自动切断接触网电源：地震发生后，铁路地震监测系统会及时分析、判断所监测到的地震信号，若达到预警水平，将自动切断相关区段接触网电源，通过 ATC 信号使本区段上运行的列车停车，并使相邻区段运行的列车不再进入灾区。

⑦ 强风设置风速探测器：铁路沿线需要设置风速探测器，这些探测器一般安装在特大桥梁、车站、变电所以及风口地区，在监测到强风时，需要对列车采取限速方式。

目前我国高铁的安全管理主要包括事前预防、运营过程中的安全监测检测、事故管理及应急救援等方面。其中，事前预防手段主要包括建立相对完善的标准及规章制度、顶层设计和运营前的综合试验及评估等前控机制、建立设备养护维修制度、职工安全素质建设及治安防范等方面；运营过程中安全监测检测主要包括基础设施服役状态和移动设备运用状态的实时监测检测、系统运营环境的防灾检测等方面；事故管理及救援主要包括事故应急救援和事故调查处理及反馈等方面，要求具有对突发事故的应急处理能力。从运营安全实践看，尽管为确保动车组列车运行安全采取了相应的措施，但仍因存在安全隐患可导致事故发生。

通过资料检索和调研，归纳梳理 1982—2015 年间我国铁路运营中发现的问题，以及日本、英国和美国国家铁路事故调查报告记载的高速铁路交通事故，分析风、雨、雪等高影响天气对铁路工务工程、动车组、通信信号、牵引供电、客运、机务等系统带来的潜在安全风险，并对发生原因和可能产生的后果进行分析，结果表明：国外高速铁路事故总体呈现波动下降趋势，但近期发生的多起事故仍需引起高度关注和警示。十年间国外高速铁路事故虽在个别年份发生数量较多，但总体来看基本保持下降趋势，且绝大多数为一般 C 类事故，安全情况良好。但 2018 年 9 月以后，国外相继发生高速列车事故，造成了人员伤亡和铁路基础设施损坏，我国需引以为鉴，吸取相关教训。

对比国外高铁情况，我国高铁运营安全保障效果十分明显，运行更加安全可靠。国铁集团围绕"强基达标、提质增效"工作主题，牢固树立高铁和旅客安全"万无一失"工作理念，创新设备检测、维修和养护手段，大力推进主要干线集中修，行车设备质量管理不断加强；优化作业组织，进一步加强应急处置工作，现场安全管控水平不断提升；积极推进安全大数据应用和技术创新，充分利用安全监测检测设备强化现场作业和设备动态监控，着力构建技防、物防、人防"三位一体"安全保障体系，铁路运输安全管理水平进一步提升。

1.3.4　高铁运营安全面对的挑战与工作重点

高速铁路是由土建、轨道、车辆、供电、通信、信号和控制多个子系统构成的复杂系统，是高质量、高稳定性的土建工程、性能优越和先进的高速列车，是先进可靠的列车运行控制系统以及高效的运输组织管理体系的集合体。我国高速铁路技术从国外引进、消化吸收再创新时间较短，目前尚处于磨合期，高速铁路安全规律尚在摸索之中，对影响高速铁路安全的规律认识和把握尚需时日，对基础设施设备运用规律掌握不够，安全保障体系尚不健全，高速铁路安全运营水平有待进一步提高，研究高速铁路运营安全保障体系具有重要的现实意义。同时考虑到我国高铁运营时间较短，尚未完成一个完整的装备寿命期考核，寿命期带来的挑战更要高度重视。加强高速铁路安全保障技术体系研究势在必行。

（1）新技术的挑战，包括新材料、信息化技术、新装备。这些国外也在发展，中国也在发展，在某些方面实际上国外有领先，我国也在研究，但是不去加快研究、不去应用这些先进技术我国就会落后。不能说高铁现在是先进的，未来就永远是先进的，必须要创新发展，才能保持先进，包括基础理论、材料、装备、智能化、绿色化方向发展都需要技术创新。

（2）安全方面的挑战，包括设备管理、人员管理、治安、对自然灾害防范。比如地震来了以后，高铁能否安全运营，或者如何将安全损失降到最小，需要技术支撑。此外，随着运营时间的延长，设备逐渐老化，如何通过养护维修保持设备功能，使其有良好状态。这些都要从技术、管理各方面来进行创新，保障安全。安全挑战是长期存在的，不可能是临时的。

（3）我国生态环境保护的要求对铁路建设的挑战，如节能、节地、节省材料、减少高铁运行对周围老百姓的影响，如降低噪音等。这些方面需要认真研究，用传统方法不行，传统的方法可能在这些方面考虑得不是非常充分，随着国家对生态环境保护更高的要求，要落实到铁路建设和运营中去，把挑战变成压力，压力变成动力。

面对挑战，高铁运营安全管理的重点应当集中在：

（1）提高工务设备养护维修管理能力，重视高铁周边环境突出问题。针对违规上道、违章操作等问题，强化职工安全意识，加强现场安全管理；针对路外施工、人为闯入等开展监控、识别、预警等相关技术研究。

（2）加强完善电务等设备全生命周期管理制度，保障设备运行在健康状态。加强设备维护管理单位对设备的服役周期、生命周期的细致监控，按照《高速铁路维护规则》进行设备的维修、中修、大修及更新改造，避免设备出现失修、不良设备超期服役问题的出现。对临近服役周期的设备合理进行评估，以确定其更新改造时间。通过多方位管理，保障设备运行在健康状态。

（3）全面考虑防控外部环境风险。设计是线路建设运营的开端，强化设计阶段对外部环境的综合考虑（例如，因地制宜的考虑大风冰雪荷载、接触网结构零部件紧固方式等），针对防雷、防鸟害、防污（雾）闪、防冰冻雨雪等外部环境因素优化深入设计方案。同时，加强动车组运营外部环境管控。通过改善运营外部环境，减少异物入侵等，降低非动车组责任的事故或故障，保证运行安全性，提高运输效率。

总之，需要加强开展高铁运营十年以来的专项评估和研究，主要内容包括：

（1）深化对高铁安全管理体制机制、技术规章、生产布局、劳动组织、人员素质、应急处置等课题的研究，构建具有中国特色的高铁安全管理体系。

（2）理论体系创新。要系统总结并前瞻性研究铁路安全管理理论，创新优化中国铁路安全管理体系，尽快把铁路持续安全运营对策研究成果转化为实际工作成效。要推进我国铁路安全指标体系研究，尽快形成符合我国铁路实际、达到世界领先水平的铁路安全指标体系。

（3）管理机制创新。针对铁路机构改革、专业融合发展、维修体制改革和生产力布局调整等变化，清理规范、研究构建适应新体制要求的安全管理基本制度，完善源头治理、超前预防、综合施策的体系机制，国铁集团重点对设计、制造、建设以及制度机制等方面的源头问题组织治理，铁路运输企业重点对管理、运营、维修和制度落实等方面的源头问题进行治理。

（4）技术应用创新。要加快铁路运营安全大数据分析运用，加大自动化、智能化检测、维修手段和工具等适用新技术的引进和新产品开发力度，统筹推进机械化减负、自动化换人，切实提升物防能力和技防水平，实现精准治理、精准预防，变被动安全为主动防范。

1.4 高速铁路运营安全风险管控

1.4.1 高速铁路运营安全风险管控内涵

高速铁路实行24小时不间断的行车组织方式，受地域气候变化、外部不确定干扰事件、设备质量和检修质量、从业人员技术水平和精神状态等诸多因素影响，对列车运行安全构成威胁，运营安全风险实时存在。各类事件的发生有其必然性，更有其偶然性，构成各类安全事件发生事件不确定性，具有较强的随机性。可见，高速铁路运营安全风险特征具有多样性、复杂性、耦合性和随机性。高铁运营每天都要面对如此种类繁多的风险，高铁运营安全风险管控就是遇有高速铁路设备、人员、自然灾害、社会治安等风险管理等安全问题一旦发生，要根据事件的现场状况对事件的影响、发展的态势进行预先评估，给出的事件影响评估和事件态势评估确定这次事件的损失程度、影响层面、影响规模以及事件种类，按照安全风险评估的风险等级，制定出详细的处理方案，并对应相关预案，组织应急处置。在处置过程中，各相关岗位协同一致、共同完成，要按照"单一指挥、导向安全、按章处置、减少损失、方便旅客"的处置原则，着重把握安全、效率和服务准则，对应预案操作流程和关键项点有序熟练规范处置，不断提高高铁运营整体的风险管控能力，提高运营综合管理水平。

风险在各个领域、各个环节都广泛存在。高速铁路一旦发生风险事故，将直接造成铁路交通瘫痪中断、人员拥堵，社会影响恶劣，甚至可能引发乘客秩序混乱，对政府的信任危机，后果极其严重。安全风险管理就是指通过识别生产经营活动中存在的危险、有害因素，并运用定性或定量的统计分析方法确定其风险严重程度，进而确定风险控制的优先顺序和风险控制措施，以达到改善安全生产环境、减少和杜绝安全生产事故的目标而采取的措施和规定。安全风险管理作为一门新兴的管理学科。在其形成和发展过程中，由于对风险管理的出发点、目标、运用范围等侧重点不同，安全风险管理的理念也将随着时代的发展不断演变。风险管控是安全风险管理主要内容之一，风险管控的基本内容、方法与程序是构成风险管理的重要方面。铁路以运输生产过程为对象，以高铁、客车和高风险环节、关键岗位的安全风险管理为重点，以落实"标准化作业、规范化管理"为核心，在识别、研判安全风险、制定安全风险控制措施的基础上，整合现有的安全管理制度、办法和岗位标准，构建起符合高速铁路运营特点的安全风险管控体系，实现对运输生产整个过程、所有环节的严密控制，特别是高风险岗位作业环节的有效控制。

1.4.2　高速铁路运营安全风险管控研究内容

高速铁路运营的特点是高速度、高密度、技术构成复杂、功能综合、运输组织统一、指挥集中。事故是由人的不安全行为、设备的不安全状态、环境的动态变化和管理不到位等不安全因素相互作用而造成的结果。高速铁路运营安全管理总体上看是基于技术手段上的主动和预防性管理，是在现代科学技术、现代运作管理理论与实践以及对自然及环境灾害认识充分发展的前提下，对安全管理的持续细化、深入和系统化。当今，在"互联网+"、物联网、大数据的时代，数字化、网络化、智能化已经成为主题，精细和精准化管理已经成为高速铁路运营安全管理的趋势。在此背景下,构建高速铁路运营安全保障体系的相关理论、技术、方法及工程实践具有重要的现实意义。

构成高速铁路运营安全系统的人、设备(机)、环境、管理基本要素实体体现出的分布性、差异性、关联性、高度动态性和巨量性等特点。高速铁路运营安全理念是以高速铁路运营系统为研究背景,以系统中"人、设备、环境、管理"要素为研究对象,以系统的观点,运用管理学理论,以先进、成熟、可靠的信息技术为支撑,构建人防、物防、技防"三位一体"的安全保障机制,通过分析高速铁路系统从设计、建设、运营到维护整个生命周期与安全相关的各系统、各环节和各要素间的互动关系和影响机理,辨识并找出系统各岗位安全风险点,通过技术革新和员工培训等方式,提高系统运行安全质量与可靠性,并通过对系统中"人、设备、环境、管理"要素的有效控制,梳理高速铁路安全链条并在生产和实践中突出安全链条的观念与实践,保证整个高速铁路系统安全运转。

风险控制和事故预防能力是高速铁路运营安全管理的核心管理能力。铁路系统全面推行安全风险管理,就是要结合铁路安全工作实际,以夯实安全基础建设为前提,以规范安全管理和落实作业标准为重点,通过风险辨识、评价、控制等系列活动,努力做到超前防范、过程控制,达到防范和降低安全风险的目的。

衡量风险的要素是事故发生的可能性和危害性所造成的后果严重程度。通过分析事故的发生频率和事故的严重程度,可以对风险进行评估,制定风险控制措施,进而管理、降低或消除风险。传统的安全管理方法侧重于控制事故发生的频率来减少事故,并取得了一定的成功。然而,事故后果的严重程度在某些方面、状况下是可以评估的、预测和控制的。这个原理强调,在某些条件下可以通过评估预测可能发生的事故及其严重程度,通过降低事故的严重性来减低风险,预防控制重人恶性事故的发生;而不仅仅通过减少事故的发生频率来减少损失。

高速铁路运营安全管控主要针对已经投入运营的高速铁路系统运营过程中所涉及的人、物、环境的行为与状态,总的路线是围绕人-设备(机)-环-管理的角度展开,是对安全风险管理的进一步强化与发展,是从战术层面对高速铁路运营安全风险管理的具体展开。

1. 主要研究对象包括:

(1)高速铁路运营机构及人员,高速铁路乘客。

(2)高速铁路线路、车辆、通信、电务和信号系统监测和检测及预警管理。

(3)高速铁路环境与设备监控与预警系统,即高速铁路防灾系统。

(4)高速铁路运营安全现状进行调查及评估、技术分析,对安全管理秩序监督和检查，确保安全管理水平持续改进。

（5）高速铁路运营日常应急管理与重大事故应急处置。

（6）对高速铁路运营安全风险演变机理的分析。

（7）对高速铁路事故的成因进行系统分析，识别和提取危险源。

（8）对高速铁路运营设备故障、管理等方面的大数据，进行整合与挖掘，甄别出高速铁路安全的影响因素。

（9）借助系统科学理论，构建人、设备、环境、管理组成的高速铁路运营安全系统三视模型—结构模型，控制模型和功能模型；借助人机工程学等方法对高速铁路工作人员的状态进行研究；使人、设备、环境和管理有机协调。

（10）协调系统中人、设备、环境和管理相互关系。

2. 安全风险过程管理

（1）超前防范。以安全风险辨识和管控为基础，运用现代风险管理和事故预防理论，规范具体工作程序和方法，从源头上系统辨识风险、分级管控风险，努力把各类风险控制在可接受范围内，杜绝和减少事故隐患；以隐患排查和治理为手段，全面排查风险管控过程中出现的缺失、漏洞和风险控制失效环节，坚决把隐患消灭在事故发生之前。

（2）通过辨识风险、排查隐患，并落实风险管控和隐患治理责任，实现安全风险辨识研判、分级管控和隐患排查、整改、消除的闭环管理，不断完善、持续改进。

（3）把风险管控、隐患排查治理和构建人防、物防、技防三位一体安全保障体系，推进安全生产标准化规范化建设等工作有机结合，推动安全基础工作整体强化。

3. 预防管理

现代安全管理的主要特征之一，就是要变事故后处理为事故前预防，要做到这一点，一是要采用安全分析、安全评价、可靠度分析、心理分析等控制手段，对交通运输过程中所涉及的人、设备、环境、管理进行危险预测分析，从而进行超前控制。在这方面，可以较多地借鉴西方发达国家的事故管理理论，其中如事故致因理论，它通过对事故发生的机理进行研究，从中找出规律性的东西，制定出一定的事故模型，探讨事故发生的有效对策与预防措施，进而行使有效的安全管理。

（1）运输安全预防理论体系构建。研究运输事故分级预防机理；认识行为动力定型机理；风险效应机理；危险源预测与辨识机理。

（2）运输安全预防技术体系构建。分析运输事件、事故预测技术；完善安全规划技术、安全设计技术；针对各种危险隐患采取有效的技术措施进行治理；从技术层面上分析事故预防的实现途径。

(3）运输安全预防管理体系构建。建立和完善统一的安全标准体系、安全机制协调机制体系、宣传教育体系；规范运输系统中人的行为。

4. 安全管理决策

高速铁路运营安全管理发展的趋势是基于现代信息技术，以实现高速铁路设施设备状态、环境的自感知、自诊断、自决策为基础，构建运输生产智能化作业、运营智能化组织、安全决策智能分析为重点，构建智慧铁路，实现高速铁路运营的安全预防管理。

5. 建立完善的铁路安全风险管理机制

包括建立安全预警机制，通过"预警系统"建立合理、科学的铁路安全预警评估指标体系和安全绩效累计算法模型；采取负向目标激励方法，通过安全绩效累计实行"撞线预警"评估，充分体现"安全第一、预防为主"的管理思想；建立国铁集团、铁路局集团公司和站段三级安全信息收集与反馈网络；系统通过"检测网"采集安全信息，对安全隐患能及时准确地进行统计分类、综合分析，实现安全管理有序可控；建立重大危险源和事故预警机制。

6. 运输安全保障体系构建

（1）研究运输事故阶段性机理、行为不可靠性机理、系统性机理等，建立起运输安全保障体系理论基础。

（2）研究事故信息采集技术、事故移动跟踪技术、系统控制技术以及系统设计技术，分析运输安全保障体系的实现途径。

（3）搭建运输安全信息平台，构建运输安全事故预测系统、决策支持系统、评价系统、协调系统，从而能够对历史数据进行挖掘，提取隐藏的预测信息，掌握运输安全动态，评价安全保障措施的效果并为决策提供支持。

（4）建立和完善运输安全保障政策法规体系，提供安全管理的基础保障。

7. 事故救援体系构建

（1）研究事故救援的快速响应机理、联动调度机理、第一生命特征机理（把生命作为第一条件，制定并落实安全救援计划，以保证受害人及时得到治疗和抢救）、事故再现机理，为运输事故救援体系的构建提供理论基础。

（2）分析铁路事故现场勘查技术、联动调度技术、第一生命特征救援技术、现场疏通技术，为事故救援体系的构建提供技术保障。

（3）建立起能快速反应的运输事故紧急救援联动系统，建立急救新机制，研究事故救援的布局、资源管理、指挥系统建立、事后管理等，把事故可能造成的损失降到最低。

（4）建立和完善事故救援政策法规体系。

第 2 章 高铁运营风险管控理念、思路及方法

Chapter 02

风险无处不在,变化就是风险。安全风险管控是风险管理的核心,并贯穿于风险管理整个过程。高铁运营风险是客观存在的,然而又是可防的、可控的。风险管控坚持以人为本、预防为主,结合实际、有效融合,系统分析、上下结合,突出重点、有序推进,专业管理、综合监管,实用有效、持之永恒,科学合理、有法可依的基本原则。安全风险管控体系构建的总体思路和理念是:坚持"一个理念"、"两个平台"、"三个机制",形成综合性的安全风险管控体系,是具有高铁运营安全管理特色的体系。

建立健全运营安全风险分级管控和隐患排查治理工作制度,将高速铁路运营安全风险分级管控和隐患排查治理工作纳入年度安全工作计划并组织实施,确保运营安全风险分级管控和隐患排查治理工作得到有效落实。

2.1 安全风险管控基础

铁路安全风险管理就是要结合铁路安全工作实际,通过风险识别、研判和规避风险、转移风险、驾驭风险、监控风险等一系列活动来防

范和消除风险，形成一种科学的管理方法。铁路安全风险管理的重点是要抓好风险识别、风险研判、风险评价和风险控制等要素。安全风险分级管控程序如图 2.1 所示。

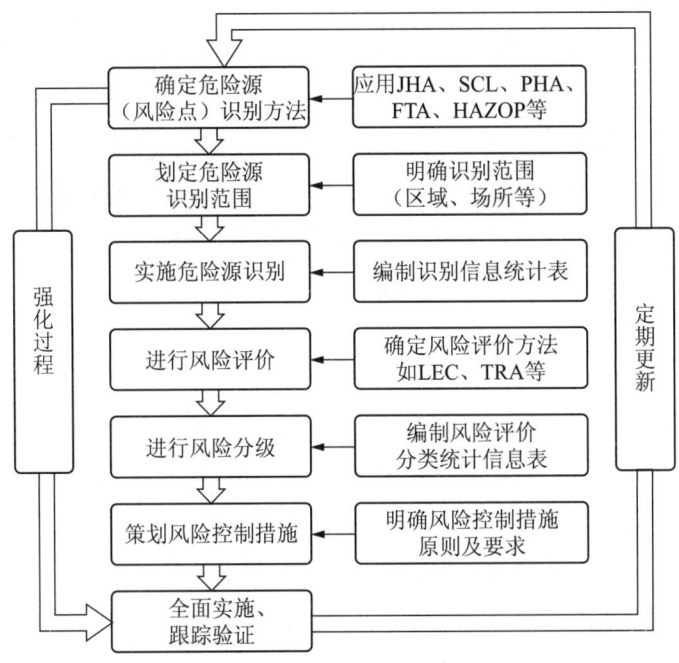

图 2.1　安全风险分级管控程序

2.1.1　风险相关概念

1. 风险与安全风险

风险是指某一特定危险情况发生的可能性和后果的组合。风险管理是指如何在一个肯定有风险的环境里，通过相关方法和手段把风险减至最低的管理过程。

从风险研究的发展历史可以发现，人们对于风险有如下两种认识：第一种是把风险定义为不确定事件，这种学说是从风险管理与保险关系的角度出发以概率的观点对风险进行定义；第二种是将风险定义为"损失的不确定性，可以说是不确定的因素造成的实际结果偏离了预期的程度"，不确定性是指对某些因素缺乏足够认识而无法做出正确估计，或者没有全面考虑所有因素发生的可能性而造成的预期价值与实际价值之间的差异。

安全风险是指发生危险事件和危害暴露的可能性，与随之引发的人身伤害或健康损害或财产损失或环境破坏的严重度的组合。其中：可能性，是指事故（事件）发生的概率；严重度，是指事故（事件）一旦发生后，将造成的人员伤害和经济损失的严重程度。

安全风险表示的是危险源的危险程度,第一类危险源(能量或有害物质量值的大小)决定着后果严重程度,第二类危险源决定着发生的可能性,两类危险源一起决定了风险的大小。如果某一危险源具有的能量或有害物质量值很高(后果严重),同时对其管控也比较宽松(失控可能性高),那么,该危险源的风险程度就会很高,反之亦然。

由于风险是表示事故发生的可能性,因此可以把风险作为衡量铁路系统安全风险程度的准则,这就是国际上为什么用风险来定义安全性的原因所在。风险概念包括两个方面:一方面是危险的可能性,即导致危险的事件或事件组合出现的概率,或这种事件出现的频率;另一方面是危险的严重性,即危险后果的严重程度。危险事件的风险 R 是该事件发生的概率 P 和损失严重程度 c 的函数,即

$$R = f(P, c) \tag{2.1}$$

2. 风险辨识研判。是指发现、列举和描述安全风险要素的过程,主要是围绕第一类危险源,查找人的不安全行为、物的不安全状态、环境和管理的缺陷等第二类危险源的过程。风险辨识研判应注意的事项:

(1)风险描述应为导致事故的根源和可能的状态,不是对结果的描述,应避免表述成"人员触电"等事故后果类的描述,而是要对类似"绝缘破损"等导致"人员触电"的原因进行描述。

(2)风险描述必须具体,不能含糊,避免出现"人员违章"等过于宏观的描述,而是要对各种导致违章的现象进行有针对性的描述。

(3)风险辨识研判要全面,注意关注容易遗漏的内容,涵盖运输生产作业全过程的各种场景、各个环节、各个部位,如:施工、检修、维修作业以及结合部等。

(4)应关注作业人员职业健康方面,关注职工心理、生理性危险因素分析。

(5)不能忽视在本单位现场进行各种作业的承包商、供应商,以及访问者、外来人员带来的危害因素。

3. 风险评价。是指对危险源所伴随的风险进行定性和定量的分析预判,以确定风险等级大小,分析论证现有管控措施的充分性,以及是否可接受或可容许的过程。风险评价的过程也是风险分级的过程。风险评价的方法总体上分为两类,一类为定量的,如事故后果模拟分析方法和定量风险评价法等;另一类为定性的,如安全检查表法和预先危险性分析法等,通常可以按事故类别分类或按导致事故、故障的直接原因进行分类。还可以进行综合归纳推理,如危险与可操作性方法,也可利用各种支持性技术提高风险识别的准确性和完整性,包括头脑风暴法、专家意见法等。

4. 风险类别。铁路安全风险划分为行车安全、劳动安全、外部环境与综合治理、建设、特种设备、食品卫生、消防安全、规章制度、综合保障、结合部安全风险十个类别。

5. 风险管控措施。是指为将风险降低至可接受程度，针对该风险采取的管控方法和措施。主要是按照人防、物防、技防综合施策，源头防范，全员、全过程管控安全风险的原则，依据现行规章制度、技术标准和有关管理要求，结合既有安全管理有效做法，对照部门、岗位职能职责，分别从工程技术措施、行政管理措施、教育培训措施、个体防护措施和应急处置措施等方面，制定管理和作业全过程安全风险管控措施，明确各层级、各岗位管控责任。

2.1.2 风险相关关系

1. 安全、风险、危险

危险是一种可能导致事故的状态，是一种存在的或潜在的不希望事件的状态；而风险则用于描述未来的随机事件，它不仅意味着不希望事件状态的存在，更表明其转化为事故的途径和可能性。因此，有时虽然有危险存在，但并不一定会承担多大的风险。例如人类使用核能，就有受到辐射的危险，这种危险是客观存在的，但由于采取了各种措施而使其受辐射的风险非常小，甚至使人与核辐射绝对隔离，因此尽管仍存在受辐射的危险，但由于杜绝了发生核事故的渠道，因而人们并没有受辐射的风险。所以在实际中，人们更应该关心的是"风险"，而不仅仅是"危险"，因为直接与人发生关系的是"风险"，而"危险"是事物的客观属性，是风险的一种前提表征。可以做到客观危险性很大，但实际承受的风险很小。风险是与危险密切相关的，有危险的存在就有风险。但是有些风险是人们可以接受的。例如人类乘坐交通工具时发生的碰撞造成的伤亡，可以采取各种措施使伤亡的风险降到人们可以接受的程度。安全、风险、危险三者关系如图2.2所示。

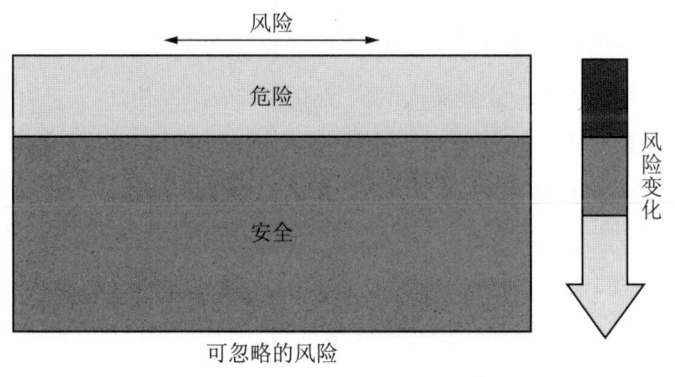

图 2.2 安全、风险、危险三者关系

2. 危害、危险、危险源

危害：可能造成人员伤亡，财产损失、工作环境破坏的根源或状态。

危险：遭受损失、伤害或不利的可能忽略的风险性。

危险源：事故预防和事故调查的首要任务就是要找到事故成因，也就是说要对引起事故的危险因素进行辨识。危险源是导致事故发生的根源，是具有可能意外释放的能量或危险有害物质的生产装置、设施或场所。危险源是指一个系统中具有潜在能量和物质释放危险的、在一定的触发因素作用下可转换为事故的部位、区域、场所、空间、岗位、设备及其位置。安全科学理论根据危险源在事故过程中发生、发展的作用，把危险源划分为两大类。

第一类危险源：生产过程中存在的，可能意外释放能量（能源或能量载体）或危险物质。为防止第一类危险源导致事故，必须采取措施约束、限制能量或危险物质，控制危险源。

第二类危险源：正常情况下，生产过程中的能量或危险物质受到约束或限制，不会发生意外释放，即不会发生事故。但是，一旦这些约束或限制能量、危险物质的措施受到破坏或实现（故障），则将发生事故。导致能量、危险物质约束或限制措施破坏或失效的各种因素称为第二类危险源。

第二类危险源主要包括以下三种：

物的故障：是指设备、装置、元部件等由于性能低下而不能实现预定功能的现象。从安全功能的角度，物的不安全状态也是物的故障。这种故障可能是固有的，由于设计、制造缺陷造成的；也可能由于维修、使用不当，或磨损、腐蚀、老化等原因造成的。

人的失误：是指人的行为结果偏离了被要求的标准，即没有完成规定功能的现象。人的不安全行为也属于人的失误。人的失误会造成能量或危险物质控制系统故障，从而导致事故发生。

环境因素：人和物存在的环境，即生产作业环境中的温度、湿度、噪声、振动、照明或通风换气等方面的问题，会促使人的失误或物的故障发生。

一起伤亡事故的发生往往是两类危险源共同作用的结果。第一类危险源是伤亡事故发生的能量主体，决定事故后果的严重程度；第二类危险源是第一类危险源造成事故的必要条件，决定事故发生的可能性。两类危险源相互关联、相互依存。第一类危险源的存在是第二类危险源出现的前提，第二类危险源是第一类危险源导致事故的必要条件。因此，危险源辨识的首要任务是辨识第一类危险源，在此基础上再辨识第二类危险源。

传统的危险源辨识主要依据事故经验进行，主要采用与操作人员交谈、现场安全检查、查阅记录等方式。随着系统安全工程的兴起，系统安全分析方法逐渐成为危险源辨识的主要方法。通过系统安全分析，揭示系统中可能导致系统故障或事故各种因素及其相互关联来辨识系统中的危险源。系统中危险源的存在是绝对的，任何生产系统中都存在许多危险源，受实际技术、人力、物力等方面因素的限制，不可能彻底消除或完全控制危险源，只能集中有限的人力、物力消除或控制风险较大的危险源。在风险评价的基础上，按其风险大小把危险排序，为确定采取控制措施的优先次序提供依据。

3. 故障、隐患、应急、事故

故障：设备在工作过程中，因某种原因"丧失规定功能"或危害安全的现象。

隐患：在某个条件、事物以及事件中所存在的不稳定并且影响安全利益的因素。

应急：因某个或多个、内部或外部因素，导致系统、设备等处于非正常运行的状态。

事故：指造成死亡、疾病、伤害、损坏或者其他损失的意外情况。

事故和风险是两个概念，但是这两个概念紧密相关，可以指向同一事物，如客流分析中的"集聚人流的前拥后推"这一状况，可以说事故是已经发生，并且有了后果的风险（出险）；而风险则是可能发生并造成灾难的事故。同一事物作为对象而形成的两个不同的概念，是看这一状况的时间和位置的维度不同。同一座山，横看为岭，侧看为峰，犹如同一枚硬币的两个面。对事故这个概念而言，是从事后看，看结果、讲损失、做处理；对风险这个概念而言，是从事前看，是看可能、讲防范、做救济。要减少事故，建设安全高铁，有许多工作要做，然而首要的，就是需要树立并不断增强安全风险这一意识。

安全是指不受威胁、没有危险、危害、损失。人类的整体与生存环境资源的和谐相处，互相不伤害，不存在危险、危害的隐患，是免除了不可接受的损害风险的状态。安全是在人类生产过程中，将系统的运行状态对人类的生命、财产、环境可能产生的损害控制在人类能接受水平以下的状态。

事故是发生于预期之外的造成人身伤害或财产或经济损失的事件。事故是一种发生在人类生产、生活活动中的特殊事件，人类的任何生产、生活活动过程中都可能发生事故。事故是一种突然发生的、出乎人们意料的意外事件。

由于导致事故发生的原因非常复杂，往往包括许多偶然因素，因而事故的发生具有随机性质。事故是一种迫使进行着的生产、生活活动暂时或永久停止的事件，给人们的生产、生活带来某种形式的影响。因此，事故是一种违背人们意志的事件，是人们不希望发生的事件。

事故隐患是指作业场所、设备及设施的不安全状态，人的不安全行为和管理上的缺陷，是引发安全事故的直接原因。重大事故隐患是指可能导致重大人身伤亡或者重大经济损失的事故隐患,加强对重大事故隐患的控制管理,对于预防特大安全事故有重要的意义。事故隐患具有隐蔽性、危险性、突发性、因果性、重复性、意外性和连续性等特征。

事故是发生于预期之外的造成人身伤害或财产或经济损失的事件。事故是一种发生在人类生产、生活活动中的特殊事件,人类的任何生产、生活活动过程中都可能发生事故。事故是一种突然发生的、出乎人们意料的意外事件。由于导致事故发生的原因非常复杂,往往包括许多偶然因素,因而事故的发生具有随机性质。事故是一种迫使进行着的生产、生活活动暂时或永久停止的事件。事故中断、终止人们正常活动的进行,必然给人们的生产、生活带来某种形式的影响。因此,事故是一种违背人们意志的事件,是人们不希望发生的事件。事故隐患与危险源的关系如图 2.3 所示。

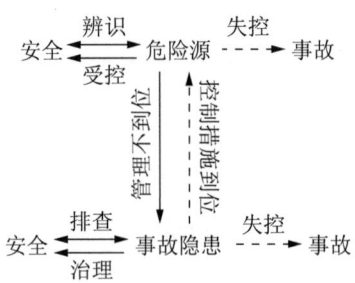

图 2.3 事故隐患与危险源的关系

4. 风险与隐患的关系

风险是概率问题,通常是指某件事的负面效果发生的概率及程度问题。隐患是不确定因素,是指影响风险概率及其程度的不确定因素问题,比风险更加具体。事故隐患是生产经营单位违反安全生产法律、法规、规章、标准、规程和安全生产管理制度的规定,或者因其他因素在生产经营活动中存在可能导致事故发生的物的危险状态、人的不安全行为和管理上的缺陷。是引发安全事故的直接原因。

(1)风险是指某一特定危险情况发生的可能性和后果的组合。是生产目的与劳动成果之间的不确定性,大致有两层含义:一种定义强调了风险表现为收益不确定性;而另一种定义则强调风险表现为损失的不确定性,若风险表现为不确定性,说明风险产生的结果可能带来损失、获利或是无损失也无获利,属于广义风险,所有人行使所有权的活动,应被视为管理风险。金融风险属于此类。而风险表现为损失的不确定性,说明风险只能表现出损失,没有从风险中获利的可能性,属于狭义风险。风险和收益成正比,所以一般积极进取的投资者偏向于高风险是为了获得更高的利润,而稳健型的投资者则着重于安全性的考虑。

(2)隐患就是在某个条件、事物以及事件中所存在的不稳定并且影响到个人或者安全利益的因素,它是一种潜藏着的因素,"隐"字体现了潜藏、隐蔽,而"患"字则体现了不好的状况。隐患可存在于许多事情中,比如学习,男女间的关系,安全生产中。

安全生产事故隐患。来源于安全风险的管控失效或弱化,是指企业违反国家和铁路相关安全法律、法规、规章、标准、规程和安全生产管理制度的规定,或因其他因素在生产经营活动中存在可能导致生产安全事故发生的物的危险状态、人的不安全行为、环境的不安全因素和管理上的缺陷,是导致事故的根源。事故隐患按照其影响程度,可以分为重大隐患和一般隐患两级(结合铁路工作实际,一般隐患又可分为一般突出隐患和一般隐患)。隐患与第二类危险源不同,第二类危险源是包含所有潜在的情况,而隐患是现实存在的。危险源失控会演变成事故隐患,事故隐患得不到治理就会发生量变到质变的过程,质变到一定程度,就会导致事故。

事故隐患按照可能造成事故类型分为20类,按照《企业职工伤亡事故分类标准》,事故隐患分为物体打击、车辆伤害、机械伤害、起重伤害、触电、淹溺、灼烫、火灾、高处坠落、坍塌、冒顶片帮、透水、放炮、火药爆炸、瓦斯爆炸、锅炉爆炸、容器爆炸、其他爆炸、中毒和窒息、其他伤害。

按可能造成的事故原因分类可分为物的不安全状态、人的不安全行为和管理上的缺陷。按可能造成事故的严重后果和治理难度可分为重大事故隐患和一般事故隐患。

重大事故隐患(简称重大隐患)是指危害程度极大,可能导致生产安全重特大事故发生、整改难度较大并经过一段时间整改治理方能排除的,或者因外部因素影响致使铁路运输企业自身难以排除的事故隐患。危及高铁和旅客列车安全,以及可能造成人员群死群伤和重大经济损失的隐患列为重大隐患管理。重大隐患须采取全部或局部停产停业、停止施工、停止运营等强制措施。

一般突出事故隐患(简称突出隐患)是指相关单位和人员违反法律法规、规章制度、标准的规定,或者因设备质量、外部环境等存在严重危及高铁、客车、人身和列车运行安全因素,可能导致较大人身伤亡事故或一般A类及以上事故发生,发现后不能立即整改排除的隐患。突出隐患是介于重大和一般事故隐患之间,危害程度和整改难度较大的隐患。

一般事故隐患(简称一般隐患)是指危害程度和整改难度较小,发现后能够及时整改排除的安全隐患。

重大事故隐患是指可能导致重大人身伤亡或者重大经济损失的事故隐患，加强对重大事故隐患的控制管理，对于预防特大安全事故有重要的意义。

风险和隐患融合在双重预防机制之中，如图2.4所示。

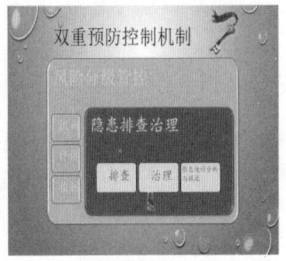

图2.4 双重机制中事故发生的演变过程

（3）隐患排查治理机制

风险管控措施失效或弱化极易形成隐患，酿成事故。铁路运输企业应建立隐患排查机制，常态化开展安全隐患排查工作，及时发现和消除影响运输安全的事故隐患。

铁路运输企业应当建立包括下列内容的隐患排查治理制度，主要包括：明确相关部门的隐患排查治理责任；明确隐患排查方法和渠道；明确各类隐患的判定标准、程序、处理措施及流程；明确隐患排查治理激励约束机制，鼓励从业人员发现、报告事故隐患；明确隐患排查、治理、评估、核销全过程的信息档案管理制度等。

按照安全风险管理确定的安全风险及管控措施，重点排查规章制度、技术标准、生产组织、作业行为、设备状态、结合部、外部环境、季节性特点、恶劣天气、自然灾害和应急处置等方面存在的安全管理和现场作业隐患，将失控可能性大、后果严重的风险所在部位确定为隐患排查的重点部位，全面查找人的不安全行为、物和环境的危险状态、管理上的缺陷。

各级管理人员和现场作业人员均有隐患排查治理和防控责任，纳入各级管理人员和作业人员的安全生产职责中。隐患治理过程中，应视情采取停止作业、封锁线路、限速运行、现场监控、干部盯控等安全控制措施。隐患排除前或排除过程中无法保证安全的，须采取全部或局部停产停业、停止施工、封锁线路，以及从危险区域撤出人员等强制措施。既有应急预案体系不能满足突发情况下应急处置需要的，要制定专门应急预案，并组织教育培训和演练。因生产技术、工艺、设计等原因暂时难以停产或停止使用相关装置、设备、设施的，要采取加强应急值守、增加监控检测频率、物理隔离隐患等手段，有效降低事故风险。各单位应当在年度安全生产费用中保证隐患排查治理所需的资金，建立资金使用专项制度，做到专款专用。隐患排查治理资金需求超出年度安全生产费用使用计划的，有关单位应当及时调整。计划、财务等综合部门应做好安全投入等综合保障工作。

对照风险数据库，逐项分析所列风险管控措施弱化、失效、缺失可能产生的隐患，确定隐患等级，并按照"一岗一册"的原则分解到各岗位，形成各岗位的隐患排查手册，明确排查内容、排查方法、排查周期等内容。

隐患排查包括日常排查、专项排查等方式。日常排查是指结合班组、岗位日常工作组织开展的经常性隐患排查，排查范围应覆盖日常生产作业环节，每周应不少于1次。专项排查是运营单位在一定范围、领域组织开展的针对特定隐患的排查，可与运营单位专项检查、安全评估、季节性和关键时期检查等工作结合开展。遇到以下情况之一的，应开展专项排查，主要包括：关键设施设备更新改造；以防汛、防火、防寒等为重点的季节性隐患排查；重要节假日、重大活动等关键运输节点前；重点施工作业进行期间；发生重大故障或运营险性事件；根据政府或有关管理部门安全部署；需开展专项排查的其他情况。

隐患排查过程中，发现情况较为紧急的，运营单位应立即采取划定隔离区域、员工现场盯控等防范措施，并及时告知相关人员，防范事态扩大；情况特别紧急的，应视情采取人员疏散、停止作业或停用有关设施设备、封锁线路或关闭车站等安全控制措施，确保运营安全。

对于排查出的一般隐患，应立即组织消除，并加强源头治理，避免问题重复发生；无法立即消除的隐患，应分阶段细化整治措施，未整改完毕前应制定可靠的安全控制和防范措施。

一般隐患整改完成后，由运营单位部门负责人或相关专业技术人员复核确认销号。

对于治理难度大、影响范围广、危险程度高、涉及部门多、难以协调整治的重大隐患，城市轨道交通运营主管部门应及时报告城市人民政府协调解决。

① 建立隐患排查治理工作台账

记录隐患排查治理情况，内容至少包括：隐患内容、排查人员、排查时间、隐患等级、主要治理措施、责任人、治理期限、治理结果、未能立即消除时的临时措施等。

② 实行立即报告和定期报告制度

任何单位和个人发现危及安全生产的事故隐患，均有责任和义务向安全管理部门和有关部门报告。相关部门接到隐患报告后，应立即组织调查核实；发现所报告隐患应当由其他有关部门处理的，应当立即移交有关部门并记录核备，或向上级主管部门报告。对本层级难以协调整治的隐患，相关单位、部门应书面报告上级主管专业部门，报告的主要内容应包括：隐患现状及其产生原因，危害程度和整改难易程度分析，治理建议方案等。需要上级部门、其他铁路单位或地方政府协调解决的，有关部门或单位应主动采取行文（函）等方式与责任主体单位沟通协调，督促制定落实整改措施，并抄报上级主管专业部门。

③ 闭环治理隐患

隐患治理应分析隐患产生的具体原因，重点从技术和管理手段等方面制定治理措施。治理措施应包括针对隐患的纠正措施和预防措施，并尽量将措施融入现有的工作程序、标准中，确保措施的持续有效实施。隐患治理措施的内容一般包括，在考虑以往措施基础上的新增措施及其实施步骤；责任部门及人员；人员、资金等方面的资源需求；实施时限；治理效果验证标准；跟踪验证的责任人。

一般隐患治理。一般隐患要按照责任分工立即或限期组织治理，并注重源头治理，杜绝问题重复发生。

一般突出隐患治理。对一般突出隐患应按照责任分工立即或限期组织治理，并及时组织复查、销号，未彻底治理完毕前，要制定可靠的安全措施。

重大隐患治理。重大隐患治理要专题立案，由企业主要负责人按照人防、物防、技防三位一体、综合施策的原则，组织制定并实施重大隐患治理方案，主要包括：治理的项目和任务，采取的方法和具体措施，负责治理的机构（部门）和人员，经费和物资的落实，治理的时限和要求，监控保障和应急措施，做到责任、措施、资金、时限和预案"五落实"。同时，重大隐患治理实行"一事一档"管理，档案应包含从隐患发现到整治方案制定、实施、验收销号全过程的相关资料、文件、纪要、记录和影像资料等。重大隐患督办完成时限原则上不超过三个月，整改难度较大的可分阶段细化治理措施。对重大隐患的治理结果须由督办部门现场复核、销号。重大隐患应每月定期通报治理情况，逐级上报备案，资料长期保存。各责任部门、单位除定期向安委办报告重大隐患治理情况外，还须向同级职代会报告。

重大事故隐患治理实行挂牌督办制度，国铁集团和铁路运输企业安委会办公室作为督办部门，定期汇总重大隐患治理工作落实情况，公布督办项目和销号情况，督促牵头治理部门和整治责任单位落实隐患治理方案，及时协调解决治理工作中存在的问题，督促按期整改，在安委会上研究重大隐患挂牌督办落实情况和存在重要问题的意见建议。对于排查出的重大隐患，需要挂牌督办时，要督促有关责任单位制定并实施的隐患治理方案，做到责任、措施、资金、时限和预案等落实到位。重大隐患未整改完毕前应制定可靠的安全控制和防范措施，整改完毕后，组织验收销号，形成明确验收结论。

④ 隐患排查方法

a）隐患排查方法和渠道

铁路运输企业应建立完善隐患排查治理清单，明确各单位、各部门、各岗位隐患排查的事项、内容和频次，将隐患排查责任逐一分解落实到岗位，推动全员参与自主排查隐患，尤其要强化对存在重大风险的场所、环节、部位的隐患排查。

排查发现隐患的主要渠道包括：企业内外部隐患举报、信息收集，外部安全检查、评价和检测，重点部位的日常监控，企业或部门的综合检查、专项检查，岗位、班组的日常检查，专业对规对标检查、专业评价，安全管理综合评估，安全生产标准化自评，以及各类事故、故障及安全信息对比分析等。

隐患排查的方式主要包括：全面排查、专项排查、日常检查、专题调研、事故故障剖析、安全信息大数据分析、季节性和关键时期排查等。隐患排查应与各类安全监督检查、安全评估评价、专项整治攻关、设备质量鉴定、阶段性安全大检查等工作有机结合，查找每个岗位、每项流程、每个环节、每个生产场所等可能存在的安全生产事故隐患。

b）隐患排查周期

铁路运输企业至少每半年由安委会牵头组织、专业部门至少每季度由主要负责人组织，结合不同时期安全生产特点，突出高铁和旅客列车安全，从安全管理、现场作业、设备质量、环境状态等方面开展一次全面的隐患排查，做到覆盖所有生产场所、管理环节和作业环节。

针对路外安全环境方面的隐患，应采取人防、物防、技防相结合的措施，进行全天候排查，全面掌握沿线外部环境隐患动态，遇有恶劣天气、自然灾害以及周边环境变化等情况，应加大隐患排查频次，确保隐患排查无死角、无遗漏。

针对组织机构调整、运行模式和运输组织调整、业务变化、季节更替等影响安全生产的重要变更，新项目、新技术、新材料、新工艺、新设备设施准备实施或投入使用，规章变化，以及季节、气候变化等对安全生产影响较大的事件，在实施安全风险辨识后，应同步组织开展专项隐患排查。相关部门、单位在安全事故、设备故障发生后，应举一反三，及时组织开展隐患专项排查工作。

c）建立隐患库

铁路运输企业、专业部门、站段要分别建立隐患库，如表2.1所示，对排查出或接到报告、通知的隐患进行全面梳理汇总，逐件确定隐患名称、隐患等级、整治措施、责任部门（单位）责任领导、整改时限、整治进展情况、销号情况等内容。日常安全信息追踪分析、典型事故故障暴露的突出隐患和常态化检查发现的事故隐患要及时纳入隐患库，动态更新，并全过程跟踪排查治理情况。

表 2.1 安全隐患库

序号	提报部门	隐患名称	发现时间	隐患等级	隐患状况	原因分析	整治措施	整治目标或预期成效	责任部门（单位）	配合部门	督办部门	整改时限	整改进展情况	是否销号

d）隐患治理效果评价

重大安全隐患治理工作完成后，相关治理责任单位应书面报告铁路运输企业，企业牵头治理部门应当组织主管专业部门、安监部门等进行隐患治理情况的现场验证，评价治理效果，形成书面报告反馈治理责任单位并报告国铁集团安委会。一般突出隐患治理工作完成后，相关单位负责人应组织本单位的安全管理、专业技术人员和其他相关人员对隐患治理情况进行效果评价。

2.1.3 安全风险辨识与研判

所谓风险识别，就是对系统中尚未发生的、潜在的以及客观存在的各种风险进行全面的、连续的识别和归类；所谓风险评价，就是对系统中的风险因素能造成多大的伤害和损失，以及能否接受进行评估；所谓风险控制，就是对不能接受的伤害和损失采取安全预防措施，以达到消除、降低危害的目的。风险识别、风险评价和风险控制在推行铁路安全风险管理的过程中是不可分割的有机整体，它们既相互联系，又相互作用。风险识别和风险评价是基础，风险控制是核心。

1. 风险研判的依据

风险研判过程中要着重分析人的不安全行为、物的不安全状态、环境和管理的缺陷，人的因素，如心理和生理性因素、行为性因素；物的因素，如设备设施的物理性、化学性、生物性因素；环境因素，如现场作业环境、铁路外部环境等因素；管理因素，如安全管理机构、安全责任制、规章制度等因素。其中人的不安全行为、物的不安全状态、环境的缺陷等,主要围绕现场来查找,管理的缺陷主要围绕各职能部门和管理层级来查找。特别是对规章制度、技术标准、生产组织、人员更替、设施设备、机构改革等生产管理方面的变化,自然灾害、恶劣天气、季节更替、地域变化等生产环境方面的变化,以及设备故障、作业脱标、质量失控等产生的生产过程中的非正常情况,将其作为风险研判的重点。

2. 研判的方法

可从地理区域、自然条件、作业环境、外部环境、生产组织、工艺流程、设备设施、现场作业等方面进行全员、全过程、全方位和全天候的辨识研判,充分考虑分析"两种表现""三种状态"下的危险有害因素,可采取"点、线、面、体"相结合的方法,分析危害出现的条件和可能发生的事故或故障类型。

(1)两种表现。主要是指显性和潜在风险。显性风险是基于对以往事故、故障教训和突出隐患所暴露问题的分析,研判出的较常见的且容易为各单位认知的安全风险,属于概率比较大后果也比较大的风险,也称为"灰犀牛"风险。潜在风险是可能正在发生但尚未显现出危害结果或计划实施的生产活动可能带来的风险转移,具有难以预见性和偶发性,属于小概率但影响后果较大的风险,也称"黑天鹅"风险。

(2)三种状态。是指人员行为和生产设施的正常状态、异常状态、紧急状态。人员行为、生产设施、运输秩序、外部环境的正常状态即正常生产活动;异常状态是非正常生产活动,如设备检修、施工,以及人的不安全行为、生产设施故障、外部环境突变导致的作业规律、运行秩序等发生的改变;紧急状态是指将要发生或正在发生的重大危险,如恶劣天气、自然灾害、设备被迫停用、火灾爆炸事故等。

(3)点、线、面、体相结合。可通过从"点—线—面—体"相结合开展全过程风险研判,全面分析生产工作中的突出问题和薄弱环节。以铁路为例,其中"点"为设备设施,"线"为作业流程,"面"为人员岗位,"体"为环境氛围。由各专业系统组织对"点—线—面—体"全面分析,梳理出本系统重点管理影响安全的危险源,形成常态化的风险管控项目,结合事故、故障及其他安全问题,辨识研判安全风险。辨识研判过程中,要依照安全生产职责,将"点—线—面—体"的风险辨识研判责任逐层分工到各层级岗位,做到全员参与。

通常来说,对各种动态作业活动进行风险辨识研判可选用"工作危害分析"法,以静态设备设施为基础单一进行风险辨识研判可选用"安全检查表"法。一旦风险得以识别,应对现有的控制措施,包括规章制度落实效果、设备设施质量保障措施、人员按标作业管控措施、生产组织过程安全冗余、应急处置措施和系统安全管控措施等进行分析。

3. 研判要求

（1）定期辨识研判。企业每年由主要负责人组织安全风险辨识专家组开展一次全面、全过程安全风险辨识，结合上一年倾向性、典型性、苗头性安全问题，围绕人的不安全行为、物的不安全状态、环境的不良因素以及管理的缺陷、失误等要素，在全面诊断既有安全风险管控效果、安全规律和特点、风险发展趋势的基础上，组织对各系统、各单位的安全风险开展全方位辨识研判，提出需要废止、修订、增加、调整的安全风险。

（2）动态辨识研判。结合安全信息日追踪、安全分析（周、月、季、半年分析）和交班分析，及时开展安全生产全过程动态安全风险辨识，研判在安全管理、技术规章、生产组织、作业环节、设备质量、环境因素、职工素质等方面可能出现的安全风险。

铁路运输企业遇有下列情况时，须组织开展专题安全风险研判，形成风险管控措施并纳入实施方案，确保风险始终处于受控状态。

（1）遇有新项目、新技术、新材料、新工艺、新设备设施准备实施或投入使用，技防措施、物防手段升级，运输组织调整，规章变化，以及季节、气候变化等对安全生产影响较大的事件，由牵头部门组织开展一次专题安全风险研判。

（2）人员、设备、工作程序或者环境发生变化（如人员、组织机构调整，主要行车设备变化，影响行车作业，重要管理规定或程序制定、更改等），由牵头部门组织开展一次专题安全风险研判。

（3）本专业领域发生典型事故、典型设备故障、突出隐患或"三违"问题等出现增长趋势，安全管理评估评价、安全监督检查发现典型问题后，应由分管副职组织相关业务部门，举一反三，从吸取事故教训和消除隐患的角度，开展一次针对性的专题安全风险辨识，从中研判出性质严重的、可能危及运输生产安全的风险。

2.1.4 风险分级与管控

1. 风险判定分级

风险分级。是指企业根据法律、法规、标准要求并结合自身实际，在风险评价的基础上，通过采用科学、合理方法对危险源所伴随的风险进行定性或定量评价，确定风险可接受程度，根据评价结果划分风险等级。例如铁路运输企业风险等级划分标准为：

重大安全风险（红色）：是可能导致人员群死群伤，或旅客列车冲突、脱轨、火灾、爆炸或重大经济损失，或引起媒体和公众强烈关注的安全风险。

较大安全风险（橙色）：是可能导致人员伤亡，或其他列车冲突、脱轨、火灾、爆炸或较大经济损失，或引起媒体和公众普遍关注的安全风险。

一般安全风险（黄色）：是可能导致人员伤害，或发生安全险情，或设备设施损坏的安全风险。

低安全风险（蓝色）：是可能危及人员安全，或导致中止行车，或设备设施故障的安全风险。

铁路运输企业可根据本单位生产组织特点、作业流程特点、岗位作业特点、技术复杂程度、现有监督检查问题库、从业人员素质等方面的实际情况，选择适用的风险评价方法表 2.2 列出一些常用的评价方法及其适用范围，对安全风险进行定性、定量评价，按照重点关注事故后果的基本工作思路，确定风险可接受程度，根据评价结果划分风险等级。必要时，可选用几种评价方法对同一对象进行评价，互相补充、互为验证，以提高评价结果的准确性。

表 2.2 常用风险评价方法

评价方法	评价目的	适用范围	定性或定量	可提供的评价结果			
				事故原因	事故频率/概率	事故后果	风险分级
安全检查表法	危害分析、安全等级	设备设施、管理活动	定性	不能	不能	不能	不能
头脑风暴法	危害分析、事故原因	设备设施、管理活动	定性	提供	不能	提供	不能
因果分析图法（鱼刺图法）	危害分析、事故原因	设备设施、管理活动	定性	提供	不能	提供	不能
情景分析法	危害分析、事故原因	设备设施、管理活动	定性	提供	不能	提供	不能
预先危险性分析法	危害分析、风险等级	项目的初期阶段、维修、改扩建、变更	定性	提供	不能	提供	提供
事故树分析法	事故原因、事故概率	已发生的和可能发生的事故、事件	定量	提供	提供	不能	概率分级
故障类型及影响分析法	故障原因、影响程度、风险等级	设备设施系统	定性	提供	提供	提供	事故后果分级
危险与可操作性研究法	偏离原因、后果及其对系统的影响	复杂工艺系统	定性	提供	提供	提供	事故后果分级

续表

评价方法	评价目的	适用范围	定性或定量	可提供的评价结果			
				事故原因	事故频率/概率	事故后果	风险分级
风险矩阵法	风险等级	设备管理及人员管理	定量	不能	提供	提供	提供
作业活动风险评估法	风险等级	作业活动	半定量	提供	提供	提供	提供
作业条件危险性分析法	风险等级	作业活动	半定量	不能	提供	提供	提供
人员可靠性分析方法	人员失误	人员行为	定量	提供	提供	不能	不能
危险度评价法	风险等级	装置单元和设备	定量	不能	不能	不能	提供
道化学公司火灾、爆炸危险指数评价法	火灾爆炸、毒性及系统整体风险等级	化工类工艺过程	定量	不能	不能	提供	提供
ICI公司蒙德火灾、爆炸、毒性指标法	火灾爆炸、毒性及系统整体风险等级	化工类工艺过程	定量	不能	不能	提供	提供
易燃、易爆、有毒重大危险源评价法	火灾爆炸、毒性及系统整体风险等级	化工类工艺过程	定量	不能	不能	提供	提供
事故后果模拟分析方法	事故后果	区域及设施	定量	不能	提供	提供	提供

可采用风险判定矩阵（LC/LEC）确定安全风险等级（见表2.3），综合考量事故发生的可能性和后果严重度，紧密结合本单位安全红线和底线、安全目标、对现实安全的影响程度等，从高到低划分为重大安全风险、较大安全风险、一般安全风险、低安全风险，分别用红、橙、黄、蓝四种颜色标示。

事故发生的可能性，可采用事故统计分析、事件树分析等方法来判定；事故后果的严重程度，可采用事故统计分析和事故后果定量模拟计算等方法来判定。风险判定矩阵可通过考虑事故发生的可能性和事故后果严重程度两个维度来确定，其中：事故发生的可能性分为五个等级（见表2.4），事故后果严重程度分为四个等级（见表2.5）。

表 2.3 风险判定矩阵

可能性	严重程度			
	I（灾难）	II（严重）	III（较重）	IV（较轻）
A	重大风险	重大风险	较大风险	一般风险
B	重大风险	重大风险	较大风险	一般风险
C	重大风险	较大风险	一般风险	低风险
D	较大风险	一般风险	一般风险	低风险
E	一般风险	一般风险	一般风险	低风险

表 2.4 事故发生的可能性

可能性等级	说明
A	很可能
B	可能，但不经常
C	可能性小，完全意外
D	很不可能，可以设想
E	极不可能

表 2.5 风险判定矩阵

严重度等级	描述
I	灾难，可能发生重特大事故
II	严重，可能发生较大事故
III	较重，可能发生死亡事故
IV	较轻，可能发生人员伤害事故

2. 建立风险库

在风险辨识研判和分级之后，铁路运输企业、专业部门、站段要分别建立健全安全风险库，如见表 2.6 所示，内容至少包括风险类别、风险名称、风险等级、安全风险描述及可能造成的后果、管控措施、责任部门（单位）、责任人等。

表 2.6　安全风险库

序号	风险类型	风险名称	安全风险描述及可能造成的后果	风险主要防控措施	风险等级	风险管控责任部门

风险数据库中的风险管控措施应符合设施设备运行维护、行车组织管理、客运组织管理、从业人员管理、保护区管理等有关规定，并及时纳入本单位相关管理制度、作业标准或应急预案。

对纳入安全风险库的安全风险实行分层级管理，国铁集团重点对铁路重大安全风险及需要国铁集团调配资源进行协调防控的源头质量风险，纳入本级安全风险库进行管理；铁路运输企业要将重大、较大以及集团公司从管理源头和结合部安全风险纳入本级安全风险库，每年初由安委会组织审核后公布，由安委会办公室日常管理；铁路运输企业专业部门要将本系统重大、较大、一般以及专业管理全过程的安全风险纳入本级安全风险库；站段安全风险库的管理规定由铁路运输企业确定，对安全风险存在的场所或作业活动、工艺技术条件、技术保障措施、管理措施、应急处置措施、责任部门及工作职责等进行详细说明，下级风险库内容可不受限于上级风险库内容，有针对性地扩大本层级风险库外延。每次研判风险后，要及时更新并公布本层级风险库，并通知下一层级更新完善。

3. 分级制定管控措施

安全风险管控应遵循"分类、分级、分层、分专业"的方法，针对安全风险特点和分析研判结果，按照全员全过程管控和人防、物防、技防综合施策、源头防范的原则，依据风险的不同级别、所需管控资源、管控能力、管控措施复杂及难易程度等因素，针对每个风险点分别研究保证风险可控、受控的管控措施，确定不同管控层级的风险管控方式和管控责任，体现针对同一风险的管控措施在不同层面各有侧重，防止"上下一般粗"。管控措施的制定应依据现行规章制度、技术标准和有关管理要求，紧密结合既有安全管理有效做法，重点从应用工程技术措施、完善制度管理措施、强化培训教育措施、增强个体防护措施、优化应急处置措施等角度，区分安全管理和现场作业分别制定，力求做到简明、直观、显性、易于各级管理人员、作业人员学习领会掌握，并能在安全工作实际中对照落实。

风险管控措施制定过程中，对重大、较大、一般风险须统筹考虑人防、物防、技防相结合的综合管控措施,按照消除、替代、隔离、降低、个体防护、应急处置的顺序控制和降低风险。需进行升级改造、监测监控等资源投入的,应根据安全风险等级确定优先级。对低风险根据实际需要有针对性、选择性地采取人防、物防或技防措施,做到风险等级越高、管控措施越丰富、越完善、越强化。

4. 明确风险分级管控责任

按照"分级管控"原则建立健全风险管控工作机制。对于重大风险,应由运营单位负责人牵头组织制定管控措施;对于较大风险,应由专业部门负责人牵头组织制定管控措施;对于一般风险及较小风险,应由班组负责人组织制定管控措施。并应对重大风险编制监控方案和专项应急措施,并对重大风险影响区域的相关人员组织开展安全防范、应急逃生避险和应急处置等的宣传、培训和演练;重大风险管控失效发生运营险性事件的,应急处置和调查处理后,应及时对相关工作进行评估总结,对管控措施进行完善改进。

针对部门、岗位职责分工的不同,认真研究各层级相应的管控责任范围、界面,找准责任层级和岗位,明晰本层级风险管控的领导、部门及相应岗位。站段对本单位涉及的全部安全风险进行全面管控,专业部门应重点健全专业管理方面风险管控措施,综合保障部门应重点健全人员配备、安全投入、教育培训、考核机制等综合保障方面的风险管控措施,做到同一风险在不同层级、不同岗位的管控措施、责任各有侧重,为本层级安全生产职责、各管理岗位安全生产职责、工作标准制定提供准确依据,做到越高等级风险越要多层级、高层级管控,重大安全风险应由本层级主要负责人组织进行管控,低等级风险可结合实际适当降低管控责任层级。

5. 落实风险分级管控责任

按照"领导负责、专业负责、分工负责、岗位负责"的要求,健全各层级各岗位全员安全生产责任制,并明确岗位负责管控的安全风险。涉及管理层面的风险管控责任、措施,要量化风险管控要求,形成管理人员履职考评规定管控项点,实施对标考评;涉及作业层面的风险防范责任、措施,要纳入相关作业岗位作业需遵循的作业指导书,以及应急预案、流程、岗位应急指导手册、应急卡控流程表等,把安全风险管控的责任落实到每个管理与作业岗位、每个管理与作业环节,按岗位予以明示,做到人人清楚安全风险点,人人掌握风险控制措施,确保安全风险受控。

2.1.5 安全风险公告和预警

1. 建立安全风险公告制度

采取公告栏、风险提示卡、办公网络等有效手段,明示生产区域、作业岗位存在的主要安全风险、风险描述及危害程度、风险管控措施、应急处置等内容，使每名相关人员都掌握安全风险的基本情况及防范、应急处置措施。具体区域岗位、内容要求和公告样式，可由各铁路运输企业结合实际进行明确。因人员、设施设备、作业环境、管理等因素变化，台风、洪涝、冰雪等气象灾害和地震、山体滑坡、地质塌陷等地质灾害，或其他因素引起安全风险上升、管控效果降低、安全问题凸显时，运营单位应及时将风险预警和管控要求通知到相关管理和作业人员。

2. 设置风险警示标志

铁路运输企业应在铁路道口（平过道、通道门）、重点站区、客运电梯、人员密集场所、危险化学品储藏场所、重点防火、防洪等重点部位区域，规范设置明显的警示标志或安全风险公告栏，安全风险变化时应及时更新。

3. 实施安全风险预警

国铁集团对铁路运输企业，铁路运输企业对专业部门或站段，专业部门对站段，站段对车间，以安全风险预警通知书形式，明示存在的安全风险、等级、可能导致的危害，提出加强安全风险管控的要求和时限，被预警部门和单位要针对预警内容，结合实际认真排查安全风险管控全过程存在的疏漏和薄弱环节，有针对性地补强和完善风险管控措施，并抓好落实。

安全风险变化转移或安全风险管控效果不好、安全问题凸显，有可能导致事故，应及时启动安全风险预警。安全风险预警等级分为红色预警、橙色预警、黄色预警、蓝色预警四个等级。应进一步明确各级安全预警的管理职责和权限，明确黄色以上的预警通知书落实情况的反馈渠道，运用信息化手段，完善安全预警信息基础支撑体系。

2.1.6 风险控制原则

（1）"4T"风险控制方法。该方法主要是从技术手段来考虑，针对不同的风险状况，企业可以选择：

Terminate：消除，停止。这种手段主要针对可能性很高，而且一旦发生其后果非常严重的风险。这是一个不能容忍的风险，必须消除它。通常有两种方式，第一可以通过停止活动或流程来消除，第二可以通过工程改造等手段，彻底根除存在的危险有害因素及其风险。

Transfer：转移。这种手段主要针对发生的可能性很低，但一旦发生其后果非常严重的风险。针对这种风险，企业可以选择转移的方法。最常见的转移就是保险，比如，针对火灾、偷窃、爆炸等风险，其发生的可能性比较低，但一旦发生，可能给企业带来巨大的损失，为减少或降低风险，可以就财产进行保险，一旦事故发生，风险将一定限度地转移到保险公司身上。

Treat：处理。这种手段主要针对发生的可能性一般，发生后其后果也一般的风险。这是人们最容易忽视的风险。调查显示，80%的事故都因此类风险而至，因此，必须认真处理这类风险，这种处理应是一种系统的方法。

Tolerate：容忍。这种手段主要针对发生的可能性很低，而且一旦发生，其后果也是十分轻微的风险，因此，将其定义为可容忍的风险，但这并不表明企业就可以忽视它的存在，它也需要管理，只是它不是企业需要优先处理的风险，需要企业足够的关注。

（2）"4L"风险控制方法。这种方法主要是从企业组织管理的层级来考虑，针对不同的风险状况，企业应该分类别、分级、分层、分专业从4个层面（level）进行风险控制，也叫"4分管控"原则。

分类是对可能涉及的风险进行归纳分类，明确管控对象，解决有哪些风险的问题。分级是对风险按其严重度进行排列，为风险管控提供焦点，解决重点关注哪些风险的问题。分层是依据风险程度，落实风险管控的管理责任，解决谁来管的问题。分专业是依据风险对象，落实风险管控的执行主体，解决谁去控制风险的问题。

（3）IRCC风险控制层次理论。是在4T方法的基础上，通过长期的应用与实践，逐步形成一套风险控制层次理论。

① 不论高风险还是中低风险，管理风险最好的方法就是消除它。
② 如果风险不能消除，选择通过工作环境的设计来降低风险。
③ 如果风险不能通过设计的方法来降低，那就选择工程或隔离的措施来处理。

当上述所有手段都考虑后，如果还存在风险，那只有通过行政管理的手段来控制，比如制定标准、强化审批程序与流程，对人员进行培训等。行政手段不能直接产生效力，它需要通过人员的执行来达到控制的目的，而人员的控制是最不可靠的控制，因此，在层次选择中，它置于最后。个人防护用品是控制风险的最后一道屏障。在风险管理实践中，很多企业在风险评估后进行风险管控措施选择时，习惯性优先考虑行政措施，比如加强管理、加强检查、加强培训等，而不是先考虑源头的控制。

2.1.7 风险管控评价

1. 安全风险诊断检查

在安全风险分层覆盖总体要求下，根据风险等级、风险危害程度和可能发生的概率，分层、科学确定每个风险项点的检查量化及覆盖周期，其中，安监部门将风险管控责任落实情况纳入监督检查范围，列入监督检查计划，统筹监督力量，覆盖高铁、客车安全风险，针对关键环节、关键岗位及关键时段，重点检查风险管控措施落实，验证专业部门、站段管控机制落实情况；专业部门紧密结合专业管理要求，覆盖风险项点、关键管控措施、站段、车间，重点检查风险管控措施落实，并检查验证措施有效性和站段管控机制落实；站段紧密结合本单位实际覆盖风险项点、管控措施、车间、班组及关键处所，重点检查风险管控措施在各车间、关键处所和关键环节的落实情况，并检查验证车间抓落实情况；车间层面紧密结合既有日常工作要求，覆盖风险项点、管控措施、班组、关键处所和关键人员，抓好管控措施在现场的落实和职工执标纠正帮促，促进作业习惯养成。

2. 安全风险管控效果评价

应明确开展安全风险管控效果评价的周期、频次，各专业部门应将安全风险管控效果评价纳入专业技术管理、对规对标检查以及标准化规范化评价指标范围，围绕风险管控措施落实、管控机制运行，细化专业评价标准，安监部门、专业部门、站段按统一标准进行评价。其中，站段按每个项点规定的检查周期和频次进行覆盖检查、评价，专业部门、安监系统进行均衡抽查验证评价，通过查找漏洞和缺陷，准确研判安全风险、健全管控措施，必要时调整安全风险等级。结合开展安全管理评估，对重大、较大安全风险管控效果进行综合评价，充分利用安全风险管控效果评价结果，持续优化安全风险研判、管控措施健全、管控责任落实等环节的流程、方法和手段，不断提升安全风险全过程管控的针对性和有效性。未达到治理目标的，相关单位、部门应当继续整改。

2.2 铁路全面推行安全风险管理的背景

2.2.1 风险及风险管理概念的起源与发展

只要有人类劳动生产，就会有风险的存在。18世纪开始，"风险"一词被提出研究；19世纪，风险管理的思想开始萌芽。风险管理的概念最早起源于美国，1931年由美国管理协会保险部先行倡导风险管理。1932年，美国纽约几家大公司组织了纽约保险人经纪协会，定期讨论风险管理的理论与实践问题，后发展为全美范围的风险研究所和美国保险及风险管理协会。该协会的成立标志着风险管理学科开始兴起。

系统的风险管理理论与方法首先产生于保险业。从 1963 年到 1964 年，美国先后出版了《企业的风险管理》和《风险管理与保险》等专著，正式拉开了风险管理学系统研究的序幕。19 世纪 70 年代以后逐渐掀起了全球性的风险管理运动。20 世纪 70 年代初期，风险管理的理念和方法从欧美发达国家传入亚洲，一些发达国家先后建立起全国性和地区性的风险管理协会。直到 20 世纪末期，随着新一轮事故高发期的出现，美国一些学者开始将应用于金融、银行系统、保险业的风险管理的成功经验引入其他领域的企业管理方面，如：铁路、石油、电力、核工业、航空航天等工业企业领域。

我国对于风险管理的研究起步于 20 世纪 80 年代。随着国外各种介绍风险管理的理论与书籍被介绍到中国，一些学者将风险管理和安全系统工程理论引入中国，风险管理的研究和应用开始起步。虽然我国对风险管理的研究起步较晚，但近些年来发展势头很猛。特别是 2006 年 6 月，我国发布了《中央企业全面风险管理指引》，标志着我国拥有了自己的全面风险管理指导性文件，也标志着我国进入了风险管理理论研究与应用的新阶段。

风险管理是一个全面、综合的方法与手段，它可以应用于广泛的企业管理领域。现代管理科学创始人，被誉为现代管理之父的彼得·德鲁克说："管理层的首要责任是生存，企业的指导原则是避免损失而不是利润的最大化"。风险管理作为企业控制风险的主要选择方法，已逐步成为一种国际流行的方法，并正在为大多数国家立法机构与组织所采纳。

我国铁路行业 90 年代起就开展了安全风险管理相关研究。2006 年开始，原铁道部开始通过科研立项组织以中国铁道科学研究院为主的科研院所、高校开展了深入的国际铁路安全风险管理理论、应用现状研究，并通过同国外知名的风险管理机构的咨询和交流、与国际铁路相关安全管理机构、运营公司的现场考察和交流开展了深入研究，形成了"铁路运输安全风险控制技术及方法的应用研究"、"高速铁路风险管理技术与安全管理新模式研究"、"高速铁路运营安全风险分析及控制研究"、"铁路安全风险管理基础信息及数据库的研究"等一系列研究成果。2012 年，我国铁路开始推行安全风险管理，提出了全面加强管理基础、过程控制和应急处置，构建全面、全员、全过程的安全风险控制体系，从源头上消除安全隐患，确保运输安全持续稳定的要求。

进入 21 世纪以来，伴随着我国经济的迅猛发展，全国各领域各行业的事故层出不穷，形势不容乐观。这些血的教训促使积极思考安全管理的新方法和新思路。通过近几年对安全事故的统计数字，会发现基本上每隔几天就会有一次重大的安全事故发生，有的甚至是一天发生好几起。可见当前全国各领域的安全形势不容乐观。

铁路是国家经济的大动脉，是一部大的联动机，然而近几年也是事故多发，安全形势极其严峻。从2005年到2008年，就有大小十起铁路事故的发生。尤其是在我国高速铁路建设迅猛发展的时候，于2011年7月23日发生的"7.23"甬温线动车追尾事故，共造成40人死亡，192人受伤。国务院事故调查组的调查报告结论指出：该事故既有技术缺陷，又有安全管理问题。这次事件对铁路管理层有很大的触动，铁路系统开始对铁路安全管理进行新的研究，决定在铁路全面推行安全风险管理工作，2011年底，原铁道部安监司提出《关于推行铁路安全风险管理的指导意见》，并作出规划：2012年，要在铁路建立起职责明确、程序清晰、实用有效的安全风险管理运行机制；2013年，基本建成机制健全、科学高效、管理规范、覆盖全面的铁路安全风险控制体系。铁路局集团公司及其下属单位继而开始全面推进落实安全风险管理的进程，明断了安全风险意识培育、识别研判、过程控制、应急处置、评估考核五个环节的重点工作。

2011年底以来，原铁道部党组提出在铁路推行安全风险管理的决策部署，继而原铁道部安全监察司出台了《关于推行铁路安全风险管理的指导意见》。《意见》明确指出：2012年铁路初步建立起职责明确、程序清晰、实用有效的安全风险管理运行机制；2013年基本建成机制健全、科学高效、管理规范、覆盖全面的铁路安全风险控制体系。《意见》从总体要求、主要内容、工作目标、基本原则、工作流程、着力加强安全风险过程控制等方面对铁路推行安全风险管理提出了指导意见。

中国铁路总公司将2013年定为铁路安全风险管理年，提出从加强管理入手，注重从源头上防范安全风险，强化安全管理基础，推动安全管理规范化的要求。2014年，中国铁路总公司结合实际进一步发布了《中国铁路总公司关于推进安全管理规范化的意见》，提出围绕管理问题这一铁路安全的主要风险源，健全完善管理岗位安全职责、工作标准和工作流程，强化安全过程管控，管理履职考评，实现安全管理职责明晰、制度健全、决策严谨、指导有力、方法科学、考核到位的规范化管理格局。2014年11月份，中国铁路总公司召开铁路系统安全风险管理现场会，对近三年以来铁路实行安全风险管理以及在安全风险管理实践中形成的好经验、好做法进行了总结，分析了铁路安全工作面临的形势，围绕铁路自身安全发展和铁路技术国际输出需要，提出准确把握铁路安全风险的特性，通过加强对安全风险的研判预警、加强对安全风险的现场防控、加强对安全风险的专项整治、加强对治安风险的全面防控等办法，实现对安全风险的全过程控制，全面提升安全风险管控水平。

2016 年年初，原铁路总公司在发布的《关于创新安全风险管理加强 2016 年铁路运输安全工作的意见》中，提出坚持安全风险管理的思想不动摇，坚持"三点共识"和"三个重中之重"不动摇，深入推进安全管理规范化、现场作业标准化、检查整治常态化，进一步强化安全基础，创新安全风险防范体系，确保铁路运输安全持续稳定。

2016 年 8 月，原铁路总公司进一步提出安全风险管理是强化铁路安全基础的有效举措，是实现铁路安全发展的必由之路。要求坚持"问题在现场、原因在管理、根子在干部"，坚持"管理问题是最大的风险源"，防止和克服安全意识疲劳，深入推进铁路安全风险管理。要求持续深化"安全管理规范化、现场作业标准化、检查整治常态化"建设，突出问题导向，不断强化和规范安全管理，推动铁路安全工作创新发展。

2017 年 3 月，原铁路总公司提出构建铁路安全风险管控和安全隐患排查治理双重预防机制，围绕准确把握铁路安全生产的特点和规律，要求坚持目标导向、问题导向和人防、物防、技防综合施策，构建铁路安全风险管控和安全隐患排查治理双重预防机制，推进铁路安全关口前移、源头治理、超前防范，把风险控制在隐患形成之前、把隐患消除在事故发生之前，有效防范和遏制高铁和旅客安全事故，做到决不让故障上升为事故，决不让事故演变成灾难，决不让一念之差造成终身悔恨。

2018 年 1 月，原铁路总公司就如何有效落实安全双重预防机制，提出进一步优化安全风险辨识的方法、组织方式和流程，加强全员全过程安全风险辨识研判，完善安全风险管控效果诊断评价手段，综合运用人防、物防、技防措施，实现对各类安全风险的预测、预警、预防。要求坚持高铁安全隐患"零容忍"，落实安全隐患排查治理制度，定期开展安全隐患排查治理，确保安全隐患闭环整治。加快信息化建设，提高安全风险管控和安全隐患排查治理工作的信息化、智能化管理水平。

2.2.2　铁路安全风险管理发展历程

1. 事故理论安全原理

（1）管理对象：事故。

（2）特点：经验型。

（3）缺点：事后整改，成本高，总处于被动接受状态，不能实现事故的超前控制。

事故理论安全原理示意图如图 2.5 所示。

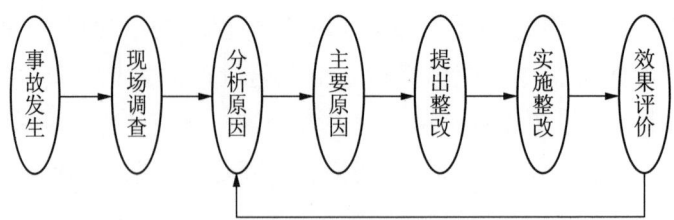

图 2.5 事故理论安全原理示意图

2. 隐患理论安全原理

（1）管理对象：隐患。

（2）特点：超前治理，标本兼治。

（3）缺点：存在型，缺乏定量，系统科学有限，往往抓不住重点，控制效果难有保障。

隐患理论安全原理示意图如图 2.6 所示。

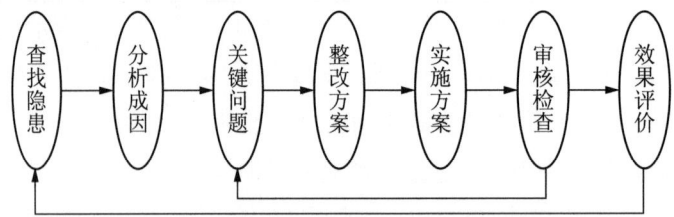

图 2.6 隐患理论安全原理示意图

3. 系统理论安全原理

（1）管理对象：安全目标（装备、环境、文化）。

（2）特点：基础性、预防性、系统性、科学性的综合策略。

（3）缺点：成本高，技术性强。

系统理论安全原理示意图如图 2.7 所示。

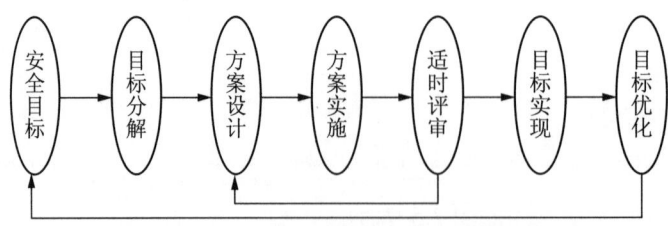

图 2.7 系统理论安全原理示意图

4. 风险理论安全原理

(1) 管理对象：风险。

(2) 特点：超前预防，辨识系统，分级管理，预警预控。

(3) 缺点：定量分析难度大，实施要求标准高。

风险理论安全原理和流程示意图如图 2.8 所示。

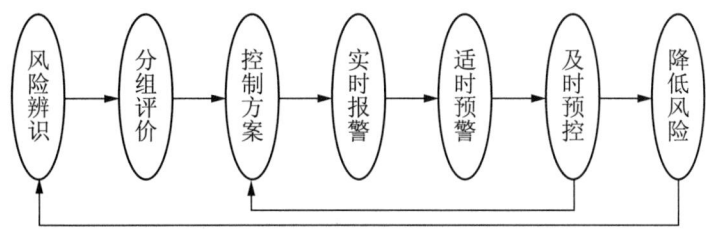

图 2.8　风险理论安全原理示意图

5. 风险管理内涵与内容

风险管理流程如图 2.9 所示。

(1) 风险识别

风险识别主要是对铁路交通事故和风险事件进行统计分析，明确对象。侧重从发生次数和影响程度两个方面进行选取、重点分析。

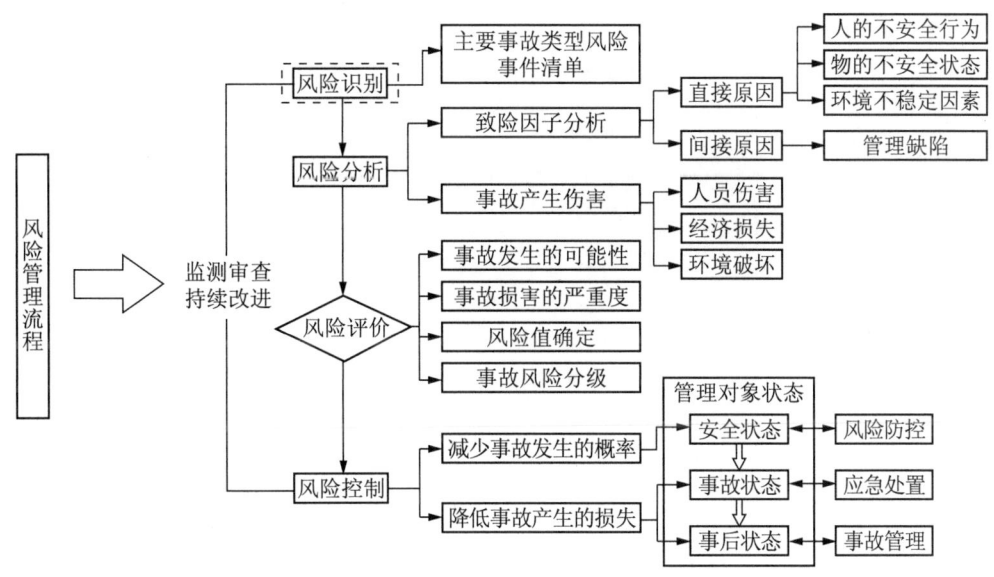

图 2.9　风险管理流程示意图

风险识别主要通过相关手段和方法实现对风险的辨识,风险识别手段和方法主要有:定性+定量;主观+客观;动态+静态。

风险识别时段及方法通常有头脑风暴法、专家座谈法、现场测试法、因果流程图法、问卷调查法、模拟仿真法、观察检验法、统计分析法等。

(2)风险分析

风险分析主要包含两个方面:侧重从直接和间接的角度,人、机、环、管4个方面分析事故或事件的产生原因;从人员、经济、环境、管理等方面进行事故或事件造成的后果分析与估量。例如动车组的火灾风险事件分析如表2.7所示。

表 2.7 动车组的火灾风险事件分析

风险事件	风险因素		风险原因分析	风险损害		
				人员	经济	环境
动车组火灾风险事件	直接原因	人员因素	工作人员	误操作导致短路			
				未严格执行火灾防范规定			
				未严格执行安装验收标准			
			其他人员	乘客故意纵火			
				乘客携带违规物品进站,造成火灾			
		设施、设备因素	变压器	电力变压器内部绝缘衬垫和支架未采用阻燃材料			
				用电设备过负荷、故障短路、过外力因素,造成瓷瓶损坏			
			电缆	电缆沟混入了油泥、木板等易燃物品			
				过负荷运行、接触不良加速电缆绝缘损坏,引发火灾			
			牵引网	电流散发的热量以及产生的电火花和电弧			
			配电系统	配电装置容量较大,存在短路、接地的危险因素			
			车辆设备	车内线路短路,引发火灾			
				列车脱轨、相撞等恶性事故,导致火灾			
			其他设备系统	通风、空调、排烟系统使用大量电气设备和电线电缆			
				通信、信号系统的电缆部分在线路短路、故障等情况下,引发电气火灾			

续表

风险事件	风险因素	风险原因分析		风险损害		
				人员	经济	环境
动车组火灾风险事件	直接原因	设施、设备因素	车站等站场			
			车站内设商业服务项目或与商场营业厅、商业街相连通，存在较多的可燃物质			
			车站内的建筑物装修材料未选用阻燃材料			
		环境因素	高温、干燥的天气			
	间接原因	管理因素	防火制度不完善			
			人员培训不到位，导致误操作或违规操作引起火灾			

（3）风险评价

风险评价是指在风险识别和估计的基础上，综合考虑风险发生的概率、损失幅度以及其他因素，得出系统发生风险的可能性及其程度，并与公认的安全标准进行比较，确定企业的风险等级，由此决定是否需要采取控制措施，以及控制到什么程度。安全评价如图2.10所示。

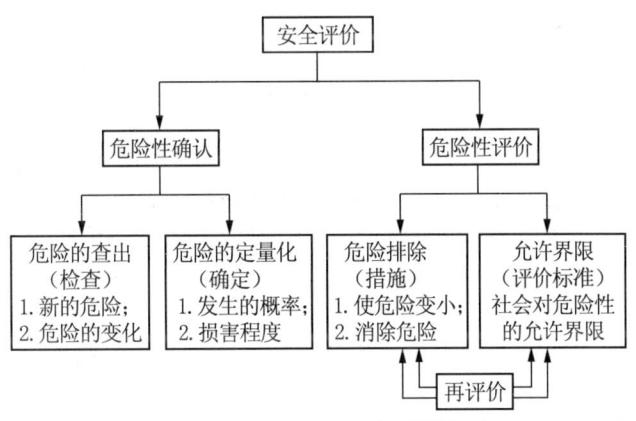

图 2.10　安全评价示意图

如果把一个安全评价内容加以适当扩充，考虑社会环境的影响和安全管理的最终目的，系统安全评价的程序补充如图2.11所示。

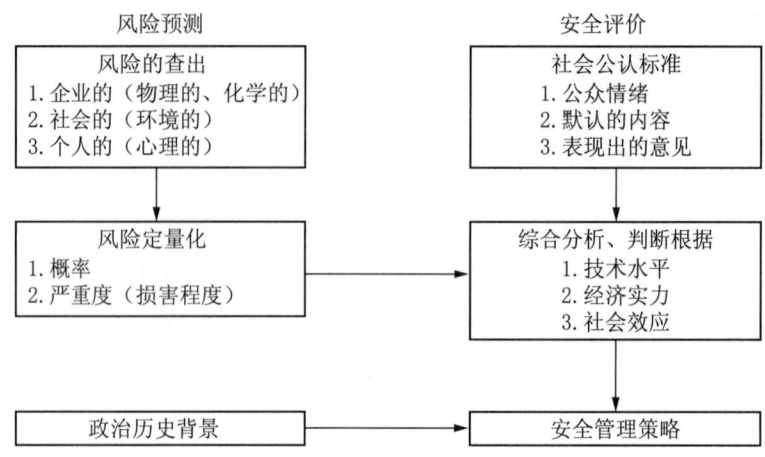

图 2.11　系统安全评价的程序补充

（4）风险控制

主要是通过控制手段和途径实现降低风险事件的发生概率和损害程度的目的。是涵盖建立控制机制、编制控制方案、实施控制方案、评估控制效果完善控制方案等内容的闭环过程。风险控制流程如图 2.12 所示。

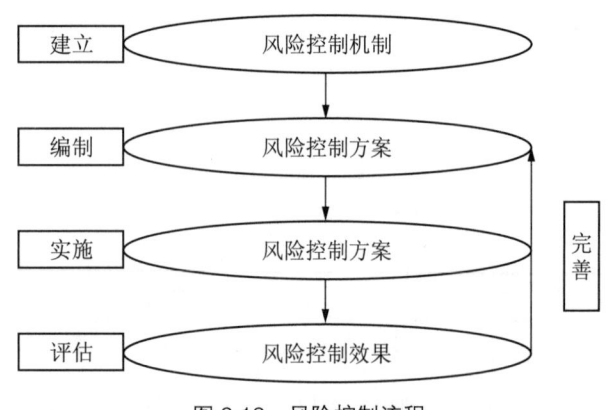

图 2.12　风险控制流程

从风险管理相关研究来说，经过十余年的研究和应用的经验积累，在铁路安全风险管控标准、技术、方法及相关数据库建设等方面都取得了显著的成绩。

2.2.3　高速铁路安全风险管理特点

铁路运营风险管理是指通过采取相关方法和手段，有效降低可能产生的运营安全风险，并使风险状态有效控制在可接受范围内。铁路交通运营风险管理主要包括辨识、分析、评估及控制等内容。在高速铁路运营过程中，其风险具有以下特点：

（1）事故后果的严重性。高速铁路运行的列车由于通风、照明及救援困难，一旦失控，必将引起大量人员伤亡和财产损失。

（2）社会影响的恶劣性。安全是铁路的生命线，一旦发生风险事故，将直接造成铁路交通瘫痪中断、人员拥堵，社会影响恶劣，甚至可能引发乘客骚乱，对政府的信任危机，后果极其严重。

（3）行车安全对管理的依赖性。铁路交通运行作业是一个庞大的人机动态系统的安全运行，离不开管理的协调，在很大程度上依赖于管理的有效性。

（4）运营系统的动态性。铁路交通的整个运营系统是靠各种设备的运转功能来保证的，各设备动态运营状态对整个铁路系统的运营可能会造成直接的影响，因此，各项运营设备的动态性引起系统运营的动态性特征尤为显著。

（5）铁路运输作业的反复性。铁路运输作业是多工种联合作业，昼夜不断、周而复始，各种不安全事件和事故大多数是重复发生的。

（6）受环境影响的特殊性。铁路交通运行既受外部自然环境条件的影响，也受社会环境条件的影响。由于铁路运营涉及许多不确定性和不确知性，只有针对铁路交通运营中风险的特点，通过风险管理的研究，采取合理对策，才能从根本上消灭事故发生的隐患，把铁路运营的事故发生降低到最小。

高铁安全风险的特点如下：

（1）全系统、全过程和易发多变。高铁安全风险涉及铁路系统的方方面面，无论哪个方面出了问题，都可能危及安全；高铁运输生产是一个连续不断、环环相扣的运行过程，高铁安全风险存在于各项工作运行的全过程，任何一个环节出现问题，都可能导致事故发生；高铁运输生产是一个复杂的系统工程，内部各种因素相互影响，外部环境复杂多变，安全风险随之发生转化与变异，原来是低风险的可能演化为高风险，原来没有风险的部位可能演变出风险。

（2）管理问题是高铁安全的主要风险源。高铁安全风险表现在现场，但是真正的风险源在于管理的不规范、不及时、不到位。如制度规定不适应现场作业需要，考核办法不尽完善，部门之间的"结合部"存在不协调等问题。

2.2.4　铁路运营风险分析过程

安全生产风险有广义和狭义之分。广义上讲，与安全有关的风险都称为安全生产风险。狭义上说，是指在未来的或一定的时间内，人们为了确保安全生产可能付出的代价，包括由于采用安全技术措施投入的人力、物力、财力等，安全生产支出可能获得的安全生产收益，或者没有适当的安全生产投入可能付出的人身伤害、财产损失、环境破坏和社会影响等代价。

风险管理是各经济、社会单位在对其生产、生活中的风险进行识别、估测、评价的基础上，运用各种风险管理技术，对风险实施有效的控制，妥善处理风险所致的结果，以期以最小的成本达到最大的安全保障的过程。

理想的风险管理，事先已排定优先次序，可以优先处理引发最大损失及发生概率最高的危害事件，其次再处理风险相对较低的危害事件。

有效的风险管理应成为组织文化的一部分，应将其嵌入到组织的理念、实践和业务流程中，从而促使全员参与风险管理。

安全风险管理是一个管理过程，包括风险的识别、分析、评估、控制、监测、沟通等，目的是将可避免的风险成本及损失极小化。

铁路系统推行安全风险管理，就是结合铁路安全工作实际，通过风险识别、风险研判和规避风险、转移风险、驾驭风险、监控风险等一系列活动来防范和消除风险，形成一种科学的管理方法。抓好风险识别、风险评价和风险控制等要素是其重点。

综合安全风险管控隐患排查治理相关定义和相互间关系分析，高速铁路安全风险管控范围可定义为：在高速铁路运营相关环节中，所有可能造成人员伤亡、财产损失、环境破坏的不被期望事件。

可见，铁路交通运营风险管理发展过程与安全理论的演变过程密不可分。历经过程："事故—隐患—风险—系统"；总体趋势：被动—主动"；发展方向："定性—定量"。铁路运营安全风险分析过程共分五步：

第一步，识别系统所有可能的危险/风险。

第二步，定义危险事件/风险发生频率的分类及说明。

第三步，采用后果分析来预测危险事件/风险可能的影响，定义危险/风险的严重度等级和每种严重度对人员或环境产生的后果。

第四步，定义风险的定性类别以及针对每个类别所采取的措施。

第五步，将危险事件/风险的发生频率和它的严重度结合起来对风险进行评价，确定风险类别。

2.2.5 铁路安全风险管理与传统安全管理的关系

在长期的安全生产实践中，铁路积累和形成了许多安全管理理念和方法，为实施安全风险管理创造了条件，提供了基础。铁路安全风险管理与传统安全管理从管理目标上讲，都是坚持安全发展，着力于实现铁路安全持续稳定；从管理理念上讲，都是强调安全第一、预防为主、综合治理，强调树立责任意识、问题意识和风险意识，牢固树立"三个共识"；从管理内容上讲，都是强化超前防范、风险控制，抓好过程控制和安全风险应急处置，着力于构建安全管理的专业技术管理和保障机制。

安全风险管理与传统安全管理既有联系也有区别。在安全管理模式上，传统安全管理侧重问题分析，而安全风险管理则更强调问题的超前防范；在安全管理对象上，传统安全管理主要是事故和隐患管理，而安全风险管理则更加强调对问题项点的管理；在安全管理特点上，传统安全管理虽然也强调超前管理，标本兼治，但主要采取的仍然是经验型管理，而安全风险管理则更加重视安全隐患问题的辨识，分级管理，预警预控；传统安全管理注重各级领导干部的安全包保、监督检查和考核，而安全风险管理则更加强调安全的全员参与和持续改进；传统安全管理比较重视责任追究，而安全风险管理则更加强调在事前的风险评估、事中的风险防范和事后的风险危害的责任控制。

安全风险管理与系统安全的关系。风险管理的产生与发展对传统的安全管理体制造成了冲击，促进了安全管理体制向系统安全管理方向的发展，它对现有安全分析的效果做出评价，并给出新的安全对策，促进了系统安全体制和安全技术的发展。另外，安全风险管理还向保险方面延伸，以契约形式确立投保方和保险方双方的经济关系，以缴纳保险费建立起来的保险基金，对保险合同规定的范围内的灾害事故所造成的损失，进行经济补偿或给付，从而有效地转移了经济风险。

安全风险管理与系统安全管理在范围、着重点和发展方向等方面存在差异，对待这些差异的态度不是树立一个，废弃另一个；不是在构建安全风险管理体制的同时将传统的安全管理体制打倒和废弃，而是将安全风险管理与既有安全管理有机融合，并吸取现代系统安全工程的理论和方法，切实强化安全生产过程控制和超前防范，落实"作业标准化、管理规范化"，最大程度地降低安全风险，使轨道交通安全工作更具超前性、针对性和主动性，促进轨道交通安全管理的规范化、系统化和科学化。

由此可见，铁路安全风险管理的推广和应用，是在传统安全管理基础上的升华，是对传统安全管理中合理成分的发展，从而实现安全管理的科学化、系统化、标准化和规范化。因此，铁路安全风险管理不是简单的提法上的变化，更不是在安全上另外再搞一套，而是在深刻总结铁路安全工作规律、准确把握当前铁路安全特征和变化的基础上，对铁路安全管理长期以来行之有效做法的坚持、管理的完善和新时期应对新情况对安全工作的创新。

2.3 高铁运营风险因素

我国高速铁路安全风险分析及控制，以国际、国内风险管理标准为依据，根据多年来科研、试验、建设及运营维护经验，建立了贯穿高铁系统全生命周期的风险分析流程和控制技术。通过我国高速铁路十多年运营维护验证和总结完善，运用安全风险管控和隐患排查治理双重预防机制的原理，针对影响高铁运营与维护的"人、机、环、管"等因素进行全系统分析，特别是针对城市高速铁路运营系统特点，高速铁路运营与维护安全风险划分为：设备设施风险、规章制度风险、人员作业风险、外部环境风险。

2.3.1 影响因素

风险的本质要素是指构成风险特征、导致风险的产生、存在和发展的因素，可归结为三个因素。风险三要素是指风险因素、风险事故和风险损失，风险因素的存在或者增加，引起风险事故，导致风险损失。风险因素是引发风险事故的条件；风险事故是指直接导致如人员伤亡、环境破坏、经济价值减少等损失发生的风险事件，是使风险造成损失的可能性转化为现实性的媒介；风险损失是由于风险事故导致的人员、经济及社会等的损失。人员损失是无法用货币来衡量的，很难计算出其家人在精神上所遭受的打击和痛苦是多少。对高铁运营安全管理所造成的风险后果，通常采用高铁安全事故及可能造成的损失来表示，风险的发生势必造成经济效益和社会效益下降。

影响高铁运营安全的因素主要有人员、设施设备、环境和管理，高铁是四个因素相互交融和耦合度高的动态复杂巨系统，高铁运营事故通常是由设备设施故障、环境变化、人为失误以及管理差错等四个因素相互影响、相互作用的结果，哪一个环节出现故障或是故障后应急处置失误，都有可能酿成事故。其中，人员主要包括作业和管理人员的业务技能、综合素质、操作水平、技能培训、精神状态以及对应急预案的反应速度和执行力度等方面。设备设施主要包括固定和移动设备，前者如线路基础设施、牵引供电设备、接触网及供电设备地面监测、综合SCADA系统、CTC设备等；后者包括列控设备、动车组性能、功能及主要部件的运用状态、通信信号状态和综合检测等。影响因素分析主要包括：单因素影响分析、各种因素相互影响分析、管理因素影响分析。例如环境因素一方面针对强风、暴雨、地震等自然灾害的突发情况做出防灾预警和应急处置，一方面要针对高铁沿线、高铁站等周围环境做好安全防范控制。管理强调的则是规章制度、作业标准、人的管理、设备设施管理、防灾系统管理等以及几大因素的结合部方面的卡控与协调等方面。

围绕运营安全，我国高速铁路建立了系统的铁路产品技术标准、工程建设标准、运营维修技术规章制度，从源头上保障高速铁路安全；构建了闭环管理的高速铁路设施设备安全检测监测系统，通过实时采集各种移动设备和固定设备信息，进行分析运用，确保运营安全；构建了风、雨、雪、地震等自然灾害及异物侵限监测系统，实时监测高速铁路运行环境安全，每十亿公里旅客伤亡率已保持世界铁路最低水平。但我国高速铁路场景复杂，从高温多雨的海南到冰天雪地的东北，从河网密集的东北沿海到风沙漫卷的西部戈壁，从岩溶发育的艰险山区到土层深厚的黄土高原，自然条件、气候环境使得高速铁路运营经受巨大考验。在日常运营中，设备故障、恶劣天气、异常事件都有可能极大影响列车运行秩序，威胁列车运行安全。当高速铁路运营发生上述突发事件时，就要采取应急处置等安全措施。

铁路运输系统是一个在时间、空间上分布很广的开放动态系统。铁路运输安全影响因素错综复杂，涉及面很广。从系统论的观点出发，与运输安全有关的因素可以分为4类：人、设备、环境以及管理。这种分类具有下述优点：

（1）从构成生产系统的最基本元素出发，从事故的最根本原因着手，具有普遍意义。

（2）充分体现安全是一项全员、全要素、全过程的活动。因为系统中的"人"，是指作为工作主体的人，"设备"是指人所控制的一切对象的总称（包括固定设备和移动设备），"环境"是指人、机共处的特定的工作条件（包括内部环境和外部环境）。

（3）考虑人、设备、环境对安全的影响，尤其考虑了3者之间的相互作用，包括人—设备—环境、人—环境以及人—设备—环境等。

（4）以管理作为控制、协调手段，协调人、设备、环境之间的相互关系，并通过反馈作人、人—设备将系统状态的信息反馈给管理系统，从而改进安全管理方法，最终得到更为安全的系统。影响运营安全有关因素分类如图2.13所示。

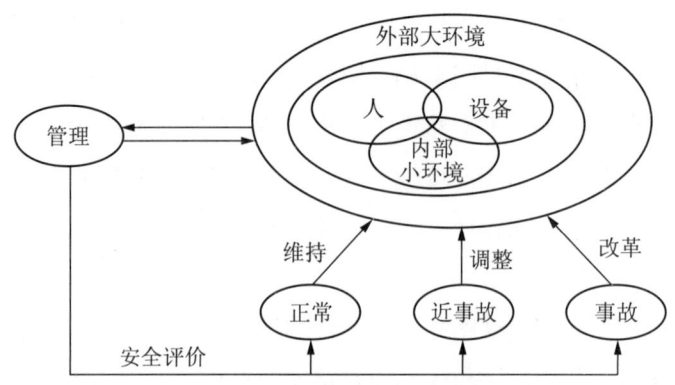

图 2.13　影响运营安全有关因素分类

2.3.2　单因素影响分析

1. 人员因素影响分析

主要包括高铁关键岗位（如车站应急值守）人员配备不足、因开通运营紧迫对高铁运营维护人员培训不足等。

操作现场常见的不安全行为风险。

包括检修带电设备时在配电开关处不断电或不挂警示牌、任意开动非本工种设备、超限（如载荷、速度、压力、温度、期限等）使用设备、非特种作业者从事特种作业、任意拆除设备上的（安全、照明、信号、防火、防爆）装置和警示标志、非岗位人员在危险、要害区域内逗留、禁火区抽烟或动火、电气作业不采取绝缘防护等违反操作规程的行为。

（1）人员因素重要性。人是一种安全因素和防护对象，绝大多数事故的发生均与人的不安全行为有关，事故也以人受到的损害作为重要内容。

（2）影响铁路运输安全的人员分类。分为生产系统内人员和生产系统外人员。

（3）对生产系统内人员的素质要求。包括：思想素质、技术业务素质、生理素质、心理素质、群体素质。

在安全问题中，人是矛盾的主要方面，因为即使是高度自动化的系统也不可能完全避免人的介入，不可能完全不受人的操纵和控制。安全专家库尔曼认为，人是一种安全因素和防护对象，机器是一种安全因素，环境是一种安全因素和应予保护的财富。在人机环境系统中只有人向安全问题提出挑战，一个掌握足够技能和装备的人能够发现并纠正系统故障，并且使其恢复到正常状态。不幸的是，绝大多数事故的发生均与人的不安全行为有关。

人对于安全的主导作用，在铁路运输安全方面也不例外。铁路运输安全与许多活动有关，所有各项活动都依赖于高效、安全和可靠的人的行为。在铁路运输工作的每个环节、每项作业中，都是由人来参与并处于主导地位的，人操纵、控制、监察各项设备，完成各项作业、与环境进行信息交流，与其他作业协调一致。正是由于人在运输工作中的重要地位，使得人的因素在运输安全中起着关键作用。人对运输安全的特殊作用可归纳为下述 3 点：

（1）人的主导性。在人和设备的有机结合体中，人是主导方面。设备必须由人来设计、制造、使用和维护，即使是技术状态良好的安全设备，也只有通过人的正确使用，才能发挥它的保安作用。

（2）人的主观能动性。当情况突然变化时，人能立即采取相应的措施和灵活的方法，排除故障等不安全因素，使系统恢复正常运转。只有人才具有主观能动性，从而具有合理处理意外情况的能力。

（3）人的创造性。人能够通过研究和学习，不断地提高和改进现有系统的安全水平。

其中运输系统内人员主要指车务、机务、工务、电务、车辆、安监、客运、货运、工程、给水、供电等部门的各级领导人员、专职管理人员和基层作业人员。他们是保证运输安全的最关键人员。铁路运营实践表明，铁路员工，特别是运输生产第一线的职工和负有管理责任的人员，他们的思想品质、技术业务水平及心理、生理素质等不适应铁路运输工作的要求，往往是造成事故的重要原因。

从 2008—2017 年十年间铁路事故对比分析看，日本铁路因作业人员失职的事故所占比重为 39.7%，其中司机误认信号最危险，极易导致重大事故的发生（占 20%）；印度大约 40% 的事故是由于铁路职工技术水平低、心理素质差所致；俄罗斯重大事故中，机务部门约有 70% 是由于冒进信号造成的，运输部门有 40% 以上是由于向占用区间发车和车辆溜逸等造成的；美国由于作业人员失误造成的事故约占 30%；英国重大列车事故中，人的因素占 36%—55%。

2. 自然灾害风险

大风、暴雨、雷电、地震等恶劣自然天气爆发范围广、破坏强度大、延续时间长，常会伴随多种连发性事件，对铁路运输安全影响大，使铁路运营秩序不易在较短时间内恢复。例如大风风速或雨量到一定值时，高铁防灾系统会向调度指挥中心报警，列车调度员接到报警信息后，会立即发布调度命令指示司机限速运行，并设置列控限速。大风、暴雨天气还会造成接触网频繁跳闸。严重影响列车正点。如一列车因自然气候原因晚点较多，列车调度员为了尽量减少本次列车后续交路列车的接续晚点，在调度运行调整时会组织晚点影响较大的列车贴线运行,其他列车仍按列车运行图顺序在其后依次追踪运行。这样一列或者几列车晚点会波及几列或者十几列列车均不同程度晚点。

(1) 暴雨和高温

可导致江河湖泊水位上涨及山洪,造成冲刷路基边坡、路堑坍塌及水淹桥、线路、山体落石、泥石流等灾害,严重威胁列车运行安全。暴雪对高铁运营的危害主要在我国的东北、华北地区,积雪可造成掩盖高铁线路、造成道岔不能转换,影响高铁列车运行及旅客站台乘降安全。

降雨致灾与铁路沿线的降雨程度、地形条件、土质情况和排水状况等因素密切相关。与大风和地震具有突发性不同,降雨往往是通过积少成多、循序渐进而形成灾害,发生频率较高。连续降雨和突发性暴雨会导致路堤及地基失稳,易发生线路塌陷和路堤溜坍;会引发河流水位上升形成洪水,使桥墩因洪水的强力冲刷而产生变形倾倒、桥跨移位;造成隧道衬砌变形开裂、掉块和隧道积水;损毁铁路供电系统设备、接触网设备以及通信信号设备。对于山区铁路,连续强降雨或局部地区突发性暴雨还会引发山体崩塌、泥石流、滑坡等地质灾害,冲毁桥梁和涵洞,掩埋线路和车站等,严重威胁铁路运输安全。一些沿海大中城市地处冲积平原,河网密集,地下水位高,软土地表含水量大、压缩性强,以及发生流沙问题,严重影响高铁路基的稳定,甚至导致桥墩偏移。另外,当发生持续高温及城市"热岛"效应,热量不能及时扩散,对高铁线路、道岔、桥梁、接触网等行车设备和建筑物带来严峻考验,易引发胀轨、无砟线路轨道板离缝、电气设备火灾等问题。

2019年10月13日凌晨,受台风"海贝思"影响,狂风暴雨在日本长野县酿成严重灾害,多处河川水位暴涨。特别是流经长野县的千曲川因暴雨溃堤泛滥,千曲川的溃堤导致位于长野市赤沼的JR东日本的长野新干线车辆中心(相当于中国的动车所)被洪水淹没,停留在设施内的10列新干线被淹,其中E7系8辆,W7系2辆,占北陆新干线30列E7+W7系列车总数的三分之一。10列未及转移的新干线列车也被洪水浸泡,造成了严重损失。如图2.14所示。

E7/W7系是北陆新干线继E2系0番台后,第二款可同时适应日本东/西部地区25 kV 50/60 Hz双频电压的新干线列车(不计入个别200系和E4系),亦通过加强牵引功率,可适应轻井泽地区30‰连续坡道。在E2系0番台全部退役的情况下,此番E7系/W7系水害受损后,JR东日本与JR西日本甚至无法从其他线路调配车辆弥补运力。日本派出2.7万名自卫队员应对灾害,一方面希望这次台风能快点平息,日本铁路行业的同行们早日度过难关;另一方面也希望能引以为戒,能在暴雨等灾害时提前预警,防患于未然。

图 2.14　未及时转移的新干线列车被洪水浸泡

（2）大风

强风对列车运行安全的影响主要与强风特性、列车速度的结构物外形有关。对高速铁路而言，动车组列车速度快、轴重轻，因此强风对高速列外形特征车运行安全的影更不容忽视。在大风作用下，列车周围流场、表面压力发生变化，会导致列车空气动力性能恶化，可能造成列车横向失稳；当列车通过曲线路段时，横向风力力与离心力叠加导致列车倾覆的可能性大大增加在大桥、路堤、口、峡谷、山区风口等特时风速会增加123—130 倍，如果此瞬时风向与铁路线路垂直，列车脱轨和倾覆的风险也随之增加。此外，强风对桥梁、接触网、通信等铁路地面设施也会造成严重损坏，还可能吹翻吹落线路附近设施设备、树木等，侵入轨道，与列车发生冲突，甚至会诱发长年风化的浮石而引起落石灾害。台风、强风及龙卷风可能破坏高铁基础设施，刮倒电杆、接触网立柱及铁路沿线树木，吹断电线和接触网导线，以及将邻近临时工棚、彩钢瓦屋顶、建筑工地防尘网、农作物大型料，若吹到高铁线路和接触网导线上，可造成牵引供电中断、动车组和线路设备损坏，以及发生高铁列车相撞、脱轨的风险。例如，我国东南沿海地区位于大陆东岸，易受来自太平洋的反气旋影响而形成热带气旋，是我国受台风影响最强、最频繁的地区。由于其自身地理位置特点、该地区起风速度快，平均风速偏大，给列车运行安全带来危害。同时，台风将海水中的盐分带到水上，可导致高铁钢轨、接触网、站房等金属部件锈蚀加剧，以及电缆设备电和电气设备元器件损坏。

（3）冰雪

我国是世界上中低度山丘冰川和积雪广泛分布国家之一。积雪分布具有由南向北递增和随海拔增高而明显增厚的总趋势。哈佳铁路是我国新建高寒地区最长的快速铁路，位于黑龙江省中东部，这里属于温带与温带大陆性季风气候，冬季在干冷西北风控制下，干燥少，寒冷漫长。我国第 1 条高原铁路——青藏铁路沿线气候类型复杂多变，冻土分布广泛，经过海拔 4000 m 以上的地段有 960 km，冬季和春季多雪由于海拔高，气温低，积雪常年堆积。还有西北部、东北和西南的一些山区，冬季气候寒冷，降雪量较大，受自然降雪和风吹雪的影响，地面易形成较厚的积雪，给铁路运输带来安全隐患。

我国东北、新疆北部及青藏高原等严寒地区，冬季气候寒冷，降雪量较大，会给铁路安全运营带来系列特殊问题。主要表现在：黏附在车辆底梁架上的雪导致绝缘不良，造成车下设备损坏；大雪道岔尖轨处，积雪使道岔不能密贴，发生道岔不能转换等导致列车无法正常运行；道床内厚重的积雪引起电路短路；高速列车卷起的雪块以及因车体振动过度升高导致冰块从车体上落下，引起道砟飞溅，威胁线路两侧的地面设备；在电气化铁路区间长时间停车架式受电弓因积雪重量加大会脱离接触网而离线、断电；因气温急剧上升或下雨而造成的积雪融化会诱发滑坡和落石灾害；线路上及其附近形成的大量积雪会埋没线路，严重时可能会引发斜坡发生雪崩；强风挟带着分散雪粒形成的风吹雪使能见度极低，影响例车司机瞭望。此外，浓雾和雾霜不仅导致能见度降低，影响高铁列车司机运行瞭望，而且空气中水汽饱和及含有悬浮颗粒物，还可造成高铁接触网供电设备、动车组受电弓等高压设备（27.5 kV）闪络、放电，损坏行车设施设备，造成列车停运、晚点。

例如，遇有雨雪冰冻天气，动车组列车运行过程中，若遭冰雪击打导致车体异响时的限速要求如下：300 km/h 及以上线路时，限速等级为 250、200、160、120、80 km/h。随车机械师首先通知限速 200 km/h 运行，动车组达到限制速度后，随车机械师再根据异响是否消失，通知司机逐级提速或逐级减速；200 km/h 及以上线路时，限速等级为 160、120、80 km/h。随车机械师首先通知司机限速 120 km/h 运行，动车组达到限制速度后，随车机械师再根据异响是否消失，通知司机逐级提速或逐级减速。同样，低温天气特别是雨雪冰冻，也对高铁设备和运营带来危害，高铁线路上跨公路桥及道口上方冰凌掉落击打动车组、接触网，动车组高速运行时卷起的积雪、车底脱落冰块击打损坏道岔、列控系统地面应答器等行车设备，以及冻裂损坏车站动车组上水、吸污设备等，影响高铁运营秩序和安全。

接触网导线覆冰导致受电弓取流不畅或覆冰融化击打受电弓导致降弓时的限速要求。限速等级为 160、120、80、40 km/h。随车机械师首先通知司机限速 120 km/h 运行，动车组达到限制速度后，随车机械师再根据异响是否消失，通知司机逐级提速或逐级减速。

遇有冰霜等不良天气，遇限速及进站停车前，动车组实际原则上按照"早制动、小级位"等要求，提前控速，尽量减少大级位初制动造成轮对滑行的风险，装有人工控制撒砂装置的动车组列车，司机在制动时应及时撒砂，并向列车调度员（车站值班员）报告撒砂里程，列车调度员（车站值班员）接到报告后，须认真监视本线后续首列列车运行，发现列车占用丢失时立即按规定处置。

（4）地震

地震破坏力巨大，造成地面塌陷、山体滑坡、建筑物倒塌，对高铁线路、桥梁、车站站房等建（构）筑物及高速列车运行威胁极大，甚至导致列车脱轨、颠覆等恶性事故。如2011年3月11日，日本福岛地震造成多趟动车组列车脱轨。日本、法国、中国台湾等高速铁路较为发达的国家和地区均建立了相应的地震紧急处置系统。目前，国外地震紧急处置系统控制列车的模式主要有2种：一是以法国地中海线为代表的列控系统控制模式，即接到报警时，由列控系统发出控制列车运行的信号，自动控制列车停止运行；二是以日本新干线为代表的牵引供电系统控制模式，即接到报警时，牵引变电所停止向接触网供电，列车车载装置检出接触网断电后立即自动采取紧急制动措施。

我国高速铁路正处于快速发展阶段，随着高速铁路路网规模的扩展，处于地震Ⅵ度区及以上的高速铁路里程约达10 000 km以上。我国大陆地震区分布较广，震源分散、复杂，对高速铁路安全运营影响较大。对运行于地震Ⅵ度区及以上的高速铁路设立地震紧急处置系统，是保障高速铁路运营安全的需要。我国在高速动车组制动控制系统研究的基础上，研发了全新的、适合我国高速铁路实际需求的、具有自主知识产权的车载地震紧急处置装置（简称车载地震装置），由该装置接收地震预警信息并采取相应的控车方式（限速或紧急停车）。目前，车载地震装置已研制完成试验样机，并进行了实验室功能验证和现场试验验证。

3. 外部环境风险

以铁路沿线高影响天气产生的地理环境及其影响《高速铁路运行高影响天气条件等级》中对高影响天气的定义为：对社会、经济和环境产生重大影响的天气现象与事件，如对流性和地形降水造成的洪水暴雨雪、沙尘暴、破坏性地面大风等，也包括高温、低温干旱、影响空气质量的气候条件以及具有高度社会经济影响的非极端天气等。我国地域辽阔，自然情况复杂，气象灾害种类多种多样，是世界上气象灾害较多的国家之一。铁路影响天气的形成与其自身及铁路地理位置有关。

外部环境大体分为16个类别，分别是建（构）筑物、树木种植、堆放类（含大型弃土弃渣）、飘浮物（防尘网）、坠落类（广告彩钢瓦）、上跨线缆、杆塔类、违法施工、危险品类、采矿采石爆破、抽取地下水类、下穿管线类、并行、上跨桥隐患类、挖砂取土采空类、空气污染、腐蚀性气体、河道危害类（围垦造田、拦河筑坝、采砂淘金、疏浚)、卫生垃圾环境类（排污弃物）以及其他。社会环境：非法扰乱高铁运输秩序、人为破坏高铁设备设施，列车或车站火灾爆炸，以及大量旅客滞留等因素。

高铁设施设备复杂、列车运行速度快，任何轻微的外部环境因素和干扰，会呈几何级数放大，可能造成灾难性后果。为此，我国专门制定颁布了《铁路法》和《铁路安全管理条例》(国务院令第639号)，依法设立铁路线路安全保护区，并规定了16种禁止行为和保护措施，全面加强铁路安全，特别是高速铁路运营安全保障。影响高铁运营安全的外部环境风险主要有以下几种。

（1）非法生产经营

在铁路线路安全保护区内建造建筑物、构筑物等设施，取土、挖沙、挖沟、采空作业或者堆放、悬挂物品，可能影响高铁路基、桥梁、站房等设施设备稳定，以及影响列车司机瞭望，威胁列车运行安全。

2019年6月27日14时左右，京沪高铁上行某处（天津南站附近）高铁桥下发生火情，燃烧物质木头、塑料，着火面积约20 m^2。至少十余列高铁列车晚点。为确保旅客列车安全，铁路部门对天津南站附近区段的设备进行检查，由此导致途经列车晚点。另外，途经天津南站的高铁列车取消在天津南站停靠，持票旅客可以在30天内到天津南站、天津西站、天津站办理全额退票手续。天津南站工作人员称，乘客可到天津站乘车。京沪高铁因故大面积延误，下行列车午夜密集到达虹桥，出租车排队一眼望不到边，通过地铁联动运输，让乘客体验了零点后二号线加班车五站到世纪大道的服务。

（2）异物侵限

直的极限横断面轮廓范，简称铁路建筑限界，任何非铁路行车设施设备进入，无疑将危及列车运行安全。例如，一些人员及旅客无视高铁列车速度快、制动距离长的情况，非法越栏进入线路及跳下站台，不仅危及自身安全，且一旦发生相撞及列车紧急制动，严重威胁列车和旅客安全。

（3）飘落类物质

在高铁沿线放风筝、气球、孔明灯、无人机等飞行器，以及附近临时工棚、彩钢瓦房、种植农作物、菜的塑料薄膜遮阳网及垃圾堆场杂物等，被大风吹到高铁线路及接触网上。轻则造成高铁接触网、动车组受电弓设备损坏，造成列车供电中断停车，动车组空调停机，车厢内温度升高，可能造成旅客中暑；重则可能造成列车相撞发生脱轨、颠覆事故。

（4）扰乱运输秩序

如进站、乘车不服从铁路运输服务协议和铁路工作人员劝告、管理，在车站内、列车上寻衅滋事，扰乱车站、列车正常秩序，危害旅客人身、财产安全的；在铁路线路上行走、坐卧、钻车、跳车，擅自开启列车车门、紧急安全设施等；强行登乘、霸占座位或者以拒绝下车等方式强占列车；冲击、堵塞、占用进出站通道或者候车区域、站台；擅自进入铁路封闭区域；在列车上抛物；非法拦截列车、阻断铁路交通；使用无线电台（站）以及其他仪器、装置干扰铁路运营指挥无线电频率正常使用，等等，都会严重干扰高铁运输秩序，甚至危及列车运行安全。

如动车组车门是旅客上下车的通道，车门的开与关由动车组司机在司机室内集控操作，车门具有障碍物检测、车门关闭状态监测等功能，一旦有旅客擅自打开车门、擅动紧急装置或阻挡正在关闭的车门时，出于安全考虑，动车组会报车门故障，并进一步影响列车牵引性能，运行中的动车组会立即紧急制动停车、准备发车的动车组则无法正常开车。

2015年6月29日，一位乘客从合肥南站登上一列开往汉口的动车，出于好奇，竟蹦起来按下了车上的紧急制动按钮，导致列车紧急停车。该举动直接导致此次列车晚点两分钟。这种影响铁路安全的行为，对个人可处500元以上2000元以下的罚款。随后，铁警对汪某进行了批评教育，并进行了相应处罚。

2015年7月3日20点多，由上海虹桥开往深圳北的D2283次动车撞上了××放置的台虎钳，被迫临时紧急停车，造成3趟动车反向运行，6趟动车不同程度晚点，8趟动车限速运行，直接经济损失3.5多万元。

2018年1月5日，由蚌埠南开往广州南站的G1747次列车在合肥站停站办客时，一名带着孩子的妇女罗某以等老公为名，用身体强行阻挡车门关闭。铁路工作人员和乘客多次劝解，该女子仍强行扒阻车门，造成该列车晚点。面对记者的采访，罗女士不断反问："我这样做有错吗？"

2019年7月12日，李某坐高铁时一时疏忽上错了车，等列车起动后他才发现。情急之下，他竟拉下了列车的紧急制动阀……李某打算乘坐G1337次列车从上海虹桥站去往嘉兴南站，因赶车忙中出错，误上了G7325次列车，上车后才发现自己坐错车了。此时车门已关闭，李某竟"想都没想"就按下了车上的紧急制动按钮，列车临时停车，晚点了5 min，影响了后续所有列车的运行。

2019年7月14日，在广州南站一年轻女子等一行3名乘客因错过检票时间，强行翻越护栏冲入站台，该女子还将脚伸进了列车与站台的缝隙之间，妨碍列车的正常发车，导致列车晚点7 min。最终，因阻碍交通工具正常行驶和扰乱公共场所秩序该女子被依法处以行政拘留9日。据了解，该3人当日从佛山到广州南站，拟乘坐G9638次回长沙，到达广州南站后，G9638次列车已停止检票，因G9638次系当日发往长沙的最后一趟高铁，3人担心错过该趟列车后，次日将无法正常赶回单位上班，随后便发生了上述的危险一幕。

（5）动车组撞击异物或遭击打风险

动车组列车运行速度高，最高可达350 km/h。高速运行的列车若与擅自闯入线路的人员、动物碰撞，势必造成伤亡，同时也会造成动车组部件受损；若高铁沿线有树木侵限、轨道上有其他较大的杂物时，列车高速运行并发生碰撞后，会造成列车头部、排障器等部件严重受损，若坚硬的外物卷入车底或卡住高速旋转的轮对，甚至可能造成列车脱轨、颠覆等极为严重的后果；若铁路沿线有风筝、孔明灯、气球、广告幕布等高空物体进入时，极易缠绕动车组车顶高压设备，一旦发生此类情况，将造成动车组高压接地及接触网"跳闸"，动车组供电被迫中断，列车将无法继续运行。

2017年9月3日，河北省滦县村民某人在当地青龙山高铁沿线附近试飞自制航模时，因操作不当导致航模失控，掉落在京秦高铁线路上，威胁列车运行安全，导致高速行驶的G2604次高铁列车停车，造成列车晚点22分钟，庞某被铁路警方行政拘留。

2017年11月，×铁路局集团公司CRH380B型动车组担当G1128次（广州南—南京南），在高速运行过程中，撞击了擅自闯入高铁线路的闲杂人员，导致当场死亡，并使动车组头罩、排障器等部件严重受损，不具备正常运行条件。

2018年5月3日，从铁路部门获悉，江西省九江市湖口县×中学7名学生通过翻爬衢九铁路进入铁路栅栏网内玩耍，在铁轨上放置3颗石子，被随后经过该路段的G1650次高铁列车碾压，致使列车制动装置损坏，且在此区间临时紧急停车41 min，严重影响了高铁线路的运营安全。经过相关部门定损，7名学生将承担5万元的赔偿。

（6）站车防火防爆

高铁车站、列车人员密集，动车组列车运行速度高，一旦发生火灾，火情蔓延快、危害极大。因此，旅客应当接受并配合铁路部门在车站、列车实施的安全检查，不得违法携带、夹带、托运烟花爆竹、枪支弹药等危险品或者其他违禁品；不得在动车组列车上吸烟及在车站候车室（厅）等禁烟区域吸烟。

（7）破坏铁路设施

高铁列车在轨道上运行，各类设施设备具有唯一性，任何拆盗、割盗、偷盗、损坏或者自移动铁路设施设备、配件和标桩、防护设施、安全标志的行为，以及在铁路线路上放置、遗弃障碍物、击打列车等，严重危及动车组列车运行安全，甚至导致列车脱轨、颠覆。

2019年3月1日《四川省高速铁路安全管理规定》正式施行，标志着四川省正式跨入了第一批全国地方立法保护高速铁路安全的行列。在参照《铁路法》、《铁路安全管理条例》和借鉴有关省（市）的相关规定后，四川省出台了《四川省高速铁路安全管理规定》(以下简称《规定》)，明确落实了地方政府对高速铁路安全管理的主体责任，高速铁路封闭区外的安全管理由沿线县级以上政府负责，高速铁路封闭区以内的安全管理由铁路运输企业负责。《规定》呈现了诸多因地制宜的亮点，明确落实地方政府对高速铁路安全管理的主体责任；对安保区的划定规定得更加明确清晰；对高速铁路线路保护的禁止行为和限制行为分类汇总，条理上更加清晰；将公民法人给铁路运输企业造成损失应当依法赔偿的问题与处理可能影响高速铁路安全运行的建筑物、构筑物的补偿问题归于一条，便于法律适用时开展上述工作。《规定》的颁布实施将有力强化四川省境内高铁安全管理工作，为确保高速铁路建设、运营、发展提供保障。危害高速铁路线路、车站即列车安全11种行为如图2.15所示。

2019年8月1日，《广西壮族自治区铁路安全管理条例》(以下简称《条例》) 经广西壮族自治区人大常委会审议通过，于10月1日起施行。《条例》对当前铁路运行安全中存在的问题进行了针对性规定，高铁霸座、在铁路沿线500米内飞无人机和放风筝、气球，使用自带加热食品等行为均被禁止。

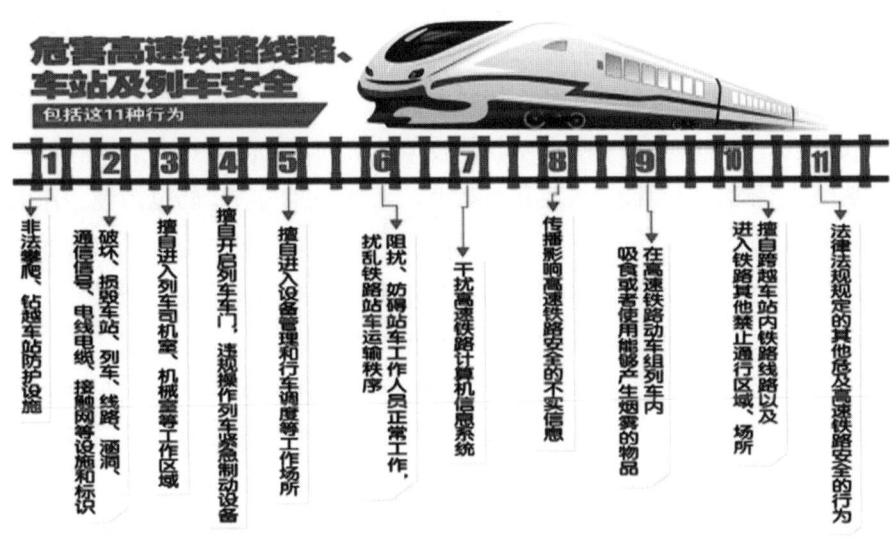

图 2.15 危害高速铁路线路、车站及列车安全11种行为

塑料薄膜、彩钢瓦等轻飘物是当前影响铁路安全的最大隐患，这些物质飘移到铁路线路上，造成接触网断线的事故时有发生，从而中断行车、影响旅客出行安全。为有效管控，《条例》明确，禁止在铁路线路安全保护区内实施危及铁路安全的行为，其中就包括采用彩钢瓦、铁皮、塑料薄膜等轻质材料搭建板房、彩钢棚、塑料大棚或者悬挂广告牌（匾）；燃放烟花、焰火或者焚烧垃圾、祭品等排放烟雾、粉尘、火焰、废气的物质。处罚：违反规定的，由县级以上人民政府住房和城乡建设、公安、自然资源、生态环境、城市管理等主管部门按照管理权限责令改正或者责令限期拆除，对单位可以处5万元以下的罚款，对个人可以处2000元以下的罚款。

铁路线路周边施工要签安全协议，在铁路线路周边施工也要注意。《条例》规定，在铁路线路安全保护区外50米范围内及铁路地下车站结构外沿线起向外50米范围内进行可能影响铁路安全的施工作业的，应当与铁路运输企业协商并签订安全协议，采取措施防止危及铁路安全。这些施工作业包括新建、改建、扩建或者拆除建筑物、构筑物、道路；取土、挖沙、挖沟、采空作业；设置、拆除广告牌、电子显示屏；堆放弃土或者放置其他危害铁路安全的物质；法律法规规定的其他可能影响铁路安全的施工作业。处罚：违反规定的，由县级以上人民政府住房和城乡建设、自然资源、城市管理、生态环境等主管部门按照管理权限责令停止施工作业，采取必要的安全保护措施，对单位可以处3万元以下的罚款，对个人可以处1000元以下的罚款。

铁路两侧500米内禁止飞行无人机，据公开报道，2019年春运期间，在衡柳铁路450公里范围内就发生了20起异物掉落接触网事件，其中4起直接影响列车运行，这些异物大多都是铁路沿线居民燃放的孔明灯和气球。《条例》明确规定，禁止在铁路电力线路（包括电气化线路供电接触网设备）导线两侧各500米范围内飞行民用无人驾驶航空器或者升放风筝、气球、孔明灯等低空飘浮物体。确因现场勘查、施工作业需要飞行民用无人驾驶航空器的，应当按照规定获得批准，采取必要的安全防范措施，并提前5个工作日通知铁路运输企业。处罚：由公安机关责令改正，对单位处1万元以上5万元以下的罚款，对个人处500元以上2000元以下的罚款。构成违反治安管理行为的，由公安机关依法给予治安管理处罚；构成犯罪的，依法追究刑事责任。

扰乱车站秩序最高可罚2000元，不少旅客外出喜欢携带方便的自热米饭等自热食品，这些食品如果加热不当，会存在安全隐患。此外，强占他人座位、强行登乘、拒绝下车、车上吸烟等等扰乱、危害铁路站车秩序和铁路安全的行为也经常被媒体曝光。

为保证行车安全，《条例》明确了包括高铁霸座在内的14类禁止行为。包括：

① 干扰检票闸机或者车门开、关，强行进出检票闸门、上下列车；

② 在站台上滞留、翻越站台；

③ 擅自进入铁路线路、车站封闭区域和其他禁止通行区域；

④ 擅自进入列车司机室、机械室等工作区域；

⑤ 擅自进入设备管理和列车调度等工作场所；

⑥ 强占他人席位；

⑦ 围堵列车、阻碍发车、拒绝下车等影响列车运行；

⑧ 在铁路线路上放置、遗弃障碍物；

⑨ 向运行中的列车抛掷影响行车安全的物品；

⑩ 在禁止吸烟的列车上、列车的禁烟区域内吸烟或者能够产生烟雾的香烟替代品，以及在动车组列车上使用能够诱发烟雾报警的自带加热食品等；

⑪ 殴打、谩骂、侮辱车站和列车工作人员；

⑫ 干扰铁路计算机信息系统；

⑬ 传播影响铁路安全的不实信息；

⑭ 法律法规禁止的其他危害铁路站车秩序和铁路安全的行为。

处罚：违反第 1 至第 6 项规定的，由公安机关责令改正，处警告或者 200 元以下的罚款。违反第 7 至第 14 项规定的，由公安机关责令改正，对单位处 1 万元以上 5 万元以下的罚款，对个人处 500 元以上 2000 元以下的罚款。构成违反治安管理行为的，由公安机关依法给予治安管理处罚；构成犯罪的，依法追究刑事责任。

铁路桥下禁设停车场开商店，将铁路沿线桥下当成自家的活动空间、堆场，这种行为可能会危及铁路桥的安全畅通，也将要承担法律责任。《条例》规定，铁路运输企业应当根据铁路桥梁周边生产、生活环境，按照确保铁路设施设备安全的要求，对铁路桥梁下方铁路用地进行封闭管理或者保护性利用管理。任何单位和个人不得非法占用铁路用地；不得在铁路桥梁下搭建影响铁路安全的建筑物、构筑物；设置停车场、开设商铺、堆放物品、进行加工生产等活动不得影响铁路安全。处罚：由县级以上人民政府自然资源、住房和城乡建设、水利、市场监管等主管部门按照管理权限责令停止违法行为、恢复原状，可以处 10 万元以下的罚款。

4. 设施设备

高铁主要由铁路线路，供电、信号、通信、动车组和客运服务设施设备等组成，主要设施设备风险包括线路设备风险，供电设备风险，信号、通信设备风险，动车组设备风险等。

高铁设备设施风险主要包括基础设施风险和移动设备风险。基础设备设施风险中主要有：一是工务设备设施风险：包括钢轨和道岔伤损、无砟线路轨道板伤损、路基变形及翻浆冒泥、桥墩偏移、隧道渗水及衬砌掉块，以及系杆拱桥、钢桁梁桥、简支箱型梁桥、连续箱型梁桥等结构状态、支座劣化、部件疲劳损伤等因素。二是电务设备风险：包括列车运行控制设备数据设置错误、临时限速报文错误或丢失，以及软件修改、信号联锁试验不彻底，设备防干扰及防雷失效，导致道岔错误解锁或转动、行车信号许可升级等因素。三是牵引供电设备风险：主要体现在外部供电中断、防雷失效、车站行车指挥及客运服务设施停电、车站或隧道内接触网固定不牢，从长期运营情况看，接触网断线或倒杆也可能成为影响运营安全的重要风险。

移动设备设施风险，主要包括动车组部件脱落、制动力丢失等，从长期运营看，车轮疲劳伤损、车轴断裂等也可能成为影响运营安全的风险因素。

地面行车设备故障影响。高铁列车速度高、车流密集，对行车设备要求也高。一旦行车设备发生故障特别是咽喉道岔或者区间内接触网、线路等故障，会严重影响高铁列车运行秩序，造成不同程度的晚点。高铁区段常见地面设备故障如咽喉道岔无表示、接触网挂异物、接触网跳闸、晃车等，规章规定调度均应通知司机停车，然后通知设备管理单位，由设备管理单位在车站（或调度台）登记，封锁相关线路，上道进行处理。一般处理时间均在 30 分钟以上。遇到夜间大雾、暴雨等恶劣天气，处理时间会相应延长。按平均 45 分钟处理时间来算，每 4 分钟左右一列车，要影响 10 列左右的高铁列车不同程度直接晚点，还会辐射造成更多列车被动晚点。

列车及车载设备故障影响。高铁列车常见故障如 ATP（列控车载设备）黑屏、死机、车辆异音、抱闸、受电弓故障等。遇到上述故障，司机均需停车，通知随车机械师处理。根据需要，汇报列车调度员通知供电调度员对相关供电单元接触网停电。列车调度员还需扣停后续列车。待处理完毕后，方可恢复正常运行。以常见故障如 ATP（列控车载设备）的故障处理为例，规章规定：已在区间内运行的未装备 LKJ 的动车组列车列控车载设备故障，不能恢复正常运行时，司机应报告列车调度员（车站值班员），车站值班员报告列车调度员。列车调度员（车站值班员）不再向该区间放行列车，并通知已进入区间的后续列车立即停车。确认该列车至前方站（线路所）间空闲后，列车调度员发布改按隔离模式运行的调度命令，列车改按隔离模式，按地面信号显示以不超过 40 km/h 的速度运行至前方站（线路所）。该列车到达前方站（线路所）后，列车调度员方可通知后续列车恢复运行。从司机汇报、停车、列车调度员确认区间空闲、发布调度命令、司机操作改隔离模式，再以不超过 40 km/h 的速度运行至前方站（线路所），根据区间长短及停车位置不同（高铁线路区间长度普遍在 30 km 以上），至少需要 40 分钟的时间。会造成后续列车相应被动晚点。

（1）线路设备风险

高铁线路设备主要由轨道、路基、桥梁、隧道、防护设施、声风屏障等组成，高铁线路设备风险主要包括钢轨和道岔伤损、无砟线路轨道板伤损、路基变形及翻浆冒泥、桥墩偏移、隧道渗水衬砌掉块，以及系杆拱桥、钢桁梁桥、简支箱型梁桥、连续箱型梁桥等结构状态、支座劣化、部件损伤等。

（2）供电设备风险

高速铁路供电系统负责向动车组、通信信号及车站各类旅客服务设施设备等提供不间断用电，覆盖面广、品质要求高，特别是动车组牵引供电的接触网设备运行条件复杂、恶劣，其材质零部件等要经得住严峻环境条件考验。高铁供电设备风险主要有外部供电中断、车站行车指挥及客运服务设施停电、牵引供电接触网倒杆、塌网及部件脱落等。

2019年7月23日13时30分左右，京哈线盘锦北站发生设备故障，经铁路部门全力处置，于16时排除故障，逐步恢复运输秩序。受此影响，以下列车站停作如下调整：G1230次、D74次、G1262次列车在盘锦北站由停车调整为通过，临时取消办理客运业务。列车乘务人员将到达盘锦北站的旅客组织在锦州南站下车，由锦州南站工作人员组织换乘相反方向列车返回盘锦北站。G4518、G1288、G2604、G1242、D22、G384、G382、T244次列车在盘锦北站由停车调整为通过，临时取消办理客运业务。列车乘务人员将到达盘锦北站的旅客，组织提前在沈阳北站下车，并按有关规定办理退票或改签。G9146次列车在盘锦北站由停车调整为通过，临时取消办理客运业务。列车乘务人员组织到达盘锦北站的旅客在盘锦站下车。铁路部门对由此给旅客出行带来的不便深表歉意！

2019年6月23日日本媒体报道，事故发生在5月30日上午9时40分左右，日本旅客铁道株式会社鹿儿岛线门司站至太空世界站和日丰本线小仓站至城野站突然断电，26列火车受影响，约1.2万名乘客滞留一个小时。经检查发现，断电起因是隔离开关故障，这种开关器件主要用于部分设备或线路断开电源以便检修。发生故障的隔离开关位于一个箱子内，所有缝隙用胶水密封，以防昆虫或小动物爬入。工作人员打开隔离开关箱，发现一只鼻涕虫的尸体，显然已经触电而死。工作人员不清楚鼻涕虫是如何爬入密封箱体的。专家称，鼻涕虫能够压缩身体通过狭窄缝隙，可能找到一处没有密封好的小口爬入箱内，碰触到缆线，引起短路。

（3）信号、通信设备风险

高速铁路信号、通信设备是指挥动车组列车运行的"大脑"，主要由信号、联锁、闭塞、通信设备、调度集中系统（CTC）、列车调度指挥系统（TDCS）、列车运行控制系统

（CTCS）信号集中监测系统、列车无线闭塞中心（RBC）等组成。

高铁信号、通信设备风险主要为列车运行控制设备数据设置错误、临时限速报文错误或丢失，以及软件修改、信号联锁试验不彻底，导致道岔错误解锁或转动、行车信号许可升级等。

（4）动车组设备风险

动车组运行受到外界因素干扰，存在裙板、底板、车钩等部件裂损、常用制动丢失，以及车轮碴伤、崩裂等风险，甚至发生火灾、爆炸、脱轨等严重铁路交通事故，如旅客吸烟、动车组受外物撞击、人为开启车门，以及在极端恶劣天气条件下，动车组高速运行时，存在一定的安全风险。

（5）客运设施设备风险

高铁客运设备主要存在站房玻璃幕墙、雨篷口板、车站顶棚部件脱落砸伤旅客、电梯及自动扶梯故障伤及旅客、旅客吸烟和车站电气设备及商铺用电火灾，以及春运、暑运和五一、国庆黄金周等客流高峰期，旅客购票、进站、站台乘降等发生对流、拥堵造成人员踩踏风险。

另外，轨旁设备是指安装于高铁（含动车组运行）径路周边、松动、脱落、倒伏后可能影响列车安全的标志标识类、沟槽盖板类、辅助行车类、安全防护类、固定监测（检测）类等路产设备设施（不含主运行设备），适用于高铁工务、电务、供电、房建专业。设计及施工管理。源头设计、施工质量、落实标准规范、加强检测监测、检查维护等。

① 标志标识类。线路公里标、半公里标、警冲标等；道名牌、号标等；接触网支柱号码牌、电分相断合标、接触网终点标、电力机车禁停标、安全警示标等；信号机（信号点）号码牌、禁停牌、中继站标牌、车站接近标、级间转换标及轨旁信号设备箱盒名称牌等；通信模式转换标等。

② 沟槽盖板类。桥面作业通道梁缝盖板、T梁桥面检查梯盖板、特殊结构桥梁作业通道钢步板、无砟桥面梁缝防护墙盖板无砟桥面泄水孔水篦子等；隧道水沟盖板、中心水沟检查井盖板等；轨旁牵引供电电缆（含吸上线、接地引线）、电力电缆、控制光电缆、信号（通信）光电缆、桥梁附挂光电缆等沟槽盖板、保护管、附挂槽道及其紧固件等；轨旁给水井盖、盖板等；站台墙吸音板等。

③ 安全防护类。隧道内邻近正线用于疏散的防护门、桥梁救援散通道平台安全门等；铁跨铁桥梁防护网（栏杆）、跨铁路人行天桥防护网等；隧道内供电、通信专用洞室门（栅）、电开关箱体（门）等；接触网补偿装置坠砣限制架及其防护挡板（栅）、轨旁

接触网开关机构与运动监控装置箱体、轨旁电力设备及电缆接头、分支箱体等；信号设备防护罩体、应答器防击打装置、注油装置等。

另外，轨旁设备也可按照固定设备进行分类，分类如下：

① 固定监测检测类。轨旁安装的各类传感设备（含摄像机、风量、雨量、雪量、异物侵限传感器等）及其控制箱盒等；综合视频监控前端设备及控制箱盒等。

② 辅助行车类。自动过分相地面磁感应器及其紧固件、通信漏泄电缆及直流阻断器等附属设施等。

③ 其他设备。隧道内外挂消火栓箱、下承式桥梁桥面以上检查通道和检查车、隧道侧壁射流风机、隧道应急电话等。

在轨旁设备隐患排查方面，存在以下风险；部分设备故障，影响使用。如：车务站段管内部分车站视频监控故障、沪杭高铁站台端部的部分防穿越报警系统已经失效无法实施有效报警、部分平过道告警装置故障失效。车站标识标牌日常维护不到位，部分车站标识标牌锈蚀、脱落、字迹模糊、基坑松动等。部分高铁车站悬挂标识存在脱落风险，且维保单位未明确界定。

5. 运营管理风险

高铁运营管理风险同样反映在管理制度、设备质量、员工素质、监督管理、应急保障和安全文化建设等方面。在正常情况下，高铁行车基本按照调度集中方式，调度集中系统（CTC）计算机实时监控列车运行状态，并依据列车运行图自动下达行车指令，行车指挥人员不参与行车，风险因素主要在于列车运行图基础数据的准确性、完整性，以及行车命令传递、接受和执行的及时性、准确性。但遇有行车设备故障、列车运行晚点、临时增开列车、恶劣天气影响等，需要人工操作调度集中系统指挥行车及设备故障抢修等应急处置情况下，对相关岗位作业人员、行车指挥人员和把关监控人员的安全意识、业务素质、组织能力等带来考验，强化关键环节风险管控至关重要。

（1）高铁规章制度风险包括安全管理、运营维护管理、规章制度等，具体包括：安全生产法律法规的符合性、安全管理体系及安全管理工作的有效性和可靠性、预防事故发生的组织措施的完善性、操作者和管理者的安全素质高低及对不安全行为的控制等。技术规章管理和高铁技术规章体系日臻完善。我国铁路技术规章管理工作建立了国铁集团、铁路局集团公司、站段三级管理的架构，技术规章管理有章可循、有据可依，实现了技术规章管理工作的科学化、规范化；已经形成以国铁集团《铁路技术管理规程（高速铁路部分）》、铁路局集团公司《高速铁路行车组织细则》为核心、专业规章为配套的高速铁路技术规章体系，为保证高速铁路运营安全持续稳定发挥了重要作用。加强从技术规章制修订到贯彻、执行各个环节的工作，消除短板，发挥协同作用。源头上不断优化技术规章体系，提高技术规章质量，控制技术规章数量；同时强化技术规章的贯彻执行，为高铁运营安全提供强有力的技术支撑。

（2）技术管理方面不足存在的风险。包括针对高铁行车安全关键产品（如信号联锁软件），存在设计审查不足，认证、准入和安全评估制度不完善的风险；非正常情况下行车指挥失误、养护维修人员提前上道及延后下道、维修作业机具、材料遗留在高铁线路等。

人为因素：管理层的管理失范，个人安全行为的规范程度、受教育程度，职工的违章、违纪行为，技能水平等都可能对安全管理造成风险并可能导致风险后果。例如，违章是导致高铁事故的重要原因之一。总体上职工对风险和规章有着比较正确的认识，但大约20%的职工对违章的严重性认识不足。导致违章的主观原因主要为节省时间、不熟悉规章以及体力或情绪影响等，客观原因主要为作业任务压力、管理缺失、规章问题等。

物（机械、设备）因素：机械设备部完善、物品放置位置不当、使用不安全设备等都可能对安全管理造成风险并可能导致风险后果。

环境因素：自然环境差、工程条件差等都可能对安全管理造成风险并可能导致风险后果。

（3）安全相关信息系统建议。信息因素：信息收集与真理效率越高，信息来源越可靠，信息质量越高，信息传递速度越快，信息使用效果越好，越有利于安全管理；反之就可能对安全管理造成风险并可能导致风险后果。实现信息系统数据的规范化和结构化。数据的有效积累是安全分析的前提，中国铁路对事故、故障信息等信息进行了全面管理，在以 Word 文件等非结构化形式保存的基础上，需要通过数据的规范化实现数据的自动录入和结构化，提高数据处理和分析效率。推动业务系统全面应用和数据共享。运营安全涉及设备建造制造质量、运行维护、运营管理、外界环境等各方面因素，推动安全相关的业务系统全面建设和应用，实现数据共享，为运营安全规律分析、影响因素分析等提供全面的数据支撑。同时，需要建立安全分析大数据应用平台。在铁路数据服务平台的基础上，实现安全数据采集、存储管理、分析模型试验、分析结果应用和可视化实现安全数据采集、存储管理、分析模型试验、分析结果应用和可视化发布的自动化过程，深化安全分析研究，为运营安全管理提供智能化基础。

2.3.2 多因素影响分析

铁路车务系统是一个复杂的动态系统,涉及人为、设备、环境和管理因素。铁路车务安全各要素之间存在着风险耦合,这种耦合是指车务安全中的两个或两个以上的因素在通过各种相互作用而彼此影响的过程中,由于事件发生的不确定性而可能引起的影响及偏离预定目标的综合。其中,人为因素风险是指与安全相关的日常工作及人员的素质和能力所引起的风险,包括心理、生理和技术因素风险等;设备因素是指安全系统中与安全相置、完好性、利用率、故障率等所引起的设备设施风险等;环境因素是指安全系统运行的内外环境等;管理因素是指安全系统中的安全指导理念、组织结构、规章制度、教育培训和安全文化等引发的风险,包括管理不当、规章制度不合理、工作程序不合理、决策失误、执行决策不力、管理制度落实不到位和人力资源管理不适应、不匹配等风险。四个系统都是相对独立的,但系统间的风险因子通过彼此的相互影响及作用、相互依赖就构成了风险耦合,可归纳为以下几种类型:

(1)同因素风险耦合:是指影响车务安全的单个风险因素中的风险因子间的相互作用及相互影响,其特点是:分布范围广,涉及安全的方方面面,从而引发安全风险,发生事故的概率较高。常见的有:人—人、设备—设备、环境—环境、管理—管理风险耦合。每一种风险因素又有众多的风险因子组成,各风险因子间的耦合作用可能导致风险增大。

(2)双因素风险耦合:是指影响风险的两个风险因素中的风险因子间的相互作用及相互影响,其特点是:发生交通事故的概率较大,若不加以控制,很可能导致交通事故。常见的有:人—设备、人—环境、人—管理、设备—环境、设备—管理、环境—管理风险耦合。例如,由于环境变化导致环境本身存在不安全状态,人—环境风险耦合经常发生。

(3)三因素风险耦合:也就是车务三个风险因素间的耦合,其特点是:发生的概率极大,而且事故一旦发生,会对事发地的环境和社会环境带来严重的影响。常见的有:人—设备—环境、人—设备—管理、人—环境—管理、设备—环境—管理风险耦合。

(4)四因素风险耦合:也就是人—设备—环境—管理风险耦合。例如,由于环境的变化引起行车设备发生故障导致非正常行车,行车人员因为组织失误加上干部管理失控等因素综合导致车务安全事故的发生。这种情况发生的概率也很大,不容忽视。

通过以上分析可知,铁路车务安全管理涉及众多影响因素,并且影响因素之间关系复杂,由于不同风险因素中的风险因子相互作用、耦合,形成了车务系统风险耦合。风险耦合的形成使得车务安全风险变得复杂,风险值也相应增大。

高速铁路安全事故涉及众多影响因素，且影响因素之间关系复杂。不同风险因素中的风险因子相互作用、耦合，导致了事故的发生。风险耦合的形成使得安全风险变得复杂，风险值也相应增大。如2011年甬温线"7.23"事故就是一个综合因素耦合发生的高铁事故，事故当日持续的强雷电击坏信号设备、列控中心设备存在严重设计缺陷的耦合为事故发生埋下了重大的安全隐患；信号设备故障发生后设备维修人员没有按规定处置、没有及时停用相关的信号设备、列车调度员应急处置不当等因素的耦合最终导致事故发生。再如2018年10月21日，台湾地区普悠玛列车发生的脱轨事故也是由多个耦合因素造成，车辆设备发生故障、设备故障处置不当、司机错误关闭列控设备、特殊弯道区段超速运行等因素耦合酿成了惨祸。

2.4 高速铁路安全风险管控

2.4.1 安全风险管控与风险管理的关系

风险在各个领域、各个环节都广泛存在。就风险类型而言，有自然风险、社会风险、政治风险、经济风险和技术风险等；从发展变化上可以分为上述的传统风险和非传统的新型风险，如网络系统风险、智能化系统风险等；从应对或处置的方法和手段来说，还可以分为被规避的风险、自留应对的风险和可以转移的风险。对高铁运营安全需要关注的是自然风险、社会风险和技术风险等，以及必须考虑人们的行为产生的风险，包括管理行为风险和管理相对人的行为风险。高铁风险就是包括但不限于上述在建设和运行中存在的风险。高铁运营风险是在特定地点和特定情况下的某种可能性和后果的耦合。高铁运营风险可以由单因素或多因素叠加引发。风险控制的是采取措施降低风险事件发生的概率或减少风险事件可能带来的损失。风险控制适合于概率大、后果小的事件。

十年来，高铁安全风险引起的事故中，设备质量占61.83%，违章违纪占27.7%，自然灾害占6.7%，社会治安占2.8%，其他占6%。安全风险管理就是指通过识别生产经营活动中存在的危险、有害因素，并运用定性或定量的统计分析方法确定其风险严重程度，进而确定风险控制的优先顺序和风险控制措施，以达到改善安全生产环境、减少和杜绝安全生产事故的目标而采取的措施和规定。安全风险管理作为一门新兴的管理学科，在其形成和发展过程中，由于对风险管理的出发点、目标、运用范围等侧重点不同，并且随着时代的发展不断演变。安全风险管理的主要内容：通过实施安全风险管理增强安全风险的防范意识，构建安全风险的防控体系，达到强化安全基础、最大限度减少或消除安全风险、确保运营安全的目的。铁路交通运营风险管理是指通过采取相关方法和手段，有效降低可能产生的运营安全风险，并使风险状态有效控制在可接受范围内。

安全风险管理就是指通过识别生产经营活动中存在的危险、有害因素，并运用定性或定量的统计分析方法确定其风险严重程度，进而确定风险控制的优先顺序和风险控制措施，以达到改善安全生产环境、减少和杜绝安全生产事故的目标而采取的措施和规定。安全风险管理作为一门新兴的管理学科。在其形成和发展过程中，由于对风险管理的出发点、目标、运用范围等侧重点不同，并且随着时代的发展不断演变。

管控强调对管理活动的控制，涉及一系列活动。管控的目的是使战略被执行，从而使组织的目标得以实现，并及时组织加以修正。管控是管理者执行战略、实现目标的工具之一。管理重战略决策，管控重战术实施。风险管控是安全风险管理主要内容之一，风险管控的基本内容、方法与程序是构成风险管理的重要方面。铁路以运输生产过程为对象，以高铁、客车和高风险环节、关键岗位的安全风险管理为重点，以落实"标准化作业、规范化管理"为核心，在识别、研判安全风险、制定安全风险控制措施的基础上，整合现有的安全管理制度、办法和岗位标准，构建起符合铁路特点的安全风险管控体系，实现对运输生产整个过程、所有环节的严密控制，特别是高风险岗位作业环节的有效控制。风险管控坚持以人为本、预防为主，结合实际、有效融合，系统分析、上下结合，突出重点、有序推进，专业管理、综合监管，实用有效、持之永恒，科学合理、有法可依的基本原则，是安全风险管理的一系列具体措施。

2.4.2 安全风险管控理念和思路

安全风险管控体系构建的总体思路和理念是：坚持"一个理念"、"两个平台"、"三个机制"，形成综合性的安全风险管控体系。

一个理念：就是不断提高居安思危、安全风险的理念，以风险为中心，识别、评估、预警、防控。事前科学预防；事中有效控制；事后及时扑救，整个过程中突出风险的精细化管控。全面开展风险点、危险源的普查工作，精细化体现在：对所有可能影响高铁运营安全的风险源、风险类型、可能危害、发生概率、影响范围等做到"情况清、底数明"，防止"想不到"的问题引发的安全风险，补齐风险源制度短板。铁路交通运营风险管理是指通过采取相关方法和手段，有效降低可能产生的运营安全风险，并使风险状态有效控制在可接受范围内。铁路运营风险管理主要包括辨识、分析、评估及控制等内容。同时，不断提高安全的本质是风险而不是事故，安全实际上是风险能够被人们接受的一种状态，当风险没有超过一定的限度时，可以认为是"安全"的。但风险超过了必要的、能够被人们接受的限度，此时就是"危险"的、"不安全"的。危险不等于事故，只有在一定的条件或刺激下，危险才会转变为事故。事故又是安全风险的产物，即使没有事故发生，只要风险仍然存在，安全风险管控体系就有其存在和发展的必要。

两个平台：安全保障及预警平台和应急指挥综合管理平台，用信息化和智能化，体现精细管控的思路，并做到应急一体化，形成"互联网+"风险管控技术体系，促进智能物联网、人工智能等先进技术的推广应用，最后，要提升各领域的安全标准，建立统一规范的风险防控标准体系，为综合风险管理奠定基础。

三个机制：在"人防、物防、技防"三位一体的理念指导下，多部共治、多元共治、多重保障，突出安全风险管控机制有序规范化运作，同时积极推进风险防控专业人员队伍建设，实现高铁运营安全风险管控的专业化。

高速铁路高密度、高运量、复杂性、高科技等特征，若遇有设备故障、自然灾害、恶劣天气等风险，若处置不当，容易造成动车组列车大面积晚点现象，给旅客出行带来现实困难，如非正常时的行车组织不当还可能造成事故，危及旅客生命财产的安全。安全风险管理的主要内容就是通过实施安全风险管理增强安全风险的防范意识，构建安全风险的防控体系，达到强化安全基础、最大限度减少或消除安全风险、确保运营安全的目的。高速铁路列车调度区别于普速列车调度由单一指挥者变为集组织者、指挥者和执行者于一身，既负有高速铁路行车指挥者的职能，还要担当车站值班员、信号员等现场执行者的职责，单一集行车施工、动车组、客服、供电、应急"六位一体"。

（1）需要全方位建立风险监测平台，实时监测高温、暴雨、雷电、台风等恶劣天气和各类高铁运营设备等动态信息，并实现预警或预报；再逐步在监测平台上采用大数据分析等等手段进行综合管理，对设备发展趋势进行预警或未来设备运营状态的管理提供辅助决策。

（2）作业标准化、管理规范化是预防和降低安全风险的有效途径。建立安全生产标准化，用标准作业来抵御安全风险的发生概率。

（3）在发生恶劣天气和设备故障条件下，安全风险辨别和评估后，按照相应的风险研判等级，按照相应的防控措施采取相应的应急处置，各工种和岗位协调动作，确保应急处置到位，提高应急处置能力，对运营中出现的设备故障、灾害天气、线路障碍、列车晚点等多种非正常情况下进行应急处置，实现运输组织的规范有序和畅通高效。

（4）全方位管控风险，考虑到人控的因素，按照双重预防机制的原则，对安全风险和安全隐患进行排查，确保人控风险排查机制到位。

（5）创建本质安全型企业。本质安全型企业创建的系统工程中，"人本"靠文化，"物本"和"环本"靠科技，"管本"靠体系。从以下维度入手：

① 人员的本质安全。主要是通过安全文化建设，强化决策层的安全领导力，提高管理层的安全管制力，提升执行层的安全执行力，培塑企业全员"本质安全型人"，其标准是：想安全、要安全、会安全、能安全、成安全，即具有自主能动的安全理念，具备充分有效的安全能力，具有自觉、自主、能动、团队特质的生产企业领导者、管理者和作业人员。

② 技术的本质安全。就是通过结果设计、制造、检验、施工、安装、监测等科技手段和工程措施，使技术系统的全生命周期的功能安全、固有安全性能最大化，使生产系统在任何时候、场所、过程、环节，其"物态"始终处于安全运行的状态，即设备达标、无危险、无故障。技术本质安全优势及特点在于：变被动技术为主动技术、变数据技术为信息技术、变冗余技术为容错技术、变危险报警为风险预警、变故障检测为健康监测、变单元模式为系统模式、变能级控制为失效监控、变人工测控为自动测控。

③ 环境的本质安全。就是通过附加的安全监测、安全防护、安全警示灯环境和技术外在条件，建立安全防护设施齐全、安全监测监控有效、人—环境系统和谐，并具有自愈能力的安全生产环境条件。

④ 管理的本质安全。通过安全标准体系、制度体系的全面、科学建立和实施合理、系统、超前、动态、闭环的本质预防性安全管控模式，并能够长期有效运行，持续改进提升，有效控制事故的发生。

2.4.3 高速铁路安全风险等级和分类

1. 高铁安全风险等级

高速铁路安全风险等级从高到低划分为重大安全风险、较大安全风险、一般安全风险、低安全风险，分别用红、橙、黄、蓝四种颜色标示。重大安全风险是可能导致人员群死群伤，或高铁列车冲突、脱轨、火灾、爆炸，或重大经济损失，或引起媒体和公众强烈关注的安全风险；较大安全风险是可能导致人员伤亡，或较大经济损失，或引起媒体和公众普遍关注的安全风险；一般安全风险是可能导致人员伤害，或发生安全险情，或高铁设备设施损坏的安全风险；低安全风险是可能危及人员安全，或导致中止高铁行车，或高铁设备设施故障的安全风险。

2. 高铁安全风险分类

从安全风险致因及可能导致的后果等综合考量，从铁路建设、运营管理的全系统、全过程研判分析，铁路安全风险可划分为行车、劳动、外部环境与综合治理、建设、特种设备、食品卫生、消防、规章制度、综合保障、结合部安全风险十个类别，高速铁路安全风险也是如此。但对高铁运营管理阶段，特别是城市高铁的运营与维护管理安全风险，也可按照"人、机、环、管"等环节的风险因素，更加细致加以分类，以更加科学、有效和具有针对性的指导加强风险辨识、分析、评估和管控。

2.4.4 风险防控措施

（1）风险应对

高速铁路运营风险应对是指确定了运营中存在的风险后，分析出风险概论及其风险影响程度，根据风险性质和决策主体对风险的承受能力，制定规避、自留、转移或者分担风险等相应防范计划。应对方法包括风险规避、风险自留、风险转移等。

（2）风险规避

考虑到某项活动存在风险损失的可能性较大，采取主动放弃或加以改变等策略，以避免与该项活动相关的风险发生。当风险潜在威胁的可能性极大，并会带来严重后果且损失无法转移又不能承受时，风险规避是一种有效的风险管理方式。

（3）风险自留

将风险留给自己承担，风险自留与其他风险对策的根本区别在于，它不改变风险的客观性质，既不改变风险的发生概率，也不改变风险潜在损失的严重性，风险自留适用于概率小、后果小的事件。

（4）风险转移

就是将风险的结果连通对风险应对的权利和责任转移给另一个人或单位的一种风险处理方式。风险转移一般适用于概率小、后果大以及概率大、后果大的事件。

2.4.5 风险控制模型

在高速铁路调度指挥系统中的作业主体往往是列车调度员、车站值班员和司机。在高速铁路调度指挥系统中，风险事件主要产生于列车调度员、车站值班员和司机，其中不管是列车调度员、车站值班员还是司机的失误，若其失误未预见，或响应不正确，或不及时，均会传递给其他相关人员，此时，风险事件表现方式随信息传递而不同，因此，对风险事件的应对或处置也应不相同。高速铁路调度指挥系统风险形成机理如图 2.16 所示。

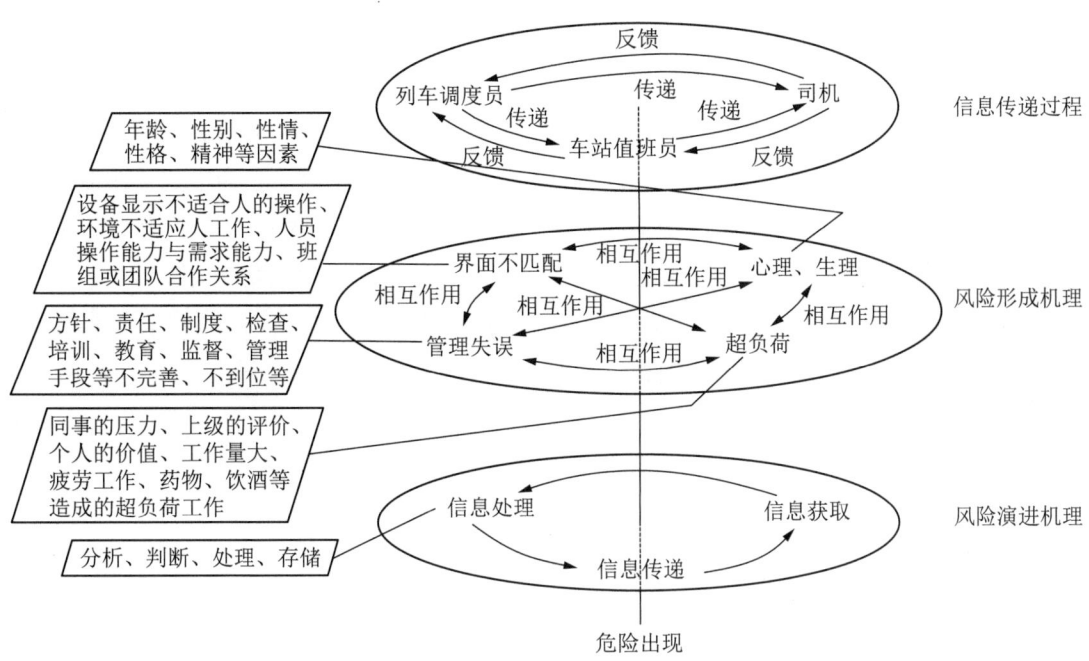

图 2.16　高速铁路调度指挥系统风险形成机理

不管是风险事件来源于列车调度员、车站值班员还是司机，由于随时间不断传递，虽然风险事件的表现方式不相同，但其风险事件的形成机理却是相同的。通常，风险事件的产生并非偶然的，而是具有一定征兆的，成一定的规律性的。一般受心理和生理素质、管理、负荷以及界面匹配性四方面因素的影响，如这四方面任何一方面超出临界值，均会引起这些因素处于不正常状态，即出现心理和生理素质低下、管理缺陷、超负荷工作以及界面不匹配等情况，此时，若对这些不正常情况未响应，或响应不及时，极易造成人的失误，此时风险事件产生。

同时，各因素受相互作用和耦合的影响，若一方面因素处于不正常状态，必然会影响其他因素，使得其他因素同样处于正常状态，即超出临界值，同样，其他因素超出临界值后由于相互作用和耦合的影响反过来又会促使该因素进一步偏离正常值，加速导致风险事件的出现。

若风险事件一旦出现，意味着对信息的处理（操作）是错误的，那么信息处理结果随信息渠道传递到下一人，由于上游事件发生错误，若传递过程中未响应或响应不正确，那么下游信息接收者接收到的信息也是错误的，即信息获取错误，此时，同样若未发现信息错误，或信息未响应，或响应不正确，那么信息在该节点上的人员所作出的分析、判断及存储程序均是错误的，那么信息处理同样会发生错误，以此类推，风险事件将随信息传递不断演进。若风险事件不及时处理，风险事件将会在随时间推移，在某一节点不断累积增加，那么当超出系统所能承受范围之内，此时系统处于危险状态。

当系统处于危险状态后，风险事件便转化为危险，若不及时采取措施的话，危险就会进行扩散，如果在传递扩散过程中，未采取措施的话，则将会演变为事故，即造成人身伤害或财产损失。对于高速铁路调度指挥系统而言，在非正常情况下的应急处置是建立在风险已经出现的基础上的，若列车调度员、车站值班员或司机发现风险事件，并对其采取恰当措施，那么风险事件将不会扩散，此时系统处于安全状态，反之，将会导致事故的发生，非正常情况下风险事件演化机理如图 2.17 所示。

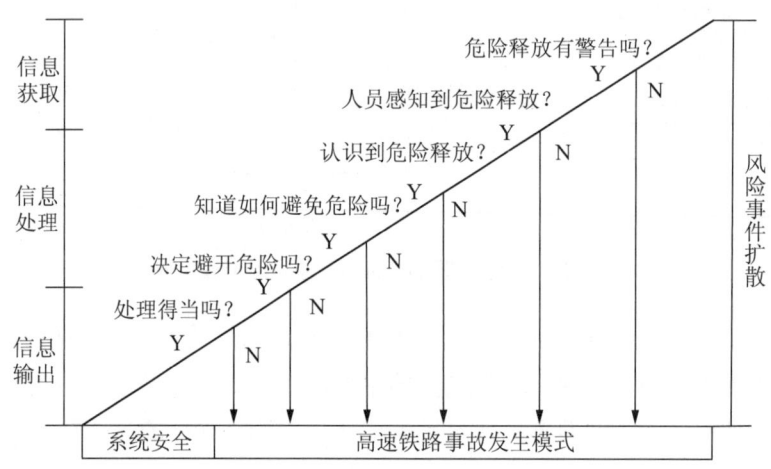

图 2.17　高速铁路风险扩散模型

该模型风险事件扩散过程描述为类似人的信息处理过程，即感觉、认识和行为响应。在风险事件扩散阶段，如果高速铁路运营相关人员信息处理过程的各个环节都是正确的，则虽面临已经显现的风险事件，但仍可避免风险事件向事故的演变；反之，只要任何一个环节出错，则风险事件将转化为高速铁路运营事故。

高速铁路运营安全风险分析及控制可以采用领结模型，如图 2.18 所示。模型中间部分为所分析的目标危害事件，左边为导致该危害事件发生的成因及针对成因采取的控制措施，右边为该危害事件发生可能导致的后果及针对后果采取的控制措施，将上述因素以图形表示，类似"领结"的形状，因而称之为领结模型。风险评估的目的是将产生危害的可能性最小化。风险控制是通过风险分析识别出的危害事件的成因和后果，通过设置控制措施阻止导致危害事件发生的成因，或者通过设置缓解措施减轻危害事件的后果。通过设置成因控制措施阻止成因事件的发生，通过后果控制措施缓解后果的严重性。

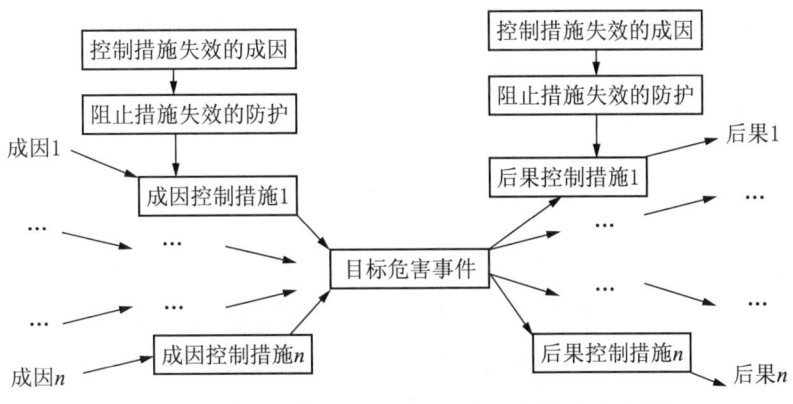

图 2.18　高速铁路运营安全风险分析及控制模型示意图

为了进一步防止成因控制措施的失效，还可以针对导致成因控制措施失效的成因进一步设置控制措施。控制措施应该按照消除、预防、降低危害事件发生的可能性和减轻危害事件后果的顺序或优先级加以实施。运营安全风险控制措施设置的基本原则为通过采取措施能够消除的危害就应进行消除；无法消除的，应通过采用安全标准、运营控制等措施进行预防；无法预防的，应通过设置安全装置和保护措施等降低危害事件发生的频率；最后，当上述措施均失效时，即事故发生后还可以采取应急处置等后果减轻措施减轻事故的危害程度。高速铁路运营安全风险控制措施设置的优先级如图 2.19 所示。

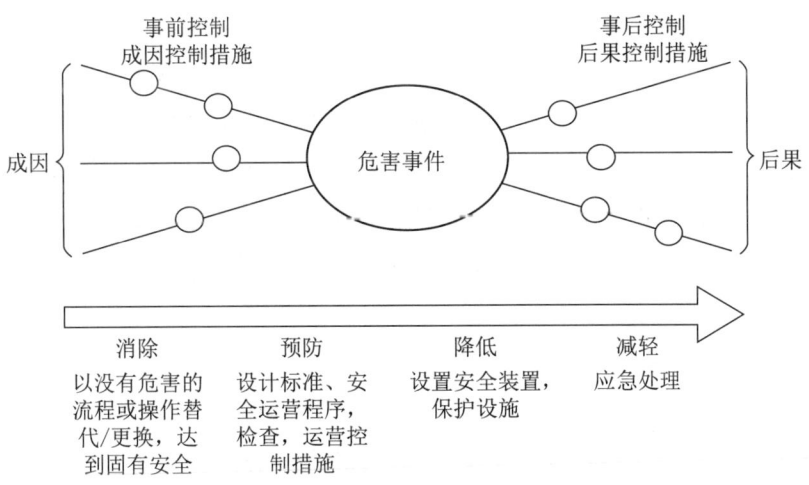

图 2.19　高速铁路运营安全风险控制措施设置的优先级

2.4.6　风险管控组织架构

高速铁路是一个庞大的联动机，其运行涉及铁路的各相关部门和地方政府，其风险管控相对比较复杂，经过十年的实践和探索，针对高铁安全风险控制，铁路部门建立了一套符合高铁特点的风险防控组织架构。

1. 高铁运营管理体制

（1）国铁集团

国铁集团作为铁路运营主管部门，对铁路运营安全风险管控的定位为"顶层设计、总体把控、确立底线"。通过顶层设计，为铁路安全风险管控的实施指明方向；通过总体把控，对全国铁路运营过程中系统级的安全风险事件情况进行把控。从总体安全管理机制、安全相关规章、技术标准、源头管控等方面的提升和改进，促进安全技术和管理水平的提升，协调解决各专业子系统的故障或缺陷、系统之间的相互接口不良，以及各运营单位之间的管理接口不良造成的风险事件。

（2）铁路局集团公司

铁路局集团公司作为运营具体执行部门，对铁路运营安全风险管控的定位为"具体实践，不断改进"。在国铁集团顶层设计的框架下，上海局集团公司安全风险管理进行全面规划、系统研究，动员各级组织、各个部门、各个单位共同推进安全风险管理；加强对站段安全风险管理的检查、监督，实施全方位、全过程的推进落实。全面掌握其安全管理范围内的风险分布情况，制定安全目标，并通过组织协调相关人力资源、财务资源及物力资源的合理分配等对安全目标实现情况进行监测。

（3）运输站段

运输站段作为安全生产的落实主体，是风险控制措施的具体执行者，以预防站段养护维修不良、操作作业不良造成的设备设施故障或状态不良以及作业过程中的人身伤害等为主要目标，将规章制度、岗位职责、作业标准、作业流程分解到管理人员工作标准和作业人员岗位《作业指导书》《安全风险提示卡》等，将每一项安全风险管控责任落到各管理和作业岗位，将每一项安全风险控制措施落实到各作业环节。

2. 多元共治管控风险

（1）国家铁路局

国家铁路局作为铁路行业的管理部门，突出铁路运输安全、工程质量安全、运输设备产品质量安全等方面，动态研究分析铁路安全形势、存在问题，提出加强铁路安全风险管控的措施要求，铁路运输企业、设备、人员准入管理，强化安全风险源头防控，督促落实相关铁路法律法规、规章制度和标准规范，强化高风险环节过程管控，组织或参与铁路交通事故和铁路建设工程质量安全事故调查处理，督促举一反三，吸取教训，反思排查安全风险管控责任、措施等方面落实存在的问题，针对性加以改进，加强与地方政府及相关执法部门工作联系,指导协调地方铁路相关部门工作,协调组织开展铁路沿线安全综合治理和相关铁路突发事件应急工作。

(2)地方政府

地方政府落实属地管理职责,督促指导铁路企业开展安全风险分级管控和隐患排查治理双重预防工作,组织开展安全生产状况整体评估,推行安全风险分级分类监管,实行差异化、精准化动态监管,对铁路企业报告的重大安全风险和重大危险源、重大事故隐患,通过实行"网格化"管理明确属地基层政府及有关主管部门、安全监管部门的监管责任,加强督促指导和综合协调,支持、推动加快实施管控整治措施,加强应急能力建设,健全完善应急响应体制机制,优化应急资源配备,完善应急预案,提高城市铁路运行应急保障水平。

铁路安全事关人民群众生命财产安全,事关我国经济社会发展,牢固树立安全发展理念,努力做好铁路沿线环境综合整治工作,确保铁路特别是高铁绝对安全。2019年9月,国家铁路局、应急管理部、住房和城乡建设部、交通运输部、国铁集团联合召开铁路沿线环境综合整治推进会,对京广高铁沿线环境综合整治工作进行阶段性对标总结,部署全国铁路沿线环境综合整治工作。会议肯定了京广高铁沿线环境综合整治第一阶段隐患排查自纠的各项工作。活动开展以来,京广高铁沿线3个铁路监管机构、6个省(市)及相关部门和4个铁路局集团公司迅速行动,成立组织,制定方案,全面排查隐患,坚持边查边整。京广高铁沿线环境综合整治活动第一阶段取得明显成效,并有力地带动了全国铁路沿线环境整治相关工作。会议要求要继续开展京广高铁沿线环境综合整治活动,针对存在的严重问题逐项制定整改措施,实行挂牌督办,彻底消除安全隐患。同时,大力推动全国铁路沿线环境综合整治,以确保安全为主旨,坚持实事求是的原则,切实消除隐患,妥善解决问题,使铁路安全环境达到有序可控。铁路环境整治工作要严格执行整治标准,不断巩固工作成果,持续完善长效工作机制,切实形成铁路沿线环境监管工作的路地融合,合力防范风险的良好局面。

2.4.7 高速铁路安全风险管控机制构建

高速铁路从建设项目立项、可研、设计、工程验收到正式运营,是一个较长的时间周期。为确保高铁运营安全可靠,有效防范安全风险,铁路部门在工程验收后,建立了联调联试、运行试验和安全评估源头防控机制;在高铁投入运营后,通过持续开展安全风险研判和检查、监控反馈机制,强化安全风险有效防控,确保运营安全万无一失。

1. 安全风险持续辨识机制

针对高铁运营管理的特点，围绕高铁安全风险管理，通过实践铁路运营部门已建立了定期研判、动态研判等安全风险辨识机制。

（1）定期研判机制

针对铁路安全风险全系统、全过程和易发多变的特点，突出高铁、客车、旅客及安全关键，通过安全座谈会、集中研讨、现场调查、安全生产全过程分析等方法，结合监测检测、安全信息和事故故障致因，辨识全过程安全风险，特别是规章制度、技术标准、生产组织、作业行为、设备状态、结合部、外部环境、季节性特点、恶劣天气、自然灾害和应急处置等方面存在的安全风险。关注安全决策、专业管理、人力和投入保障、考核机制等源头性安全风险，持续探索辨识未知安全风险，确保安全风险辨识及时、准确、全面、覆盖全员。规范安全风险辨识的方法、组织方式和流程，每年开展一次全面、全过程安全风险辨识，安全生产要素、外部环境发生变化时，动态开展安全风险辨识。

（2）动态研判机制

安全风险是客观存在的，也是动态变化的，加强高速铁路安全风险动态研判十分重要。遇有下列情况时，应组织安全风险动态研判，及时补强和完善控制措施，确保始终处于受控状态。包括新的规章制度、技术标准、作业标准发布或内容发生较大变化；列车运行图调整、站场设备、信联闭、基础数据发生较大变化；新设备投用、新线开通；作业人员、作业环境、生产组织方式发生较大变化；建设项目开工、复工；季节、气候变化等其他情况变化等。

2. 监测管控机制

（1）安全检查机制

突出高铁安全风险，围绕健全和规范双重预防机制运作，按照"检查有计划，评价有标准，考核有依据，整改有反馈，履职可追溯"的要求，组织各级安全管理人员深入一线，针对性开展安全管理、专业管理、教育培训、生产组织、现场作业、设备质量、外部环境、应急处置和结合部安全等检查，不断夯实安全基础。各级安全管理人员按照"发现问题、分析问题、解决问题"的要求，加强对关键部位、关键岗位、关键作业、关键时段的监督检查。检查发现现场问题，必须分析管理原因，查明失管失控及管理不到位根源，盯控落实整改措施。对惯性、倾向性和安全风险关键管控措施、挂牌督办治理隐患不落实等问题必须进行深度分析，围绕解决本质问题，从生产组织、规章制度、安全管理、队伍素质、设备管理、安全投入、应急处置等方面剖析存在问题，提出针对性对策措施，提高安全监督检查质量，来保证高速铁路安全运营。

(2) 设备监测机制

建立高铁主要行车设备电子档案,加强设备技术状态、养修履历过程管理,运用大数据方法,定期评估设备安全状态,科学制定设备维护周期、范围和维修技术条件,推进设备精准养护维修,建立高铁全覆盖行车安全和基础设施的数十种检测监测系统,通过推进建设高铁供电安全检测监测系统(6C)、机车车载安全防护系统(6A)、车辆运行安全监控系统(7T)、工务安全检测监测系统(8M)等,实现高铁行车设备的不间断检测监测,及时发现和消除安全隐患。

(3) 公告警示机制

铁路企业和地方政府应急健全安全风险公告制度,采取公告栏、宣传网络等各种有效手段,明示高速铁路安保区和作业岗位存在的主要安全风险、风险描述及危害程度、管控措施、应急处置等内容,使广大群众和铁路职工都掌握安全风险的基本情况及防范、应急措施。在安全保护区、重点站区、客运电梯、危险化学品储存场所、重点防火区域等重点部位设置明显的警示标志或安全风险公告栏。安全风险变化时及时更新。

(4) 隐患排查治理机制

风险管控措施失效或弱化极易形成隐患,酿成事故。企业要建立完善高铁安全隐患排查治理制度,制定符合企业实际的隐患排查治理清单,明确和细化隐患排查的事项、内容和频次,并将责任逐一分解落实,推动全员参与自主排查隐患,尤其要强化对存在重大风险的场所、环节、部位的隐患排查。建立政府部门与企业互联互通的隐患排查治理信息系统,全过程记录报告隐患排查治理情况。对于排查发现的重大事故隐患,应当在向负有安全生产监督管理职责的部门报告的同时,制定并实施的隐患治理方案,做到责任、措施、资金、时限和预案"五落实",实现隐患排查治理的闭环管理。事故隐患整治过程中无法保证安全的,应停产停业或者停止使用相关设施设备,及时撤出相关作业人员,必要时向当地人民政府提出申请,配合疏散可能受到影响的周边人员。对企业报告的高速铁路重大安全风险和重大危险源、重大事故隐患,要通过实行"网格化"管理明确属地基层政府及有关主管部门、安全监管部门的监管责任,加强督促指导和综合协调,支持、推动企业加快实施管控整治措施,对安全风险管控不到位和隐患排查治理不到位的,要依法查处。要制定实施企业隐患自查自治的正向激励措施和职工群众举报隐患奖励制度,进一步加大重大事故隐患举报奖励力度。

3. 风险防控保障机制

(1) "三位一体"保障机制

高铁风险防控需要构建人防、物防、技防"三位一体"安全保障体系。其中,"人防"就是在安全管理、人员素质、现场作业管控上强化和防控;"物防"就是在技术标准和设备设施的基本保障上强化和防控;"技防"就是着眼于预防为主,强化科技手段保安全的作用。高铁风险防控要把"技防、物防"管好用好,最终要落到"人防",即安全管理和人员素质,这是强基达标永恒的主题。在开放的情况下,人有各种各样的诉求,思想活跃、多样化,都会影响到作业标准、作业纪律,没有"物防、技防"可能会出大事情。虽然有好的物防、技防条件,但不按照标准来做、突破底线、触碰红线,一样会出大问题。所以,人防、物防、技防必须很好地统一和结合起来,构建人防、物防、技防"三位一体"安全保障体系。进入信息化时代,本质安全学理论得以发展,以本质安全为目标的,推进"强科技"的物本安全与"兴文化"的人本安全相结合的管控体系,从而提高安全管理的科学性、合理性和有效性。

① 强化"人防"体系建设

健全高铁安全生产责任体系。细化岗位责任,实现责任具体化;梳理部门权责,实现履责清单化;加强检查监督,实现验责制度化;责任追究,实现问责常态化。实行党政领导干部任期安全生产责任追溯,对任期内违反决策程序,造成重大安全问题并负有直接领导决策责任的,依规追究责任。建立事故暴露问题整改督办制度,对履职不力、整改措施不落实的,依规追究有关单位和人员责任,促进形成安全管理闭环。

建立健全高铁规章制度体系。坚持去繁就简、科学适用、易于操作原则,以制定目的为导向,全面分析高铁规章制度和作业标准的规范性、合理性、实用性,从主要工种、关键岗位、关键环节入手,修订完善高铁规章,完善作业标准体系,特别是改进、完善作业标准化执行的条件和环境,研究、解决作业指导书落实方面的突出问题。

确保高铁人员素质达标。从思想素质、业务能力、工作方法、干部作风等方面加强高铁管理人员能力素质培养,使高铁管理人员全面适应岗位要求。以学标、贯标、对标为主线,扎实抓好高铁职工技能培训,做到高铁人员准入达标、规范化培训达标、业务技能达标,做到技术业务培训与生产作业同步、技能素质与收入待遇挂钩。

提升高铁安全管控水平。高铁安全强调关口前移,从隐患排查治理前移到安全风险管控。以安全风险辨识和管控为基础,从源头上系统辨识高铁风险、管控高铁风险,把高铁各类风险控制在可接受范围内,杜绝和减少事故隐患。以高铁隐患排查和治理为手段,认真排查高铁风险管控过程中出现的缺失、漏洞和风险控制失效环节,坚决把隐患消灭在事故发生之前。

② 强化"物防"体系建设

强化高铁设备源头质量。通过排查发现质量源头问题,通过规范管理实现设备标准化。提前介入高铁新线建设，全过程进行管控；高铁设备采购合同明确质量责任条款，业务部门和运营单位对高铁设备设施监理监造，建立质量评定机制，强化源头质量控制。

落实高铁设备作业标准。坚持高铁设备严检慎修，健全设备技术规范、作业规程、工艺范围，完善设备检修、维修、运用养护作业标准和流程，常态化开展设备作业标准对标落标达标和检验评价。

提高高铁设备养学维修水平。坚持"工装保工艺、工艺保质量"，持续深化修程修制改革和高铁设备养修履历过程研究，把握设备运行检修规律，综合利用高铁"天窗修"，实施设备预防性修理，提高高铁设备可靠性。

强化高铁外部安全环境治理。持续推进安全防护工程建设，推动高铁外部安全环境"双段长制"，建立高铁外部环境隐患问题库，健全与国家有关部门、地方政府、铁路监管部门、司法机关联合治理高铁外部环境工作机制，推进落实动态整治。

③ 强化"技防"体系建设

加大安全监测检测技术投入。应用各专业检测监控技术，运用大数据分析状态、规律，发现、研判隐患，指导维修整治高铁设备。应用现场检查和设备监控技术，监测高铁设备运行状态和安全环境，及时发现处置不安全状态。应用导向安全的保护、防护和警示技术，及时阻断故障、事故。应用现代信息网络技术，提高管理效率和穿透力。

加快推进安全大数据应用。整合应用各类实时监控监测系统，建立专业化检测监控队伍，对安全数据信息及时采集、系统分析、科学评估、有效预警。

加强技术保安全研究应用。推进高速铁路沿线视频监控建设，纳入"天网工程"，补强高铁视频监控系统，提升高速铁路安全技防水平。

下面举一个"人防、物防和技防"三位一体融合在其保障动车组运行安全的例子加以综合说明（转自《人民铁道》）。

一列列动车组列车沿着西成高铁风驰电掣，安全驶过"中国高铁第一坡"。西成高铁横越秦岭南北，在中国铁路西安局集团公司管内近 100 km 长的密集隧道群中，有一段 45 km 长的 25‰ 连续长大坡道，是目前国内最长的高铁连续长大坡道。自 2017 年 12 月 6 日西成高铁开通以来，西安局集团公司坚守高铁和旅客列车安全万无一失，深化高铁强基达标、提质增效工程，全面强化长大坡道运营安全保障。旅客们的安全感和舒适感，来自铁路部门严谨细致的科学试验，西安局集团公司仅在西成高铁长大坡道运营安全等方面进行的动力切除、坡道防溜等场景模拟就有 17 类，开展了 7 种动车组列车坡道启动和"动车＋动车""内燃机车＋动车"救援等试验 8 类 49 项。

西成高铁从西安北站引出后，从清凉山隧道开始一路上坡，其中 25‰ 的连续长大坡道 45 km，意味着动车组列车每前进 1 km 海拔上升 25 m，坡道直接落差 1100 m，为全国高铁之最。按照 250 km 时速计算，列车不到 4 s 就要爬 1 层楼。有上山，就有下山。列车抵达坡道最高点后下坡，如果司机操纵不当，爬坡蓄积的动能将在"变坡点"转换成强大的势能。西安机务段动车组司机对此深有体会："为让旅客坐着舒服，感觉不到'变坡点'，司机反应的时间不超过 10 s，通过精准调整电流、提高制动能力，确保列车平稳运行。"经研判风险、模拟场景，西安局集团公司形成了一系列高铁长大坡道运营安全保障措施。他们补强装备配置，配备了具备停放制动功能的 CRH380B 型动车组列车，在阿房宫站热备 2 组，在长大坡道两端的鄠邑、汉中站放置固定重联和谐 N5 型内燃机车，在鄠邑、佛坪站配备工务、供电作业车。

盯住设备日常维护，将长大坡道区段垂直"天窗"时间增至 300 min，实施集中修作业模式，并加密检测监测频次，2 个分析工区 24 h 专人调看长大坡道电务监测数据，每月利用高速综合检测列车对工务、电务、供电设备检测 2 遍，钢轨探伤车由每年检查 7 遍增加为 8 遍。在穿越秦岭的 9 个隧道口，西安局集团公司专门装设了远程视频监控和照明设施，建立 6 个护路联防工作站，在高坡、长大桥隧区段设立 64 个执勤岗亭，实施 24 h 值守，并与中国铁路成都局集团公司签订区域警务联合协议，共同创造良好的高铁安全环境。应急指挥具有突发性、意外性、不可预测性。全面、权威的数据资料就是'战时急救包'，在紧急情况下，通过精准、高效的应急处置，坚守高铁和旅客安全这一底线。

（1）西成高铁的长大坡道，密集的隧道群，复杂的地质地貌，加上公路交通极为不便，给设备故障处置、火灾、旅客疏散等应急救援处置带来了巨大压力。负责西成高铁长大坡道设备维修的机务、工务、电务、供电、车务等部门均不断完善应急处置预案，推动应急处置体系升级。宝成线弯急坡陡，坡度达 30‰，列车穿越秦岭时很容易引起晃动。西成高铁弯道相对舒缓，从鄠邑至新场街区间 45 km，坡度 25‰，相当于爬 375 层楼，动车组需全程发力冲上大坡。

（2）为提升消防能力，西安局集团公司在长大坡道区段救援站内增设新型消防器材，利用隧道斜井设置 5 处微型消防站，配备防毒面具、灭火器、呼吸器、防火服等设备，成立西成高铁防灾救援检查工区和动车组应急救援队，构建通畅的立体救援布局。

（3）优化救援布局，在 24 处隧道电力箱变洞室内存放必备工具，在汉中存车场配备动车组悬轮装置，打造纸坊救援站样板工程，分步推进长大坡道区段 4 处救援站建设，统一 18 项补强工程建设标准，制作疏散救援通道交通示意图和导航二维码，实现紧急情况下快速到达救援现场和旅客有序疏散。

（4）面对高铁长大坡道运营安全这个新课题，运用底线思维，设置各种突发场景，坚决守住旅客安全的最后一道防线。研究制定高坡区段非正常行车组织等6个专项应急预案，编制专项应急处置办法，通过实地踏勘和应急演练，做到"一站一案""一事一案"。

（5）每次出乘前，动车组司机乘务员要完成与飞行员相同标准的心理测试、压力测试，以安全"万无一失"赢得了旅客们的信赖。

西安局集团公司深化强基达标、提质增效工程要求，探索安全规律，持续改进提升，构建行之有效的高铁长大坡道日常管理保障体系。从最不利的因素预想，西安局集团公司梳理8种极端情况和73个重点问题，开展技术攻关。他们主动承担国铁集团立项的长大坡道与动车组适应性技术、应急保障和隧道危石综合监控技术研究3个重点课题，解决现场实际问题。在实际运营、专项试验和专业讨论研究中，西安局集团公司先后3次召开科委会专题会议，4次修订《行细》，明确高坡区段动车组、路用列车、自轮运转特种设备运行条件，规范和谐N5型机车配合施工维修时的作业组织方式。西安局集团公司落实高铁一体化管理要求，制定26项管理制度，梳理、分拣各类技术标准，按专业、分工种编写岗位作业指导书，形成动车组司机操纵"五色图"、随车机械师途中故障处理手册、24个工种岗位作业指导书，规范常见故障处理流程，提高标准化作业水平。

4. 依法保障机制

2011年，国务院组织的高铁安全大检查中，对加强高铁安全立法、规范建设管理提出了明确的整改要求。按照2012年1月国务院第187次常务会议提出的抓紧完善铁路安全立法的要求，原铁道部对整改要求多次进行专题研究，《铁路运输安全保护条例》2005年实施以来，正值我国铁路发展最快的时期，高速铁路的发展也取得重要进展，条例中有关保障高铁安全的内容规定还不够充分、不够具体，专门的高铁安全保护措施无法可依，亟须对条例进行必要的修订，《铁路安全管理条例》适时出台，为实现高速铁路科学发展、安全发展、可持续发展提供强有力的法制保障。

5. 路地协调机制

保护高速铁路安全，就是保护社会公共利益，是政府履行公共服务职能的重要内容。自高速铁路运营以来，在铁路沿线盗窃、拆卸铁路运输设备器材，或设置障碍物等影响铁路安全的突出问题时有发生，仅仅依靠铁路企业自身的力量无法解决这些问题，必须依靠法制、依靠各级政府、各有关部门。建立路地协调机制，推进检企联动，路地联合整治高铁沿线运营安全隐患问题，是十分有效的方法。针对高铁运营安全风险防控的重点、特点、难点，围绕安全源头、安全防护、设备维护、运输组织、人员素质、多元共治，建立高速铁路安全风险防控保障系统。

6. 安全源头保障

（1）规章制度保障

坚持依法合规，突出超前防范，为高速铁路安全运营提供规章制度保障。以《安全生产法》《铁路法》《铁路安全管理条例》等为依据，制定实施了《铁路交通事故应急救援规则》《安全管理规定》《高速铁路突发事件应急预案》等安全管理规章制度，与《铁路技术管理规程》、各铁路局集团公司《铁路行车组织细则》等高铁技术规章体系，系统形成了健全完善的高铁规章制度体系。

（2）工程质量保障

在工程建设质量红线管理和工序转换质量控制方面，通过加强建设前期工作、实施阶段质量控制、竣工验收质量控制，建立以质量目标、责任、制度、方法和控制体系为主要内容的高速铁路建设项目工程质量管理体系。高速铁路运营开通验收和运营后安全评估，加强工程建设质量问题的检查和整治，强化合同约束和行业监督管理，实施高速铁路建设项目工程质量终身负责制，建立了高速铁路运营质量控制体系。

（3）产品质量保障

通过高铁物资采购审核、产品质量检验检测和准入，加强高速列车及其重要配件的监造管理，强化铁路统一的物资供应商信用评价。建立产品质量业绩档案，对设备质量问题供应商不良行为按规定开展信用评价和依法追责。落实产品质量交班、通报、约谈以及缺陷产品强制召回、产品质量监造、服务质量保障、经济赔偿及"黑名单"退出等制度，建立了高铁设备质量源头控制体系。

7. 安全防护保障

（1）线路防护设施

高速铁路在设计阶段即采用全封闭、全立交方案，线路两侧设置防护栅栏封闭，桥涵设置限高防护架及合理的人畜通道，公铁并行路段设置防护桩，上跨铁路桥设置防抛网。各条高铁线路还安装有风速、雨量、雪深、地震等自然灾害及异物侵限监测系统，实现了高铁灾害安全防护。在此基础上，国铁集团正在持续推进高铁车站、列车视频监控建设，逐步实现高铁沿线重点部位监控全覆盖。

（2）防灾监测系统

基于我国是世界上自然灾害最为严重的国家之一，灾害种类多、分布地域广、发生频率高、造成损失重。为有效防控安全风险，国铁集团相继组织研发了高速铁路风、雨、雪、异物侵限、地震等自然灾害和突发灾害的监测预警系统，在各条高速铁路线路投入使用，为运行安全提供实时预警信息。并根据预警等级，制定列车降速、列车停运、线路封锁等自然灾害应急响应和处置措施，从而规避和降低高速铁路运营安全风险。

（3）治安反恐防暴

高速铁路是重要基础设施和大众化交通工具，车站人员高度聚集，线路环境复杂多变，高铁列车更是流动的社会，铁路沿线和站车治安反恐防范风险不可忽视，是重点防范领域。为确保高速铁路和旅客安全万无一失，铁路部门大力推进治安反恐防暴科技信息化、指挥扁平化、安保实战常态化建设，全面落实铁路治安防范、反恐防暴各项措施，从高铁车站旅客安检、旅客实名制验证验票进站、人员及携带品安检核查、高铁快运及行包受理承运、高铁列车治安巡查与安检查危等方面，多措并举，筑牢从站到车的反恐防爆立体防线。

8. 设备维护保障

（1）固定设备维护

高铁固定设备主要包括线路桥隧、道岔、信号机、光电缆、接触网、房建设施等，按照专业分别由工务、电务、供电、房建等专业部门负责。按照建立的设备电子履历档案，加强设备技术状态、养修过程管理，运用大数据方法，定期评估设备安全状态，科学制定设备维护周期、范围和维修技术条件。在维修时间上安排夜间停止行车的"天窗修"，保证维修时间充裕的同时，保障作业人身安全。在维修方式上采用大型机械定期维修和设备状态变化的临时维修，提高维修效率的同时，推进设备精准养护维修。

（2）动车组设备维护

在动车组设备维护方面，依靠动车组健康管理及运维决策系统，积极推进动车组运维数据采集、处理、分析和应用，有效地提高检修效率和检修质量。通过推进优化动车组一级检修作业模式、动车组二级检修流程，极大地释放了动车组检修库线能力并提高了劳动效率；高级修（三级修、四级修、五级修）采用自主维修和厂家维修相结合的方式，大力推动了铁路局集团公司自主检修能力建设，确保了动车组检修质量和运行安全。

（3）设备检测监控

我国高速铁路广泛采用传感技术、大容量通信技术、控制与系统技术、管理与决策支持技术等，强化关键基础设施状态和移动装备的检测监测、状态诊断与风险预警干预。包括轨道结构状态监测、路基变形监测、复杂结构桥梁健康监测、长大隧道安全监测、高铁供电安全检测监测（6C）、通信信号监测、列车运行状态监控等系统，并通过开行综合检测列车，全方位、全天候检测监控高铁设备运用状态，及时集中存储相关数据，提供维修依据和故障处理后台支撑，保证了设备维护质量。

9. 运输组织保障

（1）行车组织保障

高速铁路不同于既有铁路，有着列车速度高、密度大、与既有线关系复杂等特点，我国高铁运输组织模式更是分为"全高速"和"混运"两种模式，可靠的行车组织和调度指挥是不可或缺的安全保障。一方面高速列车开行方案审批和高速铁路列车运行图审查，保证行车组织计划方案的科学可靠。另一方面中国高速铁路行车基本采取调度集中控制模式（CTC），车站作业人员不参与人工排列列车进路，防控人为因素带来的风险。但在遇设备故障非正常接发列车时，可能出现人为因素造成的风险，通过加强调度命令审批复核、调度命令确认、完善通信设备功能应用等手段，有效阻断人为因素风险。

（2）客运组织保障

随着高速铁路客运量的逐年增长，客运组织在保障旅客出行全程高质量服务品质的同时，旅客出行安全永远是重中之重，"旅客安全万无一失"理念始终贯穿铁路各项工作之中。通过采集铁路"12306"网络售票和各大客站售票信息，实时进行大数据分析，提前预判大客流进出车站和出行方向，利用车站旅客服务设备设施，积极采取加强对车站候车、列车乘降组织措施，启动预警干预。同时，建立与地方交通部门联合处置机制，积极应对大面积晚点、自然灾害等突发事件，安全高效组织旅客运输，提供可靠客运组织保障。

（3）应急处置保障

为有效应对铁路交通事故、自然灾害、设备故障等突发事件，尽快恢复铁路运输秩序，最大程度减少突发事件造成的人员伤亡、财产损失和对公共安全的影响，铁路部门建立了"国铁集团——铁路局集团公司——站段"三级应急救援网络，编制了完善的应急预案、应急处置流程和非正常情况应急处置办法，建立了专职和兼职应急救援队伍，定期组织应急演练，确保应急处置导向安全、有力有效。

10. 人员素质保障

（1）技术业务培训

培养素质优良、技术一流的职工队伍，是高速铁路快速发展的必要保障。铁路部门从落实高铁人员岗位准入制度，建立高铁岗位退出机制入手，通过优化职工培训网络布局、强化站段三级教育网、完善职工培训工作组织协调机制，建立了职工技能培训组织体系。国铁集团还在铁路范围内实施"百千万人才"工程，全面实施"人才强路"战略，致力建设一支高素质的铁路人才队伍。

（2）思想政治工作

中国铁路正面临体制改革，高速铁路正蓬勃快速发展，在此背景下，加强党的全面领导尤为重要。国铁集团深入学习贯彻党的十九大精神，深入开展"不忘初心、牢记使命，交通强国、铁路先行"主题宣传教育活动，引导全体干部职工以高度的思想觉悟和过硬的作风，提高政治站位，强化责任担当，充分把握新时代的历史方位，切实担负起铁路人的历史使命，努力当好"交通强国、铁路先行"排头兵。

（3）安全文化建设

国铁集团深入推进实施铁路企业文化建设三年基础工程，落实铁路企业文化建设的目标、任务和措施，紧密围绕理念文化、行为文化、环境文化等重点，拓展思路、创新手段、明确载体，全面构建新时期铁路安全文化体系。通过夯实铁路企业文化建设基础，提升铁路企业文化建设的质量和水平，形成共同的理想信念、价值追求和行为规范，汇聚力量，激发正能量，引导和激励广大干部职工以不懈的努力为中国梦添彩，以铁路强国为中华民族伟大复兴当好先行。

2.5 全面建设高铁安全双重预防机制

2.5.1 双重预防机制的含义

构建双重预防机制就是要将安全风险逐一建档入账，采取风险分级管控、隐患排查治理双重预防性工作机制。通俗说，双重预防机制就是构筑防范生产安全事故的两重防火墙。

第一重防火墙是管风险，以安全风险辨识和管控为基础，从源头上系统辨识风险、分级管控风险，努力把各类风险控制在可接受范围内，杜绝和减少事故隐患；企业要对辨识出的安全风险进行分类梳理，对不同类别的安全风险，采用相应的风险评估方法确定安全风险等级，安全风险评估过程要突出遏制重特大事故，高度关注暴露人群，聚焦重大危险源、劳动密集型场所、高危作业工序和受影响的人群规模，重大安全风险应填写清单、汇总造册，并从组织、制度、技术、应急等方面对安全风险进行有效管控，要在醒目位置和重点区域分别设置安全风险公告栏，制作安全风险告知卡。全面排查风险点、风险因素和危险源，加强对风险的管控，提高企业本质安全。

第二重防火墙是治隐患，以隐患排查和治理为手段，认真排查风险管控过程中出现的缺失、漏洞和风险控制失效环节，坚决把隐患消灭在事故发生之前。企业不消除隐患，隐患就会消灭企业，甚至造成人亡企灭的严重后果。与其坐以待毙，不如奋力拼搏。

可以说，安全风险管控到位就不会形成事故隐患，隐患一经发现及时治理就不可能酿成事故，要通过双重预防的工作机制，切实把每一类风险都控制在可接受范围内，把每一个隐患都治理在形成之初，把每一起事故都消灭在萌芽状态。安全生产工作与其他工作一样，只有遵行规律方能驾驭它，必须坚定事故可防可控的理念，将风险分级管控和隐患排查治理牢牢挺在前面。

2.5.2 正确对待双重预防机制

1. 正确把握隐患排查治理和风险分级管控的关系

双重预防机制以问题为导向，抓住风险管控这个核心，以目标为导向，强化隐患排查治理。两者是相辅相成、相互促进的关系。安全风险分级管控是隐患排查治理的前提和基础，通过强化安全风险分级管控，从源头上消除、降低或控制相关风险，进而降低事故发生的可能性和后果的严重性。隐患排查治理是安全风险分级管控的强化与深入，通过隐患排查治理工作，查找风险管控措施的失效、缺陷或不足，采取措施予以整改，同时，分析、验证各类危险有害因素辨识评估的完整性和准确性，进而完善风险分级管控措施，减少或杜绝事故发生的可能性。安全风险分级管控和隐患排查治理共同构建起预防事故发生的双重机制，构成两道保护屏障，有效遏制重特大事故的发生。推行安全双重预防机制的目的，是要控制危险源，消除事故隐患，将安全风险控制在可接受范围内。

2. 抓好双重预防机制与日常安全管理工作的有效融合

铁路运输企业要结合实际，明确双重预防机制在安全生产管控过程中的工作环节、具体步骤、工作节点、工作责任等，特别是要将双重预防机制纳入各层级、各岗位安全生产责任制，以安全绩效考核为手段，把风险分级管控和隐患排查治理作为重要考核内容，促进压实各级安全责任。要发挥专业系统牵动作用，统筹组织本专业单位开展风险研判和隐患排查，促进工作落实。要以双重预防机制为贯穿和统领，整合各类监督检查工作，各层级、各部门开展各类监督检查活动，应将双重预防机制作为根本手段和唯一方法，通过安全风险管控和隐患排查治理，实现活动目标，突出双重预防机制的地位，防止管理交叉，避免给基层增加负担。

3. 坚持全员参与，强化激励引导

铁路运输企业要建立健全激励机制，对发现安全管理和安全生产过程中的安全风险、安全突出隐患、防止可能造成严重后果的事迹实行快速报告，及时按规定予以表彰奖励，鼓励全员辨识、管控风险，主动发现和报告各类事故隐患。对因风险管控责任不落实、隐患排查治理不力，导致责任事故发生的，按照安全生产奖惩规定，给予责任追究。要通过组织经验交流、表彰奖励等各种形式吸引专业技术人员、一线职工参与到安全风险管控和隐患排查治理工作中，提高双重预防机制的全员性、群众性和实效性。

4. 强化宣传培训工作

铁路运输企业要以系统为单位，组织各层级开展双重预防机制培训，讲清工作方法和要求，统一思想和标准，切实推进双重预防机制的落实，促进全员掌握安全风险管控、安全隐患整治的基本要求，切实提高全员安全重要性认识，增强安全责任意识。

5. 加强信息化建设

铁路运输企业要大力开展安全双重预防机制信息化建设，充分利用各单位安全生产管理信息系统和网络综合平台，将安全风险库、隐患库与既有安全信息管理办法界定的管理、作业、设备等负面清单（安全问题库）有机衔接，通过一体化管理避免信息孤岛，提升工作效率和运行效果。要将各种检测监测监控数据接入信息化平台，充分发挥信息系统自动化分析和智能化预警作用，借助大数据手段实现人员画像、设备画像、自动预警、分析考核等功能。国铁集团牵头建立安全风险和隐患资源共享平台，各单位研判的较大及以上安全风险和突出及以上事故隐患要逐级上传至国铁集团安全风险库和隐患库，便于铁路共享风险研判和隐患排查治理成果。

2.5.3 关键运作环节

1. 全员全过程辨识研判高铁风险

针对高铁安全风险全系统、全过程和易发多变的特点，通过安全座谈会、集中研讨、现场调查、安全生产全过程分析等方法，结合监测检测、安全信息和事故故障致因，全面辨识高铁规章制度、技术标准、生产组织、作业行为、设备状态、结合部、外部环境、季节性特点、恶劣天气、自然灾害和应急处置等全过程安全风险，以及安全决策、专业管理、人力和投入保障、考核机制等源头性安全风险，持续探索辨识未知安全风险。每年开展一次全面、全过程高铁风险辨识，安全生产要素、外部环境发生变化时，动态开展高铁安全风险辨识。

2. 健全高铁安全风险管控措施

人防、物防、技防综合施策，源头防范，全员、全过程管控安全风险，依据高铁规章制度、技术标准和有关管理要求，健全管理和作业全过程安全风险管控措施，重点强化专业管理方面高铁风险管控措施和人员配备、安全投入、教育培训、考核机制等安全综合保障风险管控措施，做到不同层级、相应岗位对同一高铁风险的管控措施各有侧重。对照部门、岗位职责，落实各层级、各岗位管控责任。

3. 构建安全风险库

分层级建立覆盖高铁安全的风险库，明确风险类别、风险名称、风险等级、风险描述及危害程度、管控措施、管控部门、管控岗位等内容。系统内重大、较大、一般以及专业管理全过程的安全风险纳入各专业部门安全风险库，实施专业管理，专人负责，及时修订完善。安全风险库实施定期检查，确保全面、正确、有效。

4. 公告警示安全风险

通过安全教育培训、编制风险提示卡等各种方式进行公告，明示高铁作业岗位存在的主要安全风险、风险描述及危害程度、管控措施、应急处置等内容，每名员工都必须掌握高铁安全风险的基本情况及防范、应急措施。在高铁通道门、重点站区、旅客电梯、重点防火区域等重点部位设置明显的警示标志或安全风险公告栏。安全风险变化时及时更新。

5. 实施安全风险预警

安全风险变化转移或风险管控效果不好、安全问题凸显，有可能导致安全事故时，及时进行安全风险预警，以《安全风险预警通知书》的形式发布，明示存在的安全风险、等级、可能导致的安全危害，提出加强安全风险管控的要求和时限，安全风险预警后要对落实情况进行指导帮助、跟踪督办。涉及安全风险预警的单位或部门要查找安全风险管控全过程存在的疏漏，有针对性地改进和补强风险管控措施。安全风险预警实行闭环管理，重大安全风险预警落实情况由单位安委会组织诊断验收，较大安全风险预警落实情况由单位分管领导组织诊断验收。

6. 有效管控安全风险

高铁安全风险管控坚持领导负责、专业负责、分工负责和岗位负责，管控责任逐一落实到单位、部门、岗位，并纳入安全职责、工作标准，结合日常履职落责、按标作业实现安全风险常态化管控，关键作业、关键环节、关键处所、关键时段强化监控管理。铁路局集团公司负责健全安全风险管控运行机制，对源头性安全风险和结合部安全风险进行管控，对安全风险管控效果进行常态化诊断检查，持续优化完善安全风险管控机制和措施。专业部门对本系统全过程安全风险管控工作进行常态化检查指导，掌握安全风险管控状态，加强专业诊断和技术攻关，确保安全风险管控机制有效运行、管控措施落实到位。站段组织开展全员、全过程安全风险管控，健全和创新安全风险管控方法和手段，确保安全风险管控责任落实到各岗位和各作业环节。

7. 诊断评价风险管控效果

高铁和旅客安全关键环节问题凸显、同类安全问题重复发生，及时开展安全风险管控效果诊断评价。铁路局集团公司每半年对重大安全风险、较大安全风险管控效果进行诊断评价。通过全面准确辨识安全风险、健全管控措施、丰富管控手段和方法，提高安全风险管控实效，必要时调整安全风险等级。同时，利用安全风险管控效果评价结果，持续优化安全风险辨识研判、管控措施健全、组织落实等环节的流程、方法和手段，不断提升安全风险全过程管控的针对性和有效性。

2.5.4 全面推进做法

高铁安全风险管控和安全隐患排查治理双重预防机制建设，创新强化运行制度机制，推行双重预防机制运行效果评价，强化安全责任落实考核。

1. 完善运行制度体系

构建形成深化安全双重预防机制，运作"三个一"制度体系。

（1）搭建一个平台。深入推进构建安全双重预防机制的通知和安全风险管控实施办法、安全隐患排查治理办法，明确目标任务、工作内容、关键环节和各层级职责、工作标准和流程，规范建立管理制度平台。

（2）构建一套机制。制定干部现场检查量化制度和站段月度安全质量考核奖励、安全管理排序、集团公司机关安全绩效考核、双重预防机制评价办法，分层建立"安全风险库"、"安全隐患库"，规范建立实施运行机制。

（3）强化一个保障。制定安全生产过程管理履职督查问责办法和修订安全"红线"管理制度，促进安全压力有效传递，压实安全责任，确保双重预防机制有效实施。

2. 全面深入推进机制常态化运行

（1）落实安全风险管控机制

落实安全风险管控主体责任，进一步优化安全风险辨识的方法、组织方式和流程；坚持定期和动态相结合，围绕生产要素变化、事故故障等致因，每季、年全面研判安全风险，补强完善管控措施；围绕日常运输安全信息、检查发现突出问题及变化，持续辨识和认知潜在安全风险，及时加强预警预控。按照科学、实用、有效的原则，突出高铁和旅客安全万无一失，综合运用人防、物防、技防措施，实施风险管控认领、检查清单、责任追溯制度，强化管控措施和责任落实，不断提高全员安全风险管控水平。

（2）强化隐患排查治理机制

树立"隐患就是事故"的理念，突出高铁、客车、高风险环节和关键岗位等重点，从人员、设备、环境、管理等方面，每季度全面排查安全隐患，并纳入"安全隐患库"。隐患整治"一事一档"管理，提高隐患排查、及时报告、确认建档、监控治理质量，落实整治效果评价、验证销号和突出隐患挂牌督办整治制度。完善安全隐患发现机制，畅通重大安全隐患、严重设备缺陷、重要安全信息报告渠道，完善对单位考评加分和对个人重奖快奖制度，鼓励及时发现、报告和处置安全隐患，纳入专业部门和站段月度安全质量考核奖励。

（3）强化责任落实

突出安全风险全员、全过程管控和安全隐患全面、全员排查治理，将双重预防机制运作纳入全员安全生产责任制，落实各层级、各岗位职责，健全工作流程和履职考核标准，强化管控责任认领和逐级抽查验证，确保所有风险有人管、有人控，所有隐患有人查、有人整。

（4）强化关口前移

坚持定期和动态研判安全风险，各层级按年、季度研判公布"安全风险库"，持续排查辨识安全风险；遇有规章制度修订、新设备投用以及生产组织、列车运行图调整、季节转换、施工开复工等"六种变化"，同步启动动态研判机制，补强完善管控措施，制定修订应急预案，强化风险预警防控，杜绝"认不清、想不到、管不到"的问题。

（5）细化管控措施

把安全风险控制措施细分为关键措施、重要措施和一般措施，组织修订铁路局集团公司、专业部门和站段"安全风险库"，依据各层级管理职责，做到控制措施各有侧重。同时，将安全问题的等级由按照可能导致的后果进行分级，修订为对应安全风险管控措施的重要程度，作为各级管理人员安全检查考核的"唯一标准"和安全风险管控评价的重要依据。

3. 强化问题闭环管理和管控效果评价

（1）规范检查计划管理

按照安全风险发生因素，把安全风险细分为长期风险、季节性风险和临时性风险，分类落实检查监控评价，其中对长期风险实行周期检查、定期评价，对季节性和临时性风险强化检查监控的时效性。每月各部门各单位依据"安全风险库"，结合季节变化、重点工作和风险分类，编制下达月度安全检查计划，明确检查管控风险项点、处所和岗位；各级管理人员对照编制个人检查计划，结合日常管理精准检查，确保定期检查全覆盖、风险隐患无遗漏。如：规定各单位每月对本单位一般及以上安全风险管控、所有安全隐患治理进行检查，评价双重预防机制运行；每季对所有安全风险管控、挂牌督办治理隐患销号进行全覆盖检查验证。

（2）规范问题分析整改

把干部现场检查发现问题分析作为各级日交班会的重要内容，促进及时掌控现场安全情况；对首次发生和关键性、倾向性及性质严重的突出问题，明确追踪分析和整改督办的责任人，深入查找管理原因，强化源头治理防控；并纳入集团公司周交班会、专业系统站段对话会进行点评分析，督促各单位吸取教训，及时阻断风险。

（3）强化管控效果评价

建立安全风险管控个人月度履职报告、部门和单位向季度安委会报告备案制度，综合运用"体检式"检查、对规检查、安全评估等载体，形成"安监部门对专业部门、专业部门对站段"安全风险管控逐级验证评价的责任链，倒逼解决本质问题。如：铁路局集团公司安监部门每季对各专业系统及其较大及以上安全风险管控、Ⅱ类及以上安全隐患治理进行全覆盖抽查验证，评价各系统双重预防机制运作；各专业部室每季对本系统单位及其较大及以上安全风险管控、Ⅱ类及以上安全隐患治理进行全覆盖检查验证，评价各单位双重预防机制运作。

4. 责任落实和监督考核

对干部突出履职尽责、管理，建立刚性的履职督查问责机制，对发生安全问题和安全风险管控、隐患排查治理不到位的，实施"一事三查"，即：一查安全管理主体责任，二查专业管理责任，三查监督检查责任，尽职照单免责、失职照单问责，拉紧责任链条，补强"抓落实"短板。

对职工突出遵章守纪、按标作业，安全"红线"管理，形成负面清单。同时，加强解读和教育培训，对标检查考核，促进规范作业行为。强化对影响高铁、旅客安全和可能导致群死群伤的违章查处力度，研究确定了给予开除处分和解除劳动合同的"红线"条款，真正让作业者知风险、存戒惧、不触碰。

5. 完善高铁"人防"措施

坚持以"人防"为核心，认真分析人的意识、行为存在的不安全因素，有针对性地优化完善安全管理，加强队伍建设，全面促进干部履职尽责、规范管理，职工遵章守纪、按标作业。人防，深化安全"三道防线"建设。通过加强岗位第一责任人履职，强化贯标执标，建立第一道防线；通过强化质检队伍建设，用好影像化评价等监督检查手段，筑牢第二道防线；通过深化应急指挥系统开发，建立对"人、车、信息"的综合应急指挥平台，提升应急指挥效率，完善第三道防线。

（1）优化高铁管理架构

适应高铁快速发展的趋势，整合管理资源，创新机构设置，强化高铁专业管理。集团公司层面，机务、车辆、工务、电务、供电主要设备管理专业部室，均成立专门的高铁运用、检修等科室。站段层面，按照管界划分由既有站段接管高铁，成立专门的高铁车间，强化高铁管理力量。

针对动车组配属多的实际，上海局集团公司先后成立上海、南京两个动车段，强化动车检修运用专业管理。针对高铁基础设施系统集成度高、养护维修标准高、专业协调要求高的特点，改变以往不同专业相互独立、各自为战的生产管理模式，着力从两个方面探索创新。对沪宁、沪杭、宁杭高铁，成立上海高铁维修段，实行高铁工务、电务、供电设备"三合一"集中管理，制定专门的发展规划，不断完善管理体系和运行机制，从站段层面统筹资源、综合维修。对其他高铁，先后成立跨专业的高铁综合维修工区，制定落实配套的管理制度机制，全面实行高铁生产生活一体化管理，从班组层面统筹资源、综合维修。两种管理模式体现了高铁集约化运营管理的理念和发展方向，是生产关系适应生产力发展的创新实践，有效提升了高铁设备维修和安全管理水平。

（2）完善安全管理机制

坚持把管理作为最大的风险源、最重要的安全基础，创新完善高铁安全管理制度机制，实现科学管理、规范管理。

① 理清安全管理责任。按照逐级负责、岗位负责、分工负责、专业负责的要求，全面梳理制定各层级、岗位安全生产责任制，做到全面覆盖、层级分明、边界清晰、动态修订。针对专业结合部存在的职责交叉不清问题，探索建立高铁站区、动车所一体化作业机制，各专业合署办公，既分工明确、各负其责，又联劳协作、联防联控。

② 发挥专业主导作用。研究出台关于加强专业管理的指导意见，健全完善专业管理体系和运行机制，充分发挥专业部门抓安全主导作用。突出抓好规章、标准等基础工作，动态梳理完善专业技术标准、设备质量标准、岗位作业标准，规范高铁技术规章、岗位作业指导书编制发布、修订清理、检查追责等全过程管理制度，审核论证，每年集中清理，确保高铁每项工作、每个岗位都有规可依、有章可循、有标可执。

③ 构建安全双重预防机制。如图 2.20 所示，构建高铁安全风险管控预防机制。铁路局集团公司、站段每年开展高铁安全风险辨识研判，分专业、分类别、分等级修订安全风险库；每季编制风险控制表，每月编制风险检查计划，各级干部逐一认领、落实管

控措施,同步开展风险管控效果评价和安全质量考核排序;对事故故障、各类检查等安全信息,坚持每日追踪分析、每周集中分析、每月深度分析,实时掌握风险变化,及时预警预控。构建安全隐患排查治理预防机制,集团公司每半年、各专业每季开展高铁安全隐患排查,分层建立安全隐患库,"一事一档"闭环管理,做到一般性问题即查即改、复核验证,普遍性问题举一反三、扩大整改,突出问题专项整治、挂牌督办。通过构建全面、全员、全过程的高铁安全双重预防机制,实现关口前移、源头治理、超前防范,努力把高铁安全风险控制在隐患形成之前、把隐患消除在事故发生之前。

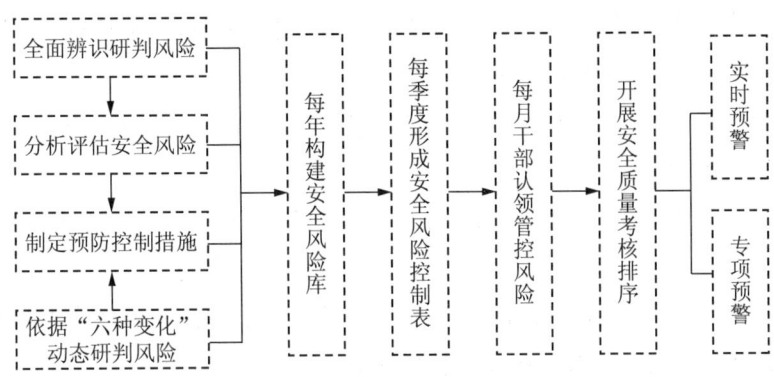

图 2.20　高铁安全风险管控预防机制图

（3）创新干部履职考评

深刻认识高铁安全"问题在现场、原因在管理、根子在干部",完善干部履职考评机制,加强对管理者的管理、对考核者的考核,推动各级干部转变作风、锤炼才干,履职尽责保安全。

① 推行"安全管理履职指南"。所有干部人手一份《管理工作标准手册》,月初制定《月度工作计划表》,月底填报《月度履职考核表》,做到履职有标准、行为有规范、考核有依据。

② 构建配套机制。集团公司领导班子、机关部门、站段干部逐级包保高铁站、车、线,坚持常态化包保与重点时段集中包保相结合,强化现场安全督导盯控。跟班写实制度,集团公司、站段两级专业管理人员每月至少参加一班(次、项)高铁作业全过程写实,现场验证安全管理落实情况,及时发现解决问题隐患。

③ 强化过程督查。制定《干部履职督查办法》《安全生产过程管理履职督查问责办法》,集团公司每周组成两个督查小组,深入高铁站车和沿线开展督查,促进各级干部形成强化责任担当、狠抓高铁安全的思想自觉和行动自觉。

2.6 安全防护工程建设

2.6.1 环境整治内容

1. 主要环境整治

针对近年来高铁沿线外部环境安全隐患越来越突出的情况,坚持统筹资源、综合施策,消除安全隐患,强化"物防"保障。

(1)开展专项整治。集中清理整治上海境内高铁沿线违法建筑、违法经营、违法占地等安全隐患问题。

(2)补强安全防护设施。结合高铁外部环境整治,全面加强高铁站区和沿线封闭栅栏、防抛网、围墙、防撞石球、隔离栏杆、刺丝滚网等安全防护设施建设,对城乡结合部、高架桥下非法侵占处所等关键区段,省际交界地带、山区复杂路段等薄弱地段物防设施进行全面排查、全面补强,确保所有高铁站区和沿线全封闭。

(3)构建完善长效机制。着力构建内部联动、路地联动、路企联动、合力共为的安全防护长效机制。加强内部综治、安监、公安、工务等部门协调联动,明确责任分工,健全巡查巡防、问题协调、定期会议等工作机制。加强与地方政府对接,共同成立护路联防机构,落实经费保障,建立定期例会、联合巡防、联合整治等工作机制,尤其对京沪高铁,逐段建立"双段长"责任制,城区内每1公里、城区外每5公里设置铁路单位和地方街道负责人各1名段长,确保外部环境整治责任落实、措施到位。

2. 其他环境整治

(1)主要包括开发研制的高铁综合视频监控系统、高铁周界安全防护系统、高铁通道门门禁管理系统、车站站台端部穿越报警系统等对高铁沿线环境进行综合监控,同时还要对高铁沿线环境综合整治,集中体现在塑料布等轻飘物、鸟类在供电接触网筑巢等方面。另外,为积极应对大客流,铁路警方在上海虹桥站正式启用热力感应成像系统,将候车室划分为12个网络区域,该系统通过指挥中心大屏成像,可实时监控候车大厅各区域的客流情况,对客流进行实时监测,根据站房区域设计容量,科学设定客流阈值,以图表形式直观呈现,实现警情、风险精准预测预警,为精准布警提供依据。

(2)补强运输安全环境管控。围绕落实外部环境专项治理计划,重点抓好三项工作,一是健全外部环境安全管理工作机制。铁路局集团公司要落实主体管理职责，对外部环境巡视检查、隐患判定及闭环整治实施常态管理；充分发挥护路联防、土地管理等部门的合力作用，及时协调解决影响运输安全的外部隐患问题；积极协调地方政府有关部门提前介入新线建设，超前解决铁路安全环境隐患。二是加强防护工程建设。继续推进道口平改立工程，推进人员密集、治安形势复杂、路外伤亡事故多发以及 120 km/h 及以上地段封闭工作，补强高铁站车视频、"动货混跑"区段入口车站货运安全检测等监控设备，整治高铁上跨桥隐患。三是构建路地协调联动工作机制。铁路局集团公司要积极沟通，建立与地方政府及有关部门、监管机构、司法机关和媒体单位协调联动治理环境安全隐患的常态化工作机制，完善工作流程。借助地方政府打非治违、打黑除恶、战略合作等契机推进外部环境治理，推动将高铁环境治理工作纳入地方政府环境建设综合评价考核体系。

3. 重点工作措施

开展高铁沿线环境综合治理，需要通过联合各级政府职能部门，全面排查整治高铁沿线环境安全隐患问题，严厉打击危害铁路安全的法规行为，营造全民爱路、依法护路的良好社会氛围，全面实施封闭、绿化、保护性利用措施，主动防范安全隐患，建立健全高铁沿线环境综合整治长效机制，有效净化高铁沿线环境，确保高铁运输安全和人民群众生命财产安全。

（1）依法保护铁路合法权益。重点对高铁桥下、铁路用地红线内擅自圈占、建设、生产、堆放等行为进行整治，通过法律途径依法维权。规范铁路用地绿化、保护性利用等行为，防止问题反弹和再生。

（2）整治铁路线路安全保护区内安全隐患。重点对铁路线路安全保护区内烧荒、放养牲畜、种植危树、排污、倾倒垃圾和危害铁路安全物质、高铁沿线两侧及桥下堆积、存放易燃易爆物品危险化学用品的，擅自建造建（构）筑物、取土、挖沙、挖沟、堆放悬挂物品等违法行为，积极协调配合铁路监督管理机构、地方人民政府及有关部门依法履行职责，依法整治，及时消除安全隐患。

（3）整治铁路线路安全保护区外安全隐患。重点对高铁沿线城市建成区铁路两侧 100 米范围内可能被大风刮上铁路的彩钢板防尘网、塑料薄膜等飘浮物进行排查，督促指导加固或淹埋。依法查处违法建设、违规占道行为。

（4）整治高铁沿线道路、水路影响高铁安全的隐患。重点对"铁跨公"立交桥的限高、限宽标志、限高防护架，"公跨铁"立交桥和公铁并行地段的安全防护设施、警示标志，跨越航道铁路桥的导助航标志、安全警示标志等缺失、状态不良的安全隐患进行整治，积极配合相关部门依法查处上跨铁路立交桥车辆超载超速翻落铁路、下穿铁桥涵车辆超限撞击铁路桥涵、公铁并行地段机动车侵入铁路限界、船只撞击铁路桥梁等行为。

（5）建立健全高铁沿线环境综合整治长效工作机制。铁路局集团公司要积极协调属地人民政府，与铁路运输企业建立高铁沿线环境综合整治长效机制，全面实施"双段长"工作责任制。

2.6.2 京沪高铁安全环境整治案例

以京沪高速铁路为例，通过住建部、国家铁路局、国铁集团共同开展的外部环境整治工作，极大地改善了京沪高速铁路线路外部环境，确保了复兴号 350 km/h 提速运行的安全。

1. 外部环境隐患是高铁运营安全隐患短板

近年来，铁路外部安全环境日趋复杂。路外单位邻近既有线非法开挖基坑、顶管导致路基下沉，邻近高铁地方化工厂爆炸、铁塔倒塌侵限等都有发生，主要存在3个方面的突出问题：

（1）高铁外部隐患认知不到位。随着高铁运营里程的增加，外部环境对高铁的影响日益突出，不可控、不确定的因素较多，外部环境隐患成为威胁高铁安全的突出问题。例如，2016年11月29日9时30分左右，京沪高铁济南西至德州东间，受地方工厂事故影响造成供电设备故障，导致多趟高铁列车晚点运行，部分列车停运。事故原因是：位于山东省济南市槐荫区美里湖街道范家庄村的一处厂房，突然起火爆炸。爆炸致使厂房里的房顶被掀起，碎片四处飞溅。而就在距离厂房不到百米的地方就是京沪高铁线，受到爆炸影响，途经高铁停运。济南局集团公司启动应急预案，全力排查设备故障，恢复列车运行秩序。京沪高铁德州与济南西区间某段高铁线路接触网停电，导致部分高铁列车延误，济南西站部分车次晚点运行，上行（北京方向）下行（上海方向）均有晚点车次，下行相对上行严重，下行方向晚点在 40—50 min，上行方向在 20 min 左右。主要晚点方向为南京、上海、杭州、厦门、合肥等东南方向。12时左右，经铁路部门迅速抢修，京沪高铁济南段因地方工厂事故损坏的高铁供电设备已抢修完毕并恢复行车。铁路部门积极组织恢复晚点列车秩序，同时提示广大旅客关注车站信息公告，安排好出行时间。

（2）线路封闭设施管理不严。高铁出站口无人管理、站台管理不到位普遍存在，高铁发生过闲杂人员进入，暴露出日常巡视制度不落实，通道门管理不严，封闭设备设施维护不到位等问题。

（3）环境巡查制度不落实。外部环境隐患对高铁安全影响日益突出，已排查出的外部环境隐患是日常管理不到位而滋生的。如：徐兰高铁某处线路安保区内，个体老板紧贴栅栏外非法占地进行大型机械维修，现场存放使用氧气、乙炔等大量危险品，危险场面十分骇人，对高铁安全构成严重威胁。

2. 高铁沿线外部环境管理特点

上海局集团公司管辖的高速铁路具有以下几个方面特点。一是地域跨度大。地处三省一市，地域跨度35.5万平方公里；管辖14条高铁线路（不包括在建工程），营业里程占铁路高铁的16.3%，动车组开行占铁路的近四分之一，日均发送旅客近200万人次。二是高铁外部环境复杂多变。上海局集团公司处于长三角经济区，各类物流需求量大，高铁桥下违法建造仓库、停车场等违法行为也有蔓延趋势。同时，高铁沿线土地资源紧缺，经济利益驱动下，引发非法侵占和在安全保护区内进行非法生产经营，私拉乱建各类线缆、线杆等隐患问题较为突出。另外，高铁沿线环境随地区开发、工程建设、周边居住和市场环境变化，隐患整治的难度大，治理的复杂性、艰巨性超出想象，所以外部环境隐患又是一个反复整、整反复的过程。

3. 京沪高铁环境隐患问题整治相关做法

（1）对安全环境问题分"四类"开展整治。京沪高铁安全环境隐患问题共分为A、B、C、D四类问题，即：A类问题为必须解决的危及安全的隐患以及红线内必须清理的问题，B类问题安全保护区内影响安全必须采取关停措施的问题，C类问题为需要进一步现场核实或采取评估手段再拟定措施的问题，D类问题为需通过与地方政府协商处置的问题（如安全保护区内塑料大棚、彩钢瓦房、危树等环境），并梳理出问题底数和行政区划，由铁路办事处牵头邀请地方政府领导共同添乘，共同确定需整治的环境问题，落实整改。根据每处的特点，按影响安全程度、隐患扩大可能性、合法先占权、非法侵占行为、相邻权五大关系，对问题进行分类和制定解决措施。

（2）加强领导，在集中优势力量上下功夫。一是成立组织机构。成立整治工作领导小组，由安监室、政法（综治）办、工务、电务、供电、土房、经开部和公安局等8个部门组成，下设办公室；徐州、合肥、南京3个铁路办事处及各基层单位党政主要领导挂帅，成立整治工作组。二是细化推进方案。围绕综治整治工作，制定了详细工作方案，同时在全面排查基础上，对隐患问题建库立档，按照影响程度和整治时间节点、所属辖区、所属系统、性质类别等，制定整改推进展开表，"一点一方案"明确整治措施。三是健全工作机制。采取"1+6"模式，建立领导小组会议、合署办公、办公室例会、信息通报、联络员和督导检查等六项制度，并通过建立有效工作机制，形成整治工作强力推动态势。

（3）加强协调，在整合路地资源上下功夫。借势借力，依托地方政府及检察机关力量开展工作，是这次综合整治能否取得实效的关键。从集中整治伊始，就加强与地方政府和检察机关对接，从集团公司、各办事处、基层单位三个层面强化沟通交流，构建合力共为的工作格局。二是集团公司向沿线地市发出商请函，阐述开展综合整治的目的意义，递交需要协调的属地问题，建立联系协调工作机制，形成共同推进的格局。三是协调检察院，提交需要开展检察监督的重点问题，检察机关专门下发《关于立即启动对京沪高铁重点隐患实施监督的通知》，为依法依规开展综治整治提供法制保障。

（4）加强组织，在点面结合推进上下功夫。针对排查出的各类安全隐患和外部环境问题构成复杂、规模不同、紧迫程度不一的实际情况，在组织推进过程中不搞一刀切，分类处理、分项处置，因点施策、以点带面，确保整治工作扎实推进，取得实效。对于A类、B类问题，坚持眼睛向内、立足自身，以各设备管理单位为主，在地方的支持配合下，集中力量，力争在较短的时间内推动问题解决。对于一些难点问题，集团公司业务部室亲自上手、现场办公、反复研究方案、约谈当事人，会同地方政府相关部门、检察机关推进整治，集中力量攻坚，打好歼灭战。对于C类问题，由业务部室、铁路办事处上手，会同地方组织开展评估，落实安全限制性措施，明确长效管理办法。对于D类问题，坚持不等不靠，提前启动。

（5）加强监督，在落地落细落实上下功夫。加强整改推进、整改销号、整改验收三个关键环节监督检查，强化信息畅通和公开。一方面加强过程监督，专门下发督查推进工作通知，集团公司两个督查推进小组采取现场确认、添乘检查、现场督办、帮助协调、问责约谈等5种方式，督导检查相关站段推进安全隐患问题整治落实情况、各办事处与地方政府和有关部门对接联系情况、已确认销号项点整治效果及长效措施落实情况等。另一方面加强效果监督，对于每一处安全隐患和环境问题，建立整改销号审核确认机制。隐患点整治完毕，相关设备管理单位整治工作小组要现场查看，填写整改销号单，并附整治措施落实、现场前后对比图等资料。

5. 全面展开高铁沿线外部环境安全隐患集中排查

铁路部门坚持边查边改的原则，同步开展整治工作。例如2019年10月份，国铁集团对全面加强高铁环境安全综合治理工作作出专题部署，开展高铁沿线外部环境隐患集中整治百日大会战。此次会战，铁路单位将会同地方政府、铁路公安联合推进。

（1）重点清理铁路地界红线内的违法建筑、违法侵占、违法经营问题，实现红线内影响铁路运输安全的隐患全部清零；

（2）重点整治铁路线路安全保护区内的违法施工、私搭乱建、乱排乱放等违法违规行为，彻底消除影响铁路运输安全的突出隐患，并落实有效的防护监控措施；

（3）重点加强高铁沿线安全管控，消除易燃易爆、影响线路基础稳定、危险物品侵限等突出隐患，实现依法依规有序治理；

（4）重点建立健全政府有关部门、铁路公安机关和铁路单位有效联动的铁路外部环境安全综合治理工作体系和长效机制。

下一步，路地双方将对排查出的问题进行集中整治，并实行记名式验收销号。同时，进一步深化协调联动长效工作机制，对高铁沿线影响铁路运输安全的风险实施有效管控。

第 3 章 监测平台和安全保障体系建设

Chapter 03

国外没有像我国这样大规模地建设和开通运营高速铁路，高速铁路已成为我国国民生活中不可缺少的交通方式。高铁具有高速度、高密度、技术构成复杂、集成化程度高和运营组织一体化等特点。在日常运营中，设备设施故障、恶劣天气、突发事件、人为失误等可极大影响动车组列车运行秩序，威胁着高铁运营安全，需要全方位的构建安全保障体系。

3.1 新型监测方法

随着科学技术的进步以及社会发展的需要，在传统监测方法和手段的基础上，发展起来些新型的监测方法，比如无人机技术、物联网技术、传感器技术以及人群监测技术等。新型监测方法是相对传统监测方法而言，融合了其他新型技术而形成的更为先进的方法和手段。

3.1.1 物联网技术

2005 年，在突尼斯举办的信息社会世界峰会上，物联网的概念被正式确定，由此物联网作为一新兴产业开始发展起来。一些发达国家还出台了一系列的战略措施来落实物联网这一新兴的产业政策、措施，其中"智慧地球"概念被 IBM 公司提出，"物联网行动计划"被欧盟发达国家提出，还有日本出台的《Japan战略2015》等。

随着计算机、互联网和移动通信网络的发展，物联网逐渐发展起来并兴起了第三次信息化浪潮。作为新一代信息技术的重要组成部分，物联网被认为是信息化时代的一个重要发展阶段。

目前比较公认的物联网定义是：通过一些传感器比如红外感应器、激光扫描器等，遵循设定好的协议，把所有的物品都连接到互联网，进行信息的交换和通信，实现物品智能化识别、环境监控、物品跟踪和定位以及信息管理的一种网络。在城市风险管理中，物联网技术广泛应用于塔吊安全监测、城市供水系统漏损控制以及用于分析的设备健康状况监测等。

随着传统制造业的发展，工业设备的种类越来越多样化，工厂中的设备数量也在逐渐增多这导致工业管理人员对工业设备的运行状况和健康状况很难把握，而工厂中核心设备的健康状况管理和设备维修更换的计划一直是工业管理的重点。此时，对工业设备健康状况进行快速方便地检测和预测就成了制造业领域亟待解决的重点需求。

目前物联网技术、大数据技术和机器学习技术都在日渐成熟，其三者和多个领域的结合已经成了发展的趋势。而三者在工业设备的健康状况管理方面有着天然的应用优势，随着国家智能制造战略的提出，传统制造业更加需要新兴技术来对其进行改造，因此利用三项技术相结合的方式是解决工业设备健康状况检测和预测的重要手段。

针对工业制造行业对智能管理的需求，以工业物联网技术、大数据技术和机器学习技术三者相结合来解决工业设备健康状况检测和预测。用物联网技术来解决工业设备数据采集，用大数据技术来解决海量工业数据的存储，用机器学习技术来判断和预测工业设备的运行和健康状态。

近年来，我国高度重视物联网研究和应用，从国家层面制定了一系列宏观发展战略、规划和政策。2016年11月发布《"十三五"国家战略性新兴产业发展规划》，其中物联网作为关键词重复次数达到14次之多，要求统筹推进物联网部署，构建新一代应用基础设施；同年12月，工业和信息化部紧随其后发布《信息通信行业发展规划物联网分册（2016—2020年）》。

2017年初，我国铁路提出强化"强基达标、提质增效"的工作主题，要求加大创新力度，广泛运用现代信息技术，推进智能铁路建设；同时，要求制定铁路物联网总体方案，扩大物联网应用范围，形成铁路物联网业务应用体系。在2017年6月印发的《铁路信息化总体规划》中，物联网也被作为新一代信息技术的重点应用方向。

铁路物联网是指依靠射频识别（RFID）、激光扫描器、生物特征识别、智能传感器、卫星空间定位等信息感知设备，按约定协议，通过网络连接各种铁路对象，进行信息交换和通信，以实现对铁路对象的智能化识别、定位、跟踪、监控和管理的一种网络，是实现智能铁路的重要支撑。

物联网技术的铁路应用模式可归纳为铁路感知 3.0 技术，即标识识别、状态传感、定位导航和控制反馈。铁路感知 3.0 技术如图 3.1 所示，目前物联网正处于快速发展阶段，在运输生产、客货营销、铁路建设和安全监控领域已具备一批物联网应用，具备了一定技术基础和应用范围。在运输生产领域，主要包括车号自动识别、编组站综合自动化系统、列车卫星定位等；在客货营销领域，主要包括磁介质客运车票、中铁银通卡（一卡通）等；在安全监控领域，主要包括车辆运行安全监控系统（5T）、机车车载安全防护系统（6A）、高铁供电安全检测监测系统（6C）、自然灾害及异物侵限监测、高速综合检测车、货运安全检测监控、青藏线冻土低温监测等；在铁路建设领域，主要包括混凝土拌合站及实验室监测、轨道板和梁 RFID 标签、路基压实监测等。

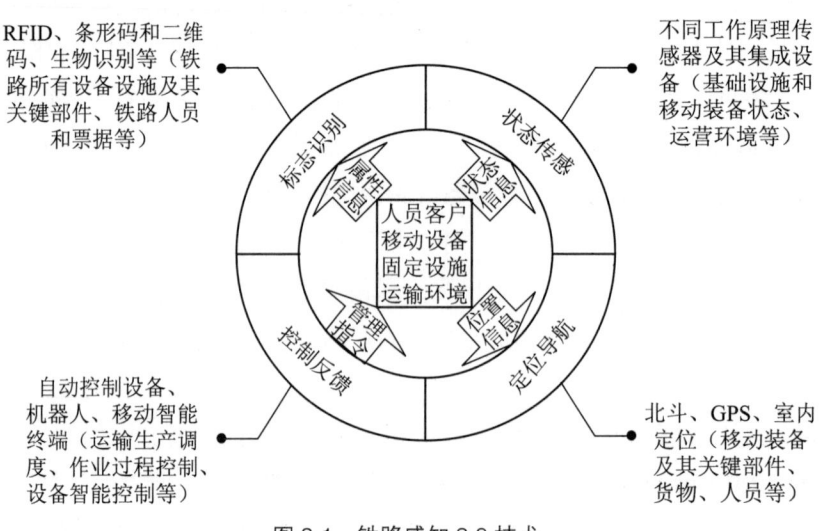

图 3.1　铁路感知 3.0 技术

3.1.2　传感器技术

目前应用较为广泛且成熟的传感器主要包括温湿度传感器、大气压传感器、风速传感器、风向传感器、数据采集器等。

（1）温湿度传感器

温湿度传感器的组成部分主要包括温敏电容和转换电路两部分，温敏电容是由玻璃底衬、下电极、温敏材料、上电极四个部分组成。温敏电容的两个下电极与温敏材料、上电极构成的两个电容成串联连接。温敏材料是一种高分子聚合物，它的介电常数随着环境的相对温度变化而变化。当环境温度发生变化时，温敏元件的电容量随之改变，即当相对温度增大时，温敏电容量随之增大，反之减小（电容量通常48—56pf）。传感器的转换电路把湿敏电容变化量转换成电压量变化，对应于相对湿度0—100% RH 的变化，传感器的输出呈0—1 V 的线性变化。

（2）大气压传感器

大气压传感器主要的传感元件是一个对压强敏感的薄膜，它连接了一个柔性电阻器。当被气体的压强降低或升高时，这个薄膜变形，该电阻器的阻值将会改变。电阻器的阻值发生变化。从传感元件取得0—5 V 的信号电压，经过 A/D 转换由数据采集器接受，然后数据采集器以 GPRS/RS485 形式把结果传送给云平台 /ALED 显示屏。

（3）风速传感器

风速传感器由风杯、传感器主体、电路模块、传输电缆等装置构成。风速传感器的风杯通常由高耐候性、高强度、防腐蚀和防水金属制造，可适应恶劣环境；电路模块具有极可靠的抗电磁干扰能力和高低电压保护能力，可确保主机在 −30 ℃—80 ℃，湿度0—100 % 的环境中正常工作。由传感器风杯转动带动传感器轴承转动，再由光电转换进行数字量化处理，从而计算出风速值。

（4）风向传感器

光电式风向传感器的核心采用绝对式格雷码盘编码（四位格雷码或七位格雷码），利用光电信号转换原理，可以准确地输出相对应的风向信息；电压式风向传感器的核心采用精密导电塑料传感器，通过电压信号输出相对应的风向信息；电子罗盘式风向传感器的核心采用电子罗盘定位绝对方向，通过 RS485 接口输出风向信息。

（5）数据采集器

数据采集器是系统重要组成部分，数据采集系统整合了信号、传感器、激励器、信号调理、数据采集设备和应用软件。当系统从前端传感器监测数字信号和模拟信号时，数据采集器采集数据通过采集器处理成数字信号通过 DTU 传送到上位机进行分析统计处理。

3.1.3　大数据技术

随着新建高速铁路投入运营，新技术新装备广泛应用，以及铁路沿线外部环境的日益复杂，安全风险不断呈现多变性、暗藏性和突发性。充分利用现代化大数据信息技术，加快构建数据集中管理和智能分析平台，实现跨系统、跨专业数据集成和信息共享，对提高风险预测、隐患识别、安全关键画像、事故预防具有十分重要的现实作用。

1. 安全大数据基本架构

铁路局集团公司经过多年的发展，铁路信息系统及 IT 基础设施建设已较为完善。但是，由于各专业系统相对独立运行，导致大量有用数据不能共享，无法被整合、采集、分析并综合有效利用。因此，需要建设和应用铁路大数据分析平台，以铁路专业系统的深入分析和系统间的数据共享分析需求为目标，通过铁路现有信息系统历史数据和实时数据开展综合业务分析、跨专业相关业务分析，变"死数据"为"活数据"，并持续拓展安全大数据分析平台应用范围，扩大数据来源渠道、优化数据处理工具、深度挖掘数据隐蔽信息，为集团公司各级管理部门提供安全生产管理建议、人员岗位契合度建议、业务技能培训建议、职工健康状态评价建议等一系列功能，基本实现安全信息分析智能化。从总体架构上，大数据分析平台系统逻辑架构、系统功能架构包括基础设施支撑平台、大数据分析处理平台、大数据专题应用平台、数据存储共享平台、数据运行维护平台、数据分析应用平台。

（1）系统逻辑架构

集团公司安全大数据分析平台采用云计算架构设计，充分结合云计算的高度可扩展性和灵活可伸缩性的特性，基于集团公司私有云计算中心（IaaS），建立大数据分析处理平台（PaaS），提供面向大数据的示范性应用（SaaS）。

① 基础设施支撑平台（IaaS）

建设集团公司安全大数据分析平台，主要是利用社会云计算中心基础设施资源，如：计算、存储、备份、网络和安全防护等，为大数据平台提供一个稳定可靠、高性能、扩展性强、易于管理的基础设施平台。同时综合考虑数据量、使用频率、保密等级、软硬件配置等因素，探索利用商业公司降低运用成本以混合云模式运转。

② 大数据分析处理平台（PaaS）

安全大数据分析平台数据接入功能，将集团公司运转过程中产生的各类数据进行统一接入，经过对结构化和非结构化数据进行处理后，汇总形成按系统、专业、部门、业务分类的安全大数据目录库，实现资源的查询、检索以及共享利用。利用分布式数据处理、分析工具和展示工具，为安全生产管理提供大数据处理和分析能力。

③ 大数据专题应用层（SaaS）

利用基础设施支撑平台和分析处理平台，构建安全管理综合分析系统、人员状态画像分析系统、设备状态画像分析系统、安全预警分析系统等专题应用。另外，基于系统标准化接口支持，集团公司各部门、单位可根据业务特征需要自行研发创新型应用系统。

④ 标准规范体系

在标准规范层面，通过建立大数据平台运行标准规范、平台安全与运维标准规范，为平台的运行、维护与安全管理等方面提供标准规范依据。包括平台数据接入标准、系统运行安全管理规范、系统运行人员管理规范、系统共享服务规范等。

（2）系统功能架构

建设铁路安全大数据平台，不仅要提供给用户业务应用功能，而且要提供作为数据平台的数据服务支撑功能。因此，安全大数据平台的应用架构应综合考虑业务应用需求和数据平台支撑需求开展平台的功能架构设计。集团公司安全大数据功能架构分三个部分，分别为数据存储共享平台、数据运行维护平台、数据分析应用平台：

（1）数据存储共享平台包括数据接入系统、数据处理系统、数据存储系统、数据共享系统。

（2）数据运行维护平台包括数据运行监控系统和数据维护管理系统。

（3）数据分析应用平台包括安全管理数据分析系统、人员画像分析系统、设备画像分析系统、专业数据分析系统、安全智能预警系统。

2. 安全大数据的功能体系

安全大数据分析平台的功能体系，包括数据存储共享体系、数据运行维护体系、数据分析应用体系三个方面主要内容。通过对安全管理数据库数据分析，主要实现几方面功能：

（1）安全风险信息分析，对安全风险管控开展多维度、联动的统计对比分析，高安全风险的数量超出安全阈值时，对业务部室和站段进行安全预警。

（2）安全大数据平台全面分析各类数据，挖掘隐蔽性安全风险，以及人员和设备交叉耦合风险，根据危害等级和影响范围综合评估，自动发出预警信息。

（3）安全隐患信息分析，按专业、类别、等级等条件进行安全隐患综合分析，建立安全隐患与安全风险关联关系，自动预警风险失控及安全隐患。

（4）安全问题信息分析，对各级管理人员日常管理、监督检查过程中发现的安全问题实施分类、分等级、分层级综合分析，对一段时期内重复发生的问题自动提示预警。

（5）事故、故障信息分析，主要包括事故或故障原因分析事故或故障关联分析等功能，通过对历史事故或故障分析，与问题库关联，运用大数据逻辑运算，实现近期安全事故的预警。

（1）数据存储共享体系

① 数据接入系统

按统一的数据接入机制进行设计，将各部门、单位的结构化和非结构化数据进行统一汇聚接入用网数据接口、录入接口、数据导入接口等式，实现完整的数据接入方式，并支持系统一系列查询、统计、分析等操作。

② 数据处理功能

提供对接入数据进行统一的清洗、转换、去重和编目等功能，包括对数据定义、数据结构、数据标识、数据编码、数据编目、数据来源、转系、目标、质量等级、以关系、安全权限等相关内容进行管理，最终形成符合统一存储要求的数据模型。

③ 数据存储系统

利用分布式数据库和分布式文件系统对结构化数据和非结构化数据进行高效存储，建立信息资源的高可用性、高性能和可扩展性机制，利用云计算的弹性扩展和动态伸缩机制，实现对大数据灵活存储。分布式数据库集群具备高扩展、高并发、高容错和动态节点管理等特性。

④ 数据共享系统

在大数据资源目录服务封装的基础上面向各专业数据分析系统提供数据服务接口，可获取大数据资源目录体系中授权访问的信息资源数据，实现各类大数据资源使用价值最大化。

（2）数据运行监控系统

① 运行状态监控

对平台中各子系统以及各功能模块提供统一的运行监控服务，采用阿里云 Dav、百度 Echarts 等可视化工具，以数据汇总动态图表形式展示系统中的监控数据。

② 运维状态监控

支持对平台数据状态进行监控，方便平台管理人员以多种可视化工具了解与掌握当前结构化数据、结构化数据的存储分布和容量情况及系统资源的占用情况。

（3）数据维护管理系统

① 数据安全管理

从传输安全、存储安全、设备安全三个方面考查系统数据安全，设计交换节点之间安全、可靠性的数据传输协议，保证数据传输的安全可靠在数据存储方案中，充分考虑数据多源备份，防止数据存储系统中单节点存储器故障导致数据丢失问题；在基础硬件搭建过程中，系统性考虑网络入侵监测设备、病毒防护设备、漏洞监测设备，保证系统数据安全。

② 应用权限管理

平台内部的数据设定安全访问级别，同时应用层也针对数据的安全级别制定对应的展示安全控制，确保数据的安全性从存储到访问，再到展示都有管理。

（4）数据分析应用平台

① 安全管理数据分析系统

基于集团公司使用的安全管理信息系统数据资源，建立安全管理数据库，涵盖安全风险库、安全隐患库、安全问题库、责任事故、故障信息库四个方面数据。实现安全风险信息分析、安全隐患信息分析、安全问题信息分析和事故故障信息分析四方面功能。

② 人员画像分析系统

建立人员管理数据库，将人员管理数据中对安全生产有潜在影响的信息纳入安全数据，包括职工履历信息、干部履职信息、奖励考核信息、岗位调动信息、业务培训信息等数据。通过对人员管理数据库数据分析，建立人员标签管理、人员画像分析，并对个人进行安全画像，评估人员岗位契合度与综合能力，加强重点人员管理，合理安排工作岗位，实现人的不安全行为及重点人员的自动预警。

③ 设备画像分析系统

建立涵盖设备原始状态数据、设备监测检测数据、设备运营维护数据的设备运维数据库，定期开展设备运维数据库数据分析，建立设备标签管理、设备态势总览、设备画像分析功能，对单个设备进行全方位的状态画像分析，建立设备故障与设备基础信息、状态信息、报警信息之间的数学模型，并给出高危设备列表，指导日常维修，开展各专业设备故障的预警。

④ 安全智能预警系统

安全大数据分析平台全面分析各类数据，挖掘隐蔽性安全风险，以及人员和设备交叉耦合风险，根据危害等级和影响范围综合评估，自动给出预警信息，各级管理人员根据日常检查发现的严重问题、重大隐患，进行重点、专项、周期性人工预警，及时有效地超前防控安全风险和隐患。

例如，铁路行车安全监控数据分析如图 3.2 所示。

中国铁路成都局集团公司安全大数据平台由安全大数据智能化分析、可视化展示、智能报告 3 个部分 10 个子系统组成。其中，智能化分析包含安全管理综合指数、重点风险分析、重点问题分析、职工违章分析 4 个子系统；可视化展示包含检查频次可视化显示、问题分布可视化显示、安全生产信息可视化显示、干部履职问题可视化显示、安全定制分析展示屏 5 个子系统；智能报告由安全分析报告子系统组成。建立以大数据为基础的安全大数据平台，与各类铁路管理系统进行数据链接，实现信息共享与互递。数据主要来源于车务、机务、工务、电务、供电、车辆等专业系统，包括安全生产信息、安

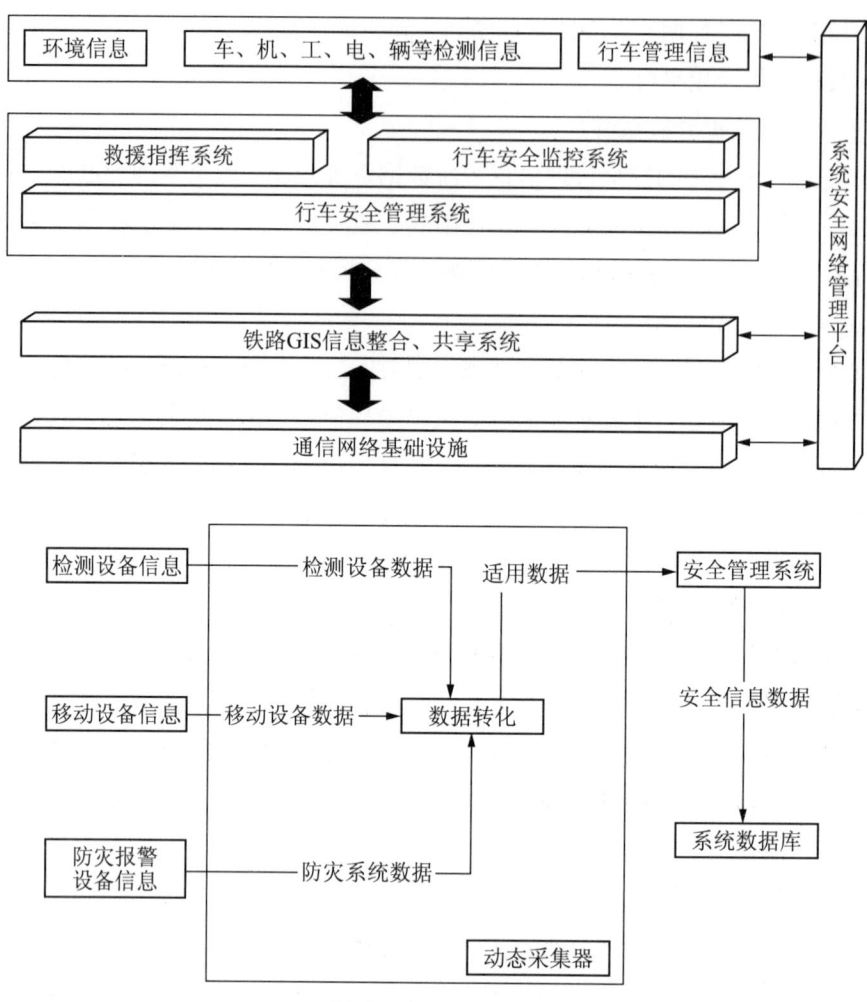

图 3.2　铁路行车安全监控数据分析

全问题隐患、安全履职信息等涉及安全管理的所有数据。通过开展安全度量方法研究，综合考量作业人员、设备、环境、管理方面失效危险等因素，通过对各类数据的综合处理分析，形成各类指数并用于安全预警和安全管理。其中，安全管理综合指数体系以海恩法则为理念，坚持问题导向，借助安全大数据分析平台，建立不同维度指数并进行量化排序，通过事故故障进行反馈印证，不断调整完善指数机制，实现对安全发展态势的准确把控。同时，利用综合指数排序效应，强化排名末位单位的安全预警和督导，提醒相关部门及时开展风险排查，强化安全预警布控，有效消除安全隐患。安全管理综合指数分为铁路局集团公司、专业、站段3个层级，包含检查力度指数、检查均衡度指数、问题暴露度指数、考核力度指数、评价力度指数、问题整改指数共6个分指数29个子指数，如图 3.3 所示。

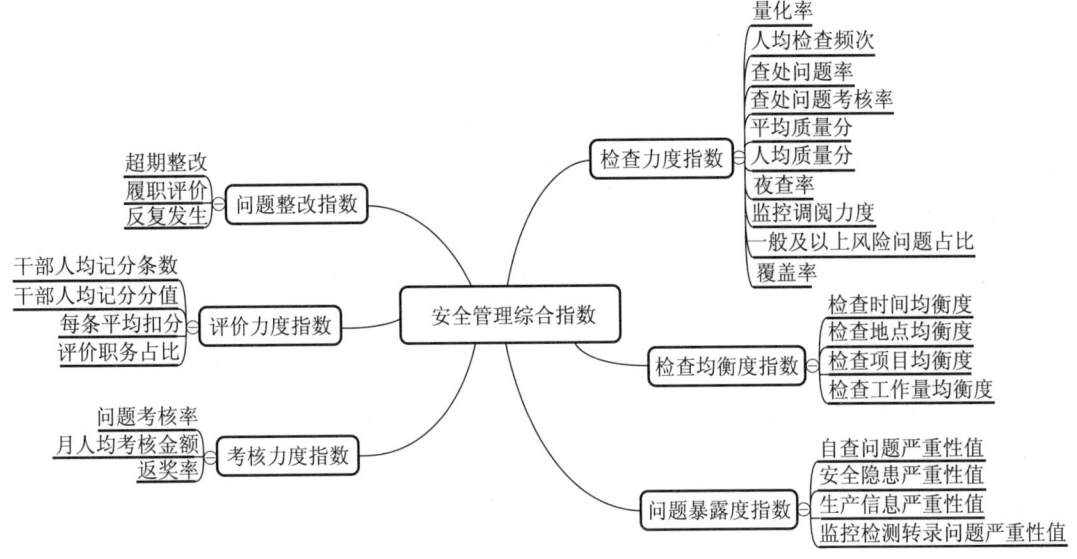

图 3.3　安全管理综合指数体系

3.1.4　人群监测技术

人群监测技术能实现对人群进行定量的科学管理。主要包括人员的运动速度、密度和人员流量，人群的突然散开、突然聚集和滞留等。现有的监测技术主要有人工统计、机械统计、电子计数、射频识别技术、手机信号扫描计数及最新发展的智能图像监测识别技术。

（1）人工统计是在场所的出入口安排一些工作人员，在规定的时间段上报通过的人数，可用来统计人流的密度，该方法适用于出入口比较单一、对计数的实时性要求不高的场所。

（2）机械统计是在场所的出入口安装设备，每经过一人设备计数一次。最后将场所所有的出入口机械计数结果进行联网，并综合统计该场所的人流量。以上两种方法适合地铁、火车站等较为封闭的场所，不适合实时监测统计。

（3）电子计数是一种利用相关的票据信息进行人流量监测的手段，并利用计算机进行综合统计。它的原理和机械统计方法相似，不适合如上海外滩这种开放型场所的实时统计。

（4）射频识别技术是利用射频信号通过空间耦合来实现无接触信息传递并通过所传

信息达到识别目的的技术手段。利用该技术可追踪行人运动轨迹，记录人员到达指定位置的时间。综合分析这些数据，可以判断人员的路径选择、滞留时间和行走速度等。此方法适合固定人员光顾的场所类型，不适合上海外滩、北京西单这种开放性人流量巨大的场所。

（5）手机信号扫描技术是利用手机的基站确认有多少个手机即移动终端存在并统计数量的方法。多个基站组合统计就能确定手机终端所在位置。该技术已经开发出来并正在商业化。

这种方法的缺点是只适合开放的一片区域，不适合狭长地段，同时无法统计没带手机和手机关机的人数以及带多部手机的人数。同时因为我国有多家通讯商，所以怎样协同合作计数也要人们合作配合。

（6）智能图像监测识别技术是采用图像序列处理技术对特定的视频运动对象进行自动检测、识别、跟踪。可有两种识别方法来判断人群密度：第一种是基于多分辨率分析的像素统计密度估计方法，算出区域内入群像素数占环境背景像素数的百分比，此方法较简单，但对于人群密度较高、有较多遮挡物时误差较大；第二种是基于纹理分析的方法，利用图像的纹理信息，得出区域人数，但此算法较复杂，难度较高。第二种方法较第一种优势明显，在我国很多城市人口密集地都有类似的监控识别技术。

例如，针对上海外滩踩踏事件对监控预警的改进措施：

（1）根据历年相同时间及重大节日同一地点的人群流动建立科学定量模型，对其聚集发展趋势进行预测、对可能出现的危险进行分级预警。通过计算机准确判断某一特定区域的典型风险，并提取、分析，从而对其进行科学、高效的监测。

（2）对人群流动及拥堵程度的预测、判断与预警级别的设定，可根据所在的空间和人群运动特点来确定。如上海外滩甬道人群聚集容易出现踩踏事件、而陈毅广场这些开阔地则相对安全，不容易出现事故。

（3）针对可能出现的问题，考虑根据人群规律、拥堵状态、计算机模拟以及事故案例等来确定其报警级别，还可依据短时交通情况来预测人群运动趋势、适时进行人流量的控制。人群聚集风险监测预警系统集成视频智能分析技术与人群聚风险预警技术的研究成果，运用动态人群参数进行实时监控与报警，结合人群疏散技术，给出人群聚集风险控制方案与疏导策略。这样就能尽可能避免惨剧再次发生。

3.1.5　无人机技术

无人机（Unmanned Aerial Vehicle，UAV）以其质量轻、成本低、机动性强等特点受到广泛关注，从而被大量投入军事和民用领域，在军事侦察、目标搜索、信息搜集和安全防护等应用领域有着重要的意义。

① 无人机监测人群异常行为

随着人们对公共安全意识的提高，人群异常行为监测受到越来越多的关注，使得人群异常行为的研究成了计算机视觉领域中的一个学术热点。目前我国公共区域的监控系统大多是基于可见光的，但是基于可见光的人群异常行为监测受环境影响较大，并且临时性大型集会场所对固定的视频监控系统提出了更高的要求和挑战。针对上述问题，考虑人群与环境所成红外图像的差异和四旋翼无人机机动性强的特点，可应用无人机监测人群异常行为。监控人群异常行为时，对于突发的群体性活动，微小型无人机以其响应快速和机动性强的优点，能实时跟踪事件的发展态势，有助于指挥中心实施不间断指挥处理。加装嵌入式图像处理器后，无人机还能够实时地对监控区域进行人群异常行为监测，并对异常行为进行报警，以便安防人员能够及时有效地采取应对措施。

② 无人机遥感技术

无人机遥感技术作为继传统航空、航天遥感之后的第 3 代遥感技术，可快速获取地理、资源、环境等空间遥感信息，完成遥感数据采集、处理和应用分析，同时具有机动、经济、安全等优点，无人机遥感技术是一个综合、系统的技术领域，其中的核心关键技术主要包括遥感传感器、影像拼接技术与数据实时传输存储技术三部分。

（1）无人机遥感传感器技术

传感器是无人机遥感技术发展的重要基础设备之一。20 世纪 80 年代以来，随着计算机技术的发展以及无人机遥感技术在环保领域应用的不断深入，面向环境监测领域的传感器在数字化、轻型化、探测精度以及种类等方面都取得了巨大进展，极大地推动了无人机遥感技术在环境监测领域的应用。

① 航拍图像传感器。随着 CCD 和 CMOS 图像传感器的日渐成熟，数码相机的性能也在不断提高，普通的数码相机的分辨率也已达到了 1000 万像素以上，高分率的数码相机成为无人机低空遥感系统主流的传感器件。如依托中国科学院遥感应用研究所成立的北京国遥万维技术公司所开发的"Quikeye"系列无人机，采用的 Cannon5 D Mark II，Cannon EOS5DCannon EOS300D，Cannon EOS4500D 等相机，影像最大效像素为 2100 万，信息采集精度为 0.1—0.4 m。

② 机载环境监测传感器。随着环境监测仪器设备的不断发展，面向水环境和大气环境监测小型化、轻型化的各类机载专用监测仪器设备的研制成为一个新兴的领域。这方面的设备从工作模式上，主要包括基于二维面状航拍作业模式的光谱类设备（如热红外

成像仪、轻型红外航扫仪、红外扫描仪、微波辐射计等）和基于泵吸式点状采样监测模式的机载气体监测设备（如粒子探测仪、差分吸收光谱探测系统、电化学类气体监测设备等）。如中国科学院空间科学与应用研究中心研究的机载高分辨率微波辐射计，可用于海洋监测和土壤湿度测量。

（2）影像拼接技术

采用低空无人机遥感平台快速获取研究区域的影像，影像分辨率提高的同时，单张影像的视野范围较小，难以形成大区域环境的整体认知。因此，为得到整个区域的全景影像，必须实现若干影像的匹配拼接。受飞行姿态稳定性、飞行区域特殊地形、数码相机等因素影响，无人机遥感图像往往具有旋转变形大、幅宽小、数量多、重叠图不规则、地面控制点难获取等特点，运用传统的航空摄影流程进行图像拼接相对难度较大，而且速度较慢，在精度与效率方面有待进一步探索。

（3）数据实时传输存储技术

无人机监测数据的实时传输是无人机遥感系统的重要组成部分，这决定系统的规模与水平。地面控制站与无人机之间数据传输是通过数据链实现的。除具有遥感监测数据传输的重要功能之外，数据链还肩负着遥控、遥测和跟踪定位的功能作用。

早期无人机数据链大都采用分立体制，遥感监测数据传输与遥控、遥测和跟踪定位用各自独立的信道，设备复杂。20世纪80年代后，为了简化设备或节省频谱，开始采用多功能合一的综合信道体制，目前常用的信道综合体制是"三合一"和"四合一"综合信道体制是跟踪定位遥测、遥控的统一载波体制，而遥感监测信息使用单独的下行通道"合一"综合信道体制。所谓"三合""四合一"综合信道体制则是指遥感监测信息传输与跟踪定位、遥测、遥控采用统一的载波体制。"四合一"综合信道体制的信道综合程度最高，在现代无人机数据链中得到广泛应用，但"三合一"综合信道体制将宽带与宽带信道分开，从某种角度来说具有一定的灵活性。

3.2 高铁运营安全保障功能需求

3.2.1 监控和检测预警技术需求

（1）部分视频监控系统仅具备视频监控、视频存储及事后查看等功能，其监控基本处于"监"不能"控"的被动状态，只能起到实时预警的作用，可作为事后追查取证的依据，而不能主动识别状态变化和事故隐患。部分视频监控系统需要"防控"一体化，相应地需要引入智能识别分析功能，开发适应多种应用场景需求的视频识别技术，并能在发现问题的同时同步做到应急处置。

（2）动车组列车、供电、通信信号等关键设备需要依托智能协同，应具有自诊断功能，需要利用现代信息技术、全面识别技术、现代传感技术等延伸扩展设备设施监测、检测的感知能力，主动辨识是否构成安全隐患，并在紧急情况下，可自动采取控制措施，动态规避危险，保障动车组列车运行安全，进而保护旅客人身安全。

（3）防灾监控体系主要是对危及高速铁路列车运行安全的自然灾害（风、雨）、异物侵限及非法侵入、地震等进行监测报警处理，提供经处理后的灾害预警、限速、停运等信息，为列车调度员进行列车运行计划调整、发布行车限速、抢险救援等命令提供依据；或直接通过系统功能迫使列车停车。目前实际运用效果较好的有风速、雨量、异物侵限子系统，降雪、隧道事故应急、轨温监测、大雾和地震子系统等近期才陆续建设和使用。其中，异物侵限子系统是和 CTC 调度集中系统、列控系统直接联网，而风速和雨量报警系统尚需要工务段和列车调度员共同确认后，人工执行限速、禁行等应急处理，在针对风、雨、雪、雷电等自然灾害的处理上，需要及时、有效地保证动车组列车运行安全。

（5）各种监测检测系统要发挥其有效性，就需要强化"数据集成"的高铁安全检测监控管理，在监控和检测技术功能不断完善的同时，还须对这些系统进行维护，保证维护制度的运作，确保设施设备处于良好的运作状态。

（6）高铁沿线和高铁车站环境的监控检测越来越提到日程上来，要考虑沿线设置防止闲杂人员进入的栅栏网、站台防护设施以及大客流的防控，以防止车辆、物品翻落冲撞列车、旅客乘降等不发生安全事件。

构建全天候、全方位、立体化的高铁检测监控系统，如图 3.4 所示。加强高铁自然灾害及异物侵限监测系统建设，发现异常，即时报警限速，出现"红网"报警信息，自动强制拦停动车。全面推广应用晃车仪检测系统、铁路桥防撞预警系统、信号集中监测系统、牵引供电检测监测系统等固定设备检测监控系统，结合每月开行高铁综合检测列车，每日开行动车组确认列车，实时检测监控高铁设备运用状态。通过与北斗公司合作，在铁路首家成立高铁测量公司，自主运用维护覆盖所有高铁的精测网，开展轨道线路、基础变形等精密测量。在动车组列车安装上千个传感器设备的基础上，推广应用 TEDS 动车组运行故障动态图像检测系统，实时检测监控动车组运行状态。

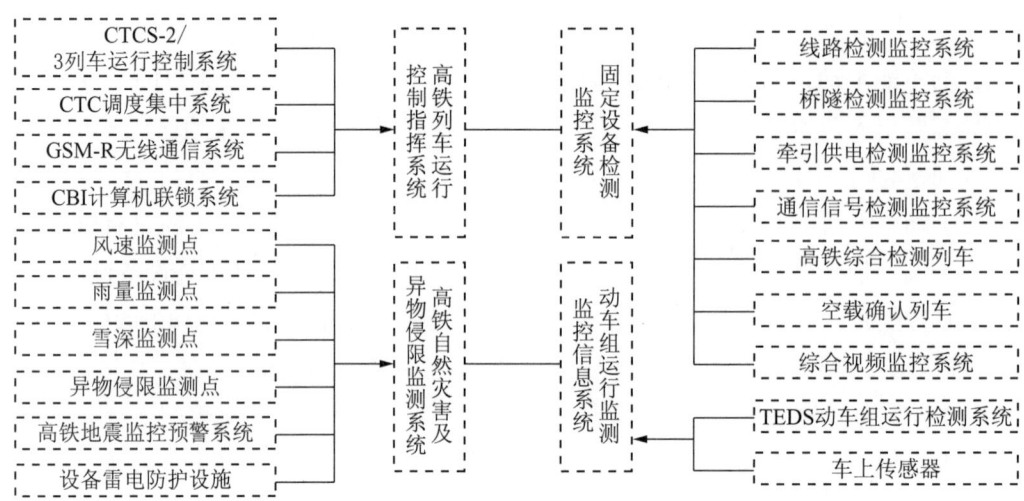

图 3.4　高铁安全检测监控体系

3.2.2　集中统一管理和控制需求

（1）设备设施故障不能上升为事故，其安全隐患需要消除在事故之前，事故更不能演变为灾难，这就要求车、机、工、电、辆等部门统一协调，实现调度集中统一指挥，并对安全信息实时处理，以提高安全决策和过程管理的实施能力，相应地就要建立安全信息实时监测、传输、处理与控制中心，实现远程监控和应急处置的一体化。

（2）应急处置过程要直接体现"以能力为中心"转变为"以旅客为中心"运营组织理念的转变，但也不能因为高铁运营重大突发事故因为发生的频率很低，就忽略重大突发事故的救援组织的准备工作，其准备工作关系到旅客生命财产的安全以及援救的组织效率和协同作战的水平。

（3）智能化治理。就是要推进将现代的数据技术和智能控制技术与高铁运营安全应用相结合，使安全生产的保障技术数据化和智能化。将生产系统和生产过程的危险监测、风险感知与人员的行为能力、组织的管理措施"智能"地结合起来，实现对生产安全事故的合理控制和有效防范，从而提高安全生产的高技术保障能力和水平。

3.2.3　设备设施源头管理需求

坚持以"物防"为重要途径，认真分析高铁设备设施存在的不安全因素，创新设备质量管理，提高养护维修水平，确保高铁基础设施运用安全以及防护设施充分发挥作用。

（1）设备源头质量管控

从新线建设、设备生产的源头入手，加强质量管控，为运用安全奠定基础。

① 上线运用前，验收把关。对新建铁路，在建设指挥部加强工程质量管理的基础上，健全完善介入制度，从项目立项、设计、施工、验收等建设全过程，组织专业部门和站段提前介入、深度介入、项目论证、方案审核、过程监督和验收把关，把隐患整改在开通前。对新造动车组，在国铁集团统一组织监造验收的基础上，完善集团公司层面的接车检查、运行试验制度，发现问题及时组织厂家整治，把隐患消除在上线前。对新购物资配件，建立健全采购管理、供应商管理、技证管理、评标专家管理等制度机制，明确采购技术标准，公开招标评标，完善采购合同质量责任条款，严把物资采购审核和产品质量检验检测关，杜绝不合格产品进路上线。

② 上线运用后，质量追溯。建立健全施工企业信用评价、供应商信用评价、设备质量源头问题责任追究、事故故障经济损失追偿索赔、不合格产品整治和召回等制度机制，强化工程、设备源头质量问题责任追究和经济赔偿。对发生问题的施工企业和供应商进行质量问题扣分或列入"黑名单"停止合作，倒逼施工和生产企业提升建设质量、产品质量。

（2）移动设备运用质量管控

高铁移动设备主要是动车组，目前上海局集团公司共配属5个系列12种型号，实施五级修制。其中一、二级修为运用修，主要由设在上海、杭州、南京、合肥、徐州的8个动车所负责；三—五级修为高级修，主要由生产厂家及上海动车高级修基地负责。

在运用修方面，实行一车一档管理，全面推行记名检、修、验，作业者自检、班组内互检、质检员他检和出库联合验收"三检一验"制度，如图3.5所示，层层把关复核，防止动车组"带病"。

针对动车所作业涉及专业多的情况，探索完善一体化作业机制，各专业合署办公、协同联动、紧密衔接，有效解决动车出入库效率低的问题。

动车组一级修：是在动车组运用48小时或4000公里/5000公里（根据车型不同）时进行，是对动车组的例行检查和针对性检查。动车组的一级检修在动车运用所进行，是利用动车组运用间隔时间，主要通过人工目视检查和车载安全诊断系统对动车组技术状态进行检查与检测，及时消除各类设备故障。

动车组二级修：CRH1型动车组在运行3.3万公里/30天时进行；CRH2型动车组在3万公里或30天进行；CRH3型动车组在运行10万公里/90天时进行。二级修作业是一级修作业的拓展和延伸，在遵循检修标准，保证不失修的基础上，根据检修周期，增加检修项点，实现动车组全面检修和重点保养。

动车组运用修程修制改革试验验证要历经检查检测、数据分析和状态跟踪，最终实

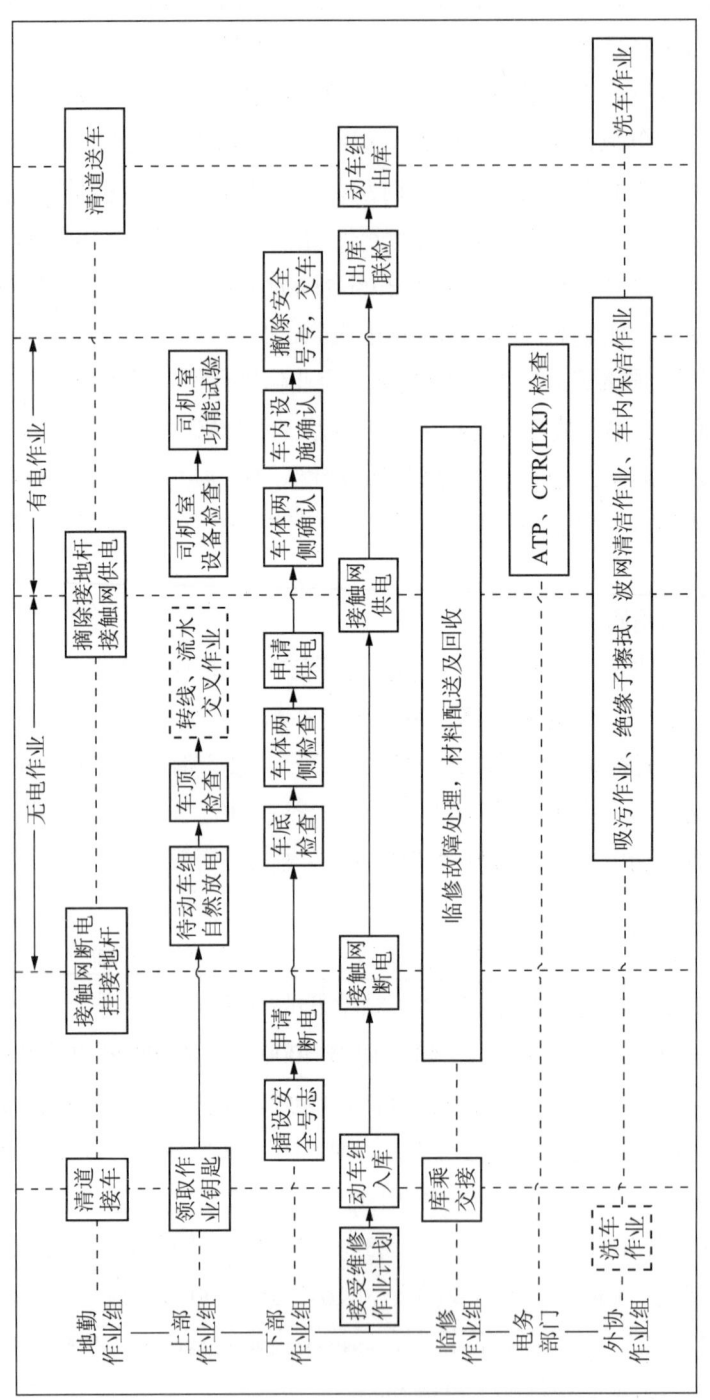

图 3.5 CRH380B(L)型动车组一级检修作业流程框图

现全面实施，实现提质增效目标，通过延伸运行里程，延长运用时间，实现动车组有效供给最大化。南京动车段合肥南动车运用所是集团公司一级修延长检修周期涉及动车组最多的动车所。2019 年 8 月 14 日，该所一级修延长写实验证首次突破 100 列次，标志着动车组运用修程修制改革驰入快车道。

动车组二型车一级修检修周期由不大于 4000+400 公里或 48 小时，延长至不大于 5000+500 公里或 72 小时；三型车由不大于 5000+500 公里或 48 小时，延长至不大于 7000+700 公里或 72 小时。一级修是动车上线运用前的例行安全检查，合肥南动车运用所涉及两种车型共 13 列，其一级修周期延长试点已启用。

动车组运用修程修制改革就是要优化动车组检修周期、检修标准和检修范围，实现能供车、供好车。合理调整劳动生产组织的目的，就是释放检修能力，提高生产劳效，向减少检修频次、降低检修成本要效率和效益，提高动车组供给率。验证期间制定了有针对性的安全管控措施，通过强化过程管控，以保障检修质量和运行安全。

针对客流旺盛、开车需求大的情况，创新优化动车检修生产组织，通过平行作业、流水作业、均衡排修、全天检修等多措施并举，提高效率、确保质量，努力为增加产品供给提供车辆支撑。

在高级修方面，加强高级修基地能力建设，积极开展技术攻关，目前已具备 10 个车型三级修自主修资质，1 个车型四级修自主修资质，正在攻关五级修自主修资质。相较于送厂高级修，既节约了成本、提高了效率，也强化了对设备质量安全主动权的掌握。

（3）固定设备运用质量管控

高铁固定设备主要包括线路桥隧、道岔、信号机、光电缆、接触网、房建设施等，分别由工务、电务、供电、房建等专业部门负责。针对固定设备维修特点，主要从四方面加强安全管控。

① 坚持严检慎修。针对上道维修作业存在的高风险，所有设备作业均纳入高铁夜间停止行车期间安排的天窗内组织，做到"行车不作业、作业不行车"。统一编制年、月、周作业计划，每日下达调度命令，严禁计划外、无命令上道作业。检查、分析、计划、作业、验收、销号等设备维修管理流程，坚持检修分开，日常以检查为主、修理为辅，需要维修一律报设备管理单位统一审批安排，车间集中组织，调整轨道线路等动道作业一律提报铁路局集团公司专业部门审批。

② 创新作业模式。健全完善生产生活一体化运作机制，变工务、电务、供电等各专业相互独立、分散作业，为多工种共用天窗、集中维修，实施联合检查、联合作业、联合验收，高效利用天窗、设备、人员等各类资源，提高固定设备特别是结合部设备维修质量。

③ 作业过程管控。健全完善高铁施工、维修作业管理制度，所有设备养护维修作业均实施登销记制度，均要设置驻所或驻站联络员、现场防护员，按等级安排施工负责人、把关干部，实施双重管控。所有人员、工机具、材料作业进出作业地点（工机具统一编号并粘贴反光标识）均须清点核对、摄像记录，在确保作业安全、人身安全的同时，防止作业完毕后工机具、材料等遗漏线路造成安全隐患。作业结束后相关设备必须经过复查试验，确保状态恢复后才能开通。每天高铁正式运营前，均开行动车组确认车，综合检测固定设备状态，确保后续载客动车绝对安全。

④ 建立后评估机制。组织对运营周期达到5年以上的高铁固定设备进行服役状态综合评估。根据评估状态，结合日常检查检测情况，组织开展轨道板结构抬升、路堑边坡加固、轨道板离缝注浆等高铁专项整治，消除设备状态变化带来的安全隐患。其中，在铁路首创运营高铁线路精调，通过对高铁钢轨、道岔等设备进行精密打磨，各项技术标准做到高一格、严一档，全面改善轮轨关系，有效提升高铁运营品质。

3.2.4 应急处置辅助决策支持

（1）需要构建数字化、信息化、互动化、可视化、智能化的大数据分析系统，实现海量数据可挖掘、设备状态可诊断、行车安全可预警、运营变化可感知、发展趋势可推断、辅助决策可支撑，并要从人的不安全行为、设备的不安全状态、环境的不安全因素着手，用大数据的方法挖掘出相关规律，以推动高铁运营安全水平大幅提升。

（2）需要建立相应的应急管理智能专家系统。专家系统要求全面综合集成应用，而且是跨专业和跨系统的数据集成和信息共享，并通过信息采集指导养护维修，并通过物联网对各种信息的获取处理，在保障高速铁路运营安全、可靠的同时，还要求发生应急处置时，提供安全辅助群体决策，改变目前人工群体的决策阶段。

坚持以"技防"为有效手段，加大科技攻关力度，强化信息化手段和大数据技术在高铁运输生产和安全管理中的应用，为确保高铁安全提供技术支撑。技防，发挥运行安全监控系统作用，开展和应用大数据分析，持续提升信息化，推进决策智能化。

① 建设运行安全监控系统，在上海虹桥、南京南、杭州东、合肥南、徐州东等重点高铁车站布置动车组运行安全监控装置TEDS、TADS，建设站点监控探测站，完善运行安全监控系统的建设，同步建立动车组监控分析中心，实现对动车组走行部状态的实时监控。

② 维修决策智能化方面，引入PHM技术，开展健康管理和维修决策研究，达到生产计划智能化。在对大量车载运行数据分析的基础上，推进动车组健康管理课题成果转

化应用。应用大数据分析充分挖掘车载数据价值,盯控故障数据及发展趋势,在预研预判动车组隐形故障方面发挥作用。

目前,车载数据分析结果在 CRH3 型动车组牵引电机、主变压器、客室空调等关键部件的预防性维修上得到初步应用,通过压缩计划外维修,减少对运输秩序干扰。针对计划性预防修存在一些项目过度维修的情况,通过车载状态数据和故障信息分析跟踪,探索实施部件针对性的状态修。如主变散热装置滤棉更换及散热器清洗作业等项目,实施状态修后工作量下降了逾 80%。

积极推进"动车组智能检测装置及在线管理系统"的研发,上海局集团公司在当前虹桥动车所地沟智能检修机器人的基础上,加快推进两侧和车顶检修装置的安装和调试,探索一级检修的人机分工作业,提高一级检修作业的可靠性和作业效率,降低检修人员劳动强度及安全风险。

(3)创新完善高铁运输生产中的"技防"手段广泛运用大数据和信息化手段,实现对高铁设备和运营状态的实时监测、智能分析、科学诊断,增强安全主动预防能力。

① 完善列车运行控制指挥系统。采用国际先进的 CTCS-2/3 列车运行控制系统,(如图 3.6 所示),CTC 调度集中系统、GSM-R 铁路数字移动通信系统、CBI 计算机联锁系统等,根据运行情况动态升级完善,强化系统集成、信息共享、数据联控以及自动排列列车进路、自动控制运行速度、超速自动防护等功能,确保高铁运行的绝对安全。

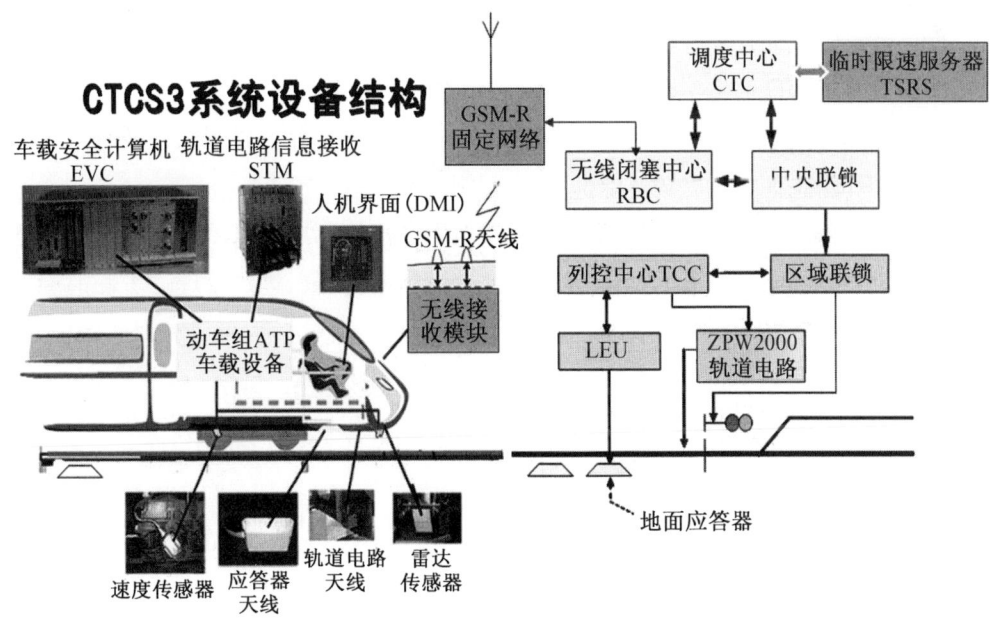

图 3.6 CTCS-3 级列车运行控制系统工作示意图

② 完善应急指挥信息系统。把应急处置作为高铁安全管理最后一道防线，健全组织体系、完善应急预案、加强培训演练，提升"技防"保障水平。结合成立集团公司、站段两级应急指挥中心，研发应急管理信息平台，集成接入各类检测监控系统，完善信息传递、远程指导、技术支持功能。遇高铁调度集中设备故障、发生危及行车安全的情况等突发事件，需转为非常站控进行应急处置时，相关车站通过点击计算机联锁控制台"非常站控"按钮，将CTC调度集中系统从分散自律控制模式转为非常站控模式。即由铁路局集团公司调度所集中自动控制列车运行进路改为该车站人工办理进路，方便应急处置。同时应急中心利用CTCS列控系统、视频监控系统、无线对讲机定位系统、GSM-R铁路数字移动通信系统以及列车无线调度通信设备等，实施远程指挥、提供技术支持、形成立体防护。

（4）提升高铁安全管理信息化智能化水平

适应安全管理、专业管理需要，加强安全管理领域的信息系统研发和大数据利用，提高管理水平，着力打造"智能高铁"。

研发应用安全质量管理信息系统，对干部检查、跟班写实、发现问题、考核整改等情况，进行全过程实时记录、动态查询分析，提高管理效率，促进干部规范履职。

研发应用车务、机务、车辆、工务、电务、供电等各专业的信息集成平台，打破专业壁垒，强化资源整合和数据共享，一方面，提高生产指挥和作业效率；另一方面，对事故故障、设备检测监控、各类检查、隐患排查等各类数据自动集成，加强安全生产规律性、倾向性、关联性特征分析，实现对安全风险和隐患的超前防控。

研发应用施工管理信息平台，对高铁施工、维修作业进行全覆盖、全过程管控。

研发设备电子履历档案，全面、实时记录高铁设备检、养、修履历，及时掌握设备状态变化规律和隐患征兆，有针对性地组织养护维修。

研发应用二维码技术，打通物资设备管理与生产检修运用信息系统，对高铁主要物资设备的采购、检修、运用等进行全过程跟踪，为精准施修、集约管理、责任追溯提供了有力支撑和科学依据。

3.3 高铁运营安全保障体系

高速铁路的安全除了要求保证线路、动车组、通信信号等设备的安全性外，还要对各种可能发生的自然灾害（强风、暴雨、大雪、地震等）、突发性灾害（塌方落石、异物侵入等）进行全面监控。

3.3.1 人、设备、环境和管理的耦合关系

高铁运营安全保障体系要确保影响安全的各因素处于被约束与受控状态，具有很强的针对性和实用性。各因素风险耦合的形成使得安全风险变得复杂，风险值也相应增大。其安全管理的对象是的人、设备和环境以及由它们所构成的系统以及结合部，通过管理这一要素集中统一起来，如图 3.7 所示。其中，管理是协调人-设备-环境-管理四者的中枢，人是核心、设备是基础、环境是条件。管理必须贯串体系中的每一个细节，在系统中处于统筹作用。高铁运营安全保障体系运作机理如图 3.8 所示。管理针对的是系统安全的非技术因素，落实在精细化管理之中，要做到"精、准、细、严"。从这个角度讲，安全保障体系又是技术因素和非技术因素的协调统一。

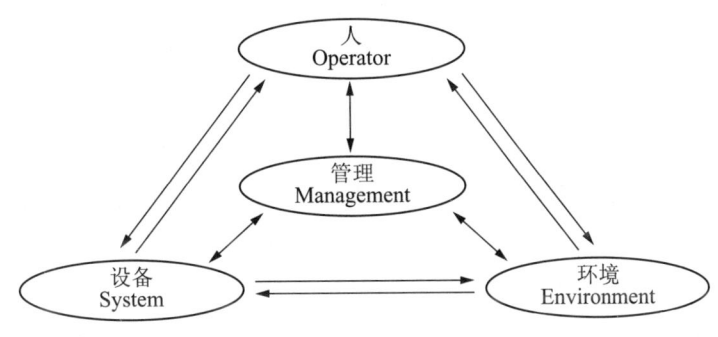

图 3.7 人-设备-环境-管理模型

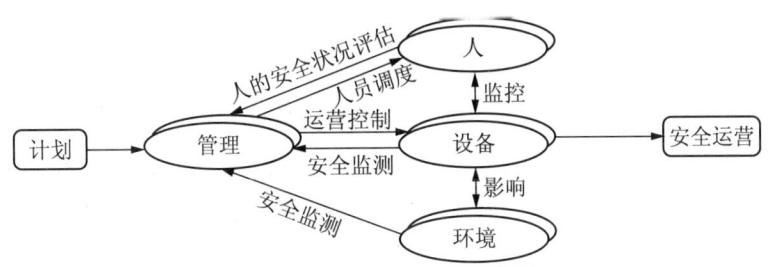

图 3.8 高铁运营安全保障体系运作机理

3.3.2 "人防、物防、技防"理念的提出

2017 年初，国铁集团提出要构建人防、物防、技防"三位一体"的安全保障机制，

相应地也就成了高铁运营安全保障体系构建的总体思路，指导高速铁路运营安全保障的控制、管理和决策工作，在具体构建过程中，要以"先进、成熟、实用、可靠"的信息技术为支撑，实现设备设施监测检测，并以管理信息系统为管理手段，通过不断集成与创新，形成对高铁运营安全态势分析、对可能发生的事故进行预警预报以及事故发生后快速响应并形成应急救援的有机整体。

近年来，我国高速铁路快速发展，营业里程已占世界2/3，已成为中国国家名片。由于高铁列车运行速度快、密度大，再加上设备质量、外部环境、人员作业等因素影响，高铁运营中的安全风险很大。面对严峻考验和挑战，积极借鉴国内外高铁先进运营经验，着力构建和实施高铁人防、物防、技防"三位一体"安全保障体系，全面夯实高铁安全管理基础，提升高铁安全管理水平，确保高铁安全平稳运行。

（1）人防，深化安全"三道防线"建设

① 通过加强岗位第一责任人履职，强化贯标执标，建立第一道防线；

② 通过强化质检队伍建设，用好影像化评价等监督检查手段，筑牢第二道防线；

③ 通过深化应急指挥系统开发，建立对"人、车、信息"的综合应急指挥平台，提升应急指挥效率，完善第三道防线。

（2）物防，抓好故障管理盯控

① 安全风险与专业管理深度融合，研判安全风险项、动态风险项，发挥"深度分析、安全对话会、定期通报、安全预警"四个手段作用，重点解决齿轮箱故障、牵引电机、车轴轴承等重点故障和突出隐患；

② 强化技术攻关，开展动车组制动故障、牵引故障等联合技术攻关。

③ 扎实开展安全专项整治。重点做好源头质量整治，设备舱探伤和结构加固、密封胶开裂、干燥硬化、加装烟火报警系统、关键配件防脱断等专项整治活动。

（3）技防，发挥运行安全监控系统作用

① 大力建设运行安全监控系统，开展和应用大数据分析，持续提升信息化，推进决策智能化，在重点高铁车站布置动车组运行安全监控装置TEDS、TADS，建设站点监控探测站，完善运行安全监控系统的建设，同步建立动车组监控分析中心，实现对动车组走行部状态的实时监控；

② 维修决策智能化方面，上海局研发PHM技术，开展动车组健康管理和维修决策研究，达到生产计划智能化。在对大量车载运行数据分析的基础上，联合集团公司动车技术分中心，推进动车组健康管理课题成果转化应用。应用大数据分析充分挖掘车载数据价值，盯控故障数据及发展趋势，在预研预判动车组隐形故障方面发挥作用。目前，

车载数据分析结果在 CRH3 型动车组牵引电机、主变压器、客室空调等关键部件的预防性维修上得到初步应用，通过压缩计划外维修，减少对运输秩序干扰。针对计划性预防修存在一些项目过度维修的情况，通过车载状态数据和故障信息分析跟踪，探索实施部件针对性的状态维修。如主变散热装置滤棉更换及散热器清洗作业等项目，实施状态修后工作量下降了 81.6%。积极推进"动车组智能检测装置及在线管理系统"的研发，在当前虹桥动车所地沟智能检修机器人的基础上，加快推进两侧和车顶检修装置的安装和调试，探索一级检修的人机分工作业，提高一级检修作业的可靠性和作业效率，降低检修人员劳动强度及安全风险。

经过 5 年的科技攻关，第一台动车组检测机器人在上海动车段上海虹桥动车运用所投入使用。虹桥所检修机器人黄黄的皮肤、蓝蓝的眼睛、敏捷的身手。这套机器人系统主要采用机器视觉、图像识别等技术，由检测机器人、中心服务器、手持移动终端、列位检测和信息管理平台等五大模块组成，可全自动检测所有型号动车组。车底和转向架可视部件，具备数据无线传输、故障自动判断等功能，目前已形成动车一级检修作业能力。机器人不仅功能强大，而且干活麻利，由于在车下作业，不受车顶接触网供电等限制，机检作业效率可达到人检的 2.75 倍。目前，上海局配属动车组近 700 标准组，日常检修作业量非常大。越来越多的人工智能技术在动车组检修领域运用，将进一步提升检修效率，为更多旅客列车开行创造有利条件。

3.3.3 高速铁路运营安全保障体系的含义

高速铁路运营安全保障系统是以保障高速铁路运营安全为总体目标，结合线路自身的特点，以运营安全相关的固定设施、移动设备等为检测、监控和管理对象，以先进、成熟、经济、适用、可靠的信息技术为支撑，以信息系统为管理手段，通过不断集成和创新形成的对高速铁，高速铁路安全保障系统的特点主要有：列车调度统一指挥，安全信息实时处理，列车运行自动控制；列车与地面信息的自动交换，实时传输；维持轨道的高平顺性及高稳定性；关键设备的运用状态实时自诊断；预防自然灾害的突然袭击；采取必要措施，严防侵入物撞击高速列车或侵入线路；具有对突发事故的应急处理能力。

3.3.4 高速铁路运营安全保障体系框架和功能

通常来说，高速铁路运营安全保障体系主要包括防灾监控系统和基础设施保障系统。

1. 高速铁路防灾安全监控体系的构成

高速铁路防灾安全监控系统是综合调度中心的一个组成部分，提供有关防灾数据

（预警、限速、停运决策信息），为列车运行调整、控制提供依据，保证列车正常运行。防灾监控的执行流程如图3.9所示。

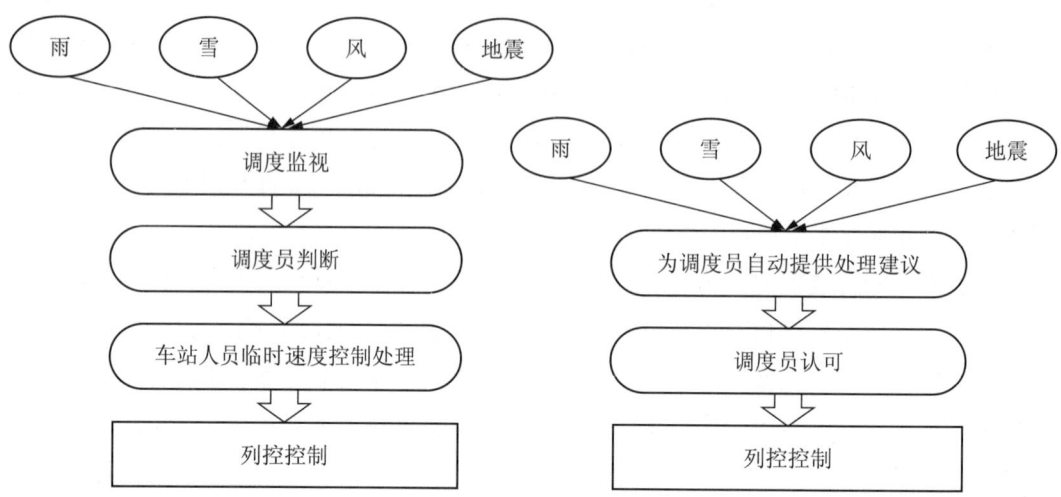

图3.9　防灾监控的执行流程

防灾安全监控系统一般包括信息采集、信息传输和信息处理三个部分，对自然灾害、轨温及火灾、突发事故、异物侵限及非法侵入等进行检测或控制。具体包括以下部分：风监测子系统、雨量及洪水监测子系统、地震监测子系统、雪灾监测、轨温监测、长大隧道安全监测、长大桥梁安全监测、路基安全监测、大型车站防灾、其他灾害监测及安全防护工程，如图3.10所示。

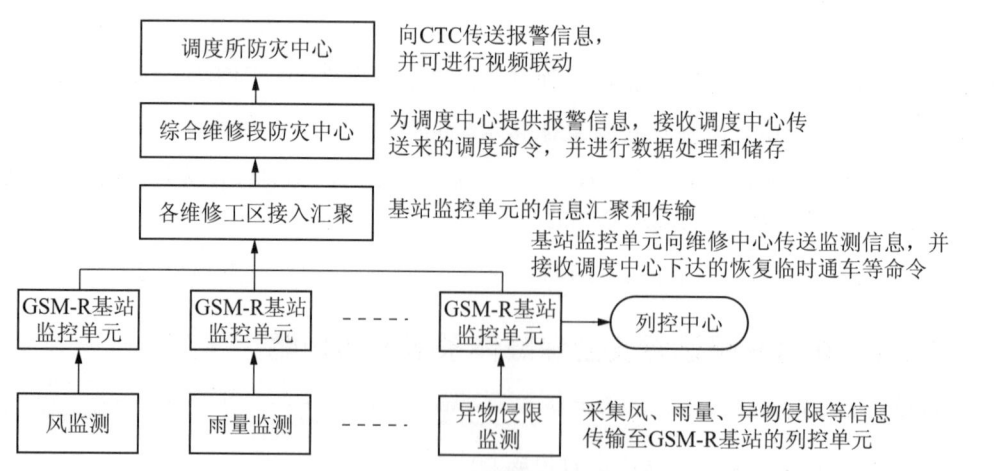

图3.10　防灾安全监控结构示意图

高速铁路是存在于自然界的构造物，受到灾害和自然的侵袭是不可避免的。但是，只要对各种灾害和事故进行深入的研究，结合高速铁路的实际情况，制定不同的防灾安全对策，就可以将灾害和事故带来的损失降到最低，确保高速铁路的安全运行。

为合理、有效地确定影响高速铁路防灾系统可靠性的主要因素，首先有必要充分了解我国高速铁路防灾系统的构成及主要功能，在此基础上明确具体分析对象和指标参数等情况。

（1）防灾系统构成及主要功能

我国高速铁路防灾系统包括 5 个子系统，即风监测子系统、雨量监测子系统、雪深监测子系统、地震监控子系统和异物侵限监控子系统，系统构成如图 3.11 所示，现场监测设备如图 3.12 所示，3.4 中会有详细叙述。

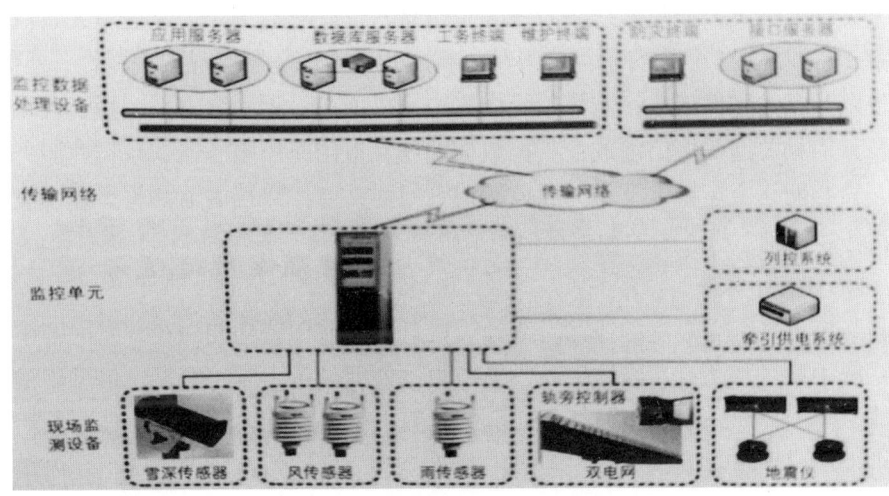

图 3.11　高速铁路防灾系统构成

图 3.12　高速铁路防灾系统现场监测设备

① 风监测子系统

风监测子系统主要监测线路沿线风速、风向信息，由现场测点、监控单元、监控数据处理设备、监控终端和信息传输通道等构成。其中，现场监测点包括1台或多台风速风向计以及相关接口和配件；监控数据处理设备由应用服务器、数据库服务器、存储设备、核心网络交换机以及通信接口等组成。

② 雨量监测子系统

雨量监测子系统主要监测线路信息，由现场监测点、监控单元数据处理设备、监控终端、信息传输通道。其中，现场监测点包括1台或多台相关接口和配件；监控单元负责监测信息、报警信息存储与转发；监控端为行车指挥、维修、救援部门显示用量实数据及报警信息。

③ 雪深监测子系统

雪深监测子系统主要监测线路沿线降雪信息，由现场监测点、监控单元、监控数据处理设备、监控终端、信息传输通道等部分构成，其中现场监测点由雪深计、通信接口、传输设备以及相关配件组成；监控单元由监控主机模块、雪深数据采集板、现场控制器模块以及其他相关通信接口组成；监控数据处理设备由应用服务器、数据库服务器、磁盘阵列、核心网络交换机以及相关通信接口等组成；监控终端由监测报警显示设备、音响报警设备、控制主机及相关通信接口组成。

④ 地震监控子系统

地震监控子系统主要监测线路沿线地震信息，目前预警功能尚在开发完善中。地震监控子系统由现场监测点、监控单元、监控数据处理设备、监控终端、信息传输通道等部分构成。其中，现场监测点包括1台或多台强震仪以及相关接口和配件；监控单元由监控主机模块、地震数据采集板、现场控制器模块、列控系统接口、牵引变电接口以及其他相关通信接口组成；监控数据处理设备由应用服务器、数据库服务器、磁盘阵列、核心网络交换机以及相关通信接口等组成；监控终端由监测报警显示设备、音响报警设备、控制主机相关通信接口组成。

⑤ 异物侵限监控子系统

主要由监测线路沿线异物侵限情况，由现场监测设备、监控单元、监控数据处理设备、监控终端及传输通道构成。其中，现场监测设备主要由异物监测设备、报警发生设备、现场试验设备组成；监控单元主要由主控模块、数据采集模块、继电器组合组成；监控数据处理设备主要由应用服务器、数据库服务器、存储设备、核心网络设备组成；监控终端主要由监控主机、报警音响设备组成，分为调度终端、维护终端等。

根据上述分析，可以按照我国高速铁路防灾系统的构成及主要功能，将各层级监测设备细分为现场监测设备、监控单元、监控数据处理设备、监控终端等，并将系统运用故障率、设备故障报警率确定为衡量防灾系统运用可靠性的 2 项关键指标参数。通过统计分析各层级监测设备的系统运用故障和设备故障报警情况，研究得到影响的规律。

⑥ 车载地震装置

a）主要功能

车载地震装置安装在动车组上，由车载地震主机、车载地震终端及天线等构成。其中，车载地震主机安装在动车组两端车载设备间，车载地震终端安装在司机室控制台或附近，天线安装在动车组车头车顶。为保证系统各组成部分的可维修性，在设计上要保证各组成部分及各模块的相对独立，各组成部分、各模块的功能、数据、故障等特性都必须进行封装，以便在需要更换或存在外界干扰时，能够有效屏蔽对内部通信产生的干扰和冲击。

车载地震装置用于接收地震紧急处置信息，发出警示信息并触发列车制动装置，主要具有 3 方面功能：

基于 GPRS 方式的 CSM-R 无线数据收发，实现紧急处置信息的接收与应答；

对于Ⅲ级以上地震紧急处置，自动触发紧急制动停车；

对于Ⅰ级、Ⅱ级、Ⅲ级地震紧急处置，在司机室进行相应的语音及显示报警。

b）操作环境及外部接口

车载地震装置在使用过程中，基本上是免操作的；个别情况下需司机简单操作车载地震终端。车载地震装置一旦出现严重故障，可通过断开位于司机室的隔离开关，通过其紧急制动触发功能进行隔离。

车载地震装置在动车组检修库进行维护，正常情况下为日常检测，故障情况下则采用备件临时替换。通过车载地震主机、车载地震终端及天线，车载地震装置分别与动车组、动车组司机、地震预警监系统进行关联。车载地震装置与外部的口或界面主要有：外部电源接口；紧急继电器接 GSM-R 无线通信网；语音 / 显示报警。如图 3.13 所示。

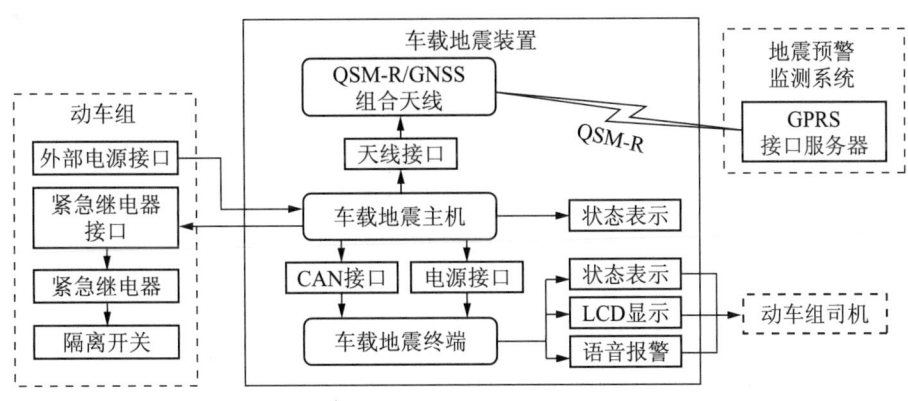

图 3.13　车载地震装置系统边界

2. 基础设备保障系统

设备全生命周期管理（Life Cycle Equipment Management，LCEM），是从设备的选型采购、运行维护到技改报废的全生命周期，进行设备不同阶段的全过程管理；对设备全生命周期内的整体费用、运行管理、安全能效等方面进行全面控制，以企业总体效益为出发点运用先进的管理方法与技术手段来实现设备全面、系统和科学的管理。设备全生命周期管理主要适用于生产制造领域中设备使用年限长、运行维护费用高、能源消耗费用大的中大型设备。根据设备采购、使用和管理的不同侧重点可分为前期投入、运行维护、技改报废三个阶段，包括设计、选型、采购、安装、运行、维护、维修、改造、报废等九个环节。全生命周期设备管理流程图如图 3.14 所示。

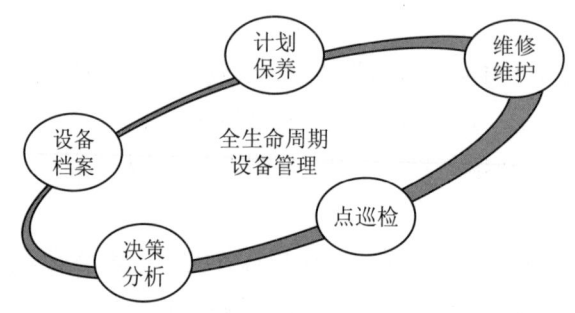

图 3.14 设施设备全周期管理流程图

从风险管理战略上考虑，应尽可能地应用消除或避免危险的技术方法，在不能消除或避免危险的情况下，再考虑用防止、控制、减缓等原理减少危害后果、减少事故发生的可能性。根据安全风险纵深防御的观点，安全防护方法的优先顺序是本质安全、无源安全、有源安全、多层防护、个体防护功能安全、程序安全措施。设备使用过程风险控制列车运行图如图 3.15 所示。

（1）建成运输、客运专业数据集成平台，其他专业系统基于现有系统对人车天地图信息的实时采集，并将信息逐一纳入铁路局集团公司大数据平台统一管理，实现管理集中化、流程可视化、作业一体化。同时，以信息透明、覆盖盲区的数据集成共享平台为支撑，打破设备信息传递阻隔，智能提取各类运营和管理信息，实现对设备的科学化集中管理，逐步改变过去设备管理单专业架构、专业管理单一体系。

（2）推进高铁运营数据集成平台建设，构建共享开放软硬件环境。上海局集团公司已完成集团公司平台和试点站段的系统环境搭建，主要数据接口和网络通道均已开通，并初步建成运输、客运专业数据集成平台，其他专业系统基于现有系统对人车天

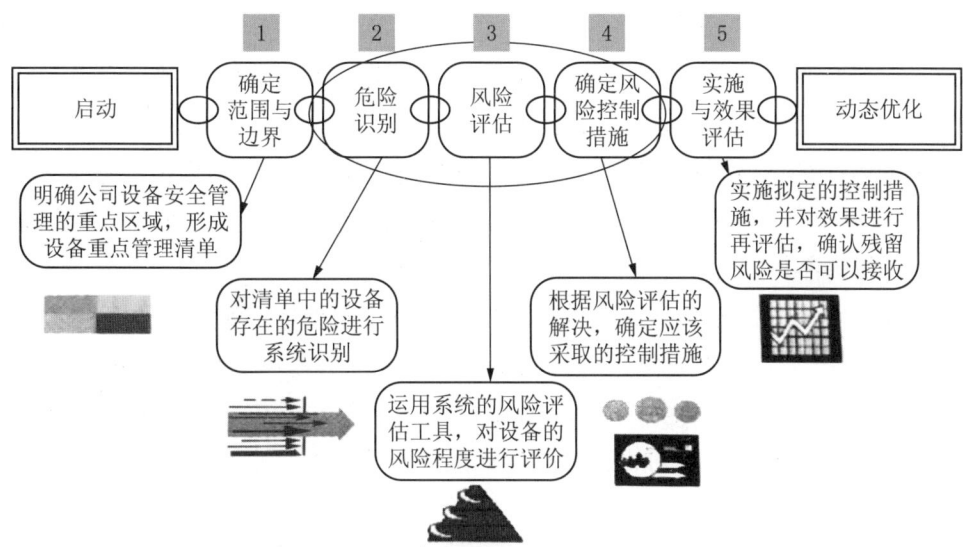

图 3.15 设备使用过程中风险控制列车运行图

地图信息的实时采集，努力打破设备信息传递阻隔，强化研发，覆盖设备信息传递盲区，逐一纳入集团公司大数据平台统一管理，实现管理集中化、流程可视化、作业一体化。

（3）构建设备设施安全监控体系，针对高速铁路大量采用新技术设备、系统集成化程度高的特点，对高速铁路线路桥梁、牵引供电、通信信号等设备全面安装安全检测监控系统，并通过每月开行高速铁路综合检测列车，每日开行无人空载确认列车，完善人工周期检查、专项检查、临时检查等机制，以通过动静结合、人机结合，全方位、立体化监控。同时，综合高速铁路运营设备状态监测、维修计划管理、故障、备品备件、人车等资源管理系统，跨区域信息共享，实现对设备的科学管理。在此基础上，结合故障案例库、智能搜索引擎等，融合远程故障查询、远程视频辅助、专家会诊和预防性维护系统，为相关专业及时提供远程和现场维修的技术支持。

（4）完善动车组运行检测监控体系，在动车上设置上千个传感器设备，实时监控1800多项运行数据；在地面轨道上安装动车组运行 TEDS 检测系统（高速摄像头），实时采集动车组走行部等关键部位图像；将数据信息和图像资料通过无线网络传输到计算机终端，由地面技术人员通过专用软件采集和分析，确保动车组运行的安全。

另外，在确认列车开行方面，这是一天中开出的第一趟高铁列车，这趟车不售票、不载客，在时刻表中也查不到车次，这趟 8 节编组的动车组上却只有 4 名"乘客"，这究竟是怎样一趟神秘的高铁？凌晨 3 点 20 分，春城昆明还沉浸在浓浓夜色中，在离昆明南站不远的昆明动车所里，一趟特殊的"领航"列车即将启程。4名"乘客"除司机和随车机械师以外，其他都是负责检测，涉及高铁运行的所有设备是否正常的，铁路工作人员，他们身份"特殊"，却又普普通通地在自己的岗位，日复一日在寂寞的无乘客列车上，确保后续高铁的运行安全。虽然铁路对线路安全有多重防控体系，但为确保客车绝对安全，时速200 km及以上的高速列车，在每天正式运营前，都要开行一趟确认列车，巡查高铁线路状况，保障旅客平安出行。

（5）构建设备管家平台。改变过去设备管理单专业架构、专业管理单一体系，专业信息无关联、不开放，应急、应对联动不够，管理体系缺少统一规划的格局。以信息透明、覆盖盲区的数据集成共享平台为支撑，打破设备信息传递阻隔，智能提取各类运营和管理信息，实现对设备的科学化集中管理，为专业部门提供科学管理辅助手段。

（6）提供辅助决策支持。一是融合远程故障查询、远程视频辅助、专家会诊和预防性维护系统，为相关专业及时提供远程和现场维修的技术支持。二是综合设备状态监测、维修计划管理、故障、备品备件、人车等资源管理系统，跨区域信息共享，明晰人车动态和各类设备设施的状态，实现对设备的科学管理，智能提炼管理和运用信息，提高运用效率。三是结合故障案例库、智能搜索引擎、人员专家管理和设备能效管理等，为各专业部门提供科学管理的辅助手段。

3.4 工务系统监测

自然灾害监测体系目前按所属管理部门属于工务部门管理，故将其纳入本节中。

3.4.1 自然灾害监测体系

自然灾害是指由于天文、地理或人类活动等因素所形成的自然条件变异而引发的破坏性和灾难性事件。大风、强降雨、暴雪、地震都会对高速铁路的安全运行造成影响，如果有异物落入高速铁路线路上，也会对高速运行中的动车构成巨大威胁。高铁运营充分考虑到这些因素，设置了自然灾害及异物侵限监测系统，一旦出现此类情况，会及时采取应对措施，保障高速列车的运行安全。自然灾害及异物侵限监测系统采用统一的处理平台，由现场监测设备、现场监控单元、监控数据处理设备、传输网络、终端等组成。

是风监测、雨量监测、异物侵限监测等子系统组成的集成系统。

1. 大风风险监测

高速列车是近地运行的细长、庞大物体，自重大，地面效应明显，与飞机和汽车的空气动力问题相比有许多差别，其中强风是一个非常重要的影响因素。列车在高速运行时，会产生升浮力和仰俯力矩，而且随着列车速度的提高，列车升浮力和仰俯力矩也不断增大，使得列车就像被抬了起来一样，这样使得侧向风对列车的影响随着列车速度的增加越来越明显。侧向风会影响列车的安全性、稳定性及舒适性，当侧向风达到一定速度时，会使列车产生共振，引起乘客不适，严重时可能会导致车辆结构的疲劳破损。在强劲的侧风作用下，列车所受到的侧向气动力有可能使列车横摆超限，甚至出现翻车和人员伤亡事故。在某些特殊的风环境下，如特大桥梁、高架桥、路堤、丘陵及山区的风口地段以及导致侧向气动力与离心力叠加的曲线线路上，气动力改变显著，列车脱轨、翻车的可能性大大增加。

在高速铁路沿线设置风速监测点进行监测，以保障高速列车运行安全。风监测系统由风速风向现场采集设备、监控单元等组成。风速风向计设于线路的迎风侧，安装在铁路沿线的通信基站铁塔或接触网支柱上，距钢轨面高 4 m，每个监测点配置 2 套风速风向计。在山区垭口、峡谷、河谷等地段，风监测点的平均间距 1 km—5 km；在高架桥、高路堤区段，风监测点的平均间距 5 km—10 km。

风监测子系统实时对监测点多台风速风向计实时监测的数据进行分析处理。根据大风报警级别、报警阈值、报警及解除时限、控制范围，对有效风速数据进行报警判定，生成大风监测报警及解除信息。当列车调度员在监测终端发现有大风报警限速提示时，立即向相关列车发布限速运行的调度命令。对来不及发布调度命令的列车，则立刻通知司机限速运行。当风速进一步增大到影响列车运行时，风监测子系统发出禁止运行报警信息，列车调度员接到禁止运行报警信息后，立即关闭相关信号并通知司机停车。列车司机接到调度命令或通知后，就会把列车停下来。当风速逐步变小、系统报警解除后，再由列车调度员向相关列车发布恢复正常运行的调度命令。

风监测子系统中的风速是通过风速风向计监测得到的，为适应大自然复杂、恶劣的环境，一般选用抗电磁干扰能力强的超声波式风速风向计。目前，铁路部门主要使用的是风速功能，风向功能的使用还在研究阶段。风速传感器设有三个等间距的超声波变换器，位于同一水平面上，它们组成一个变换器阵列。通过测量超声波从一个变换器传播到另外两个变换器所用的时间来确定风速和风向。超声波式风速风向计可测量的最大风速为 60 m/s，测量误差精确到 3%，并可在 1/4 s 的时间内测量出来。

2. 强降雨风险监测

强降雨时，雨水冲击和汇聚，会造成桥梁墩台基础冲空、路基陷穴等危险，引发山体滑坡、危岩落石、边坡溜坍以及水漫线路等病害。鉴于列车在高速运行过程中无法及时确认前方进路的安全行车隐患，或者发现后制动距离不足无法规避安全风险。因此需要对雨量进行监测并设定相关警戒值，当超过警戒值时采取列车限速运行或封锁线路的措施。

雨量监测子系统就是对降雨量进行监测报警的设备。由雨量现场采集设备、监控单元等组成。每个监测点配置 1 套雨量计单套设置，采用托架安装，托架悬臂下表面距支柱基础顶面为 2.5 m。雨量监测子系统具备 10 分钟、1 小时、24 小时、连续降雨量数据分析、处理功能，并具备相应的单项或多项组合报警功能。

降雨有其自身的特性。首先，降雨的空间分布是不均匀的，因此，雨量传感器安装的位置不同，所得到的实时测量值也可能有不小的差异。其次，雨量的分布在时间上不连续，同一个传感器在同一个地点测量得到的雨量变化很大，可能前一分钟还是小雨，而后一分钟就变成了大雨。由于降雨的这两个特性决定了每分钟监测的雨量在空间上的横向比较和时间上的纵向比较有较大的差异。铁路部门主要采用下述质量控制方法，保证采取数据分析的科学性。

（1）内部一致性检测，雨量计测量的是以分钟而累计的降雨量，进而可计算出雨量监测报警适用的 10 分钟降雨量、小时降雨量、日降雨量和连续降雨量 4 个雨量要素。这 4 个雨量要素之间存在的关系是 10 分钟降雨量≤小时降雨量≤日降雨量≤连续降雨量。如果雨量监测数据不满足这个关系，则判定为错误数据。

（2）界限值检测，按照规定的雨量界限值对雨量监测数据进行检测，对于超过规定界限值的雨量监测数据按错误数据处理。

（3）时间一致性检测，由于降雨具有突发性，而且雨量的变化呈非线性，因此根据降雨的这些特性对雨量监测数据进行时间一致性检测。即当实时监测的小时降雨量数据中出现连续几个小时无变化的数据时，则判定这些数据为错误数据。

高速铁路雨量计普遍采用压电式雨量计。雨量计降水传感器检测各个雨滴的影响信号。影响信号与雨滴数量成正比，因此，每个雨滴信号可以直接转换为累计降雨量，不是雨滴产生的信号则用高级噪音过滤技术过滤掉。通过检测每个单独的雨滴，可以高精度地计算降雨量和降雨强度。输出分辨率可精确到 0.01 mm。

当降雨量达到警戒值时，自然灾害与异物侵限系统会自动报警，列车调度员根据报警信息和限速提示立即向相关列车发布限速调度命令。对来不及发布调度命令的列车，则通过直接通知列车司机的方式对行驶列车实行限速运行。

3. 大雪风险监测

一般小雪对高速铁路的影响不大，如果是大雪或暴雪，会影响到高铁的安全运行。因降雪积累的冰凌使接触网、道岔等设备被冻住。接触网受冻会影响接触网给高速列车供电。道岔受冻导致道岔不能转换，影响列车开行方向。积雪侵入列车走行架底部，可能导致绝缘不良，引起列车故障。列车底部的积雪容易把安装在线路中心的应答器击坏，造成设备故障，影响信号设备的正常工作。

考虑降雪量及高速铁路地理位置等因素，铁路部门在高速铁路沿线近10年最大积雪深度超过3 cm，且在我国零度等温线（秦岭—淮河）以北地区的区段设置雪深监测设备。高速铁路雪深监测子系统的主要设备有数据采集器、激光雪深计、通信系统、电源系统和软件系统。雪深计单套设置，平原地区设置间距宜为30 km，山区设置间距宜为20 km；雪深计安装于接触网支柱上，监测面距轨面宜为4 m。

雪深计测量从探头到被测目标表面的距离，通过发出红外激光，打到被测平面，推算出积雪深度。雪深计的测量最大值可达1000 mm，测量误差不大于5 mm。该系统集雪深数据采集和超限报警为一体，能实时将采集到的各监测点的积雪厚度数据及降雪现场图片通过网络及时传送至"监测系统管理平台"，监测部门可随时地浏览雪深信息和现场图片，对监测点的实时雪深数据和现场图片进行查询、统计、分析等。

系统一旦发现某监测地点数据超过设定的阈值，根据预先设定的报警限值，自动生成不同级别的报警信息并通过短信发送到有关人员的手机上。铁路部门根据经验积累，设置了不同等级的限速标准。

4. 地震风险监测

地震是一种发生概率小但对铁路行车安全危害性极大的突发性自然灾害，特别是当列车运行速度达到200 km/h以上时，地震对路基、桥梁、隧道、轨道等结构的冲击都可能在极短时间内造成十分严重的损失和人员伤亡。

我国在初期的高速铁路建设过程中，同步建立了高速铁路地震监测报警系统。系统由地震加速度计、数据记录仪、监控单元、线路中心系统组成。报警技术主要基于地震S波阈值报警。即在沿线地震仪监测到地震加速度值大于等于40 gal（1 g=1000 gal）时，发送信息至数据处理中心，数据处理中心采用三取二方式通过计算判断确认是地震事件后，发送信息至监控单元，通过接口让接触网断电，同时通过列控系统发送紧急停车信息，实现紧急停车。

随着高速铁路的快速发展成网后，既有地震监控子系统也暴露出一些不足。主要表现在各条高速铁路地震监测报警系统自成体系，没有互联互通，报警信息无法共享。没有采用更能缩短报警时间的 P 波预警技术，报警及处置时延长。没有实现与国家地震台网相连，仅依靠铁路沿线地震监测台站不能完全达到高速铁路预警的最终目的。且系统误报率较高，对高铁运行秩序影响很大，所以高速铁路地震监测系统目前使用不够正常。为此，铁路部门加快推进高速铁路地震预警系统的研制工作。地震预警是利用震源附近地震台站观测到的 P 波初期信息，快速估计地震参数并预测地震对周边地区高速铁路的影响，利用电磁波和地震波速度差及 P 波和 S 波速度差，抢在破坏性地震波到达周边地区高速铁路之前，发布地震强度和到达时间的预警信息，向影响区域高速铁路提供数秒至数十秒的预警时间。该系统具有 S 波报警、P 波预警和异地预警相结合，满足相关高速铁路互联互通、与国家地震监测台网信息共享、时效性要求高、误报率更低的特点。目前高速铁路地震监测系统与国家地震监测台网信息共享，但是由于信息流转等问题，还不够完善，当前正进行与城市地地震监测台网信息共享研究，做到信息及时，并相互验证。

高铁地震预警系统自 2012 年开始研制，目前已顺利通过技术评审。通过科技攻关，突破了单台 P 波预警等关键技术，研发了高铁地震预警系统，建立了技术标准体系。至此，完成了从地震监测系统到地震预警系统的技术升级。目前，已在部分高速铁路上进行了现场试验，待条件成熟后在铁路推广。

5. 自然灾害及异物侵限风险监测

高速列车运行必须有一个安全的空间，因此，铁路部门对机车车辆和接近线路的建筑物、设备规定了不允许超越的轮廓尺寸，这个轮廓尺寸称为限界。异物侵限监控子系统就是专门监测侵入铁路限界的异物，并触发列控系统使列车自动停车的系统。

在公路等上跨高速铁路的立交桥上，发生交通事故时，机动车、大型货物等异物有从立交桥上坠落到高速铁路的可能。铁路部门规定在线路设计速度大于 160 km/h 区段内上跨铁路的道路桥梁处设置异物侵限监测子系统。该系统由双电网传感器、现场控制器、信息处理平台、信号接口、网络设备等组成。当异物撞击双电网传感器，使双电网发生断裂。双电网断裂信息通过监控单元，进行分析处理后分两路传输。系统一路直接触发信号系统，使列车紧急停车。另一路通过网络传输至调度所监测终端，调度所调度员发现报警信息后，立即通知区间内已进入报警地点及尚未经过报警地点的列车立即停车，不再向该区间放行列车，并调阅视频监控查看现场情况。并由铁路专业管理单位上道检查，清理坠落铁路的异物，并修复被撞击的异物监测设备。清理异物完毕，确认线路设备安全后，开通线路运行。

3.4.2 高速铁路线桥隧综合监测

1. 工务管理信息系统

铁路部门针对前期铁路工务信息化发展存在的局间、段间、信息系统间条块分割、互不联通、发展失衡、信息孤岛等问题和现状，构建了工务管理信息系统。铁路工务管理信息系统包含工务基础数据管理、工务安全生产管理、工务地理信息应用、工务检测监测数据管理和工务修理辅助决策管理五大子应用管理。

（1）工务基础数据管理

构建工务生产闭环、安全管理闭环及单元信息化管理，对工务安全生产过程实施标准化、流程化、精细化、智能化控制，实现工务安全生产信息全过程管理功能。统一规划建设工务基础数据源，在既有基础设备管理的基础上，完善高铁设备管理功能，扩展实现钢轨全寿命周期管理，集成机械设备及其运用管理，动态跟踪大型养路机械位置信息等。

（2）工务安全生产管理

构建工务生产闭环、安全管理闭环及单元信息化管理，对工务安全生产过程实施标准化、流程化、精细化、智能化控制，实现工务安全生产信息全过程管理功能。

（3）工务地理信息应用

建设工务地理信息应用，实现大机作业追踪、设备病害信息、作业计划、作业工单、设备信息、线路综合图、车站配线图、大桥略图、线路视频、照片、气象信息等综合展示应用功能，以及利用空间数据开展抢险救灾等应用功能。

（4）工务检测监测数据管理

建立完善的检测监测数据实时接入、存储、实时预警和数据管理应用功能，集中、高效地管理工务综合检测监测数据，为设备状态诊断分析、修理辅助决策、安全预警等提供数据支持。

（5）工务维修辅助决策

系统应建设修理辅助决策管理功能，能够基于数据智能分析技术，对设备检测监测数据进行综合分析、趋势预判，研究设备质量状态变化规律，优化修程修制，科学安排设备修理。

通过五大子应用管理实现工务 8M 安全检测监测。工务 8M 主要侧重于对工务不同类别设备实施安全监控监测，结合工务实际和过程管控的主要风险，经过理性分析、定位和坚持问题导向，将用于过程管控的监控监测模式固化为八个板块即 8M，包括轨道状态检测监测、钢轨状态检测及监测、路基状态检测监测、重点桥隧检测监测、道口监测、环境灾害监测、工务机械车运行监测、施工作业安全监测等。

2. 桥梁健康监测

（1）桥梁健康监测系统作用

① 能够实时监测桥梁结构内在响应和表观状况，及时查明结构现存缺陷及质量衰变，为养护需求、养护措施的决策提供科学依据，保障列车行车安全，减少甚至取代现场人工检测、巡检，为养护管理人员日常养护计划制定提供决策依据，保证大桥检查维修策略的制定具有针对性、及时性和高效性，以达到用较少的有限养护资金获得最佳养护效果，降低全寿命期运营安全风险，延长安全使用寿命。

② 对运行过程中事故、突发灾害的状态进行监控，同时记录大桥经历的重大荷载及事故历程，如地震、撞击等，并以此为基础，记录荷载源和桥梁结构响应变化历程快速评估桥梁的损伤状态和工作状态，为事件发生后的恢复运行提供科学依据，提高运营单位的灾害应对能力。

③ 系统通过监测收集大量数据，掌握桥梁运维过程中的第一手信息，为桥梁设计理论的验证和发展提供了有效的数据支承。

（2）桥梁健康监测系统工作原理

桥梁健康监测系统由安装在桥梁结构上的传感器、采集、传输、存储等设备及相关软件组成，运用信息集成技术，监测桥址环境、荷载及结构响应，评估桥梁工作状况，为桥梁的养护管理提供决策依据。

其基本原理主要是认为损伤将改变结构的刚度、质量或者耗能能力，进而引起所测结构动力特性或响应的改变。通过从监测数据中提取全桥不同部位动力参数信息或其衍生信息，对结构无损状态下的相应信息进行对比，且环境激励条件下的结构模态识别，可不影响高速铁路正常运营，实现桥梁的在线监测和健康评估。健康监测系统的首要目的是服务于桥梁的管养需要，重点挖掘能减少或取代人工工作量、减少养护成本等方面的价值。

（3）桥梁健康监测系统监测内容

系统的监测内容从结构特点、桥址环境、行车安全、相关规范要求、成功应用经验、实施维护的便利性、经济性等方面进行综合考虑。监测内容应包括桥址环境、行车状态、结构响应、耐久性、特殊装置、表观状况等几方面内容。

① 桥址环境监测内容包括：风、温度、湿度、降雨量、地震及车船撞击等。

② 行车状态监测内容包括：车型、车速、过桥时间等。

③ 结构响应监测内容包括：振动加速度、振幅、变形、位移、应变、索力等。

④ 耐久性监测内容包括：裂缝、腐蚀等。

⑤ 特殊装置监测内容包括：索夹、伸缩缝、轨道伸缩调节器等。

⑥ 表观状况监测内容包括：列车通行状况、航道状况、异物入侵、人工不易到达的关键部位等。

此外，大跨度桥梁控制体系建立也是必要的。随着高速铁路的快速发展，高铁运营安全的重要性日益凸显。高铁桥梁中的诸多高墩、大跨结构，结构受力复杂，为保证高速列车安全平稳通行桥梁，对桥梁结构的振动、动态变形、局部疲劳受力、行车舒适性等运营性能提出更高的要求，而高速铁路桥梁白天行车夜间养护的模式加剧了传统人工检测评定的困难，且高空、隐蔽位置的检测难以通过人工巡检来完成，结构应力、位移、温度等实际运营状态的实时监测、趋势分析、主动预警以及精准诊断也是人工无法完成的任务，自动化、智能化的实时在线监测、评估系统的设计与实施是解决铁路大型桥梁长期检测评定难题的关键。通过建立桥梁的运营安全监测系统，利用收集到的特定信息对大桥状态和安全进行评估，能够实时掌握大桥的运营状态，给管理者提供桥梁维护管理的重点，能科学地指导工程决策，实施有效的保养、维修与加固工作，节约大量的后期维护费用，提高桥梁养护管理水平。鉴于特大桥在所处线路的重要地位，根据成桥后运营维护、确保运营和结构安全的需要，对其进行长期的结构安全监测是十分必要的。

3. 高速铁路线形监测

线形是铁路工程术语线路的狭义表述，是指铁路中心线的空间位置，由线路平面和纵断面上的直线及曲线组成。为满足高速列车运行的高平顺性、高稳定性、高可靠性要求，高速铁路线路平、纵断面设计应采用较大的线路平面圆曲线半径、较长的纵断面坡度、较大的竖曲线半径、较长的夹直线长度。

旅客乘坐舒适度的主要控制因素为未被平衡超高，分为欠超高和过超高。高速铁路平面曲线超高设置应优先满足本线直通列车的旅客舒适度要求，并兼顾低于本线运行速度的跨线列车和中间站进出站列车的旅客舒适度要求。运营试验证明，当列车停在超高为 200 mm 及以上的平面曲线上时，部分旅客感到站立不稳，行走困难且有不适之感，因此，高速铁路设计规范规定正线最大设计超高允许值采用 175 mm。

我国高速铁路的运输组织模式为高速与低速列车共线运行，其匹配关系为（350/250）km/h、（300/200）km/h、（250/160）km/h。高速铁路设计时，一般在速度目标值确定后，按照最优舒适度条件确定未被平衡超高值，通过未被平衡超高值和最大超高允许值推算出最小曲线半径，如对于 350/250 km/h 线路，平面曲线半径一般条件下不小于 7000 m，为保证列车运行平稳和旅客乘坐舒适度的要求，平面曲线最小长度计算采用车辆振动不叠加理论确定，一般条件下不小于最大速度的 0.8 倍。为使列车安全、平稳、舒适地由直线过渡到圆曲线或由圆曲线过渡到直线，铁路部门会在线路直线和曲线之间插入一种特殊的连接曲线，就是缓和曲线，我国高速铁路缓和曲线的线形为三次抛物线。

综合考虑设计坡度大小对线路的走向、长度、投资、牵引输送能力等因素，高速铁路线路最大坡度正线一般不大于 20‰，正线最小坡度长度一般条件下不应小于 900 m。为了保证高速列车从一个坡道驶入另一个坡道，安全、平稳地通过变坡点，当相邻坡段的坡度差大于等于 1‰时，需要设置竖曲线进行连接，根据试验经验，最大竖曲线半径不应大于 30000 m。考虑车辆定距长度要求，竖曲线最小长度不小于 25 m。

线间距是指两条相邻线路中心线之间的距离，高速铁路区间线间距主要受列车交会运行时的气动力作用控制。设计行车速度 250 km/h、300 km/h、350 km/h 的高速铁路分别采用 4.6 m、4.8 m、5.0 m。

3.5　高速铁路供电设备风险监测

3.5.1　供电设备监测检测

面对高速铁路供电系统运行中的设备零部件、外部环境等风险，为确保高速铁路动车组运营秩序，提高动车组的供电安全性、可靠性，建立起一套成熟的高速铁路供电安全风险控制体系十分必要。高速铁路供电安全风险控制体系主要由供电设施设备安全检测监测系统和供电数据采集与监视控制系统两部分组织，为供电设备运行保驾护航。一方面，安全检测监测系统针对供电运行设备本身和外部环境进行全方位立体监控，对设备运行静态参数、动态参数以及周边设备影响进行检测，开展"体检式"检查，及时发现设备隐患并科学指导维修；另一方面，通过远程数据采集与监控系统，实时掌握供电设备运行状态，高度的调度集中体制，可以在集团公司调度中心对高速铁路沿线牵引变电所亭、电力变（配）电所亭和接触网电动开关进行远程控制，灵活掌握供电运行方式、快速开展应急处置，保障了高速铁路高密度运行需要。

高铁接触网检测体系是接触网施工调整和运营维护不可缺少的技术基础，它为施工部门的试验和工程交验提供技术依据；为设计部门评判和优化弓网关系提供试验数据；

为运营管理部门维修提供指导信息，为状态检修提供理论基础和技术条件。接触网检测可分为工程性检测、功能性检测和状态性检测。工程性检测的主要目的是发现工程隐患、找出工程问题、提高施工质量；功能性检测的主要目的是选择悬挂类型、研究弓网动态匹配特型；状态检测是对已投入运营的接触网进行状态监测，主要目的是及时发现接触网的运营缺陷，保证安全运营。

高速铁路供电安全检测监测系统（6C 系统）作为铁路供电系统新的组成部分，是保障供电设备安全可靠运行的必要手段，是保证铁路运输安全畅通的重要技术装备。系统主要包括：高速弓网综合检测装置（1C Comprehensive Pantograph and Catenary Monitor Device）、接触网安全巡检装置（2C Catenary-Checking Video Monitor Device）、车载接触网运行状态检测装置（3C Catenary-Checking on-Line Monitor Device）、接触网悬挂状态检测监测装置（4C High-precision Catenary-Checking Monitor Device）、受电弓滑板状态监测装置（5C Pantograph Video Checking Device）、接触网及供电设备地面监测装置（6C Ground Monitor device for Catenary and Power supply Equipment）和 6C 系统综合数据处理中心。6C 系统如图 3.16 所示。

高速铁路供电安全检测监测系统（6C 系统）的主要功能是对高速铁路的牵引供电系统进行全方位、全覆盖的综合检测监测，主要包括对高速接触网悬挂参数和弓网运行参数的等速检测（1C 装置）、在运营的动车组上对接触网的悬挂部分进行周期性图像采集

图 3.16　高速铁路供电安全检测监测系统（6C 系统）

和分析（2C 装置）、在运营的动车组上对接触网参数及技术状态的在线检测（3C 装置）、对接触网悬挂、腕臂结构、附属线索和零部件的高清图像检测（4C 装置）、对动车组受电弓滑板状态的实时监测（5C 装置）、对接触网运行参数和供电设备参数的实时在线检测（6C 装置）、综合各接触网安全检测监测检测数据并进行集中分析（6C 数据中心）。

（1）高速弓网综合检测装置（1C）

高速弓网综合检测装置为在综合检测列车安装的车载式接触网检测设备，随着综合检测列车在高速铁路上巡回检测运行，对高速铁路接触网的参数和状态、高速弓网关系进行综合性检测。

（2）接触网安全巡检装置（2C）

接触网安全巡检装置为在运营动车组上临时安装的检测设备，对接触网的状态进行检测，统计分析接触悬挂部件技术状态，指导接触网状态维修。

（3）车载接触网运行状态检测装置（3C）

在运营的动车组加装车载接触网运行状态检测装置，随着运营动车组的运行监测接触网的运行状态，以实现高速铁路接触网状态的全覆盖、全天候的动态检测。

（4）接触网悬挂状态检测监测装置（4C）

接触网悬挂状态检测监测装置安装在接触网作业车或专用车上，周期性地对接触网悬挂系统的零部件及接触网几何参数，特别是腕臂区域的零部件进行高分辨率成像检测，在检测数据的自动识别与分析的基础上，形成维修建议，指导接触网检修。

（5）受电弓滑板监测装置（5C）

在高速铁路的车站、动车组出入库区域、车站咽喉区加装受电弓滑板监测装置，监测动车组受电弓滑板的技术状态，及时发现运营动车组受电弓滑板的异常状态，指导故障消除，确保接触网和受电弓的运行状态良好。

（6）接触网及供电设备地面监测装置（6C）

接触网及供电设备地面监测装置为在接触网特殊断面（如：定位点、隧道出入口）及牵引变电所设置的监测设备，监测接触网张力、振动、抬升量、线索温度、补偿位移；供电设备的绝缘状态、电缆头温度等参数，指导接触网及供电设备的维修。

（7）6C 系统综合数据处理中心

铁路供电安全检测监测系统信息综合应用是铁路供电安全检测监测系统的重要组成部分，其目标是为铁路供电设备检测监测业务提供一套整合的数据分析处理、信息展示、数据交换的平台，具备完整的业务流程和自动分析功能，能提高检测监测数据分析的效率和准确性。

高速铁路供电安全检测监测系统（6C 系统）作为铁路供电系统新的组成部分，是保障供电设备安全可靠运行的必要手段，是保证铁路运输安全畅通的重要技术装备。系统主要包括：高速弓网综合检测装置（1C）、接触网安全巡检装置（2C）、车载接触网运行状态检测装置（3C）、接触网悬挂状态检测监测装置（4C）、受电弓滑板状态监测装置（5C）、接触网及供电设备地面监测装置（6C）和 6C 系统综合数据处理中心。

供电检测监测系统（6C）的运用、发展集成了物联网、大数据、云计算等技术构建的新型接触网实时状态监测系统，将能实现对接触网设备服役状态的实时、全面监测，并准确建立接触网设备服役状态模型，实行阈值管理；通过全面实时、连续的量测及数据积累，提出阈值的标准定义和取值方法，明确表征接触网技术状态量化指标，实现故障预测。同时，为全面推行预防性状态修，实现接触网服役状态动态评价、寿命管理的目标创造良好条件。通过接触网实时状态监测系统积累的海量数据以及大数据挖掘技术，以可靠性理论（RCM）为指导，将大大提升接触网零部件的研发水平，拓宽新材料、新工艺的应用范围，大幅提升生产工艺水平，并能持续有效改进并完善产品性能质量，彻底杜绝零部件"松""磨""卡""断"现象。通过接触网状态监测系统所揭示的设备服役状态及动态运行规律（频谱及空间姿态等），实现设计输入条件的精准化，达到接触网系统设计最优化的目标；通过建立真实、准确的设计仿真模型，有效地对因复杂环境条件产生的差异化设计成果进行模拟验证。此外，还可以通过海量数据积累及大数据挖掘技术，对传统的设计理论及方法进行验证，并对接触网设计基础理论进行相应的补充完善，提升设计理念，提高智能化设计水平。

（1）建成全方位体系

目前上海局管内高铁 6C 装置均已配置齐全，为推进实施接触网修制改革提供重要保障。在开展 6C 系统各装置认证和评定的基础上，深入推进各供电段、上海高铁维修段、集团公司的 6C 系统综合数据处理中心和蚌埠、苏州维管段供电信息中心建设，形成集团公司、段两级 6C 系统综合数据处理中心体系，充分挖掘数据价值，实现了大数据协同发展。

（2）强化成果运用

针对检测成果，上海局积极推进接触网动态检测缺陷治理，重点针对动检一级缺陷和重点二级缺陷进行整改，全面提升接触网设备质量。通过规范 3C 装置运用维修管理，优化完善 3C 装置的运用管理和数据分析。建立 6C 系统数据抽查分析机制，规范数据分析指导书，不断提高 6C 数据分析水平。通过加强检测技术队伍建设，开展接触网检测技术培训，培养高素质的检测装置运用、数据分析和 6C 装置评定人员队伍。

（3）创新融合发展

上海局集团公司积极开展轨道、接触网检测数据综合分析机制，检测完成后建立起数据共享机制，综合分析检测缺陷产生的原因，指导现场制定整改方案。运用 ZXJ-160 型综合巡检车检测，建立完善运用机制，推进工电供融合检测。结合供电修程修制改革进程，利用接触网检测车探索开展接触网几何参数专项静态测量，逐步替代现场人工静态测量任务。

（4）加快信息建设

上海局集团公司坚持把信息化建设作为供电发展的一项战略任务，推进供电专业综合信息平台建设，突出大数据分析应用，消除信息"孤岛"。充分利用"一杆一档"、"一台一档"，推广检测数据的身份证管理，摸索变化规律，准确掌握状态，科学指导检修。推进"一杆一档"、"一台一档"、电缆径路（槽道）、6C 检测数据、图纸资料、检修记录等信息的电子化、网络化，逐步搭建高铁供电运行检修管理系统平台，实现数据共享。继续开展供电大数据分析、供电 6C 检测数据智能化诊断等技术研究。

3.5.2 供电数据采集与监测

高速铁路供电数据采集与监视控制系统也称 SCADA 系统，利用了远程通信技术进行信息传输，实现对远程设备的监视和控制，其中有包括远动系统、安全监控系统、供电维护管理系统等子系统。

1. 高速铁路供电远动系统功能

远动系统包括牵引远动系统和电力远动系统；安全监控系统包括环境监控系统和视频监控系统；供电维护系统包括供电管理系统和电气设备在线监测系统。安全监控系统由控制站、被控站、复示设备和通信通道构成。控制站设于集团公司调度中心。被控站一般设于牵引变电所、开闭所、分区所、AT 所（自耦变压器所）及电力变（配）电所。复示设备设于供电段，通过专业的通信通道访问控制站。安全监控系统特指环境监控系统（不包括视频监控系统），各种用于环境监控的被控站在所内接入相应的综合自动化系统，并与远动系统复用调度端和通信通道，无需设置独立的调度端和通道。电气设备在线监测系统由监控主站、现场监测终端设备及通信通道组成。在供电段设置监测主站，在牵引变电所、开闭所、AT 所、电力变（配）电所内设置现场监测终端设备。

为保证供电系统运行的可靠性和经济性，高速铁路供电远动系统必须及时掌握时刻都在变化的牵引或电力供电系统设备的运行情况，迅速、正确、可靠地收集分散在几十千米、几百千米以上甚至上千千米以外的所亭内表征牵引（电力）供电系统设备运行状态的信息,将供电系统的开关位置信号、警报信号及主要电气运行参数等及时向调度员显示。系统通过准确记录历史数据,并通过表格、图形等显示形式还原各个时刻运行状态。在正常情况下,系统可以帮助供电调度员全面掌握供电系统的运行方式;在事故情况下,系统则可以帮助调度员及时了解事故的原因和范围,通过分析判断后,对现场设备下达命令,操作某些开关设备或调整某些参量,处理影响整个供电系统正常运行的事故和异常情况,从而完成事故处理。

早期的铁路供电远动系统只是具备传统的遥控、遥信、遥测、遥调功能。随着计算机技术、电子技术和通信技术的发展,除了常规四遥功能外,现代监控系统还具备数据处理、调度管理、在线培训、辅助决策等功能,因此也常被称作调度自动化系统。除了上述共有的基本功能外,铁路牵引供电远动系统还完成以下特有的功能:

调度端可设置系统分析工作站主要用于对整个牵引供电系统的分析,根据接入该系统监控范围的供电设备的运行状态的实时信息、历史事项以及历史信息对整个牵引供电系统做出分析。对于常产生事故的供电设备进行分析,根据故障点标定信息,判断出事故经常发生的地点、时间以及原因。

为保证整个供电系统的正常运行提供有效的方案,预防和减少事故的发生。同时对事故发生后如何进行处理提供解决办法,还可以在分析工作站上完成调用故障录波、负荷录波、故障报告等信息,查看整定值,辅助完成故障分析功能。

可以生成各种与调度管理相关的报表、文档工作,为完成相应的牵引供电系统调度管理提供了读写整定和整定区切换的接口,实现倒闸作业管理、检修计划管理和接触网作业管理,实现录入、修改和删除功能。铁路电力配电监控系统所特有的功能主要体现在故障区段标定方面和馈线自动化(或是配电网故障诊断和断电管理)方面。主要有如下功能:故障自动定位到站间、隔离和快速恢复供电;提供故障过程开关设备动作的跟踪记录和查询功能;小电流接地区段自动判别;断线检测及断线区段判别;其他故障信息,如故障录波。

2. 高速铁路供电远动系统的监控对象

根据高速铁路供电远动系统按监控对象的不同分为牵引供电远动系统和电力配电远动系统,同时为了保证供电调度的正常工作,监控内容中还包括与现场运行安全相关的一些对象。牵引供电远动系统的监控对象为铁路牵引供电设备。牵引供电系统采用单相25kV 交流供电方式,其监控范围包括:牵引变电所、分区所、AT 所、接触网开关。

(1)牵引供电远动系统监控对象

① 牵引变电所。遥测:进线电压,进线电流,主变功率,25 kV 母线电压,主变压

器一次侧有功电度、无功电度、馈线电流、馈线故障点参数（馈线号、公里标）。遥信：中央信号（包括事故总信号、预告总信号、自动装置动作、控制回路断线、控制方式、交流回路故障、直流电源故障、压互回路断线等），遥控对象位置信号，进线有压/失压，自投投入/撤出信号，牵引变压器的各类故障信号（含保护动作信号），电容器的各类故障信号（含保护动作信号），馈线的各类故障信号（含保护动作信号），各开关操作机构的工作状态信号，被控站设备、远动通道运行状态、所内环境及安全报警信号。遥控：25 kV及以上断路器、电动隔离开关、重合闸投切、自投装置投切、远方复归。

② 分区所。遥测：接触网末端电压和馈线电流。遥信：中央信号（包括事故总信号、预告总信号、自动装置动作、控制回路断线、控制方式、交流回路故障、直流电源故障、压互回路断线等），遥控对象位置信号，馈线的各类故障信号（含保护动作信号），自耦变压器的各类故障信号（含保护动作信号），各开关操作机构的工作状态信号，被控站设备、远动通道运行状态、所内环境及安全报警信号。遥控：25 kV断路器、电动隔离开关、自投装置投切、远方复归。

③ AT所。遥测：馈线电流。遥信：中央信号（包括事故总信号、预告总信号、自动装置动作、控制回路断线、控制方式、交流回路故障、直流电源故障、压互回路断线等），遥控对象位置信号，馈线的各类故障信号（含保护动作信号），自耦变压器的各类故障信号（含保护动作信号），各开关操作机构的工作状态信号，被控站设备、远动通道运行状态、所内环境及安全报警信号。遥控：25 kV断路器、电动隔离开关、自投装置投切、远方复归。接触网开关。遥信：各开关操作机构的工作状态和通道运行状态。遥控：电动隔离开关。

（2）电力配电远动系统监控对象

电力配电远动系统的监控对象为铁路10 kV配电设备。基本监控对象为10 kV电力（变）配电所进、出线回路及开关，车站信号变电所高、低压回路及开关，绽放综合变电所高、低压回路及开关，箱式变电站中的高压回路及低压回路及侧开关等。电力配电设备除了配置在（变）配电所内，还有很多沿铁路线分散配置配电设备，如箱式变电站等。这些分散配置的配电设备数量巨大，因此需要配置的远程终端数量也很大，虽然采集量相对配电所较少，但总的采集量大。电力配电监控系统更侧重的是对要测量的采集和监视，故障类型及故障区段的判定，要求遥测数量大、采集精度高，而对遥控开关的控制更多用于当故障发生时，立即切除故障区段，恢复故障区段供电。

① 变配电所。遥测：进线电压、进线电流、有功功率、有功电能、无功电能、功率因数、各段母线电压、各馈线回路电流、有功功率、有功电能、调压器电流。遥信：中

央信号（包括事故总信号、预告总信号、自动装置动作、控制回路断线、控制方式、交流回路故障、直流电源故障、压互回路断线等），遥控对象位置信号，馈线的各类故障信号（含保护动作信号），有载调压设备各类故障信号，电容器设备各类故障信号（含保护动作信号），通信信号机房内配电箱中为电源设备供电的出线开关位置信号，故障信号，被控站设备、远动通道运行状态、所内环境及安全报警信号。遥控：10 kV 高压开关、有载调压器、400 V 低压开关。

② 箱式变电站。遥测：各段母线电压、各开关回路三相电流。遥信：遥控对象位置信号，各类故障信号（含保护动作、电源失电、控制方式等），通信信号机房内配电箱中为电源设备供电的出线开关位置信号、故障信号，被控站设备、远动通道运行状态以及箱变环境监控信号，如门禁、烟感、温（湿）度等。遥控：10 kV 高压开关和 400 V 低压开关。

3. 高速铁路供电远动系统的组成

高速铁路供电远动系统由调度端、被控站、通信通道和复示设备构成。调度端：统一指挥供电系统在正常及事故情况下的运行工作，并集中管理沿铁道线分布的牵引变电所、分区亭、开闭所、AT 所、配电所、开关站、箱式变电站等电力设备。

① 被控站：被控站完成供电远动系统的数据采集、预处理、发送、接收及输出执行功能，常规远动系统被控站为远方中断设备，而集继电保护、监视控制于一体的被控站多采用综合自动化系统。

被控站主要包括：设置在牵引变电所、开闭所、分区所、AT 所（自耦变压器所）内的变电所自动化系统，设置在"V 停"站、车站、电气化所亭、隧道口及隧道内等处的接触网开关控制站，设置在电力变（配）电所内的电力综合自动化系统，设置在各类箱式变电站内的 RTU，设置在车站 10/0.4 kV 低压变电所内的 RTU。

② 通信信道：连接调度端与被控站的通信通路称为通信信道，用于传输远动信息。

③ 复示设备：用于铁路上级部门或相关部门对所管辖的高速铁路供电远动系统调度中心数据的远程监视，以方便相关部门随时获取所管辖区内设备的运行状态情况，从而实现对铁路供电系统运行工况的全面监视，并对系统运行数据、故障数据进行深层次分析，以实现对铁路供电系统资源的充分利用。复示设备包括专用复示设备和通用复示设备。其中，专用复示设备设于供电段，通过专用的通信通道访问调度端。通用复示设备利用办公终端和局域/广域网络，通过 WEB 方式访问调度端。

4. 高速铁路供电远动系统的特点

新建高速铁路的被控站设备（牵引和电力）应接入集团公司调度中心高速铁路供电

远动系统。与普速铁路远动系统相比,高速铁路远动系统从功能与性能上均较大幅度全面提升,主要体现在:

(1)调度模式改变。普速铁路远动系统为供电运行的辅助系统,沿线处所一般有人值班并负责运行,远动系统主要用于故障处理;而高速铁路主要依靠电调使用供电远动系统担负供电运行任务,对供电远动系统的依赖可见一斑。中国高速铁路供电远动系统由单一线路的监控模式转向多线路、区域化的调度监控模式。集团公司采用一套高速铁路供电远动系统即可实现对该集团公司所辖范围的牵引供电系统和电力配电系统共同进行监控,而普速铁路供电远动系统对牵引供电系统、电力配电系统分别设置独立远动系统。

(2)监控容量增幅巨大。以杭长为例,其线路里程 880 km,如果按照普速线路的设计方案,牵引供电远动系统的监控容量为 2.8 万 I/O 点,电力供电远动系统的监控容量为 2.5 万 I/O 点。

(3)功能需求大幅提高。随着自动化系统应用的成熟和电气设备品质的提升,中国高速铁路牵引供电和电力配电系统的被控站点一般采用无人值守的运行模式。所以,供电远动系统除了完成常规的监视和控制功能外,还需要为电力调度人员、生产抢修人员提供丰富的故障分析数据,如故障录波、故障报告等,以加快供电系统事故的处理进程。同时,还需具备电力配电自动化系统的故障判断和故障隔离功能,以及对被控站系统的运行参数(保护定值、各类阈值等),进行远程设置的功能。

(4)接口需求丰富。高速铁路供电远动系统需要在中国高速铁路总体技术框架下,与统筹规划建设的运营调度系统、综合视频监控系统、综合维修管理信息系统、既有线电调系统实现双向的互连互通。因此对外部系统的接口访问需求丰富。

(5)通信传输通道明显改善。通信传输系统作为供电远动系统的重要组成部分,其传输性能随着通信技术的发展有了明显改善,不仅通道的带宽有了足够的保证,同时传输时延和数据的丢包率等重要指标都有了极大提高,为高速铁路供电远动系统的发展和应用提供了有力的通信平台。

(6)对调度员业务水平要求提高。高速铁路调度人员承担运行工作,由于高速铁路新技术设备的不断应用,对调度人员业务素质的要求也提出了更高的要求,要了解设备性能和工作原理、掌握电网运行方式、熟悉电网调度规程、掌握事故处理原则、要熟练使用供电远动系统等,只有这样才能为高速铁路的运行提供更可靠的供电保障。

5. 智能牵引供电系统

基于"互联网+"技术建立的智能牵引供电系统,是为了通过全面提高牵引供电系统装备的检测、监测和智能水平以及运营管理的信息化程度，系统地提升牵引供电系统运行的安全性、可靠性和可用性。

智能牵引供电系统运用现代先进的测量、传感、控制、通信、信息、人工智能等技术，以智能化牵引供电设施和高速双向通信网络为基础，以信息化、网络化、自动化、互动化为特征，具有全息感知、多维融合、重构自愈、智慧运维特性，为高速铁路提供安全可靠、高效优质牵引动力的供电系统。由智能牵引供电设施、智能供电调度系统、智能供电运行检修管理系统及通信网络组成。

智能牵引供电设施基于智能设备组成的变电设施（包含牵引变电所、分区所、开闭所、AT所及网开关控制站等）及接触网等，以全站信息数字化、通信平台网络化、信息共享标准化为基本要求，自动完成信息采集、测量、控制、保护、计量和设备在线监测等功能。

智能供电调度系统对智能牵引供电设施设备进行远程监视、测量、控制及调度作业管理的系统，实现源端维护、综合警告、辅助调度决策等高级功能。

智能供电运行检修管理系统以牵引供电系统运行检修所需的各类基础数据、检测监测数据进行分析、数据处理为基础，对智能供电设施等设备的基础数据、检测监测、运行检修作业、设备状态评估与预测等进行全寿命周期管理的系统。实现对牵引供电系统的故障预测与健康管理（PHM）、安全评估与预测、应急指挥、运营安全保障及辅助决策等高级功能。

3.5.3 高铁接触网检测

接触网检测可分为静态检测和动态检测两大类。静态检测是指利用激光检测仪等测量工具在地面对接触网进行检查和测量，检测的主要参数有拉出值、导高、跨中弛度、跨中风偏移、线索张力、接触线磨耗、锚段关节导线的相对位置等与接触网安全运行有关的状态参数。动态检测是指利用专用检测车辆在运行状态下对接触网进行的参数测量。《高速铁路电力牵引供电工程施工技术指南》规定：接触网工程竣工后，应采用非接触网式接触网检测车或综合检测列车对接触网几何参数进行检测。非接触式接触网检测车运行时速宜为20—80 km，综合检测列车检测前应用接触网检测车对接触网空间安全参数进行复核，运行时速80—160 km。

另外，接触网工作环境恶劣，受风、雨、雪、沙尘等的侵袭，在运营过程中与受电弓高速滑动接触，长期处于振动状态，并且工作于大电流情况下，会出现空间几何位置变化，部件松动等现象，因此需要在接触网日常运行维护中，定期进行检测，及时发现事故隐患并根据检测结果对接触网进行修理，保障安全运行。接触网检测的参数具有以下特征：能够评价连续的、渐进的接触质量变化，不仅仅是"是/否"的评定。既可以实际测量，也可以仿真计算，便于实测结果和预测结果的比较。同等条件下，重复测量应用同样的结果，而且不受随机因素的影响。弓网动态相互作用的评估参数必须可以在动态受电弓上测量。

1. 接触网空间位置参数的测量

接触线空间位置参数主要包括接触线高度、接触线横向偏移（拉出值）、线岔和锚段关节的双置接触线相对位置（水平间距和垂直高差）、接触线坡度等。接触线的空间位置参数需要在静态和动态两种情况下测量。在没有外界扰动（静态）的情况下，获取的接触网线空间位置参数为静态参数；在与受电弓动态相互作用（动态）情况下，获取的接触线空间位置参数为动态参数。通常采用无接触式测量设备获取接触线的静态空间位置参数。接触线的空间位置参数测量有三种模式，即便携式、手推车式和车载式。便携式测量装置和手推车式检测装置用于测量接触线空间位置静态参数，车载测量装置可以测量接触线空间位置参数的动态值，并且需要测量车体相对钢轨的空间位置，将动态测量值还原为静态值。

2. 接触网弹性测量

单位抬升力作用下的接触线抬升量称为接触网的弹性。测量接触网的弹性需要解决两个问题：第一，确定接触线的初始高度。将模拟受电弓的抬升力调整到 5—8 N，与接触线保持接触，但要尽可能减小对接触线初始位置的改变，在低速情况下对接触线高度进行测量并记录。也可用非接触式测量装置获取接触线高度数据。第二，测量一定抬升力作用下的接触线高度。将模拟受电弓的抬升力调整到一定值后与接触线接触，对受到抬升力作用后的接触线高度进行测量并记录。抬升力应依据接触网设计时选用的受电弓的平均抬升力选取。

3. 弓网接触力测量

在动态情况下，直接测量弓网接触点上的力是不可能的，因为接触点在滑板上不停地移动。一般采用安装在受电弓 2 列滑板下的 4 个力传感器实现。力传感器和加速度传感器集成在一起，并安装在滑板与支架之间，这种连接方式需要安装特别的传感器，在没有明显改变机械稳定性和弓头质量的前提下，能够精准测量出垂直方向的力。这些力及加速度传感器已经采取温度补偿措施，并通过特别的电缆及接头与车内的数据采集单元连接。

4. 燃弧的测量

弓网燃弧不可能模拟，燃弧的测量已经表明，不可能重复试验运行结果，即便在相同的线路、相同的条件下重复进行试验也是如此。燃弧还与通过弓网接触点的电流量有关，如果没有电流通过弓网接触点，即使弓网接触接触质量再差，弓网系统也不会产生明显的电弧。而且燃弧只能表征弓网接触过松的情况，弓网接触过紧不会产生燃弧，显然，利用燃弧率对弓网质量进行评价有一定的局限性。因此在无法测量弓网接触力的情况下，可以测量弓网系统燃弧的次数与持续时间，并利用燃弧率对弓网接触质量进行评价。

5. 定位点处接触线抬升的测量

通过安装在接触网支持装置上的固定测量设备可以准确测量接触线在定位点处的抬升量，这对以下情况很有必要：动态评估时，确认弓网系统的方案设计是否符合标准要求；确定新行车辆或受电弓的最高允许速度；商业运营中的固定监测受电弓。限制受电弓在定位点处接触线抬升非常重要。在正常运行条件下及最大跨距时，定位点处的接触线抬升应由弓网系统设计人员利用计算机仿真系统进行计算。接触网的设计应使非限位式定位装置的抬升空间不小于定位点抬升仿真的 2 倍，限位式定位装置的抬升空间应不小于定位点抬升仿真的 1.5 倍。

6. 接触网温度的测量

如果位于主电路线路上的接触网设备出现系列故障，如连接螺丝松动、压接配合失灵，端子板连接处严重腐蚀、磨损或腐蚀使截面减少、开关接触点缺陷等，这些设备及其附近可能会出现温度升高。红外热成像仪能够远距离、非接触、实时快速地获取设备的温度信息，可以用于接触网的温度测量。接触网温度测量装置主要由红外热像仪、云台及防护设备、红外数据处理计算机等组成。接触网维修人员可以根据热力学温度或相对温度诊断接触网设备的发热状况。

7. 接触网视觉巡检装置

接触网视觉巡检装置利用工业数字相机对接触网高清成像，并利用专用分析软件对图像进行视觉分析和查看，以达到对接触网设备进行巡视检查的目的。如便携式接触网巡检装置，可由临时安装于运行动车组的司机台上，对接触网的状态进行视频采集，事后统计分析接触悬挂部件技术状态。装置采用高清晰摄像机在动车组上记录行车沿线接触网设施全景，对接触网的关键区域进行采集并能输出高清晰图片，能有效判断接触网设备有无脱落、断裂等异常情况，有无可能危及接触网供电的周边环境因素，有无侵入限界，妨碍机车车辆运行的障碍。

8. 供电监测检测装置

高速铁路的快速发展和运营品质的需求，对于铁路牵引供电系统供电设备的安全运行提出了更高的要求。为确保高速铁路动车组运营秩序，提高动车组的供电安全性、可靠性，应构建高速铁路供电安全检测监测（6C 系统），其目的是对高速铁路的牵引供电系统进行全方位、全覆盖的综合检测监测，主要功能包括对高速接触网悬挂参数和弓网运行参数的检测，对接触网悬挂、腕臂结构、附属线索和零部件的检测，对接触网参数的实时检测，对动车组受电弓滑板状态及接触网特殊断面和地点的实时监测，对接触网运行参数和供电设备参数的实时在线检测等。高速铁路供电安全监测检测系统（6C 系统）的技术性能和功能要充分考虑高速铁路供电设备运行检测和监测的需要。所采用的技术和设备应建立在我国铁路现有的成熟技术装备的基础上、兼顾正在研发的技术装备，同时考虑技术发展的可能性。

3.6 电务和通信设备监测

高速铁路电务设备广泛采用传感技术、大容量通信技术、控制与系统技术、管理与决策支持技术等，强化关键基础设施状态和移动装备的检测监测、状态诊断与预警，极大改善相关电务、车务系统劳动条件、减轻劳动负荷，帮助维护人员迅速找到并处置问题；同时利用远程专家诊断、大数据挖掘等先进技术，综合分析关键设施、设备运行状态变化规律，针对性地提出处置措施，并指导养护维修、精调细整达标，保障高铁行车安全。

高铁电务监测系统总体组成：高铁信号系统安全监测系统、列车追踪接近预警系统、GSM-R 系统安全监测系统、综合检测列车体系。

3.6.1 高铁信号系统安全监测

高铁信号系统安全监测系统主要有两大系统组成，一是信号系统集中监测，高铁设置全程联网的信号集中监测系统，具有自诊断、检测、报警、信息储存、状态再现等功能。二是列控系统运行状态安全监测，实时采集列控车载设备（ATP）、地面应答器、轨道电路和 RBC 信息，对列控车载设备进行在线监测，地面专家系统及时指导设备故障处理与维护。

1. 信号系统集中监测

铁路信号集中监测系统通过采集设备对道岔、轨道、信号机、电源屏等信号设备的状态信息和报警信息进行采集分析,通过接口对智能设备(如计算机联锁、ZPW2000A、列控中心等)的状态信息和报警信息进行采集分析,同时利用计算机的高速信息处理能力,实现全站信号设备的维护诊断功能。系统可实现 24 小时不间断地监测信号设备的运行状态和质量特性,当电气性能偏离预定界限时及时报警,通过系统的逻辑处理,实时设备预警分析和报警分析。

系统全面掌握信号设备的整体运行状况,掌握故障发生时的瞬态、固态信息,从而为快速指引处理故障,为降低故障延时提供必须的技术手段。通过对采集信息的全面处理,记忆、存储信号设备的运行过程,并通过逻辑智能判断,捕捉瞬间故障和间歇故障,克服信号设备维护的"疑难杂症",为事故排查分析提供重要的手段和依据。

铁路信号集中监测系统是以信号设备维护为核心,以站、段为基础,实行国铁集团、铁路局集团公司、电务段三级体系结构。在系统的体系框架下,考虑到电务部门的维护管理需要,依托于系统配置的层次结构和数据通信的网络结构将系统划分为国铁集团、集团公司、电务段和车站子系统四层。

2. 列控系统运行状态安全监测

列控设备动态监测系统(The Dynamic Monitoring System)包括列控设备动态监测装置(DMS),地面数据中心及列控设备动态监测系统浏览端软件(简称 DMS 查询终端)三个部分。安装在动车组相应机柜内,在列车运行中完成 ATP 列控系统运用状态、应答器位置及报文、轨道电路传输特性等信息的采集,其数据通过 GPRS /GSM-R 传回地面数据中心(TDMS 或列控数据管理系统),实现列控设备和地面设备的检测、分析,总体做到列控设备日检测,达到利用车载动态设备检测地面静态设备的目的。主要功能有:

(1)实时监测 ATP 状态、地面轨道电路状态、检测应答器信息、GPS 信息等。

运行示意:运行示意主要功能为实时显示某条线路下正在运行的所有车辆,标明车辆的位置,模拟车辆运行。运行示意图是按比例模拟现场实际线路,图中的相关信息与现场基本相符,动车组在示意图上运行就好像在实际线路上运行一样,更能直观反映车辆运行的当前位置,实时跟踪车辆运行。

运行示意图详细信息主要包括:里程、线路、车辆信息(车次、速度、车号、时间、GPRS 信号强度、列车位置)等。

(2)实时跟踪、定位动车运行,回放运行数据。

实时跟踪:系统最多可以实时跟踪 4 列动车,双击实时跟踪,可以调取运行跟踪界面(如果为 ATO 类型的车显示 ATO 运行跟踪)。

运行跟踪:动车回放模式主要反映动车在运行中列控车载设备的运用状态、司机操作流程、轨道电路信息、提速区段应答器信息等，以图形方式反应检测结果。运行模式界面下查看车辆的运行信息。

动车当前运行速度、紧急制动速度与常用制动速度。动车在运行中ATP设备的状态信息。动车运行线路的基本信息。动车当前位置。以图形方式显示动车在运行中的速度，常用制动速度、紧急制动速度曲线以及制动开关状态信息。以图形方式显示动车在运行中的位置与信号机、里程的相互关系，并给出经过信号机的时间。根据检测到的轨道电路信息描绘出的轨道电路传输特性曲线。动车运行至C2区段时检测到的地面应答器信息。显示当前GPS时间和速度值。

高铁运行跟踪图示：增加了关键信息和电源电压。其中，关键信息中包括司机操作、错误信息、发至RBC、来至RBC、关键文本（文本信息和事件信息）、制动指令等；回放状态时，移动鼠标定位查看RBC无线报文和应答器报文。

定位列车：根据系统内交路、车次、车号选择在线列车，系统都将自动定位该车。定位中的车次以黄底黑字显示，再次单击"车次"取消定位，字体颜色恢复为白底红字。

数据回放：根据需要回放的日期，可查询、回放该动车号1天的数据。如果本地无数据或本地的数据不完整则从数据服务器下载数据。

交路回放：交路回放主要满足客户对车辆列控数据和报警数据的历史查看功能，以运行跟踪或数据列表的形式表现出来。可按照日期、车次、车号、线别、单位和报警信息（可选停车信息、ATP、应答器、轨道电路），查询报警数据。

（3）对停车信息、ATP故障、应答器报文、轨道电路状态等异常数据实时报警（弹出窗口警示和声音警示），定位、回放、导出报警数据。

停车信息报警：根据停车信息过滤的设置，显示符合过滤条件的所有停车信息，并对列车运行过程中的车辆信息、停车位置、停车状况等信息进行监测记录。实时查看、回放该数据，有助于工作人员第一时间发现异常，并根据监测数据进行故障分析。

停车信息界面窗口主要包括车号、车次、所处集团公司、配属集团公司、ATP类型、线别、停车位置、里程、日期、停车时间、开车时间、停留时间、停车状况、统计数量等信息。实时弹出报警窗口和声音报警提示。

ATP报警：对ATP异常信息进行记录、报警，便于现场检查，按故障分类显示。

报文计数器异常：对应答器报文进行解析，判断应答器当前的工作状态：有源应答器默认报文、TCC默认报文、LEU默认报文计数器异常等。

轨道电路报警：检测列车运行中的掉码和码序异常等情况提示报警，显示当前日期的故障信息。如需查看某个车运行状态，可选择蓝色字体显示的车次，就可实时弹出报警窗口和声音报警提示并自动定位报警位置。主要内容有：动车号、车次、时间、线名、里程、载频、灯码、速度和故障信息等，单击车次打开该故障点运行模式。

DCMS 报警：DMS 具有 DCMS（动车组列控系统控制信号检测）功能，检测 ATP 启动及运行过程中的工作状态，主要采集与 ATP 工作相关的继电器信息，以便 ATP 发生故障后对当时情况进行分析。

（4）应答器报文查看、分析、回放、图示、实时解析限速信息、导出报表等功能。

应答器回放：通过应答器回放查询界面。可按照日期、车次（输入切换）、车号、线别、单位和应答器编号等，查询历史监测应答器数据和报文数据。可以打开该应答器的报文，显示该应答器描述的限速信息（包含多条时点击该信息显示所有限速信息）。

通过应答器编号，系统将以图形方式显示该应答器内容以及与其他应答器的链接信息。查看限速信息，当有多条限速信息时，可以查看所有限速信息内容。

（5）电子地图实时跟踪定位动车运行。

"电子地图"功能以一种更直观的形式显示当前所有车辆的在线情况、所处位置等信息。当电子地图处在打开状态时，可直接在电子地图中定位到该车。车辆定位后，位置处在电子地图界面中间位置，并以黄底色标示。如果车辆信息未能在电子地图中定位，可能是因为车辆没有 GPS 信息。同时电子地图具有查找功能，输入车次、也可以进行车辆位置定位。

（6）客专、高铁线路除以上功能外，增加电源监测功能——实时查看 RBC 数据、应答器报文数据、关键文本、无线和应答器错误信息、事件信息、司机操作、制动命令等功能。

（7）具有数据统计及分析功能，包括车辆运行的总里程、车次运行记录、故障报表等统计。

运行总里程：统计本集团公司内车辆的运行总里程信息，包括开始统计时间、截止统计时间、运行总里程等。支持本集团公司所有车辆及单车号查询。

运行车次记录：统计某天车号运行的所有车次信息，支持本集团公司所有车辆及单车号查询。

报表统计功能：以柱状图的形式统计 DMS 报警中的各类故障信息（分为停车报警统计、ATP 报警、报文计数器异常、轨道电路报警），以方便直观的分析问题。可以按月或日期范围进行统计。

停车报警统计：统计出查询条件下的运行车次（G/D/C）停车报警信息，以图表形式显示。

ATP 报警统计：以车号分类统计报警数目。可查看明细；可以翻页查看；可按故障类型分类显示（ATP 故障、应答器故障、无线链接故障、异常降级）等功能。

报文计数器异常统计：以车号分类统计报警数目。

轨道电路报警统计：以线路分类统计报警数目。

早晚点统计：该功能可以统计出每天的车次早晚点情况。

（8）列控车载设备信息管理系统

列控车载设备信息管理系统以 DMS 车载设备所提供的电务列控设备运行状态及报警信息等数据为基础，根据铁路不同业务部门对于设备维修维护、应急处理等需求，实现了对列控数据的智能、综合、统计、对比分析等功能。它与 DMS 系统相互补充，相辅相成。DMS 系统提供了调取该系统的接口。

3.6.2 GSM-R 系统安全监测

铁路通信的高安全性和高可靠性对 GSM-R 的信令分析提出了更高要求。传统的信令网主要监测核心网的接口，面对于 GSM-R 网络，基站和核心网交换机之间 Abis 和 A 接口承载了 80% 以上的信令流量，尤其是越来越多的列控通信和列调通信通过 GSM-R 无线网络传送时，保持 Abis/A 接口信令全面的 7×24 h 监测就成为维护整个 GSM-R 网络安全的重要手段。

Abis 是基站（BTS）和基站控制器（BSC）之间的接口，几乎所有与手机相关的空中接口的控制信令都能完整地映射到 Abis 接口的信令上。尤其是 Abis 测量报告消息（measurement report）大约每半秒传送一次，消息包括手机当时的信号接收场强、手机发射功率、基站功率、接收质量及时间提前量等无线参数，可基本替代正常运营维护模式下的场景测试，对 GSM-R 网络 Abis 接口的全面监测可以省去无线网络优化所需的大量路测工作，大幅度降低 CSM-R 网络的优化成本。同时，因为信令监测系统可以采集到整个 CSM-R 无线网的所有信令，所采集的测试样本（手机、呼叫、切换）数量远远大于传统的路调方式，因此可以让优化工程师对网络性能做出更精确地调整。

GSM-R 网络包含了传统 GSM-R 所没有的调度存储，包括广播、组呼和语音调度业务（ASCI）（包括强拆、位置寻址、功能寻址、接入矩阵等），对广播和组呼的全程统计和分析也是日常 GSM-R 的维护方法，由于 GSM-R 的安全性要求，需要对每一次呼叫的信令过程都作完整记录。每一次评叫的信令，无论在空口 /Abis. 还是核心网接口（A、ISUP、ISDN、MAP），都需要过滤和保存，对于错误和异常能够产生告警，并通过简单网络管理协议（SNMP）通知 CSM- R 的运维控制中心（OMC）。

通信监测系统功能作用如下：

GSM-R通信网安全监测系统可实现实时呈现信令网和业务网的运行状态、实时告器监视、故障跟踪处理。快速故障统计分析与定位、协议解析、呼叫追踪、呼叫质量分析、链路管理、网络流量流向分析、网络质量分析、网络性能分析、网络优化、呼叫详细日志（CDR）统计分析、灵活的性能统计报表、配置管理、系统自身管理等功能。

系统实时监测网间信令链路状态和负荷，实时显示系统采集到的各种链路故障，并通过权限设置反映告警的类型和级别。例如，对某时间段内的链路负荷进行查询、统计、排序，提供各种图表对链路性能进行分析。

消息过滤。通过消息过滤功能存储有用的信息，允许用户查询有特殊内容的信令消息。序列及事件识别可作为滤波器的条件，在预先定义的多个事件和序列识别中进行选择。

呼叫跟踪（TRACE）。通过呼叫TRACE功能，对某一呼叫的完整信令过程实时跟踪，快速确定各样本间信令配合的情况。呼叫号码指定跟踪测试实现了对移动用户号码、固定用户号码的动态实时跟踪；迅速确定呼叫失败原因、用户业务原因、用户位置环境原因等，并保存跟踪过程数据。

移动台的全程跟踪。可对某个移动台（如某一车载台）在整个列车运行中所有通信行为进行全程追踪，按时间和时间类型经过对方号码进行检索和排序。不但可清楚地掌握被测手机的实时状态，还可间接地得到列车全程的CSM-R状态。

切换分析。针对铁路应用，GSM-R覆盖必然是一个带状覆盖，在铁路沿线分布着一系列基站，每个基站管理负责自己的一块区域，所有基站的覆盖相连．最后完成对整个铁路线路的无线覆盖。车载的列控终端需要与控制中心始终保持通信，在列车正常行驶过程中，必然有一系列的切换发生，因此GSM-R系统的越区切换成功率直接影响列控通信的可靠性。GSM-R通信网安全监控系统可针对每一个移动台，在列车运行全程进行切换追踪，时刻监视切换的成功率。

列调命令实时解析。列调命令由列车调度中心ISDN接口上发送。通过对列调指令的解码和存档，可通过第三方测试系统全面地临测和记录实际传送给用户的指令。为日后的故障分析和回放提供大量的原始参考信息。

当前运行车辆的通信状态实时显示。通过ETCS的解码，显示当前车辆的运行状态（如位置、速度、当前列车套数等），实时显示列车周边的无线环境变化。

生成列控话务清单。通过对GSM-R信令层和应用层解码，提取出所有与列控对话相关的信息，并把指令信息与每次呼叫连接关联起来，组成一系列的列控通话语单，管理人员可通过多种方式查询某年，其月，某段时间或某次列车的所有列控消息（如地点、速度、应答器参数等），并列出此次列控会话的所有相关信令。

通过关联信令面（signaling plane）和应用面（appleication plane）的所有消息，系统可使用户完整地看到（监测）整个列控呼叫的流程和内容，包括呼叫建立、拆线、列控信息的内容，以及相关的列车参数（如 EDSS1 呼叫建立时延、OBU ID、ETCS ID、列车号、列车速度、ETCS 等级、X.224 信令释放原因等），同时也为用户分析网络故障及优化网络性能提供了极大便利。

3.6.3 电务综合检测车

高速综合检测列车满足 250 km/h、350 km/h 综合检测的需要。综合检测列车集成了轨道、弓网、动力学、通信、信号和综合系统等 6 大系统，通过综合检测数据分析平台，实现对通信、信号（轨道电路、应答器）等综合检测数据集中存储管理，并综合分析研究，科学评价基础设施的运用状态，预测基础设施状态变化趋势和演变规律，提出维修决策建议。

1. 通信系统测试

对通信系统的功能、性能和接口等内容进行测试，验证综合检测列车按规定速度运行条件下的 GSM-R 场强覆盖、GSM-R 网络服务质量、调度通信、GSM-R 应用业务等是否满足要求，验证传输、数据网、应急通信、综合视频监控等系统与相关系统的匹配关系。依据测试结果，为通信系统进行调试和优化提供数据，使其功能和相关性能达到设计要求。

（1）GSM-R 系统性能测试方法如下：

GSM-R 电磁环境：在关闭本线、关闭本线及相邻线路相关 GSM-R 基站载频等条件下，利用综合检测列车车顶天线接收外部电磁信号，主要采用频谱扫描的方式对 GSM-R 系统使用的频段及相邻频段进行测试。

GSM-R 场强覆盖：测试系统安装在综合检测列车上，天线安装在综合检测列车顶部。据线路允许速度，在综合检测列车以规定速度运行条件下，测试并统计 95% 时间地点概率的接收电平。

GSM-R 服务质量：GSM-R 服务质量测试系统安装在综合检测列车上，测试天线安装在综合检测列车顶部。依据线路允许速度，在综合检测列车以规定速度运行条件下，进行 GSM-R 网服务质量测试。利用测试手机、专用测试设备、GSM-R 地面综合测试设备等发起语音呼叫、电路数据传输和分组数据传输，跟踪空中接口的信令。

（2）通信系统应用业务测试方法如下：

调度通信业务：主要对调度员、车站站值班员、司机等调度通信系统用户间在列车高速运行条件下的语音通信进行测试，由测试人员或应用人员发起不同类型的呼叫，验证 GSM-R 网络数据配置的正确性。

GSM-R 应用业务测试方法如下：

CTCS-3 级列控系统业务：承载 CTCS-3 级列控数据传输业务的 GSM-R 系统，在 CTCS-3 级列控系统功能测试过程中，通过安装在 GSM-R 核心网的 GSM-R 接口监测系统对 GSM-R 系统与 CTCS-3 级列控系统的各种接口进行监测，测试通信系统为 CTCS-3 级列控系统提供电路域数据传输服务的功能。

列车无线车次号校核信息传送业务：通过对 GROS 及相关运营单位 GRIS 和 CTC 记录数据进行分析，检查通信系统原载列车无线车次号校核信息传送业务的各种功能。列车无线车次号校核信息传送成功率采用由综合检测列车上检测系统向 GSM-R 地面综合测试设备发送模拟车次号校核信息的方法进行检测。

调度命令信息传送业务：通过对相关运营单位 GRIS 和 CTC 记录数据进行分析，检查通信系统承载调度命令信息无线传送业务的功能。调度命令信息传送成功率采用由 GSM-R 地面综合测试设备根据收到的列车检测系统发送模拟调度命令信息的方法进行检测。

2. 信号系统测试

采用装备有信号设备测试系统的检测列车，通过车载检测设备对采集信号的解析，实现对检测列车所经过进路轨旁信号设备（应答器、轨道电路和补偿电容）工作状态的测试。检验轨旁信号设备状态，验证信号系统的相关功能和与信号系统相关的接口关系，依据测试结果指导系统、设备维护。

（1）轨旁信号设备状态检测内容如下：

应答器：检测应答器是否丢失、应答器编号错误及有源应答器是否发送默认报文。

轨道电路：检测轨道电路载频、低频正确，频偏、轨道电路主信号、工频干扰信号、邻线、邻区段干扰信号幅值是否符合设计和相关技术标准要求。

补偿电容：检测补偿电容位置、步长以及包括是否丢失等信息在内的补偿电容运用状态等。

（2）CTCS-3 级列控系统功能测试内容如下：

CTCS-3 级列控系统双向信息传输功能，RBC 向车载设备发送正确的行车内可及线路参数等信息并接收列车位置信息等。

列控中心控制轨道电路编码，控制有源应答器发送报文，并通过联锁向 RBC 传送信息功能；轨道电路发送低频连续信息以及机车信号可靠接收功能。地面应答器安装位置、链接关系及报文。

哈牡高铁的首个寒地春运。"大数据分析""风雪预警""智能化融冰除雪"等科技手段为"最新装备"，中国八纵八横高铁网最北一横重要组成部分哈牡高铁 2019 年首次迎战春运，在平均温度 －20℃的条件下，以 250 km 时速运行，平稳应对动车组融冰除雪和车体防寒等考验。自元月 21 日以来，该线路日均发送旅客 2.24 万人，有效缓解春运运输压力。

为提升动车组耐寒能力，负责哈牡高铁动车组检修任务的哈尔滨动车段成立了转向架、制动、电气、给水、车内五大系统攻关小组，对运营的 CRH5A 型动车组的车体零件、密封胶条、制动系统等 16 个重点项目进行防寒改造。针对动车组车门和站台补偿踏板结冰，电水炉上水管冻结等问题，他们改装排水孔，增加伴热线，更换车体密封胶条，保证动车组最低可以适应 －40℃的极寒环境。

融冰除雪是高铁冬季运行最大的挑战，哈尔滨动车段充分利用"动车组运行故障图像监测系统"采集的动车组走行部图片，动态跟踪动车组运行状态，分析车底积雪结冰状态，适时启动融冰除雪分级处置预案。他们还自主研发了国内首项"HTK-CBX0 型高寒高铁融冰除雪装置"。原来使用木杆、橡胶锤、高压热水车等人工除雪方式，一组动车组的融冰除雪最多时需要 260 人同时作业，如今通过低压温水喷扫方式，仅需 2 人操作 1 个 h 就能完成，大大提高了动车组冬季上线效率。

极寒天气下，高铁线路容易发生轨距变化和设备裂折，动车组受电弓和接触网也会因热胀冷缩产生零部件松动、电压不稳等问题，影响行车。集团公司调度所充分运用"大数据"手段，每天派专人采集设备数据并上传至"云端"综合统计分析，自动形成"高铁每公里超限数量柱状图""不同车体超限数量柱状图"及"综合折线图"，再通过"数据流"发送至维修人员手机中，让检修项点一目了然。

负责高铁线路维护的哈尔滨工务段还启用了"实时监控系统"，利用高速摄像头对哈牡高铁线路扣件、立螺栓等设备登记造册，逐一筛查，在极寒冰雪天气下，使用抗高寒数字检查仪现场采集分析数据，通过声波、红外线等探伤手段快速测算设备数值，提高检修作业效率。

每天清晨首发动车组开车前，高铁综合检测车都要进行全线试跑。哈尔滨供电段利用检测车上安装的 6C 检测系统，自动检测动车组受电弓和接触网的性能状态。该检测系统能每秒拍摄 17 张照片，工作人员可据此观察接触网零配件积雪结冰情况，有无松动、缺失、破损，并及时处理利用数据综合诊断发现的问题。

哈牡高铁在冬季运营中，要随时接受极寒天气和大风雪的挑战，工务系统利用"自然灾害及异物监测系统"进行风雪灾情预警。他们在高铁沿线设置了79个监测站并安装传感器，用通风口、量雨器和红外线扫描实时判断风速和积雪厚度，如发现数据超标，调度人员就会立即向动车组发布限速、停车命令，让动车组在险情前"止步"。

风速只要超过20 m每秒或是无砟轨道上降雪量超过50 mm，动车组就会降速至160 km/h；高铁线路上方公路桥如果有异物掉落，也会触动异物侵限传感器，自动向临近动车组发布停车指令，确保高铁冬季运行绝对安全。

在日本东海道新干线上，通常通过检测专用的黄医生，定期进行轨道和电气设备的测量，有计划地进行保养维护工作，确保了每天运营的安全、稳定。此外，可以更及时地了解设备状态，并及时进行维护工作。目前在已经投运的运营列车上也能搭载的小型、轻量化的检测监测与监控技术。测量轨道状态的"轨道状态监测系统"，可以提高乘坐的舒适度，从2018年6月开始，在N700S确认试验车上装载追加了新的计测项目的"轨道状态监测系统"，实施试验。从2018年10月开始，测量电气相关设备的状态的"接触网状态监测系统"和"信号ATC·轨道电路状态监测系统"这两个系统依次搭载在N700S确认试验车上进行行驶试验。为了达到实用化的目标，决定在N700S营业车上装备3个状态监测系统进行检测。

3.7 动车组运行监控检测

当动车组运行通过设有监控检测设备的轨道线路时，相关设备对动车组运行状态和部件性能进行监控和检测，发现异常后会发出报警信息，监控人员对报警信息进行跟踪分析，并将信息传递给相关动车所，由动车所检修人员对报警信息进行复核确认，对存在异常的部件进行处置。监控检测系统设备主要包括动车组运行故障图像检测系统、车辆滚动轴承故障轨边声学诊断系统、车辆轴温智能探测系统、受电弓及车顶状态动态监测系统和轮对故障动态监测系统。

3.7.1 动车组运行故障图像检测系统

动车组运行故障图像检测系统简称TEDS，利用轨旁摄像装置采集传输运行动车组车体底部、侧部裙板、连接装置、转向架等可视部位图像，采用线阵图像采集、3D 成像、图像识别等技术自动对比分析发现故障并报警，实现对动车组底部及侧部可视部件状态监控的系统，仅适用于动车组列车。系统组成包括探测站设备、动车段动态检车中心设备、集团公司监控中心设备、国铁集团查询中心设备及网络传输设备等。TEDS 设备主要设置在上海虹桥站、北京南站、广州南站、南京南站等大型高铁站站前线路旁，监测时动车组通过速度要求为 5—250 km/h。动车组运行故障图像检测系统探测站结构示意图如图 3.17 所示。

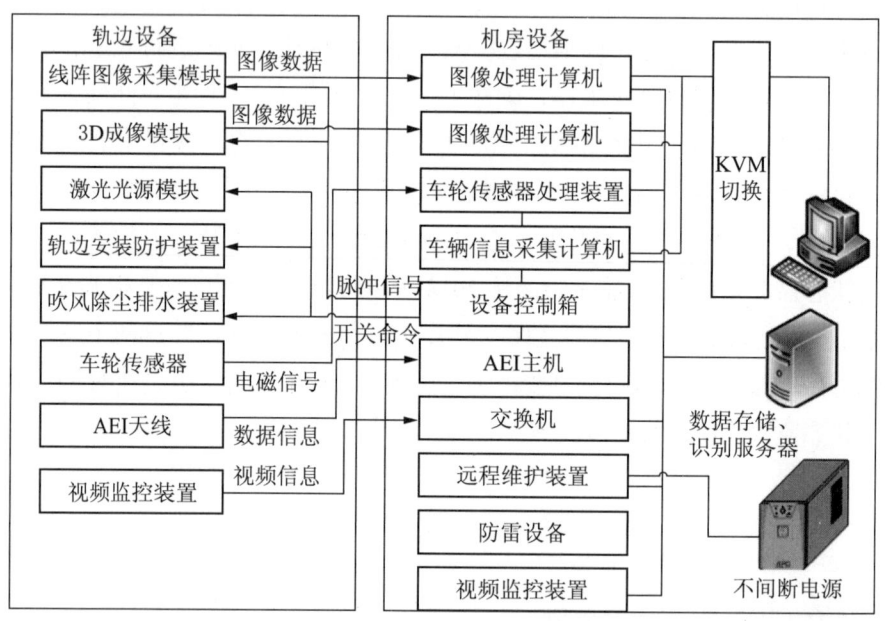

图 3.17　动车组运行故障图像检测系统探测站结构示意图

动车组运行故障动态图像检测系统（TEDS），被称为守护动车组安全的"千里眼"。高速摄像机以每秒 3000 张图片的速度，第一时间把动车组高速行进中的各部位高清图像传递到 TEDS 监控中心，经由分析员对图像进行检查分析，判断动车组运行状态，及时发现故障并上报处理。对于随车机械师不能轻易检查到的部位，例如，动车组底板、车端连接处、牵引传动装置等相关部件，主要依赖 TEDS 监控系统进行检查确认。上海局 TEDS 探测设备分布于南京站、徐州东站、合肥南站等处，依靠科技的力量，时刻守护动车组运行安全。

TEDS 分析员每天坐在电脑前，对着屏幕上显示的高清图片，一看就是十几个小时。每天要看 1000 余组动车组，每天工作 13 个小时，为了不放过任何一个微小的故障，有时候连吃饭上厕所的时间都没有。看似简单的工作，却对分析员有着极高的要求。动车组车型种类繁多，需要掌握所有车型的技术参数，这样才能保证判断及时准确。每天要仔细观察上千张单调重复的照片，没有足够的耐心和过硬的技术是不行的。

3.7.2 车辆滚动轴承故障轨边声学诊断系统

车辆滚动轴承故障轨边声学诊断系统简称 TADS，采用轨边声学探测及计算机诊断技术，对运行列车滚动轴承的振动声音信号进行采集分析，通过对轴承不同部位的故障预先建立数学模型，自动判别和分类经过列车滚动轴承滚子裂纹、剥离、蚀裂、磨损；内外套裂纹、剥离、磨损及轴承环道的腐蚀和其他磨损等故障，从而实现了滚动轴承早期故障的在线诊断，适用于货车和动车。系统由集团公司车辆运行安全监测站、动车（车辆）段复示站、列检复示站、探测站及通信网络组成。TADS 设备主要设置在高铁站进站正线旁，以便发生严重问题后可以在停站后及时处置，监测时动车组通过速度要求为 40—110 km/h。

3.7.3 车辆轴温智能探测系统

车辆轴温智能探测系统简称 THDS，系统综合运用自动化控制技术、红外线辐射探测技术、光机电一体化技术、网络通信技术和计算机智能化技术，可监测运行车辆轴温、智能跟踪和热轴自动报警等基本功能，适用于所有通过列车（包括动车、既有客车和货车）。系统由轨边设备和机房内设备组成。轨边设备包括双角度探头箱（内装探头）、卡轨器、过轨管组件、车轮传感器（又称磁钢）、智能跟踪装置天线、环境温度传感器、环温箱；机房内设备安装在机柜中，包括工控机、显示器、控制箱、智能跟踪装置、远程管理箱、电源箱、无线发射机、车轮传感器智能处理装置、防雷设备。THDS 设备目前设置在既有轨道线路正线旁，按要求每 30 km 设置一台，监测时列车通过速度要求为 5—160 km/h。

3.7.4 车顶状态动态监测系统

车顶状态动态监测系统采用高速、高分辨率、非接触式图像分析测量技术，实现了对受电弓滑板磨耗、中心线偏移、工作压力等关键特性参数的动态自动检测和车顶异物及关键部件状态的室内可视化观测，适用于各车型动车组，系统由基本检测单元、现场控制中心、远程传输通道和远程控制中心四个部分组成。该系统安装在动车组列车入库线路上，为了提高检测精度，减少设备受雨雪天气影响，尽可能地降低自然光的干扰，

> 175

提高设备使用寿命,在检测现场安装了检测棚,所有基本检测单元均安装在检测棚内,检测时列车通过速度要求≤15 km/h,速度在10 km/h时最佳。

3.7.5 轮对故障动态监测系统

轮对故障动态监测系统简称 LY,采用"光截图像测量技术"、"电磁超声探伤技术"、"高精度位移测量技术"等,在线动态自动检测轮对外形尺寸参数和轮对踏面缺陷状况,适用于各车型动车组,系统按布局可划分为基本检测单元、设备间、控制室和安防监控系统几个部分。LY 安装在动车组列车入库线路上,检测时列车通过速度要求≤15 km/h,速度在 10 km/h±20%时最佳。

铁路部门通过不断推进动车组监控和检测设备应用,来构建动车组监控检测体系。通过对动车组运行过程状态和关键部件的动态监控检测,能够提前防范潜在故障的发生,防止小故障扩大产生严重影响,同时突出动车组"人防、物防、技防"手段,夯实技防管理基础,实现动车组故障的防微杜渐,保障动车组运行安全。

3.7.6 动车组故障信息化辅助设备

1. 动车组运行故障动态图像监测系统（TEDS）

动车组运行故障动态图像检测系统是保障动车组安全运行的重要监测设备,充分发挥系统作用对动车组的安全运行具有重要意义。动车组运行故障动态图像监测系统如图 3.26 所示。主要功能:对通过探测站的动车组底板、裙板、车端连接、转向架（含牵引传动装置）可视部位进行监测;通过回查快速锁定诸如配件脱落丢失、车底部件被异物击打变形等动车组故障发生区段。如图 3.18 所示。

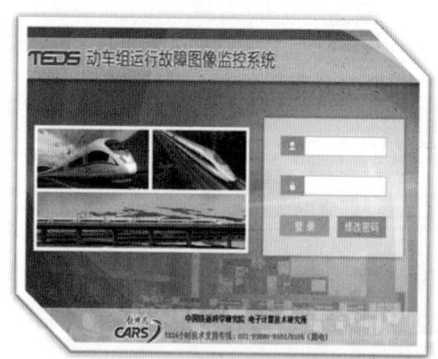
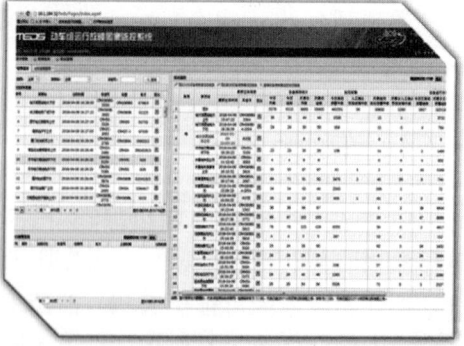

图 3.18 动车组运行故障动态图像监测系统

2. 列控设备动态监测系统（DMS）

列控设备动态监测系统（DMS）用于实时监测 ATP 状态、地面轨道电路状态、检测应答器信息、GPS 信息的信息系统。列控设备动态监测系统如图 3.19 所示。主要功能如下：停车信息、ATP 故障、应答器报文、轨道电路状态等异常数据实时报警（弹出窗口警示和声音警示），定位、回放、导出报警数据；电子地图实时跟踪定位动车运行，回放运行数据；实时查看司机操作、制动命令、RBC 数据、应答器报文数据、关键文本、无线和应答器错误等信息。

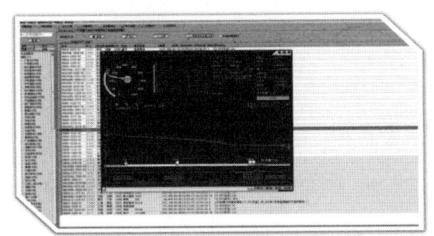 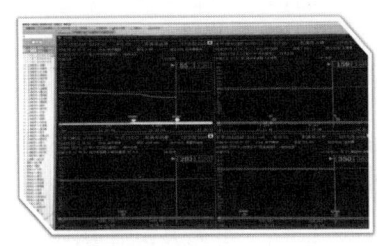

图 3.19 列控设备动态监测系统

3. 动车组车载信息无线传输系统（WTDS）

动车组车载信息无线传输系统用于实时显示列车当前主要运行参数，查看列车当前故障信息，并对各重要部件温度进行实时监视的信息系统。动车组车载信息无线传输系统如图 3.20 所示。主要功能：显示列车当前的主要运行参数、当前故障等信息；实时监视动车组重要部件温度数据；绘制轴箱、齿轮箱温度等相关变量的数据曲线，实时显示温度变化趋势，帮助作业人员分析故障原因。

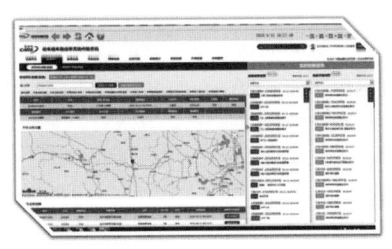 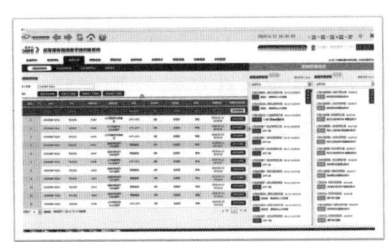

图 3.20 动车组车载信息无线传输系统

4. 车辆应急处置通信平台

车辆应急处置通信平台主要用于动车（车辆）段应急指挥中心实时指导动车组随车机械师进行动车组故障应急处置，可根据需要多方接入应急指挥人员、技术专家及动车调度等相关人员。主要功能如下：

（1）动车（车辆）段应急指挥中心实时指挥动车组随车机械师进行故障现场处置。

（2）可多方接入动车组故障应急处置技术能手，进行动车组故障多方会诊。

（3）现场视频及时回传，实时掌握现场故障处置情况。

手持终端：内置400—470 MHz（UHF）全频段无线电对讲模组，支持数字对讲与模拟对讲，额定功率2 W或以上，开阔地对讲距离5 km以上，兼容已有对讲机；2年7×24 h原厂当地保修及质保服务。所供设备需接入既有应急指挥调度系统，提供手机可视对讲APP接入，实现调度指挥人员对现场人员的调度指挥，通过APP、集群对讲、视频对讲、拨号通话等功能实时了解现场情况，现场人员通过手机可视对讲APP及时向指挥人员反馈情况。

5. 动车组管理信息系统（EMIS）

动车组管理信息系统是由中国铁道科学研究院电子计算技术研究所研制开发，通过建设动车组管理信息网络，实现铁路动车组检修运用信息的自动收集和集中管理，提供动车组配属、运用、维修及动车组履历管理等信息服务的管理信息系统。动车组管理信息系统主要功能如下：

（1）查看动车组列车车型、车组号、担当局、运行交路、交路里程、交路时间、首发车次、首发时间、首发站、配属局等信息。

（2）查看动车组列车当日值乘人员、值乘车次、联系电话等相关值乘信息。

（3）查询动车组故障代码含义及处置方法。

6. 动车组受电弓视频监控系统

动车组受电弓视频监控系统是安装与动车组列车顶部的用于监控记录受电弓状态的车载设备。受电弓视频监控系统对于判明动车组自动降弓原因具有重要作用。主要功能如下：

（1）运行途中查看动车组受电弓状态。

（2）自动降弓时可用于判明动车组受电弓降弓原因。

3.8 设施设备管控建设

必要时对作业人员要有监控，督促其执行标准化作业；同时，还要采取必要的监控手段监控作业人员操作安全及人身劳动安全，必要时需要定位和跟踪其轨迹，例如可监控作业人员疲劳程度监控、作业环境状况等；还要采取技防手段采取卡控等手段让人员的操作不失误。例如CTC3.0系统的功能完善多方向接发列车安全控制，实现技防和人防的协调与卡控的统一。

3.8.1 现场作业管控建设

通过实施作业过程智能化盯控、开展现场信息可视化建设，利用网络和信息化手段大力推进作业标准化建设，促进不断提升现场作业管控智能化和信息化水平。

（1）实施现场信息可视化建设。从强化现场作业监控和有利于应急指挥等方面入手，组织在车站咽喉区以及区间适当位置安装视频监控系统，实现对现场作业的检查监控，提高现场可视化程度，促进职工按标作业，同时也方便应急处置过程盯控。建立现场信息传送平台，利用视频摄像、手机APP等功能和网络系统，将现场登销记、应急处置过程信息、营业线和邻近营业线施工安全监督等信息传送到班组、车间或安全生产指挥中心，有利于现场安全盯控和过程控制。推广运用列车接近预警、录音仪、执法记录仪等技防手段，利用智能化手段卡控作业过程，更好地保障行车和人身安全。

（2）开发运用智能化作业过程盯控装备。为加强上道作业劳动安全风险管控，确保高铁、客车安全和职工作业安全，在全面构建基于天翼网络、GSM-R网络的手持终端防护系统的同时，一方面开发运用上道作业指纹、高铁工具智能清点报警、上道作业监控报警和二维码扫描等系统，对现场作业人员上道以及工具材料的上道进行智能化管控，及时报警未按规章制度执行等信息，防止人员、工装机具无计划和超范围的上道或遗留在铁路线上；另一方面通过信息系统提前将列车运行的信息和行车的阶段计划告知现场作业、安全防护等人员，提示作业人员提前避车，同时当作业人员离开计划作业范围时及时通过语音报警提醒作业人员超范围作业。

（3）开发运用智能化工装机具。围绕节约人力物力、减轻劳动强度、降低安全风险等目标，运用新技术、新工艺等加大工装机具装备研发运用力度。一是在"以机代人"措施手段研发运用上下功夫。采取检测车、检测车或工务探伤车加装视频巡检系统等措施实现对轨旁电务设备的动态测试和巡视，代替人查人巡人测，减少上道作业量和作业安全风险；采取咽喉区和区间信号点处加装高清视频等措施，代替人工对轨旁设备以及中继站、基站、通信铁塔等设备进行巡视检查。采取联合开发、吸收引进等措施，利用可量化、机械化、新型化的工机具替代传统的扳手等工具，适应量化标准以及减轻劳动等需要，提升现场维修工机具现代化水平。

上述不同阶段的技术和管理措施，既包括高铁职工素质及安全文化保障、安全监督管理保障和安全责任体系健全落实等人防措施，也包括高铁工程建设和设备质量保障、安全防护保障等物防措施，还包括高铁技术标准和规章制度保障、设备养护维修及状态监测保障等技防措施，共同支撑了中国高速铁路全生命周期安全保障体系，贯穿了从项目启动、可研、设计、设备制造、工程施工、静动态试验、联调联试、运行试验直至运营管理的各阶段。其中，建设阶段的相关技术和管理措施为高铁系统安全提供源头质量上的保障；在高铁系统投入运用后，合理的运营管理及养护维修则是高铁系统持续安全的重要保障；此外，中国高速铁路还具备完善的安全信息反馈机制，在运营维护期间制定的安全措施将继续应用于后续高速铁路的设计、制造和施工等阶段，用于对系统方案实施改进，实现整个高速铁路运营安全体系的可持续发展。

上海动车段于2013年6月28日成立，目前主要负责上海和浙江地区的动车组运用及高级修任务，有CRH1B、CRH1E、CRH2A、CRH380B、CRH380BL、CRH380D、CRH6F、CR400BF等8种车型，日均上线达310组，是铁路配属动车组最多、检修工作量最大的动车段。

近年来，上海动车段紧紧把握高铁时代的发展机遇，迅速融入高铁发展的快车道，团结带领全段干部职工，不断破解动车组运用检修管理中遇到的困难和挑战，动车组运用和检修能力不断提升，运输安全保持总体平稳。作为铁路起步最早、体量最大的动车段，在不断探索研究动车组故障规律的过程中，创建了诊断分析中心的动车组故障管控模式，形成了动车组专业技术人才培养体系，开展了大数据分析等新技术手段的应用和实践，不断提升动车组运维能力。在时速300多公里的高铁上，一位旅客将一枚硬币立在窗边，在列车飞速行驶过程中，这枚硬币始终不倒……这段"高铁上硬币不倒"的短视频曾让世人震惊，从一个小角度透视出中国制造的硬实力。中国高铁优良的运营品质得益于线路结构的稳定和轨道的平顺，而稳定与平顺的背后依赖于对高铁运营技术数据的精确测量和监测数据的支撑。精准锁定每根轨枕的空间坐标。上海、江苏、浙江、安徽三省一市34个地级以上城市开通了高铁。高铁线路、轨道等基础设备在大密度、高频率的列车飞速碾压中经受着"变化"的考验。这些保障高铁列车持续稳定运营的"压舱石"一时一刻也离不开日常养护维修。在设备管理单位对高铁设备日常养修作业背后，紧紧依托一张名叫精密测量控制网（简称精测网）提供的测量数据。该精测网对高铁运营线路结构、轨道高程等基础数据进行检测，在数据分析对比中洞察线路结构、轨道高程中的细微变化，为设备管理单位提供精准养护依据。

借用卫星定位技术开发出运营高铁测量数据技术服务平台，对上海局管内高铁中的每一根轨枕进行三维空间坐标定位。通过坐标数据信息化管理，捕捉运营高铁轨道、线形中的细微变化。2018 年，对郑徐高铁进行精密测量时发现：该段线路由于沉降发生坡度垂向变形，他们向工务部门提出修改线路设计坡度标高的建议，及早消除沉降对该段高铁线路结构、轨道平顺造成的不利影响。

为重点地段装上预警的眼睛。在集团公司管内有线路被列为重点地段，由于地质原因，影响高铁线路结构与轨道平顺。为重点地段安装一双预警的眼睛，纳入时时监测的掌控之中。在重点地段设立变形监测点同时，他们还加密对重点地段轨道几何尺寸以及断面沉降、横向变形等相关技术数据的监测。建立重点地段预警机制、预警处理流程和重点地段变形监测数据库，及时分析监测数据，为设备管理单位找出重点地段倾向性问题，提供整治对策措施。2018 年 5 月初，在高铁杭深线台州重点地段进行垂向监测时发现：该地段 12 个监测点连续三个月基础垂向变形量已累计超过 5 毫米。由于该地段近邻永宁江，路基下层淤泥较多，造成监测区域沉降。他们通知宁波工务段加强巡查，提醒该段在日常动态添乘时密切关注这处重点地段。徐州工务段充分利用该公司提供的京沪高铁管内重点地段变形监测数据，强化对重点地段的精调养护，该段创出京沪高铁管内动态 TQR 值（轨道不平顺指数）最低纪录。

创出高铁精密测量的企业标准。每天，在高铁维修天窗点内，30 多个测量作业小组活跃在管内高铁线上。如何确保测量数据真实、准确？他们推出作业组、项目部、测量公司技术质检部三级检查，测量数据通过第三方评估单位验收的办法进行缜密卡控。制定了《运营高速铁路精测网复测与基础变形监测技术规范》，对测量数据采集、数据计算方法进行规范，创出高铁精密测量的企业标准。还组织编写了《高速铁路运营精测网维护及应用技术与实践》，填补了高速铁路精测网维护与应用技术方面的空白。

2018 年 5 月初的一天凌晨，在宁杭高铁溧阳站测量作业点，研发推出了测量数据 APP，把测量数据实时上传到精测网平台，用四维检测车和全站仪对线路垂向、横向、断面等部位进行数据复测……怎样对高铁钢轨廓形、波纹磨损进行动态检测、实时分析？集团公司上铁经发公司工务装备公司研制的高速铁路钢轨廓形、波磨多功能检测仪让这一梦想成真。此前，集团公司使用的是德国西门子公司生产的钢轨检测仪器，不仅费用昂贵，而且检测作业完毕后还要进行二次人工采集数据、统计分析。去年，该公司与上海高铁维修段、上海欣铁机电科技公司、同济大学等单位联合研制出这台多功能检测仪。研制这台多功能检测仪基于机器视觉技术及 AI 智能算法。该仪器能对钢轨轨头廓形、钢轨不平顺和轨底坡同时进行连续动态检测，检测精度高达 0.02 毫米，比德国设备提高一个等级。这台操作简便的多功能检测仪还能对高铁钢轨超限进行实时报警、事后回放，并同步对超限处所做出检测报告、列表图示，方便现场作业人员对钢轨状态进行统计分析。这台自主研制的设备不需要二次人工采集数据，提高了高铁钢轨现场检测作业效率，提升了高铁列车运行平稳性和旅客乘车的舒适度。

3.8.2 设备质量管控建设

设备是铁路信号工作的根本。及时、准确、全面地掌握信号设备状态是信号设备维修的基础。信号维修是针对信号设备进行的日常养护和集中维修，主要目的是通过维修补强设备质量、预防设备故障，使信号设备处于性能良好状态。为更好地掌握设备状态，重点在建立健全监测监控系统、实现智能分析报警和智能化设备质量管理三个方面下功夫。

（1）防灾系统功能强化。高速铁路运营安全需要装备功能全面、精确可靠的防灾报警监控和视频监视系统，需要结合我国各地区实际，明确强风、暴雨、落物、地震相应等级的预测报警系统，遇有高速铁路防灾系统监控应急情况，相应需要启动相关预案和安全措施。2013年，原中国铁路总公司发布《高速铁路自然灾害及异物侵限监测系统总体技术方案（暂行）》，将高速铁路灾害监测系统规范为基于铁集团公司中心系统和现场监测设备两级架构。铁集团公司中心系统在对高速铁路沿线风、雨、雪及上跨高速铁路的道路桥梁的异物侵限实现有效、准确、实时监测的基础上，将原有灾害监测系统与新建灾害监测系统整合在一起，应用统一的信息共享与数据交换的接口规范，实现与路内外系统的信息交互，为调度指挥及维护管理提供报警、预警信息。系统需要强化按既定频率实时监测显示风速、风向、雨量、雪深等数据，实时监测异物侵限双电网状态，实时监测现场监测设备、网络设备、终端设备及各服务状态，具备地震监测预警试验系统服务器状态监测功能；展示大风、大雨、异物侵限报警，系统展示设备状态报警，并进行声光报警及限速提示；发生风、雨灾害监测报警后，可进行报警确认和报警解除操作、发生异物侵限报警后，可进行上下行临时行车、调度恢复等处置。系统可在报警后进行短信编辑，并发送至相关用户。

（2）实施智能化监测监控。针对联锁、列控等电子信息化设备日益增多以及道岔监测等监测监控系统日益成熟、监测监控功能日益完善的现状，积极推广运用集中监测系统（微机监测系统）、调度监督和调度集中复示系统、机房环境监测系统、安全数据网网络管理系统、动车组运行信息系统（DMS）、列车运行控制记录装置（LKJ）版本监测系统、道岔缺口监测系统、信号机械室巡检机器人等监测监控系统，一方面利用硬件配置和软件功能代替人工进行检查、测试、核对，消除可能存在的人为误差或错误，另一方面通过数据积累能够更好地掌握设备的工作状态和变化趋势，及时通过监测、报警或冗余切换等功能预防可能发生的设备故障。围绕高铁列车安全、施工作业安全、公路与铁路或铁路与铁路立交外挂电缆槽道等影响电务安全的突出风险，利用信息和计算机等资源开发运用电缆槽道位移报警等监控系统，代替人工实现24小时监控，强化外部环境和轨旁设备安全风险防控。

（3）实施智能化分析报警。重点是利用监测监控系统代替人工分析并实现可靠预警或报警。针对各类监测监控系统报警信息准确性和利用率不高等问题，组织开展监测监控系统无效报警整治，提高监测监控报警信息的准确性。在此基础上，开展监测监控智能分析报警研究与实践，开发推广监测智能分析和智能报警功能，通过合理设置报警上下限和分级报警模式，利用信息化手段及时将设备运用质量关键指标报警信息反映到用户终端（分级报警到电务段、车间、工区干部职工的手机上），强化提升事故故障预防预控能力。如在探索积累经验基础上，建立道岔表示电压预警、报警界限，在达到预警电压值时开始预警提示维修管理人员，当出现超过报警电压值时则立即报警告知维修管理人员进行处置，防止设备故障。

（4）实施智能化设备质量管理。一是整合监测监控系统实现一体化管理。针对各类监测监控系统独立设计、分别施工、分别管理存在的信息综合利用率不高、日常管理强度大、系统间接口多等问题，组织优化整合各类监测监控系统资源，将各个不同监测监控系统的信息数据汇集到一个统一的平台，研究开发系统软件集中进行数据分析，实现集中报警，提高设备运用质量信息处理的智能化水平，避免资源浪费和多头管理发生结合部问题。二是逐步摸索掌握设备状态变化规律。基于设备安装原始状态记录信息、监测监控装备记录的设备状态变化曲线以及日常维修对设备运用情况的影响等因素，针对道岔、轨道电路等信号关键设备建立健全"一岔一档"、"一区段一档"等设备电子档案，结合历史故障信息和监测监控发现问题形成设备质量大数据库，系统研究逐步摸清设备状态变化规律，在此基础上施行关键时段、关键设备预防性维修整治，有效控制惯性故障。

（5）固定设备运用质量管控。高铁固定设备主要包括线路桥隧、道岔、信号机、光电缆、接触网、房建设施等，分别由工务、电务、供电、房建等专业部门负责。针对固定设备维修特点，主要从四个方面加强安全管控。

① 坚持严检慎修。针对上道维修作业存在的高风险，所有设备作业均纳入高铁夜间停止行车期间安排的天窗内组织，做到"行车不作业、作业不行车"。统一编制年、月、周作业计划，每日下达调度命令，严禁计划外、无命令上道作业。检查、分析、计划、

作业、验收、销号等设备维修管理流程，坚持检修分开，日常以检查为主、修理为辅，需要维修一律报设备管理单位统一审批安排，车间集中组织，调整轨道线路等动道作业一律上报铁路局集团公司专业部门审批。

② 创新作业模式。健全完善生产生活一体化运作机制，变工务、电务、供电等各专业相互独立、分散作业，为多工种共用天窗、集中维修，实施联合检查、联合作业、联合验收，高效利用天窗、设备、人员等各类资源，提高固定设备特别是结合部设备维修质量。

③ 作业过程管控。健全完善高铁施工、维修作业管理制度，所有设备养护维修作业均实施登销记制度，均要设置驻所或驻站联络员、现场防护员，按等级安排施工负责人、把关干部，实施双重管控。所有人员、工机具、材料作业进出作业地点（工机具统一编号并粘贴反光标识）均须清点核对、摄像记录，在确保作业安全、人身安全的同时，防止作业完毕后工机具、材料等遗漏线路造成安全隐患。作业结束后相关设备必须经过复查试验，确保状态恢复后才能开通。每天高铁正式运营前，均开行动车组确认车，综合检测固定设备状态，确保后续载客动车绝对安全。

④ 建立后评估机制。组织对运营周期达到5年以上的高铁固定设备进行服役状态综合评估。根据评估状态，结合日常检查检测情况，组织开展轨道板结构抬升、路堑边坡加固、轨道板离缝注浆等高铁专项整治，消除设备状态变化带来的安全隐患。其中，在铁路首创运营高铁线路精调，通过对高铁钢轨、道岔等设备进行精密打磨，各项技术标准做到高一格、严一扣，全面改善轮轨关系。

下面以工务设备检查制度检查为例加以综合说明。为了确保高速铁路的运营安全，铁路工务系统制定了的检查制度和评价体系，按照规定对设备进行检查，对于发现的问题，按照评价体系对设备进行评价，根据评价结果安排保养、维修、专项整治等措施消除隐患，整治问题，确保设备安全。

① 检查制度

a）线路设备检查制度

轨道板、道岔、钢轨、扣件等线路设备以动态检查为主，动、静态检查相结合等，结构检查与几何尺寸检查并重的原则进行进行检查。动态检查应以综合检测列车和探伤车检测结果为主要依据，巡检设备、车载式线路检查仪和添乘检查作为动态检查的辅助手段。综合检测列车每10—15天检查1遍；动车组车载式线路检查仪，每天对线路检查不少于1遍；便携式线路检查仪添乘检查每月不少于2遍；轨道几何尺寸检查每年不少于1遍；无砟道床静态检查每半年检查1遍；道岔等每月检查1遍。

b）路桥设备检查制度

路基、桥梁、隧道等按照周期性检查、临时检查、专项检查措施等进行检查，对特殊结构（钢桁梁、拱、斜拉桥等）和重要桥隧设备每季度检查1遍；对桥面及以上部位、隧道出入口、涵洞排水、桥涵限高防护架每半年检查1遍；桥面以下结构、支座、隧道、涵洞每年检查1遍；桥隧周边环境每年检查1遍。当设备遭受地震、洪水、台风、火灾及车船撞击等紧急情况或发生突发性严重病害时，应进行临时检查，及时掌握结构物状态。

② 评价体系

根据检查的结果，工务系统制定了设备状态评定和保养评定体系，每年对设备状态进行评定，每次维护后对维护效果进行评定，评定结果是考核工务设备维护质量的基本指标，也是安排下一步维修、整治计划的重要依据。

3.8.3 固定设备检测监控

创新完善高铁运输生产中的"技防"手段。广泛运用大数据和信息化手段，实现对高铁设备和运营状态的实时监测、智能分析、科学诊断，增强安全主动预防能力。

（1）对高铁线路桥梁、牵引供电、通信信号等固定设备全面安装安全监控检测系统，通过动静结合、人机结合实现全方位、立体化监控。目前固定设备监测与诊断主要包括轨温监测诊断、钢轨探伤诊断、道岔缺口检测、长大桥梁监测诊断、隧道监测系统、供电综合远动监控检测、变电设备智能巡检系统、接触网悬挂状态检测监测、电务轨旁设备状态可视化智能检测、信号集中监测系统、电务智能运维系统等。例如，通过设计智能机器人实现对牵引变电所设备运行状况巡视系统和远程供电监控。

（2）移动设备的监测与诊断主要包括移动设备寿命预测研究、列车控制系统、列车状态监测与诊断、动车组运行环境监测系统、动车组运行品质检测系统、车辆轮对监测装置和车轮型面动态检测系统、机车车辆诊断和实时检测、轨道车辆智能检修系统、动车组健康管理与运维决策并通过远动系统加强牵引所亭、电力所亭设备及接触网开关状态实时监测，持续提高远动系统运行中发现缺陷问题的处置效率，最大效能发挥远动系统在应急处置时的作用。

① 完善列车运行控制指挥系统。采用国际先进的 CTCS-2/3 列车运行控制系统、CTC 调度集中系统、GSM-R 铁路数字移动通信系统、CBI 计算机联锁系统等，根据运行情况动态升级完善，强化系统集成、信息共享、数据联控以及自动排列列车进路、自动控制运行速度、超速自动防护等功能，确保高铁运行的绝对安全。

② 构建全天候、全方位、立体化的高铁检测监控系统。加强高铁自然灾害及异物侵限监测系统建设，上海局集团公司高铁设置风速监测点、雨量监测点、雪深监测点、异物侵限监测点，发现异常，即时报警限速，出现"红网"报警信息，自动强制拦停动车。全面推广应用晃车仪检测系统、铁路桥防撞预警系统、信号集中监测系统、牵引供电检测监测系统等固定设备检测监控系统，结合每月开行高铁综合检测列车，每日开行动车组基础变形等精密测量。在动车组列车安装上千个传感器设备的基础上，推广应用TEDS动车组运行故障动态图像检测系统，7个高铁站安装19套终端设备，实时检测监控动车组运行状态。健全完善高铁综合视频监控系统，在高铁车站、隧道口、作业通道门等关键地段，共安装视频摄像头近2万个，实时监控关键地段治安情况。

（3）固定设备和移动设备兼用。例如，完善动车组运行检测监控方面，在车上设置上千个传感器设备，实时监控1800多项运行数据；在地面轨道上安装动车组运行TEDS检测系统（高速摄像头），实时采集动车组走行部等关键部位图像；将数据信息和图像资料通过无线网络传输到计算机终端，由地面技术人员通过专用软件采集和分析，确保动车组运行的绝对安全。另外，综合监测设备状态系统也需要兼顾监控基础设施和设备使用的安全。该系统一方面可实时记录高铁线路现场情况，对监控设备及线路出现的异常状况可实现自动分析、判断和报警，提高高铁线路运行状况监控能力，一方面还是监测高铁设备安全运行的信息系统，确保设备使用安全稳定。

3.8.4 基础设备状态整修

高铁设备养护维修及状态监测保障。中国高铁建立了主要行车设备电子档案，加强设备技术状态、养修履历过程管理，定期评估设备安全状态，科学制定设备维护周期、范围和维修技术条件，推进设备精准养护维修。高铁基础设施实行"天窗修"制度，采用动态检查为主，动、静态检查相结合的全方位检查模式，通过定期开行综合检测列车、点后开行确认列车，以及使用精密测量控制网、车载式和便携式线路检查仪等方式检查确认线路状况；动车组实行五级计划性预防修制度，采用以走行公里周期为主、时间周期为辅的检修模式，在运行中还配有乘务检查，保证动车组设备运用状态良好。通过推进建设高铁供电安全检测监测系统（6C）、机车车载安全防护系统（6A）、车辆运行安全监控系统（7T）、工务安全检测监测系统（8M）等，实现高铁行车设备的不间断检测监测，及时发现和消除安全隐患。

（1）推进预防性维修方式。该方式以设备诊断技术为基础，结合设备故障的历史和现状，参考运行环境及其他同类设备的运行情况，应用系统工程的方法进行综合判断分析，从而查明设备内部情况、故障和异常，预测隐患的发展趋势，提出防治和治理对策，其关键是依靠先进的故障诊断技术对潜伏故障进行分类和严重性分析。预防性维修主要包含三个方面的关键技术：状态检测、故障诊断和状态预测技术。在现代复杂设备上往往三种维修方式并存，相互配合使用。

① 维修理念

在设备维护管理中，坚持按标作业，采取人、机等多方面措施及时查找发现质量隐患并整治消除，确保质量达标；在结合部管理方面，坚持合作共赢、融合发展，积极主动协调存在问题；在专业管理中，坚持"一切皆有标准、有计划、有控制、有闭环、有评价"，全面梳理修订管理标准和工作流程，实现所有设备都有量化标准、所有工作都有清晰流程；在执行落实重点工作中，坚持"一次做对、快速反应"，提高工作执行力。

② 维修体系

维修实践需要一种思想观念作为指导，称之为维修思想。在一定的维修思想指导下，制定出的一套规定与制度（维修计划、维修类型、维修方式、维修等级、维修组织、维修考核等），称之为维修制度。目前世界上的维修思想和制度可分为两大体系：

一种是以"预防为主"维修思想指导下，以磨损理论为基础的计划预防维修制度。计划预防维修制是指对机械设备的修理是有计划进行的，其要点是通过对机械零部件损伤的大量统计资料，进行分析研究后，把机械设备上不同损伤规律和损伤速度的零部件，科学的划分成若干组，并确定出不同零件损伤极限，从而规定了不同修程的修理期限和修理范围。这样，使机械设备在运用中能得到有计划的修理，亦即零件尚未达到极限损伤之前就加以修复或更换，所以是预防性的计划修理。实现计划预防维修制度，需要具备以下条件：通过大量的统计、测定和试验研究，确定出机械设备主要零部件的修理周期；根据主要零部件的修理周期，同时考虑一般零部件的修理，合理地划分修理类别等级和修程；制定出一整套相应的修理技术标准检修限度和修理技术要求；具备按职能分工、合理布局的修理基地。

计划预防修制以机械设备故障率曲线（浴盆曲线）中耗损故障起始点来确定修理时间。由于把机件磨损或故障作为时间的函数，因此，定时维修、拆卸分解就成了这种修制的主要方法；具体实施可概括为"定期检查、按时保养、计划修理。"其关键是确定装备及其主要零部件的修理周期，合理划分修理等级及修理周期结构，制定维修的规程与规范。

一种是以"可靠性为中心"的维修思想指导下，以故障统计理论为基础的预防维修制度。

以"可靠性为中心"的维修是在计划预防修制的基础上发展起来的，在实践中人们发现并不是维修越勤，修理范围越大就越能减少故障，相反，会因频繁拆卸安装而出现更多故障。设备的可靠性是由设计制造所确定的，有效的维修只能保持其固有可靠性。

以"可靠性为中心"的维修制度则提出按照设备各机件的功能故障、故障原因和故障后果来确定需要做的维修工作。提出了维修方式的"逻辑分析决断图"，对重要维修项目逐项分析其可靠性特点及发生功能性故障的影响来确定应采用哪种维修方式。

③ 维修方式

维修方式是指对设备维修时机的控制。也就是说对维修时机的掌握是通过采用不同的维修方式来实现的。目前的维修方式有三种：

定期维修（又称计划修）。定期维修是以使用时间作为维修期限，只要设备到了预先规定的时间，不管其技术状态如何，都要进行规定的维修工作，这是一种强制性的预防修理。定期修的关键是如何确定维修周期。正确的维修时机应该是偶然故障阶段的结束点，即在故障率进入耗损故障期急剧上升之前。

视情维修（又称状态修）。视情维修是指对设备参数值及变化进行连续、间接或定期的监测，以确定设备状态、检测性能下降，定位其故障和失效部位，记录和追踪失效的过程和时间的一种维修。视情维修认为大量故障不是瞬间发生的，而是有一个从发生到发展、最后形成故障状态的过程，总有一段出现异常的时间，而且有征兆可寻。因此如果找到跟踪故障迹象过程式的方法，将观察到的设备运行状态和规定标准进行比较，则可以采取措施预防故障发生或避免故障后果，从而决定设备是继续使用到下一个检查期还是需加工修理后使用，或进行零部件的更换或报废。

事后维修（又称故障修）。事后维修是在设备机件发生故障之后才进行修理，它不是控制维修时间。实践证明，有些机件即便发生故障也不会危及安全造成恶果，它们或是故障规律不清，属于偶然发生，或是虽属耗损型故障，但不值得大动干戈，事后维护更经济。

预防性维修的概念最早由西方发达工业国家提出，它以设备诊断技术为基础，结合设备故障的历史和现状，参考运行环境及其他同类设备的运行情况，应用系统工程的方法进行综合判断分析，从而查明设备内部情况、故障和异常，预测隐患的发展趋势，提出防治和治理对策，其关键是依靠先进的故障诊断技术对潜伏故障进行分类和严重性分析。预防性维修主要包含三个方面的关键技术：状态检测、故障诊断和状态预测技术。

选择维修方式应该从设备发生故障后对安全和经济性的影响来考虑。定期维修和视情维修均属于预防性维修，可以预防渐进性故障的发生，事后维修则是非预防性的，多用于偶然故障或用于预防维修不经济的部件。定期维修是按时间标准进行送修，视情维修是按实际状况标准，而事后维修则不控制维修时间。三种维修方式各有其适应范围。从这个意义讲，它们本身并没有先进落后之分，然而应用是否恰当，则有优劣之分，问题的关键是应该根据维修的具体情况，正确的选择维修方式。在现代复杂设备上往往三种维修方式并存，相互配合使用，以充分利用各个机件的固有可靠性。

为解决原有接触网维修时的分工合作不协调、各项作业占用时间过长造成时间浪费、挤压列车运行时间等问题，上海局对管辖范围内的高速铁路维修实施"三位一体"模式。这里的"三位一体"是指将承担铁路基础设施养修任务的工务、电务、供电三个专业整合到一个管理单位中，三个组织单元联合组成一个紧密协作的整体，建立一个设备共管、资源共享、天窗共用、责任共担，实行生产生活一体化，破除原有的各专业工种界限的综合维修的组织体制。

近年来，上海局配备了一大批先进的大型养路机械、检测车和钢轨探伤车，其中大型养路机械179台，包括国内最先进的DWL-48连续式捣固稳定车18台。目前，P95大修列车、GMC-96x钢轨打磨车、DWL-48连续式捣固稳定车都是国内单机生产效率最高的大型养路机械。集团公司线路检测设备也实现了升级换代，装备在上海高速铁路维修段综合巡检车，属国内首台综合巡检车，集成了摄像采集、激光扫描、计算机图像处理、RFID精确定位、智能化分析判断等先进技术于一体，一次开行，可同时对工务、电务、供电三个专业设备同步进行检测、分析、预警。

工务、电务、供电三个专业规划实施设备养修作业时，从检修周期的兼顾、检修项目的重组、计划编制的平衡、生产组织的优化、出行方式的统筹等方面进行组合优化，最大限度消除专业间的结合部问题，以最小的成本投入，提供高可靠性的设备质量，实现高速铁路基础设施综合养修的三个专业作业计划上统一平衡、劳动组织上优化组合、生产资源上统筹共享、生产效率上显著提高的目的，为旅客安全出行、方便出行、温馨出行提供安全、优质的服务。

集团公司设置高速铁路维管段，段下辖综合维修车间，综合维修车间下辖综合维修工区，对管辖范围内所有工务、电务、供电设备的安全运行全面负责，按照高速铁路基础设施的技术要求制定维修管理细则，全面落实各项生产任务，综合安排维修天窗，卡控天窗作业的各安全环节，实行周期检查、状态检修，实现安全、稳定、有序可控。改变了原有三个专业工种分别设置专业车间和专业工区的做法，能够充分实现资源统筹共享，安全责任共担，高度融合的一体化目标，维修生产布局经过这一优化，既节约了成本，又提高了劳动生产率。

（2）以开展智能化维修管理建设为例。围绕设备状态检查、分析、计划、作业、验收等生产管理环节，适应推动实现基于固定周期维修模式向基于设备状态维修模式转变的需要，大力推进生产管理智能化建设。

① 建设覆盖集团公司电务部、各电务段、车间、工区四级的生产管理信息系统。根据不同的管理要求，利用网络办公等资源条件，将安全调度管理、应急管理、生产管理、监测管理、设备管理等生产过程管理信息纳入基于安全生产指挥平台的管理信息系统统一管理，通过信息系统实现天窗作业、施工作业、点外作业、标准化作业、重点盯控、隐患盯控、结合部管理、设备管理、干部动态、作业日志、移动终端、设备 GIS、电子作业地图、安全防护监控、故障管理、图纸管理、应急备品、应急预案、抢修径路图、智能单兵、设备报警、短信平台等业务功能的管理工作，提高生产管理信息化和智能化程度。

② 开展技术资料"大数据"建设。围绕打造生产信息汇聚中心、信息分析处理中心、现实安全决策中心、生产过程控制中心、应急指挥管理中心"五大中心"目标，进一步强化安全生产指挥中心"大数据"建设，丰富完善安全生产指挥中心功能。一是实施技术资料电子化。将设备原理图、接配线图、联锁特殊电路档案等技术图纸资料作电子化处理，纳入安全生产指挥中心管理系统，方便生产组织和应急处置。二是建设智能化维修管理台账系统。利用网络化、信息化技术信息交互的有利条件，将车间班组工作日志、综合管理等台账进行电子化，与年度维修工作计划、月度维修工作计划、天窗修计划、设备状态调查情况、年度重点任务等统一纳入管理系统，任务与计划等项目通过系统自动生成，作业写实等由车间、工区根据生产实际填写，提高计划的准确性与合理性，同时减轻工班长日常的台账管理负担。对关键设备建立养护档案。例如，针对动车组实行五级计划性预防修制度，采用以走行公里周期为主、时间周期为辅的检修模式，在运行中还配有乘务检查，保证动车组设备运用状态良好。同时，设备管理单位通过建立巡察制度，以便及时有效地发现设备的安全隐患，加强设备技术状态、养修履历过程管理，定期评估设备安全状态，科学制定设备维护周期、范围和维修技术条件，推进设备精准养护维修。三是采集现场设备实物图电子化信息。采取拍照留存等措施，将现场设备的实物图像、端子配线以及电源屏端子、分线盘端子等关键处所的实物图纳入安全生产指挥中心管理系统，为安全生产科学决策提供更丰富有效的技术支持。

（3）利用智能化、信息化、可视化等先进技术装备和流程再造、科学管理等理念方法，围绕生产管理信息化、监测监控智能化、现场信息可视化、技术资料电子化、维修标准数字化和工装机具现代化积极采取"以机代人"等措施，积极创新实践，建立一套较为成熟的设备维修管理方法和标准。

（4）精细做好维修工作。高铁基础设施实行"天窗修"制度，高铁施工维修天窗基本上实行夜间垂直天窗修，工务、电务和供电部门共用一个时段的天窗时间，需要各工种互相协作，合理利用好施工天窗时间，这就需要不断地优化设计施工方案。天窗修工作质量需要采用动态检查为主，动、静态检查相结合的全方位检查模式，通过定期开行综合检测列车、点后开行确认列车，以及使用精密测量控制网、车载式和便携式线路检查仪等方式检查确认线路状况。

为适应高铁生产力发展要求、推进铁路运输生产力布局优化、不断提升高铁基础设施运维质量和效率，国铁集团对进一步深化高速铁路综合维修生产一体化站段改革做出具体部署。国铁集团专门下发《关于进一步深化高速铁路综合维修生产一体化站段改革的指导意见》，部署设置高铁基础设施段。《指导意见》指出，高铁营业里程不超过 2000 公里且管辖半径一般不大于 500 公里的铁路局集团公司原则上设置 1 个基础设施段。基础设施段负责高铁基础设备设施日常巡视检查、检测监测、养护维修、故障应急、营业线施工管理、路外环境检查等工作，包括高铁线路、桥隧、信号、牵引供电、电力设备管理。基础设施段设 6 个综合科室，并按"技术 + 生产"重组机构，设立生产技术中心，分为专业维修技术中心和生产调度监控中心，在车间设置上主要分为综合维修车间、电力车间、车载设备车间和机修车间。

《指导意见》本着确保安全质量、突出集约高效、强化专业管理的基本原则，遵循深度融合强化质量、强本简末优化机构、扁平贯通提升效能的工作思路，明确高铁基础设施段的设置原则和主要职责，细化高铁基础设施段下属综合科室、生产技术中心、车间等机构设置，同时细化用工管理，完善用工机制，创新岗位工种，体现了诸多新变化。当前，我国已开通高铁 90% 以上实现了一体化组织。各铁路局集团公司在推进一体化管理方面做了大量工作，取得了积极成效，"天窗"综合利用率大幅提升，结合部故障率显著降低，设备修理精准高效，应急处置顺畅有序，但一体化改革仍处于开局阶段，许多问题亟须解决。《指导意见》对铁路推进一体化站段改革向纵深发展具有积极的指导意义。

按照统一部署，中国铁路沈阳、西安局集团公司先行开展试点工作，目前，沈阳、长春、西安 3 个高铁基础设施段已组建完成。中国国家铁路集团有限公司工电部牵头成立督导组，对沈阳、西安局集团公司一体化推进情况进行指导、帮助，认真梳理存在的问题并建立问题库，协助督导解决，待完善后，将在铁路推广。实行高速铁路综合维修生产一体化改革是推动铁路高质量发展的重要举措。近两年来，铁路针对高铁安全生产实际，不断摸索总结经验，采取积极有效措施改进高铁检养修生产组织方式和管理模式，加快实现高铁安全生产治理体系和治理能力现代化。2018年，铁路提出构建"七统一、一联合"的高铁综合维修生产一体化管理模式，一体化工作在车间层面逐渐铺开。2019年以来，铁路逐步优化完善一体化改革方案，开始在站段一级全面推行一体化管理，深入调研中国铁路沈阳、北京、西安局集团公司等6个铁路局集团公司、22个站段、15个车间的综合维修生产一体化推进情况，部署设立站段级高铁基础设施维修机构，并统一命名为高铁基础设施段。

3.9 风险预警

3.9.1 监测与预警

监测与预警工作是实现科学有效应对和处置风险事件的重要环节，所谓监测与预警就是对风险事件发生前的迹象或征兆进行有效监控，进而通过科学分析，并由此做出警示的活动，其主要工作包括采集、存储、分析、传输有关安全风险事件的信息，实现部门之间以及系统之间以及跨部门、系统之间的信息交流与情报合作。

监测是风险管理中预警工作的前提和基础，在监测中贯穿"平时"和"非正常"两种状态。"平时"状态下的信息监测是在风险事件还没有被感知和发现，或者刚刚被感知和发现时进行的。"非正常"状态下的信息监测主要是对监测范围内的目标进行全天候监测，并对监测到的日常数据进行管理，力求尽早发现风险事件的风险源，及时识别风险事件。当某个监测信息指标，即风险事件的影响因子超过设定的警戒值时，风险事件的监测工作即转入"非正常"状态，此时的信息监测应侧重于掌控风险事件产生的各方面因素的变化情况，并实时收集、整理和分析可以反映风险事件发展变化的信息，为接下来的风险预警工作提供必要的条件。

预警是监测的后续工作，通过监测信息采集、研判和编报等环节，根据风险分析和研判级别，发布相关信息，并采取相应措施。预警是准确、科学分析和研判风险监测的结果，预测风险事件并制定相应的预警决策，发出预警警告，其目的是化解风险或缓解风险带来的损害，首先通过对危险要素进行持续的监测并对警兆进行科学、客观的缝隙，从而做出科学的风险评估，如果风险评估的结果显示风险事件不会发生，则返回继续监测；如果风险评估的结果显示风险事件可能要发生，预警部门则根据风险事件的级别发出相应的警示信号。预警的最终目的就是及时和准确发出警报，及时采取正确、必要的应对措施，从而最大限度地避免或减轻风险事件造成的后果。当预警信号发出以后，相关部门开始着手应对及处置风险事件，此时的预警工作告一段落，风险管理进入下一环节。

对其进行进一步"深加工"，通过监测相关信息进行科学化、专业化和系统化的判断和分析，运用专业化的理论知识甄别收集和处理后的信息真伪，柑橘风险事件发生和发展的规律科学判断信息的效用，从而挖掘、发现和评估风险信息可能携带的风险信号，及时发现危险源。

在轨道交通系统生产过程中，当某种危险接近预警指标，发生安全生产危机时，应采取相应的干预措施，避免和减缓生产事故的发生，尽量降低事故或灾害的损失，同时做好救援的准备，为及时、有效的应急救援提供依据。在重大事故、灾害或突发事件发生后，应进行应急救援，及时启动应急救援预案，采取应急救援措施，减少人员伤亡和生产损失。

3.9.2 风险预警的基本概念

1. 风险预警的含义

风险预警是指：根据系统外部环境和内部条件的变化，对系统未来的不利事件风险进行预测和报警，风险预测的对象可以是一个国家、行业、一个企业，也可以是一套装置、一个设备（设施）、一个部件。企业安全生产的风险预警是预防风险、应对风险和解决风险的手段和对策措施，其目的是通过安全生产风险预警策划，分析风险预警指标，增强企业的免疫力、应变力和竞争力，保证企业处变不惊，真正做到安全第一、预防为主。

风险预警系统是实现风险预警功能（即预测和报警等功能）的系统。风险预警管理是利用风险预警系统进行风险管理，并进行风险防范的一种活动。通过建立相应的预警方法和风险干预组织体系，对安全生产风险及其可能的危险因素进行监测、诊断、干预，正确区分安全生产系统的不安全状态和安全状态使得安全生产系统具有"报警"和"免疫"能力。安全生产预警管理的实现，可以使生产过程中人的不安全行为和物的不安全状态处于监测、识别、诊断和干预的监控之下，为预防、制止、纠正、回避系统的危险因素提供一种可靠的管理模式。

2. 风险预警的功能

安全生产风险预警管理系统是在安全生产管理功能的基础上，形成的新型预警机制，其目的在于揭示隐患及其发展为事故的早期征兆，识别风险水平，并以比做出判断、发出警示，为采取预防和控制措施提供决策依据。因此，风险预警须具有报警功能、干预功能和"免疫"功能，并与危险因素分析、风险评估、风险控制、应急救援和监督管理等共同构成安全生产风险管理系统。风险预警管理是以报警为导向，干预为手段，"免疫"为目的的安全生产风险管理机制。

（1）报警功能

报警功能是对安全生产系统的可接受风险指标或生产事故的早期征兆和诱因进行监测、识别、诊断与报警的一种功能。它通过对安全生产系统中的各类行为和绩效进行识别和报警，使安全生产系统达到最佳的综合效果。报警系统的核心是识别系统的建立与完善，既要求建立科学的预警指标体系，也要求建立稳定可靠的识别诊断系统。

（2）干预功能

干预功能是指：对安全生产系统的可接受风险指标或生产事故早期征兆和完成识别和报警后，采取安全对策措施，使安全生产系统由"非优"转变为"优"的一种功能，包括预先控制对策措施、纠正对策措施等。干预功能是针对早兆和诱因进行主动预防控制并纠正错误，保证安全生产系统从偏离状态转安全状态。干预功能的核心是预先控制对策措施和纠正对策措施的有效性和敏感性，即所采取的安全对策措施是否能够使偏离安全生产目标的不安全行为转变为符合安全生产目标的安全行为。

（3）"免疫"功能

"免疫"功能是指：对同类、同性质的事件、事故的征兆或诱因进行预测或迅速识别，并给出有效干预对策措施的一种功能。当安全生产管理过程中出现了过去曾经发生过的事件、事故的征兆或诱因时，则根据这些征兆或诱因就可以准确预测可能的事故，并采取有效的干预对策措施，制止或回避事故的发生，或者引导事故向危害较小的方向发展。"免疫"功能的核心是企业或安全生产其他机构能否总结安全生产管理的经验教训，并把它们转化为安全生产风险管理的指标、手段、方法和能力。

（4）现代化功能

现代的安全生产风险管理系统，在技术、理念、社会要求、社会责任、外部环境和内部条件等方面，与过去相比都发生了很大变化。首先，由于生产规模向着集约化、大型化、复杂化和自动化的方向发展，一个生产单元可能具有巨大的能、一旦发生事故就会是酿成灾难。其次，数字化、信息化手段被应用到生产过程中，大型生产工艺系统一般都具有监测系统，对生产过程的参数进行监测和监控，一旦监测到事故的征兆和诱因，就可以自动采取干预措施；另外，科学的统计数据资料，也为风险预警指标的取得提供了方便的途径。因此在生产过程中，应注意事故征兆或诱因的积累，对它们进行系统、科学的分类和分析，以获得准确、可靠的风险预警指标数据，通过对这些指标的监测，捕获事故征兆或诱因，及时发出危机警报，采取有效的干预对策措施。也就是说，在现代生产条件下，风险预警比过去更加重要，因此应利用好风险预警管理的"报警功能、干预功能和免疫功能"，尽量避免事故的发生，并减轻事故后果。

3. 风险预警的过程与程序

风险预警的过程与程序如图 3.29 所示。风险预警一般分为 5 个阶段：建立指标、危机监测、危机决策、风险干预和效果评估。这 5 个环节的预警活动具有顺次的因果关系，

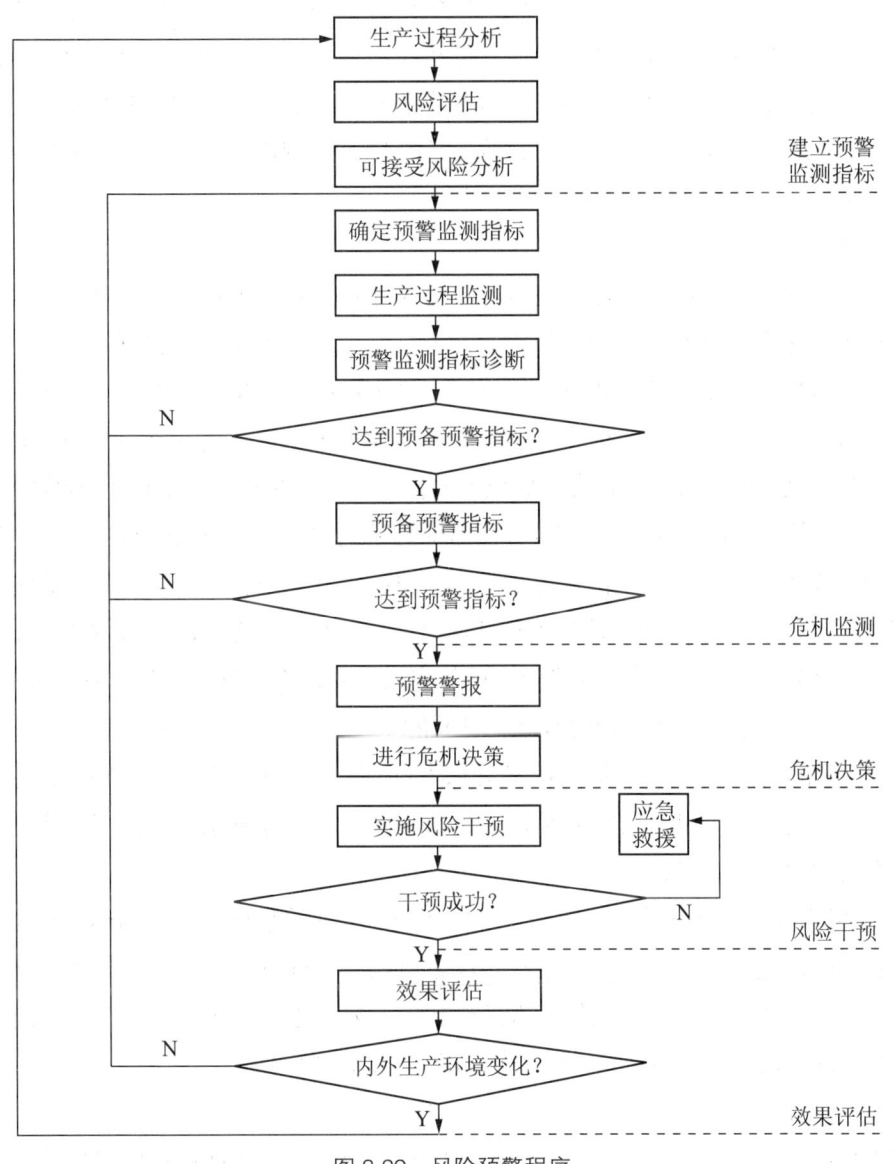

图 3.29 风险预警程序

建立指标是为危机监测建立标准,能够在复杂的风险因素中确定出预警的重点;危机监测是预警的前提,通过对预警指标的监测,监视生产过程的状态;危机决策通过对监测信息的技术分析和诊断,为是否采取预警进行决策;风险干预是在发布预警后,对生产过程中的危机采取相应的干预措施,必要时采取应急救援行动;效果评估是对干预措施的效果进行评估,以改善风险预警管理系统的有效性。

(1)建立预警监测指标

通过对生产过程的分析和评估,识别出生产过程中的危险源和危险因素,进行风险评估,确定各类危险源可能产生的风险。分析生产过程中对安全生产风险有影响的各类因素,评价这些危险因素对安全生产风险的影响程度,确定危机预警的监测指标。在统计分析的基础上,根据实际生产情况,确定每个预警监测指标的阈值,建立危机预警监测指标的预备预警值和危机预警值。

(2)风险预警的监测

监测是风险预警的前提,监测的对象是可能导致事故的关键危险源和危险因素。监测系统对生产过程进行监视,识别危机监测指标,并与预备预警值进行对比,当达到或超过预备预警值时,发出危机预备预警信号,否则继续监视生产过程。当达到或超过预备预警值时,在发出预备预警值信号的同时,继续对生产过程进行监视。当达到或超过危机预警监测指标的预警值时,发出危机预警信号。监测的任务主要有3方面的工作。

① 对过程进行监测。监测的首要任务是对监测对象的活动进行全程监视,对监测对象与生产过程各个环节的关系状态进行监测。通过对监测信息的分析,可以确定各种危险源和危险因素的风险状态,即可以识别它们是处于安全状态,还是事故状态(危机状态),或是近事故状态。在风险预警识别任务完成以后,则可判别出哪个环节发生问题,或即将发生事故,这对于风险预警是至关重要的。

② 对监测信息进行处理。即对监测信息进行整理、分类、存储、传输等,建立信息档案,并与已有数据库进行比较分析,采用科学合理的指标体系,并按照程序化、标准化和科学化的程序来处理。

③ 对监测信息进行诊断。诊断的主要任务是对监测信息进行定量描述,同时建立危机的自我诊断制度,从不同层面、不同角度进行检查、分析和评价,找出薄弱环节,重要的是迅速决策生产过程是否已经进入危机状态。如已进入危机状态,应立即发出警报信号,及时采取措施进行纠正,以减少和消除事故的危险因素。

(3)危机决策

在收到危机预警信号以后,应立即启动危机决策系统,包括:对危机预警指标值的确认、对不安全状态（包括事故状态和近事故状态）的成因、过程进行分析，对危机后果进行评价，对其发展趋势进行预测，以确定哪些状态是主要的，哪些状态是从属的。对已经被确认处于危险状态下的风险因素还要进行相应的后果评价，明确在该危险状态下将会产生什么样的损失。风险预警评价的主要任务有两项：灾害损失评价，包括直接损失和间接损失；社会损失评价，包括经济效益损失和社会效益损失。

（4）风险干预

在宣布进入危机状态后，应立即实施预定的风险干预措施（包括管理措施和技术措施），并对实施干预措施后的生产过程进行监视。如果干预措施已经产生了预期效果，安全生产风险已经降低到可以接受的程度，危机消除，则安全生产恢复正常，并继续对生产过程进行监视；如果干预措施没有产生预期效果，安全生产风险没有得到控制，风险继续增加，则应立即通过信息报告系统和预警系统，将发生或即将发生的事故或突发事件的相关信息传递给相关部门，并发布预警，促使相关部门启动各项应急准备工作。对于重大事故和突发事件，应启动应急救援预案，及时采取应急响应行动。

（5）效果评估

当风险得到控制、危机解除后，应进行风险预警管理系统的全面评价，以找出其中的薄弱环节进行改进。生产过程的内部和外部环境是不断变化的，当内部或外部环境变化较大时，应考虑对危机预警指标及其阈值的修正，以确保风险预警管理系统的有效性和实用性。

3.9.3　铁路的风险预警

1. 铁路预警等级

由上述预警分类可以看出，预警范围广泛，类别多种多样。就铁路预警而言，关于自然灾害、公共卫生和社会安全事件方面的预警与其他专业相仿，一般融入社会大众之中。因此，铁路风险预警主要是指铁路运输安全隐患和事故方面的预警，一般是涉及铁路行车安全的预警。

根据预警分析的结果，铁路应急救援应对可能发生和可以预警的事故及突发事件进行预警和发布。依据可能造成的危害程度和发展势态，预警等级一般分为4级：一般（Ⅳ级）、较重（Ⅲ级）、严重（Ⅱ级）和特别严重（Ⅰ级），并依次以蓝、黄、橙和红色预警来表示。因此，要求铁路各部门，畅通风险信息反馈渠道，

规范信息收集与整理，充实安全风险数据库，加强重要信息的分析与判断，充分发挥综合分析平台的作用，确定红色、橙色、黄色、蓝色安全风险的预警等级，及时启动

国家铁路局和国铁集团、铁路局集团公司、站段三级风险预警和应急响应，采取相应控制措施。

国家铁路局和国铁集团在发生动车组、旅客列车一般 C 级以上责任事故，货物列车一般 B 级以上责任事故后，要立即启动橙色或红色预警预案，72 小时以内组织召开铁路紧急电视电话会议，通报事故原因及教训，并根据情况组织工作组进行督导帮促。连续发生严重违章违纪引发的挤、脱、撞等作业事故，或连续发生机车走行部、制动系统、车顶高压电器设备、直供电装置故障时，立即启动蓝色或黄色预警预案，组织有关单位进行专题分析。

2. 铁路预警信息的发布与报告

（1）预警信息发布

铁路事故和突发事件预警信息包括：铁路事故和突发事件的类别、预警等级、起始时间、可能影响的范围、警示事项、应采取的措施和发布机关等。

铁路预警信息的发布、调整和解除可通过两种方式进行。铁路内部可通过调度命令、电话传达等方式，通知相关铁路部门和工作；面向社会公众，可通过广播、电视、报刊、通信、信息网络、警报器、宣传和公告等方式进行。

预警发布须做好如下工作：规定报警流程图，以确定警情发展的范围和报警方式；根据紧急情况的类型和事态的严重程度，决定报警的组织结构对象；规定报警和接警程序；明确向上级应急救援部门、相关合作单位报告事故和突发事件信息的程序、通报内容和联络方式；设置 24 h 正常运转的通信网络（电话、电传、邮箱等）。

（2）预警信息报告

我国颁布的《国家处置铁路交通事故应急预案》，规定了对铁路行车事故信息的报告与管理。

国铁集团负责本预案规定处理权限的铁路交通事故信息的收集、调查、处理、统计、分析、总结和报告，同时预测事故发展趋势，发布安全预警信息，制定相应预防措施。

铁路交通事故信息按《铁路交通事故调查处理规则》的规定进行报告。当铁路行车事故发生后，有关人员应立即上报国家铁路局和国铁集团，最迟不得超过事故发生后 2 h；国家铁路局和国铁集团按有关规定上报国务院，最迟不得超过接报后 2 h；按本预案要求通知国家铁路局和国铁集团应急指挥小组成员。

对需要地方人民政府协助救援、协调伤员救治、现场群众疏散等工作以及可能产生较大社会影响的行车事故，发生事故的铁路运输企业应按地方人民政府和《国家处置铁路交通事故应急预案》的规定程序，立即向事发地人民政府应急机构通报，地方人民政府应按有关程序进行处置。

（3）地方铁路和非国家铁路控股的合资铁路发生Ⅰ、Ⅱ级应急响应的行车事故时，由事发地省级人民政府在事故发生后 2 h 内报国家铁路局和国铁集团行车事故灾难应急协调办公室。

3. 高速铁路预警预控系统

高速铁路与传统铁路相比，具有运行速度高、行车密度大、结构复杂、关联性强、影响因素多等特点，高速铁路的任何灾害都会引起人民群众生命财产的巨大损失。因此，对其运营安全性要求也越来越高。现代高速铁路运营安全保障已经从过去出了事故再分析处理、采取措施的被动安全理念，转变为预防为主、事前分析判断、预警预控的主动安全理念。高速铁路的预警预控系统与技术已经成为高速铁路安全管理的重要内容和铁路现代化改革的重要基础和典范。

高速铁路预警预控系统是一个庞大的系统，涉及范围广泛，除了包括高速列车及其配套的相关设备外，还包括整个路网相关的安全防灾设施，涉及高速列车、牵引供电系统、列车运行控制系统、运营调度系统、工务系统等多个子系统。高速铁路预警预控系统由人员安全预警、设备设施安全监测预警、环境灾害监控预警等部分组成。

（1）人员安全预警

高速铁路运营安全的所有活动都有赖于操作人员高效、安全和可靠的行为高速铁路运营工作的各个环节、各项作业都是由人来操作、控制和完成的，因此人在高速铁路运营安全工作中起着关键的作用。高速铁路运营安全的人员包括运输系统的内部人员和外部人员。

（2）内部人员的安全监测预警

运输系统内部人员主要是指车务、机务、工务、电务、供电、车辆、安监、客运、货运等部门的各级领导人员、管理人员和基层作业人员，他们是保证运输安全关键的人员。高速铁路运营的实践表明，高速铁路员工，特别是运输生产第一线的工人和管理人员，他们的思想品质、业务水平和心理素质等不适应高速铁路的要求，往往是造成事故的重要原因，这里所指的内部人员的预警监测，司机驾驶高速列车时的监测预警占有很重要的地位，这是由司机工作的重要性决定的。例如，法国 TGV 高速列车上，安装了司机防睡警视器和速度监测预警装置

司机室安装了 VACMA 自动防睡警示器。当列车速度超过 3 km/h 时，自动警示器起作用，司机必须每过几秒钟按压或放松按键。如果司机有睡意，未能按正常操作，警示器则立即提醒他按键，如果司机仍不按要求行事，VACMA 系统将发出列车紧急制动指

令，同时报警信号也无线传输给调度指挥中心并向乘务员报警，还会启动车灯闪烁装置。列车紧急制动后，必须通过一定的管理程序才能缓解。

司机室同时还装有驾驶记录仪，记录列车的速度、间隔和时间等参数，并起到"黑匣子"作用，必要时可复示列车的运行过程。驾驶记录仪还记录司机操作是否遵守信号指令或其他的安全规定，记录列车的主要运行参数，如牵引、制动等系统的主要参数。

另外，列车上还装有速度表，它由3个完全独立的、记录列车实际速度的计数器组成，以三取二的方式确定有效值，供司机和车上不同设备使用。速度仪能够可靠、准确、实时地指出列车的速度值，指示误差小于 10 km/h。

（3）外部人员的安全监测预警

运输系统的外部人员也纳入监测预警的范围之中，主要是指对高速铁路运营安全有直接影响的人员，主要包括：

服务人员的行为。可通过相关的作业标准、规范等进行约束，并采用制定的设备监控其工作状态。

旅客及其他人员的安全监控。主要是指：在客运站内和高速列车上，需要一定的安检设备，主要是红外线、超声波检测和电视监控等设备，对旅客、行李、物品等进行安全检查，防止将易燃、易爆和危险品带入车站和带上列车并防止无票人员进入站内和登上列车。

对重要设施和区域的治安监控。主要对车站隔离区、车站出入口实施监控，防止扰乱治安、伤害旅客、炸毁列车等恶性事件的发生。

4. 预警级别确定与预警信息显示

灾害事故预测预警评估系统可采用景气灯号模型进行预警，所谓景气灯号，就是采用类似于交通管制信号系统的方法（即灯号显示法）来反映不同类型的突发灾害事故预警指标的变化状况与变化趋势，又叫"景气警告指标"方法。根据《中华人民共和国突发事件应对法》的规定，可以预警的自然灾害、事故灾难和公共卫生事件的预警级别，按照突发事件发生的紧急程度、发展势态和可能造成的危害程度分为一级、二级、三级和四级，分别用红色、橙色、黄色和蓝色标示，一级为最高级别。可以用以下形式表示：红色，特别重大（Ⅰ级）；橙色，重大（Ⅱ级）；黄色，较大（Ⅲ级）和蓝色，一般（Ⅳ级）。

预警信息包括灾害事故的类别、预警级别、起始时间、可能影响范围、警示事项、应采取的措施和发布机关等，可以参照下列规定来确定灾害事故的警情级别：

Ⅰ级预警（红色，特别重大）。启动该级别预警预示着将要发生特别重大或特别重大以上的灾害事故，公共危机随时可能发生，事态正在不断蔓延。特别重大灾害事故是指突然发生的，造成事态异常复杂，对社会稳定、公共安全和人民群众的生命财产安全造成了特别重大的威胁，可能或已经造成特别重大的人员伤亡、财产损失或社会失序，需要国务院统一组织协调，调度全国资源和力量进行应急处置的突发灾害事故。该级别预警由国务院发布或由省级政府应急指挥中心请示国务院后发布。

Ⅱ级预警（橙色，重大）。启动该级别预警预示着将要发生重大或重大以上的灾害事故，公共危机可能即将发生，事态正在逐步扩大。重大灾害事故指突然发生的，造成事态比较复杂，对一定区域内的社会稳定、公共安全和人民群众的生命财产安全造成了严重的威胁，可能或已经造成了重大人员伤亡、财产损失或社会失序，需要该区域内政府组织调度较多社会力量和资源进行联合处置的灾害事故。该级别预警由省级应急指挥中心发布。

Ⅲ级预警（黄色，较大）。启动该级别预警预示着将要发生较大或较大以上的灾害事故，公共危机可能要发生，事态正在发展且有不断扩大的趋势。较大灾害事故指突然发生的，造成事态较为复杂，对一定区域内的社会稳定、公共安全和人民群众的生命财产安全构成了一定的损害，可能已经造成较大人员伤亡、财产损失或社会失序，需要该区域内政府组织调度社会力量和资源进行处置的灾害事故。该级别预警由市级应急指挥中心请示省级应急指挥中心后发布。

Ⅳ级预警（蓝色，一般）。启动该级别预警预示着将要发生一般或一般以上的灾害事故。一般灾害事故指突然发生的，事态比较明朗，可能会对较小范围内的社会稳定、公共安全和人民群众的生命财产安全造成损失，可能或已经造成少数人员伤亡和财产损失，只需要调度该区域内个别部门或区县的力量和资源就能够应对和处置的灾害事故。该级别预警由区县级应急指挥中心请示市级应急指挥中心后发布。

第 4 章 调度指挥安全风险管控与应急处置

Chapter 04

高速铁路调度指挥管理是高速铁路运输管理的中枢。确保高速列车运行的安全和正常的运行秩序是高速铁路调度指挥体系的首要目标,高速铁路对调度指挥系统提出了更快、更高的要求,相应的建立适应我国高速铁路调度指挥管理体系是也就成为高速铁路运营迫切需要。我国东部高速铁路的迅猛发展,结合高速铁路调度指挥的实际情况,以确保高速铁路安全和正常的运行秩序为核心,构建高速铁路调度指挥管理体系,并在实践的过程中不断优化、改进,使之日趋成熟,确保高速铁路运营顺利进行。

4.1 调度指挥管理体系

4.1.1 调度指挥系统概况

调度指挥系统是高速铁路运营管理和列车运行控制的中枢,是高速铁路新技术的集中体现,是高速铁路运营管理现代化、自动化、安全高效的标志,对统一指挥列车运行和协调铁路运输各部门的工作作用重大。目前实行以计划为龙头的组织模式,应急处置中发挥团队智慧,提供辅助决策。高速铁路调度强调集中指挥,是综合效益的集中体现,关系到整体效率和效益的发挥。如图 4.1 所示,高速铁路运营调度系统主要解决两个问题，即如何运营和如何调度的问题。运营问题主要通过编制高质量的运输计划予以解决，调度问题主要通过如下调度指挥系统各功能子系统的相互配合来反映。

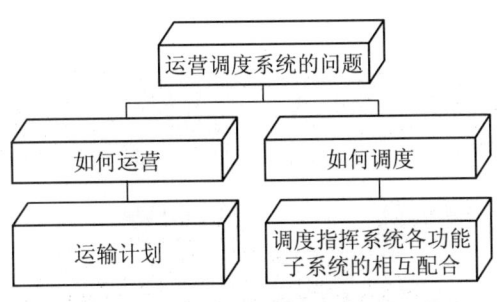

图 4.1　高速铁路运营调度系统的问题

我国高速铁路调度指挥机构的设置以满足高速铁路调度指挥需要为前提，在充分考虑高速铁路运营管理模式、行车组织特点、调度指挥模式及功能的基础上按照一般组织机构设置的原则来合理设置调度指挥机构。遵循"分工明确，业务不交叉"的原则，我国高速铁路调度指挥机构采取两级调度架构，即国铁集团调度中心、铁路局集团公司调度所。

1. 国铁集团调度中心（管理层）

总体负责组织协调全铁路系统高速铁路运输调度指挥。国铁集团调度指挥中心高速铁路调度设值班副处长、计划、列车、动车、客运、供电、综合维修调度台。国铁集团调度指挥中心作为铁路调度指挥的领导者，主要负责铁路列车运行的协调、监控。具体可以概括为：负责铁路列车基本列车运行图的编制；组织跨线列车的开行，协调高速铁路公司和既有线铁路局集团公司之间以及高速铁路公司之间的利益冲突；监视铁路列车的运行状况；非正常情况下指示相应调度机构的应急处理工作，必要时接管指定区域列车运行指挥工作等。

2. 铁路局集团公司调度所（高速铁路调度指挥中心）

高速铁路调度指挥涉及计划、列车、工务、电务、供电、动车、客运以及维修等部门，为满足高速铁路调度指挥业务的需要，在调度所设置相应的业务调度台，由各业务调度台来直接指挥现场的工作。铁路局集团公司调度所是列车运行的实际控制中心，主要负责实施计划的制定，组织列车按图运行，在列车运行偏离计划时实时进行列车运行调整，在非正常情况下开启应急处置或救援模式等。要保证高速铁路运营的安全，离不开各高速铁路调度台间紧密联系，密切配合。高速铁路调度值班主任领导和协调各工种调度，督促各岗位按章、按标作业，共同确保高速铁路列车运行的安全畅通，保证高速铁路调度指挥的安全稳定。集团公司调度所在高速铁路值班主任领导下设有计划、列车、客服、动车、工务、电务、供电和施工调度等岗位，中国铁路上海局集团公司调度所如图 4.2 所示，其中：

图 4.2　中国铁路上海局集团公司调度所

我国高速铁路运营调度系统的构成如图 4.3 所示。

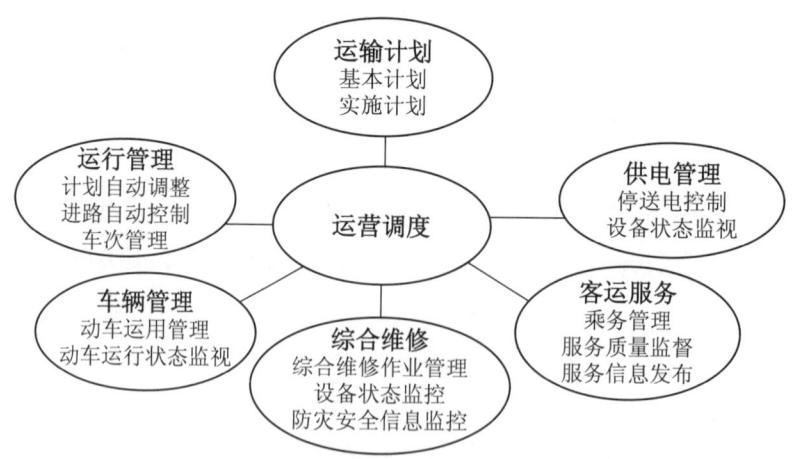

图 4.3　我国高速铁路运营调度系统构成

计划调度主要负责列车运行计划、动车组运用计划、乘务计划以及维修计划的编制，列车运行实绩统计分析等。列车调度又称行车调度，列车调度台是确保高速铁路调度指挥安全、列车安全畅通运行的中枢与关键，负责组织列车按计划运行，在列车运行偏离计划时实时进行运行调整等。列车调度员作为调度部门的关键岗位，是日常运输组织指挥工作的大脑，担负着保障运输安全、组织客货运输、保证国家重点运输、提高客货服务质量的重要责任，凡与行车组织有关的日常生产活动都必须在运输调度的统一组织指挥下进行。按照集中领导、统一指挥、逐级负责的原则，一个调度区段内由本区段列车调度员统一指挥，列车调度员作为一个调度区段行车的统一指挥者，其发布的调度命令和指示，相关行车人员必须执行。列车调度一般有列车调度和助理调度两人协同配合完成工作。工务、电务、供电调度分别负责辖区范围内的工务、电务、电力调度及牵引供电调度、被控设备的监视、控制等。动车调度负责监控管辖范围内动车的运用情况，合理安排动车组的运用、检修；合理安排动车组司机及乘务组等。客服调度负责管辖范围内车站与旅客服务相关的各项事务，积极应对各种突发情况，做好旅客的疏导、安抚工作等。施工（综合维修）调度负责收集基础资料及各种报表信息，制定维修计划，监视线路以及列车运行状况等。根据工作量情况，综合设施调度的职能可并入列车调度岗位，也就是说，不单列综合设施调度，其工作职能由列车调度员完成。在没有设置综合维修调度的调度所，其职责并入列车调度员。

4.1.2　调度指挥设备及运用特征

1. 调度指挥设备

高速铁路调度指挥设备主要包括运输调度管理系统（TDMS）、调度集中系统（CTC）。

（1）运输调度管理系统（TDMS）

自 2008 年以来，我国铁路部门推广实施了运输调度管理系统（TDMS），系统包括国铁集团、铁路局集团公司、站段三级系统，主要目标是实现调度系统"协同计划编制、辅助决策支持、信息采集处理、统一建模维护"四个方面的目标，实现各级调度及各调度工种间协同编制，动态生成完整的调度日、班计划。系统主要功能包括：

① 建立调度计划编制平台，实现调度日（班）计划协同编制。系统通过建立"调度计划协同编制平台"，努力实现"横向集团公司间接续编制、集团公司内多工种协同编制货运、列车和机车三大工作计划，纵向国铁集团、集团公司、站段三级协作编制轮廓计划与调度日（班）计划"的建设目标。在实现信息共享的同时充分发挥计算机优势，为各调度工种提供统一的计划编制平台，各工种数据经平台计算后生成完整的调度日（班）计划，实现"一日一图"，构建完整调度日（班）计划。系统将调度员所在管辖区段内的作业经推算放大为集团公司范围内的作业，并根据相关工种信息提供相应的实时指标统

计，为编制计划提供决策支持。

② 建立完善各调度工种系统功能，实现运输生产闭环管理。系统在强化信息源点建设的基础上，建立完善值班主任、计划调度、货运调度、机车调度、客运调度、施工调度、军特运调度等主要调度工种子系统，实现对主要调度工种作业流程的功能覆盖，同时满足两级调度部门生产、施工、安全、基础的综合管理功能，实现调度作业流程化衔接与协作，构成有机联系的整体；并按照调度相关规章、规程，建立严谨的逻辑判断模型，对调度作业流程、作业标准进行程序化管理、约束、控制、警示，实现管理上安全卡控。

③ 铁路运输管理信息系统（TMIS）与调度指挥管理信息系统（DMIS）间互联互通（T/D结合），实现信息充分共享。TMIS系统作为铁路系统内部局域网，承担铁路内部生产管理等功能。DMIS系统作为调度指挥管理平台，与TMIS系统间相互贯通后，一方面强化了调度部门与运输生产各环节的联系，包括列车运行图阶段计划信息传递、列车正晚点信息预报等。另一方面为提高调度日班计划编制质量提供数据支持。同时进一步强化工种系统间信息共享，重点解决调度作业全过程信息共享的问题，在相同工种间实现信息的实时交换，在不同工种间实现信息的实时或批次交换，信息共享方式由调度员主动的查看转变为对调度员的主动提示。

④ 具备计划调度台间（铁路局集团公司间）计划透明、车流来源透明、能力与车流精确匹配等功能的，有效支持各工种及调度台协同编制计划的运输调度管理系统，提高计划编制质量，实现基本图、调度日（班）计划、阶段计划的一体化编制，实现动车组工作计划、列车工作计划的有机结合，实现开车计划、运行计划的高水平兑现，确保在列车视图环境下实现按计划行车，真正发挥计划对运输组织工作的整体牵动作用，全面提升调度指挥工作效率和精细化管理水平。

（2）高速铁路调度集中系统（CTC）

20世纪90年代初期，我国铁路围绕调度指挥智能化程度、安全可靠性方面开始了调度集中系统的研究工作。而国外调度集中系统的发展起步早已经历了几代产品的研发，有许多成功的系统在各国铁路中泛应用。我国的铁路运输组织场景比国外要复杂得多，通过引进消化和吸收国外的成功经验，经过多年努力和攻关，我国高速铁路逐步形成拥有自主知识产权的调度集中系统。

调度集中系统（CTC）是调度中心对某一区段内的信号设备进行集中控制、对列车运行直接指挥、管理的技术装备。系统是综合了计算机技术、网络通信技术和现代控制技术，采用智能化分散自律设计原则，以列车运行调整计划控制为中心，兼顾列车与调车作业的高度自动化的调度指挥系统。通过 CTC 设备编制列车运行阶段计划,下达至车站自律机,车站自律机生成进路序列信息,并按照进路触发时机,将进路序列中相关按钮命令发送到联锁设备,由其排列相关列车进路。系统按照对列车进路和调车进路的控制权限不同,分为中心操作方式、车站调车操作方式和车站操作方式。系统主要包括列车计划管理子系统、自律控制子系统、车次管理子系统、调车作业子系统、调度终端子系统、车务终端子系统、与外部系统(TDMS)等接口子系统、GSM-R 接口子系统、限速命令管理和列控接口子系统,及其他相关维护功能。CTC 系统结构图如图 4.4 所示。CTC 系统进行列车作业主要流程:

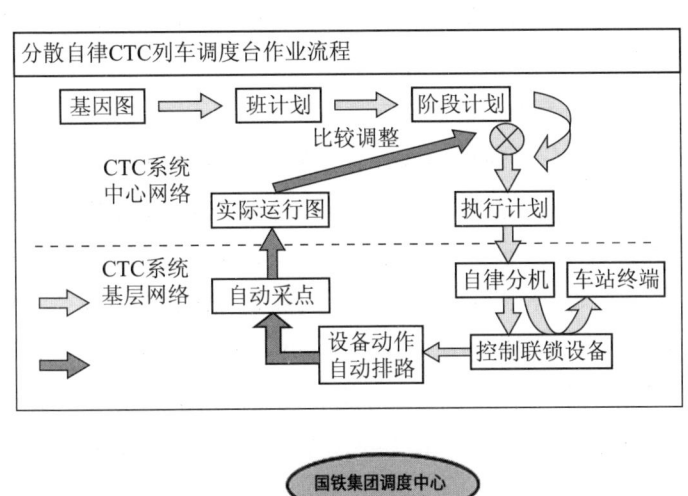

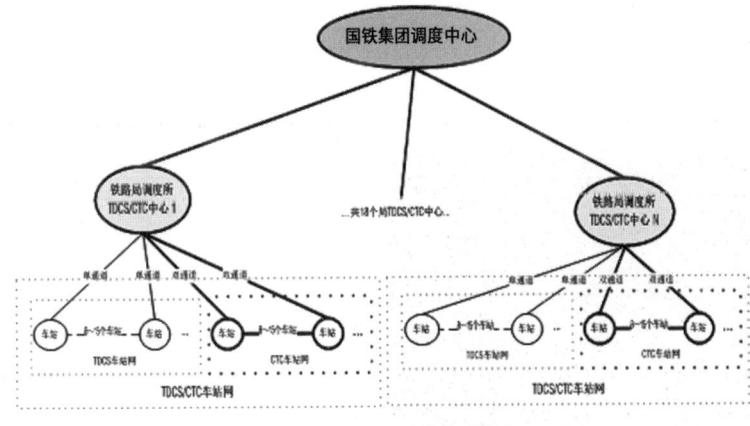

图 4.4 CTC 系统架构图

① 列车调度员在调度中心列调工作站编制、下达列车运行调整计划并下达到各管辖站。

② CTC 车务终端及车站自律机收到计划后,自动将列车运行调整计划转换为列车

进路指令序列。

③ 车站自律机根据排列进路的规定时机一到，经过《站细》条件检查通过后，向联锁系统下达进路控制命令。

④ 在进路排列完成后，自动以文字方式向司机提供前方站的接车进路预告信息。

⑤ 联锁系统将各项电务设备中的行车表示信息以及自身采集的表示信息发送至调度中心。

⑥ 车站自律机按照报点规则自动采集列车的到、发点或通过点，并将报点信息发送至调度中心，调度中心依此来自动描绘实迹图；车站自律机将报点信息传送至车务终端，车务终端根据该信息自动填写《行车日志》。

CTC系统单站界面图与列车运行图如图4.5所示。在列车运行图调整实施过程中，如果旅客列车办客站、动车组列车办客股道、列车运行径路等未经核对，TDMS 5.0系统上列车运行图丢失运行线（俗称"丢线"）等，极有可能造成列车错办等事故。因此，需要加强以下方面的工作，发现差错及时更正、及时反馈、及时上报：按规定的格式制作新旧交替表，核对正确后导入TDMS系统，并根据修改电报和文件进行再核对、再修改，确保新的调整列车运行图数据在传递、生成及上传过程中完整无误；新的调整列车运行图实施期间，及时搜集各调度台新列车运行图使用情况的信息；制定新旧交替计划，在新旧交替期间，安排人员进行安全把关；列车调度员加强运行径路、办客站、办客股道资料的核对；加强与软件部门、调度台的核对工作。

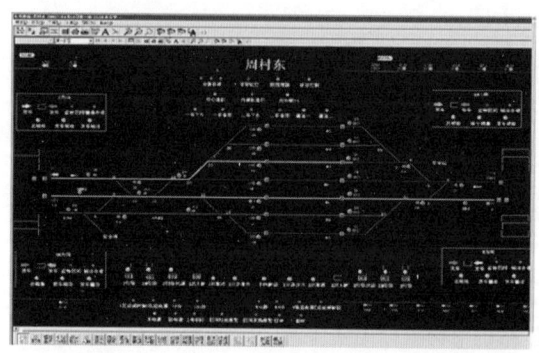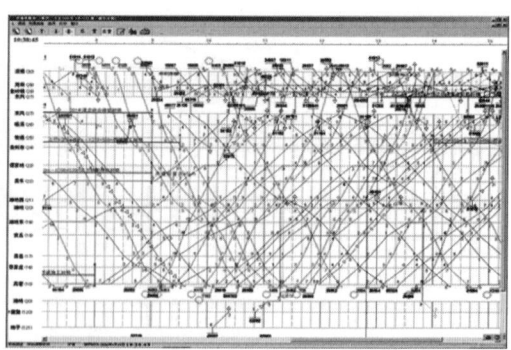

图 4.5 CTC 系统单站界面图与列车运行图

2. 调度指挥设备应用特征

高速铁路是高新技术的系统集成，与普速铁路相比，存在着现代科技上的巨大差异，存在着人、机功能分工和组合上的差别。高速铁路调度指挥应用系统特点主要体现在以下几个方面：

（1）分散自律调度集中控制系统。分散自律调度集中控制系统简称CTC，是调度中心对某一区段内的信号设备进行集中控制，对列车运行直接指挥、管理的现代化技术装备，并代替了普速铁路车站值班员的行车工作；同时也是实现铁路各级运输调度对列车运行实行透明指挥、实时控制的高度自动化的调度指挥系统。该系统与其他系统连接，构成功能完善的列车运行指挥安全控制体系。

（2）列车运行自动控制系统。高速列车的运行速度要达到200 km/h及其以上，在司机已看不清地面信号的情况下，列车自动控制系统对速度进行自动监控，并实现地面和车上信息的自动交换功能。同时，高速列车以车载显示作为行车凭证，通过连续比较列车的实际速度和允许速度，使列车实际速度限制在安全允许的范围内。

（3）列车状态及设备自诊断系统。动车组列车装设了数据采集和诊断计算机，系统设计遵循"故障导向安全"的理念，对牵引动力、制动系统、走行部分、轴温、列车火灾、车门、空调、照明等各项设备进行检测和监测，当设备发生故障时，系统自动采取降速慢行、关闭信号、停车等故障导向安全的措施。

（4）防灾报警和视频监控系统。高速铁路装备了功能全面、精确可靠的防灾报警监控和视频监视系统。强风、暴雨、落物、地震都有相应等级的预测报警系统，以便及时在调度指挥过程中采取各种预防措施，控制列车运行速度，防止事故发生。同时，高速铁路全线安装视频监控系统，可对重点区段和设备设施进行24小时实时监控。

4.1.3　科学组织体系

（1）创建高速铁路运营调度组织（以上海局集团公司为例，下同）

以建设调度集中系统（CTC）为核心，打破传统思想束缚，构建实现运输调度指挥的自动集中控制和所站车一体化管理的组织体系。高速铁路行车指挥工作较之既有线铁路具有高度集中。一个高速铁路调度管辖区段里程基本在300—500 km，管辖15个左右车站，除了部分枢纽客运站为车站控制外，绝大部分车站均为分散自律下的中心控制，日常运输工作由列车调度员统一指挥与操作，车站均不设车站值班员，高速铁路调度要承担既有线车站值班员岗位的工作。新的作业特点、作业方式大大使得高速铁路调度所承担的安全责任明显加大，安全关口明显前移。

① 高速铁路列车调度台设主调和助调岗位，主调主要负责管辖区段的列车运行调整及调度指挥工作，助调主要负责办理接发列车、调车、施工维修作业工作。

② 相应设置客服台和动车、供电、施工、综控调度台，并优化相关职责。特别是随着京沪高速铁路的开通运营，相应成立综控台，直接负责高速铁路车站闸机开放、语音广播、旅客乘车指引以及旅客交流工作。

③ 设置高速铁路值班副主任岗位，主要职责是在值班主任的领导下，掌握高速铁路列车安全正点情况，对高速铁路非正常行车组织、应急处置等事宜进行安全盯控。

④ 沪宁、沪杭高速铁路开通运营后，为实现现场与调度所间信息的快速传递，还特设动车信息台。该台人员由各机务段经验丰富的司机担当，主要负责在高速铁路非正常行车过程中对现场司机进行专业技术指导，动车信息台的设置在铁路属于首创，运作经验受到铁道部肯定。在铁道部新的高速铁路岗位设置及职责文件中，已正式将动车信息台列入调度所管理。这些不断优化设置的调度组织使得高速铁路调度指挥趋于整体、高效、快速化，实现高速铁路运输集中统一指挥、基础设施维修一体化管理。

（2）创建高速铁路调度人员标准

坚持按照新的管理体制，新的作业流程设置岗位、配备人员，按照高起点、高标准的要求配备高速铁路调度人员，坚持按照新的管理体制、作业流程设置岗位、配备人员，人员配备必须精干高效，体现兼职并岗、一岗多能的特点。其中列车调度员要具备既有高铁、CTCS-2、电气化、动车组运营、防灾安全系统和CTC系统操作等知识，并具有大学本科学历水平，还兼有双线自动闭塞区段列车调度员岗位经历。同时，主调岗位突出应急处置能力和实践经验，年龄要求35岁以下；助调岗位则突出对CTC调度平台设备的操作运用熟练程度以及作业的标准化，年龄在30岁以下。

（3）调度人员选拔程序

按照高速铁路人员标准，坚持优中选优、高标准把好人员入口关，从既有线和生产骨干队伍中择优选拔。采取自愿报名、统一考试考核、择优录取的制度。首先通过理论考试选拔预选调度员，理论考试出题范围全覆盖高速铁路调度相关规章，经过集中组织的理论考试，按照成绩排序，再综合申报人员的工作经历，结合民主评议、工作表现以及调度应急处置能力水平，按照1∶1.2比例择优预录选高速铁路调度人员。然后进行三个月的全日脱产培训，包括参加由国铁集团组织的高速铁路调度人员集中培训课程，由调度所技术教育室人员组织的规章学习，设备厂家模拟系统上进行操作训练，自学过程中的疑难点集中解答，并通过的考试和考核，结合理论考试成绩、设备操作鉴定，最终确定高速铁路调度员人选。

（4）提高安全风险意识

提高高速铁路调度人员的安全敏感性。组织通过班前点名会、专题学习会、座谈会等多种学习形式，加强对高速铁路调度人员的安全风险意识教育，增强安全风险意识和大安全意识；认真吸取路内外安全事故的教训，举一反三、防微杜渐；立足于超前防范，想尽办法防止问题发生；将行动建立在对生产过程各个环节进行安全评估的基础上，全面考虑有可能出现的安全风险；不断推进调度安全文化的建立，形成人人讲安全、文化促安全、合力保安全的浓厚氛围。

4.1.4 管理标准化体系

（1）作业标准化管理体系

以常态管理为主，根据高速铁路设备、作业、劳动组织新格局，科学合理地制定岗位职责，并制定作业制度、作业办法、作业流程，突出一日作业、一次作业、一项工作等管理标准，使得高速铁路调度员在日常指挥中有章可循、有标可对。同时，围绕高速铁路运营计划、组织、协调、控制和考核管理创建管理标准，使之实现闭环的动态管理，每月初统一公布各专业调度室的安全考核情况。同时，实施标准化示范岗创建活动，总体要求是所在岗位成员的职业道德好、业务技能高、岗位形象好、工作质量优、安全生产佳，能充分发挥模范带头作用。通过标准化示范岗的建设来全面推动调度岗位标准化作业的落实情况。

（2）规章制度标准化管理

① 研讨和梳理规章制度。根据调度集中和高速铁路调度指挥的需要，由技术教育室牵头，建立健全相关规章制度、作业标准，确保技术资料准确、及时提供。对调度指挥过程中暴露出的规章盲点和难点问题，要及时制定应对措施和细化办法，同时采取定期研讨和梳理的方式，及时清理临时性制度办法。

② 优化信息管理平台。开发《调度信息管理系统》，其中的技术管理平台主要是为适应高速铁路新设备、新技术、新规章的管理需要，通过梳理、整合、建册、更新、维护，将其分门归类进行实时管理，还增加设计应急预案和行车规章字段查询功能，便于查询和学习，实现行车规章、技术资料管理一体化。

③ 总结高速铁路联调联试的经验。在联调联试过程中成立临时调度所，通过积极配合设备管理、施工单位的高速铁路试运行组织情况，提前掌握高速铁路设备使用、新技术原理、列车运行特点、作业组织方式、劳动体制等，提前制定高速铁路运营调度安全卡控措施、作业办法、作业标准、作业流程，并充分预想，结合实际，不断完善高速铁路运营管理体系。

(3)安全管理及应急管理标准化

① 全面实施安全风险管理

传统的安全管理采用"事故管理"方式,即当事故发生后进行事故分析,排查故障,消除隐患,确保不再次发生此类事故。但高速铁路事故的严重性和不确定性,使不能坐等事故的发生,再进行安全分析。为把安全风险降到最低,构建了新型安全管理体系,即安全风险源(点)识别,把安全工作重心放到"隐患管理"、"过程控制"上,将安全关口前移,从传统的"事故管理"向"隐患管理"转变。围绕高速铁路、客车等安全关键,从设备设施、安全管理、人员素质、规章制度、外部环境、自然灾害等方面,深入挖掘、研究识别、不断收集在高速铁路运营中存在的安全风险源(点),通过识别风险、风险评估、制定措施、控制风险四个阶段的组织实施,形成调度《安全风险源(点)库》,实行动态管理和日常掌控,不断提高风险识别、控制和管理的能力,大大提高了高速铁路调度安全管理水平,也将高速铁路安全风险降到最低。突出人员、设备、环境、管理四大要素,排查和梳理调度工作中存在的各类安全风险,积极探索、研究、建立调度安全风险管理办法,动态明确安全风险源排查、风险点确定、动态检查、过程控制、全程考核等要求,明确各级安全管理人员、各岗位作业人员的安全风险管理和作业要求,强化对关键作业、关键环节、关键岗位、关键时段的检查和卡控,确保安全风险管理全方位、全闭环,形成具有调度特色的安全风险管理。

② 健全应急处置组织体系

经过多年来的探索和发展,上海局集团公司努力构建"导向安全、分工明确、信息畅通、预案科学、支持有力"的应急处置管理体系。一是成立铁路局集团公司、站段和处置点三级应急响应处置管理平台。铁路局集团公司应急调度台,由调度所副主任主持带班,运输、客运、机务、工务、电务、供电、车辆等相关业务部室指定本专业胜任人员作为应急调度台值守人员,共同组成全天候的应急处置"智囊团",负责协调、指挥非正常情况下的行车组织和设备故障处置及事故救援等工作,及时启动应急程序,围绕"安全"和"畅通"两个基本目标,收集、协商各专业应急关键和需求,统筹谋划、共同协调,快速准确制定行车组织和设备故障处置及事故救援预案。站段应急指挥中心,由站段领导带班,主要业务科室负责人和专业人员参加应急值守,负责指挥非正常情况下的应急处置等工作。现场处置点,由车间主任或工班长及作业人员组成应急处置作业小组,负责现场故障排除和运输秩序恢复等工作。二是健全应急值守岗位职责、工作流程和管理机制。应急调度台和站段指挥中心实施值守制度"三固定",即固定值守时间、值守地点、值守人员;执行"四四五"工作制度,即四项处置原则、四项责任追究、五项工作职责;建立应急响应评估机制,实行一案一跟踪、一案一分析,对延误响应的,严肃追究责任。三是明晰职责分工。在日常应急处置中，铁路局集团公司、站段两级应急处置机构执行"行车单一指挥"原则，区分"列车调度指挥"和"专业技术指导"两条主线的职责分工，履职，切实做好把关提醒、技术支持等工作，规范信息上报渠道，逐级联系、单一指挥，确保故障信息、处置进度、行车指令的上传下达畅通及时，防止多头指挥、越级指挥给现场处置造成干扰。

③ 完善应急处置预案编制

明确预案编制流程。编制预案前认真开展风险研判和资源调查，按照"统一规划、分类指导、分级负责、条块结合、动态管理"的原则，确定处置预案的规划、预编、审批、发布、培训、演练等流程。

突出预案的效果。广泛征求意见、验证审核，突出应急指挥和现场处置人员"干什么、怎么干"，并结合设备故障不同类别和规章变化，一事一评价、一案一分析，年度综合评估，动态修订完善，确保预案管用有效、便于操作。

正确运用预案。指导专业调度完善《作业指导书》《应急处置卡片》内容，按照"把麻烦留在管理层、把方便留给作业层"的思路，相应编制更加简明扼要的操作手册以及作业流程图、关键项提示项，便于应急指挥和作业人员快速、准确处置突发情况。

④ 应急处置演练

围绕高速铁路设备故障模拟、非常态运行组织、安全薄弱环节，有针对性、有计划地组织应急演练，检查应对各种可能发生的紧急情况的适应性及各工种调度员之间的相互协作与协调程度，检查信息沟通渠道是否完善、各部门间协调机制运转是否顺畅。验证应急预案是否可行，也发现了预案中存在的问题，并找出科学根据修正预案，从而增强信心，提高高速铁路调度员技术及业务能力。根据 CTC 调度指挥系统分散自律状态下的特点，进行列车与调车进路手工排列、相关调度命令的发布、调车联控用语规范等方面的演练，切实肩负车站值班员和助理值班员职责，这也是适应高速铁路调度指挥真正实现分散自律作业的内在需要。通过演练讲评和总结，暴露预案中未曾考虑到的问题并找出改正的措施，不断完善预案的可操作性，涵盖设备故障、非正常行车、突发交通事故、抢险救援等方面，形成了涉及层面多、可操作性强的应急演练体系。通过演练，使得调度员在突发情况下能够处变不惊、正确处置，在调度指挥实践中发挥了重要作用。

⑤ 强化应急处置队伍建设

应急处置工作安全高效最终取决于人员素质，因此把应急处置队伍建设列为关键因素。

严把值守人员入口关。铁路局集团公司应急台值守人员由各业务处室挑选责任心强、业务技能过硬、应急经验丰富的专业管理干部参加值守工作，并经业务处主要领导认可方能上岗。调度内部，更是把高素质的拔尖人才安排在应急指挥和业务指导前线，带动整个应急体系人员素质良性发展。站段指挥中心根据各专业特点，挑选熟悉现场设备特性和具有丰富实作经验的人员参加值守工作。

强化应急处置人员培训。全员参加铁路局集团公司应急处置培训和演练，充分利用仿真实训系统、实训基地设施，有侧重地组织应急处置知识学习、培训和考试，重点加强调度案例、应急处置办法的教育，以还原事故案例过程的方式加深印象，提高全员安全意识和技能素质。

突出应急演练效果。积极采取桌面推演和现场实战等方式，分层分级开展应急预案"靶向"演练，通过应急演练，促进调度与现场各部门的联劳协作，总结推广应急处置经验，为预案修订和应急处置实现程序化操作提供重要依据。

是奖罚并举正确引导。把日常应急处置作为安全日分析的重点内容，突出问题导向和先进引领，以调度口径发布奖惩命令，提升调度威信力和指挥凝聚力。

⑥ 加强应急处置过程安全控制

按照"单一指挥、导向安全、按章处置、减少损失、方便旅客"的处置原则，在日常应急处置过程中着重把握安全、效率和服务准则，对应预案操作流程和关键项点有序熟练规范处置。

把握安全底线。把每一起非正常应急处置都作为重要安全风险加以防控，铁路局集团公司、站段应急值守人员对照制度流程指挥现场应急处置，提供后台技术支持，列车扣停、放行和安全防护等关键环节把控，将应急处置由以往现场"单兵作业"变为前后方高效联动的"团队作战"，防止"艺高人胆大"导致发生问题甚至次生事故。

把握效率要求。明确现场、站段、铁路局集团公司等各个层级信息传递流程，利用短信平台、微信群等方式，建立便捷沟通渠道，必要时铁路局集团公司应急调度台与现场作业人员直接联系，确保信息畅通、反应迅速。全面建立车务牵头、设备管理单位参加的站区联动机制，实行工电结合部设备故障联合检查处置，对热备动车组等救援设备、物资的基础信息提前通知相关单位，避免跨专业应急处置相互信息不对称、延误处置时间，有效提高处置效率，减少对运输秩序的影响。

把握服务本质。把让旅客安全出行、方便出行、温馨出行的理念贯穿到应急处置全过程。一方面，遇有非正常情况列车晚点，及时发布信息，做好现场引导、解释、安抚等工作，赢得旅客理解。对晚点1小时以上且逢用餐时间的动车组列车，统一安排车站组织为旅客应急供餐，努力改善旅客体验、减少负面情绪。

提升信息设备保安全能力。充分利用信息技术发展成果，丰富和创新应急处置手段，为安全高效应急处置提供科学技术支撑。

建立应急指挥信息平台。全面整合设备、作业、环境等各类监控检测资源，研发铁路局集团公司、站段两级应急管理信息系统，将各类应急处置预案、专家资源库、设备电子档案、线路站场示意图、应急抢修交通图等纳入其中，铁路局集团公司应急指挥中心共接入线路检测、防灾监控等信息系统多个，实现安全管理、生产组织、应急处置等一体化指挥功能。

强化风险监控分析预警。加强对安全检测监控信息的大数据分析，及时研判设备运用、运输环境等变化趋势，发布风险预警，通过各级短信、微信平台和办公系统及时预报，督促相关单位及岗位加强风险研判，落实防控措施，做好应急准备。

积极推进技术手段创新。例如，针对上海局动车组配属类型和数量多的实际，与客运系统共同研发应用"动车组列车席位置换应急处置系统"，有效解决了启用热备动车组旅客席位置换难题。

4.2 调度应急指挥平台的构建

随着社会的快速发展，突发事件的种类在不断地发生变化，其发生的频率和影响也在加大，人们对突发事件的重视也越来越强烈。因此，如何从容地应对突发事件、提高应急管理水平，要明确突发事件、应急管理等基本概念，对应急管理进行研究和学习，才是保证万无一失的唯一途径。

4.2.1 应急管理概述

应急管理是针对灾害和危机等突发事件进行预防检测、应急处置和恢复重建的全过程管理。

应急预案是指预先设定对突发事件如自然灾害、重大事故、人为破坏的应急管理、救援计划等。应急预案时应急管理工作中的一个核心内容，它是针对可能的重大事故，为了能保证迅速、有序、高效地展开应急与救援行动，降低事件损失而预先制定的有关计划或者方案。

应急预案是针对具体设备、设施、场所和环境，在安全评价的基础上，为降低突发事件造成的人身伤害、财产损失和环境损坏，就突发事件发生以后的应急救援人员、应急救援的设备、设施、条件和环境，行动的步骤和纲领，控制时间发展的方法和程序等，预先做出的科学而有效的计划和安排。

突发事件是指突然发生的事情，事件发生、发展的速度很快，出乎意料；事件难以应对，必须采取非常规的方法来解决。这类事件会造成巨大的经济损失、人员伤亡，甚至危害到社会安全。

突发事件也被称为紧急事件。性质为突然发生、无法预测、影响力大、后果严重、事态紧急等，后果主要包裹人员伤亡、财产损失和社会公共安全收到严重的威胁等。突发事件具有随机性、紧迫性、复杂性、危害性等特点。突发事件的发生非常突然，发展非常迅速，随着时间的推移，所造成的损失可能会越来越大。因此提高应急管理能力，实现快速应对突发事件的目的。

随着铁路的飞速发展，现有的应急管理体系已经很难适应新型危机所带来的挑战。为了提高应急管理能力，应对铁路部门进行资源整合和机构改革。应急管理有着特点和发展趋势，主要体现在以下七个方面：

（1）预测性

预测性主要体现在铁路应急管理的"预防"环节。核心是及时地发现隐患，并对其发展趋势做出判断，从而避免或者控制突发事件的发生和发展，达到减少人员伤亡和财产损失的目的。对突发事件的预测要建立在以往经验以及现代科学技术的基础之上，铁路应急管理部门对管辖范围内各类风险因素进行科学的辨识、分析和预测，从而减少风险因素演变为突发事件，即充分重视应急管理的预防环节，而不是各种事发后的应急处置和补救措施。预测性要求铁路部门明确突发事件预测的机制和体制，建立和完善相关法规制度，不断提高对突发风险的高度敏感和捕捉能力。

（2）能动性

在铁路应急管理的预防、准备、响应和恢复四个环节都应充分发挥能动性。应急管理的日常工作性质是寓于常规管理中的非常态管理，其响应程度要求随时处于随时准备就绪的激活和启动状态。发展应急管理的能动性有利于提高应急响应速度。减少铁路突发事件的影响程度。提高能动性需要各级单位充分重视应急管理工作的重要性，通过宣传和培训来加强铁路员工的主观能动性，树立应急处置意识，提高应急处置能力。

（3）标准化

铁路应急管理急需要建立一套科学的标准体系，来规范和明确应急预防、准备、响应和恢复各个环节中的应急管理活动。在当前的应急管理的实际操作中，遇到了很多问题，例如，如何提高应急预案的可操作性，应急响应的级别如何划分等，这些问题都需要借助应急管理标准化和规范化的制定来解决。应急管理标准可以分为技术标准和管理标准两大类。标准的实施需要遵守法律规定，建立在现有的机制和体制基础之上可以推进标准化的实施和发展。

（4）社会化

社会公众参与到铁路应急预防、准备、响应和恢复各个环节有利于增强应急处置能力。铁路应急管理的社会化，首先表现为在党中央国务院的统一领导下，构建铁路三级应急管理体制；其次，一些铁路突发事件的处置还需要社会公众的参与，增强公众对于防范突发事件的意识，提高公众的自愈能力，从而避免或减轻突发事件所造成的损失。发展铁路应急管理的社会化，需要由法律来保障，建立社会资源的协调调用机制，通过信息技术展示和调用社会应急资源。

（5）高科技化

在应急管理的预防和准备阶段，通过高科技化，在响应阶段，可以借助于技术方法实现应急预案的动态生成、应急资源的调度和协同等；在恢复阶段，借助科技，可以加快恢复和后期处置的速度和科学化。可见，铁路应急管理的各个环节都离不开高科技的支撑，科学技术可以说是实现铁路应急管理的重要手段之一。通过高科技的应用，可以进一步加强铁路应急管理能力，提高应急管理工作效率。例如应急管理系统和应急管理平台的搭建，会涉及数据分析技术、通信技术、辅助决策技术、GIS技术等。

（6）动态化

应急管理注重的是对突发事件的预防、准备、响应和恢复的过程监控与管理，因此应急方法与措施的制定应该随着事件的发生和发展而进行实时、动态的调整。动态化包括通过应急预案制定动态应急方案决策、应急资源的优化等方面。

（7）一体化

一体化的应急管理模式正在逐步形成和发展，并已在实施过程中取得了良好的效果。一体化是指在铁路应急管理中，铁路运输各生产部门、应急救援组织、应急管理机构、社会组织和公众，在统一领导、指挥下，统一行动，分工协作，互相配合，共同应对突发事件。通过组织机构整合、应急资源整合、应急行动整合，运用法律、教育培训、信息技术等手段，组织动员铁路部门和社会力量共同应对突发事件的应急管理模式。一体化的实施贯穿于应急管理的预防、准备、响应和恢复的四个阶段。铁路应急管理一体化发展的核心是实现应急目的协同和如何协同、实现应急联动及如何联动。

目前，高速铁路正在构建专门、统一的综合性调度应急指挥系统，调度部门缺少有效的应急辅助决策手段，突发信息还主要依靠人工通报和传递，故障影响范围、设备状态、应急资源和处置方案也基本由人工收集和决策，耗时长、反应慢，易造成对故障和应急预判的偏差，调度指挥无法实现高效联动，处置过程不能动态跟踪和一体化管理，影响应急处置效率效果，处置过程写实分散，回溯和评价较为困难。

随着近年来铁路信息系统建设工作的不断推进，已将铁路动车组、车辆、列车编组、司乘、客货票等信息集成到数据服务平台上共享使用，国铁集团调度部在组织铁路运输调度管理系统升级完善的同时，已将铁路运输调度管理系统 TDMS5.0 的数据汇集到国铁集团。这些工作都为组织研发和实施铁路统一的调度应急指挥系统提供了基础。

4.2.2 建设目标

调度应急系统围绕铁路调度应急指挥业务，基于现有应用系统数据，对现有系统的生产数据集成整合，辅以智能视频分析、人工智能、数据综合处理等技术手段，建立国铁集团级、铁路局集团公司级、站段级三级一体化的调度应急系统，实现调度应急指挥集中统一管理、联动处置，有效防止多头指挥、反应迟缓等现象，实现监测预警，辅助决策，启动签到、过程盯控、恢复评价等应急处置全流程管理，以及应急基础数据和案例管理。其主要建设目标为：

（1）建立日常的监控和预警。通过对日常在途列车运行状态的监测，实现列车运行故障的主动感知和预警。

（2）提供应急处置管过程管理。为应急启动响应、应急通知、应急签到提供信息化管理手段。实现应急响应、应急启动、应急分级通知、应急电子预案管理、应急过程管理等相关功能。

（3）实现故障影响预判及应急调度辅助决策功能。实时收集列车故障信息，快速分析故障影响范围和预测故障修复时间，针对典型的突发事件场景，制定切实可行的应急处置建议方案。

（4）构建应急状态下的信息共享和发布机制。及时发布故障信息，并将相关信息提供给各级运输调度指挥、客运乘务站及售票、机务运用、车辆整备等相关部门，实现快速响应，应急联动，协同处置。

（5）实现应急恢复评价及统计分析。对调度应急指挥过程进行写实记录，并对应急处置效果、应急处置能力、损失等相关方面进行评价，生成调度应急处置报告。

（6）实现应急调度过程监控。对于应急调度过程进行监控。包括文电、调度命令、运输调整方案等相关信息的交互和及时推送以及应急处置进度跟踪，接入应急处置过程的语音、视频等。

（7）建立应急调度问题数据库，便于评价分析和利用人工智能实现基于现有知识的自适应学习，提升应急处置水平。

（8）调度应急监听，选择任意调度台进行电话语音监听。

4.2.3 建设内容

铁路应急平台是为铁路突发事件应急管理、应急指挥服务的，是实施铁路应急预案的工具，要明确铁路应急平台的需求，首先必须明确铁路应急预案体系、应急管理组织体系及应急事件处置流程。

应急平台是以信息化技术为支撑，软硬件相结合的突发事件应急保障技术系统吗，是实施应急预案的工具，具备日常应急管理、风险分析、监测监控、预测预警、动态决策、综合协调、应急联动、模拟演练、信息交换共享与评估等功能，可以动态生成指挥方案、救援方案、保障方案等。通常提到的应急联动系统、应急指挥平台和应急信息系统等，都从不同侧面对应急平台进行了描述。应急平台由应急指挥场所、移动应急平台、基础支撑系统、数据库系统、综合应用系统、数据交换与共享系统、安全支撑系统、标准规范等部分组成。铁路应急平台的具体建设内容包括：综合应用系统建设、基础支撑系统建设、应急指挥场所建设、安全保障体系建设。

（1）综合应用系统建设

综合应用系统包括应急值守系统、风险隐患监测防控系统、预测预警系统、应急资源管理系统、辅助决策系统、应急指挥系统、应急评估系统、模拟演练系统等8个系统建设，以及基础信息数据库、地理信息数据库、事件信息数据库、模型库、预案库、知识库等多个数据库建设。

（2）基础支撑系统

铁路应急平台基础支撑系统包括应急通信、计算机网络、信息交换与共享系统、视频会议系统及图像接入系统建设。

（3）应急指挥场所

建立国铁集团、铁路局集团公司应急指挥场所，便于国铁集团、铁路局集团公司领导对各类铁路突发事件的实时指挥，便于与国务院、地方政府的应急指挥机构及有关部门的联系。铁路应急救援指挥场所包括铁道部应急救援指挥中心、应急管理办公室、铁路局集团公司、专业运输公司应急救援指挥中心、应急管理办公室、站段（基层站段、分公司、救援基地、救援列车）应急救援指挥场所。

（4）安全保障体系

遵守国家保密规定和信息安全有关规定，建立健全包括通信保密、网络信息、容灾备份及安全管理在内的铁路应急平台安全保障体系。

4.2.4 调度应急指挥管理系统

1. 系统架构

结合铁路调度应急指挥的业务特点，以"集中统一指挥、应用接口开放"为目标，调度应急系统采用国铁集团级"一点集中式"架构，构建基于铁路内部生产网络的统一调度应急系统门户，通过国铁集团网络安全管理平台构建移动App端程序。其系统架构图如图4.6所示。

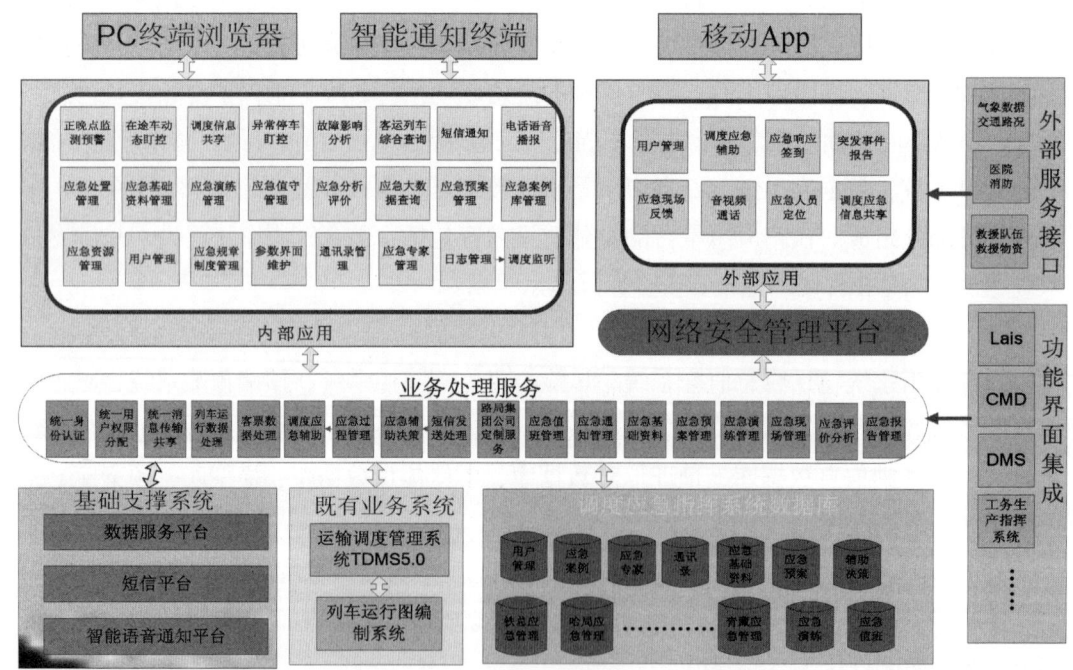

图4.6 系统架构图

系统基础支撑系统包括国铁集团统一的数据服务平台、短信平台、智能语音通知平台，系统通过数据服务平台获取列车运行数据信、车辆信息、编组信息、乘务信息等，利用国铁集团的短信服务平台进行短信通知和收发短信管理，研发智能语音通知平台，进行应急启动电话组呼通知和自动语音播报、人脸识别签到等功能。

调度应急系统既有的业务支撑系统主要是运输调度管理系统 TDMS 5.0。调度应急系统与 TDMS 5.0 属于同一数据架构，其主要业务数据使用 TDMS 5.0 系统所编制的日班计划、调度命令、高铁车底交路计划等相关数据，复用 TDMS 5.0 系统从列车运行图编制系统中获取并修正的列车基本图数据。

调度应急系统内业务数据分类保存于不同的数据库中，主要包括用户管理库、应急案例库、应急预案库、应急专家库、应急基础资料库、应急演练库、辅助决策库、国铁集团应急处置过程库及铁路局集团公司个性化应急处置过程管理库。

调度应急系统基于基础支撑系统和 TDMS 5.0，研发统一的业务处理服务对内、外网用户提供应用，支持铁路内部生产网的 PC 终端、智能语音终端访问调度应急系统的内网门户，移动端通过 App 访问。系统在铁路内部生产网络上对 Lais、CMD、DMS、工务生产指挥系统等进行界面集成，在外网获取医院消防、气象数据、交通路况、救援队伍、救援物资等信息。

系统为国铁集团级、铁路局集团公司级和站段级三级用户提供应用。国铁集团级用户访问国铁集团级铁路调度应急指挥系统进行调度应急辅助、应急处置管理、组织机构及用户的管理和授权，向国铁集团各相关部门及相关铁路局集团公司发布应急启动通知、应急通知签认监控，实现国铁集团和集团公司两级应急响应的联动和协同，信息的互通和处置过程的透明，提高应急处置效率和水平。

铁路局集团公司级用户访问调度应急系统进行调度应急辅助、应急处理过程管理、应急值守、辅助决策、应急演练和应急电子预案、组织机构用户权限管理等，通过移动 App 进行调度信息推送、应急签到、应急过程响应、应急现场管理等。

站段级用户访问铁路调度应急指挥系统进行调度应急辅助、应急处置管理、应急值守等业务。

2. 应急调度指挥系统

为了确保铁路应急管理的高效性，可建立铁路应急调度指挥中心，由其总管各种铁路突发性事件，制定具体的处理铁路突发性事件的方案，在铁路突发性事件发生过程中，做好人员的调度和物资的分配，做好舆论导向工作，及时将最新的事件进展通过合理的途径告知公众，分析事件态势和事故影响，明确事件处理的首要目的，根据事件处理的首要目的在短时间内做好应急处理方案，并且提高方案的实施效率，利用好一切可利用的力量，尽量减少事件的人员伤亡数量、减少财产损失，减少事件对整个社会的影响。

应急调度指挥中心在处理铁路突发性事件时，最重要的一点就是要确保应急响应预案的准确性，确保应急行动的及时性。

应急指挥调度的具体行动包括：突发公共事件评估、应急救援指挥、应急资源调度、应急预案管理、决策分析等内容。

（1）突发事件评估

当发生铁路安全问题时，铁路应急调度指挥中心首先应该进行事件信息的收集，尽快明确事件发生的原因、事件当前的态势、事件发生的时间以及详细地点等，根据收集的信息制定相对应的应急处理方案。在铁路安全问题发生之后，除了要进行相关信息的收集，铁路应急调度指挥中心还要做好事件的评估工作，也就是提前评估事件可能造成的影响、事件的危害程度以及事件的种类等。铁路安全问题一旦发生，最先到达的部门应该将现场的信息传给调度指挥中心，并且根据事件的现场状况对事件的影响、今后发展的态势进行预先评估，铁路应急调度指挥中心应该根据最先到达部门上传的资料以及其给出的事件影响评估和事件态势评估确定这次事件的损失程度、影响层面、影响规模以及事件种类，制定出详细的处理方案。在进行安全事件处理时，要随时对安全事件最新的进展状况进行监测，根据最新的资料进一步修改安全事件处理方案。如果安全事件处理方案制定的比较有效，那么在实施救援之后的一段时间内，安全事件的影响就会降低，事件发展态势就会转好，此时应急指挥部门应该进行应急方案的修订，提高资源利用效率；如果安全事件处理方案实施效果较差或者事件当前的发展态势超出了人们的预想，事件影响程度增加，危害等级提升，此时应急指挥部门应该及时调整应急方案，加大救援力度，加大物资、人员的供给，将事件的影响控制在人们可以接受的范围之内。

（2）应急资源调度

在应急事件处理中，应急调度指挥中心应该做好应急资源的调度工作，做好各种人力资源和物力资源的分配和调度工作。一旦发生铁路安全事故，应急调度中心应该预估出所需的资源，并且向各方求助，做好资源的调度。在进行资源调度时，应急调度中心应该明确以下几方面的内容：一是资源送达的时间；二是资源送达的地点；三是资源送达的方式；四是所需资源的种类；五是所需资源的具体方式等。在进行资源调度时，应急调度处理中心应该提前做好资源调度的规划，尽量缩短资源调度的时间，提高资源调度的效率。

4.2.5 应急指挥协同平台

1. 构建应急指挥中心

鉴于高速铁路运营遇有恶劣天气和设备故障条件下安全风险防控的复杂性，涉及专业知识点的多样性，列车调度员在遇有复杂性的安全风险应急处置时，易受到业务能力的限制。考虑到高速铁路调度指挥风险耦合的复杂性，以及设备高科技性、知识的复杂性，若使用不当或是设备发生故障带来的影响严重性以及专业知识的掌握深度，同时也为满足铁路快速发展需要，充分调动铁路各部门资源，提高应急处置效率、水平，铁路局集团公司在调度所成立应急指挥调度台，由调度所副主任主持带班，铁路局集团公司运输、客运、机务、工务、电务、供电、车辆等部门指派业务熟、经验丰富胜任人员组成专门的应急调度台的值守基本队伍。根据需要，带班负责人可指定其他相关部门人员参与应急处置。同时，在站段设置应急指挥中心，协调指挥站段内应急处置工作，作业点层面规范应急协调机制，最终形成上下联动、分工明确、职责清晰的四级应急处置体系，为高速调度指挥风险识别、评估、预警、决策和防控保驾护航。应急指挥中各专业部门职责如下：

调度（车务）负责铁路突发事件的应急处置、救援抢险的指挥、协调工作；制定运输组织调整方案，及时发布调度命令，督促下级实施运输调整方案，根据现场和专业部门要求，最大限度提供运力保障。客运负责指导、制定疏散旅客、收集整理旅客携带品、站车客运组织及服务等工作方案，参与制定旅客列车运行调整方案。机务、车辆负责指导机务、车辆部门进行应急处置措施、突发事件的应急救援，提供本系统的行车限制条件。工务、电务、供电负责指导本专业部门进行设备故障的抢修和应急处置，提供本系统的行车限制条件。遇设备故障、突发事件、铁路交通事故等情况，应急指挥中心职责主要包括以下几个方面：

（1）畅通现场信息渠道，掌握人员到岗情况。应急处置时，掌握下级单位及部门干部到岗，应急抢修、应急处置人员的到位情况。及时、准确掌握现场应急处置进度信息。

（2）提供技术支持。在应急处置中涉及设备故障处置、规章制度、应急处置方法等方面，给作业人员提供技术指导和支持。

（3）督促协调，快速处置。督促本专业、本系统开展应急处置，加强应急处置中的协调和配合，为快速处置故障创造条件。

（4）提供行车限制条件。及时掌握相关信息，各专业部门负责提供本系统的行车限制条件，为调度行车指挥正确处置提供技术支持。

（5）记录过程，统计分析。对应急处置的过程进行记录，对故障处置情况进行统计，对故障处置和值守工作进行分析总结。

当发生铁路安全问题时，铁路局集团公司应急调度指挥中心首先应该进行事件信息的收集，尽快识别并明确事件发生的原因、事件当前的态势、事件发生的时间以及详细地点等，根据收集的信息评估安全问题的影响程度，评估事件可能造成的影响、事件的危害程度以及事件的种类等，按照评估等级确定相对应的应急处置方案。围绕"信息报告准确及时、应急指挥稳妥得当、应急响应快速全面、现场处置安全有序"的目标，上海局集团公司建立了以应急调度台、站段应急指挥中心为核心的横向两级应急指挥层和纵向"行车指挥、应急把关"两条线构成的网络体系，形成了"监测——评估——决策——指导——盯控"应急指挥模式，实施了铁路局集团公司调度所"一元化"指挥和专业处室、站段专业科室技术支持并参与决策的应急工作机制，实现了应急指挥集中管理，有效防止了多头指挥、多专业决策和反应迟缓等现象的发生。同时，基于各类应急预案、案例知识库、应急资源以及现场状况等大数据的辅助决策平台，在应急处置时，根据设备故障影响范围和时间，自动提供影响范围内旅客列车相关资料，如影响区段内旅客列车车次、编组情况、车底交路、售票情况、直供电资料、乘务担当、运行速度、列车实际运行点等基本资料，自动生成多套应急调整方案供选择，选择最优方案，并生成相关调度命令和调整方案，实现调整方案的下达和执行。

应急指挥台处理高速铁路故障主要涉及固定设备、移动设备、恶劣天气、调度设备等几个方面，应急调度台相关人员到列车调度台组织应急处置，按等级启动响应，按照事故导向安全、按章处置、减少损失、单一指挥，但不得干扰列车调度员单一指挥，要维护列车调度员的集中统一指挥。主要承担：一是为调度员提供辅助决策。及时掌握相关信息并及时提供本系统的行车限制条件，在应急处置中涉及规章制度、应急处置方法等方面，给作业人员提供技术指导和支持。二是督促协调，掌握进度。督促本系统站段开展应急处置，加强应急处置中的协调和配合，掌握现场应急处置进度，同时掌握站段安全生产指挥中心、现场作业点干部到岗，应急抢修、应急处置人员到位情况；三是对故障处置情况进行统计及分析，查找存在的问题，以便进一步改进应急处置工作记。应急指挥调度台处置流程如图 4.7 所示。

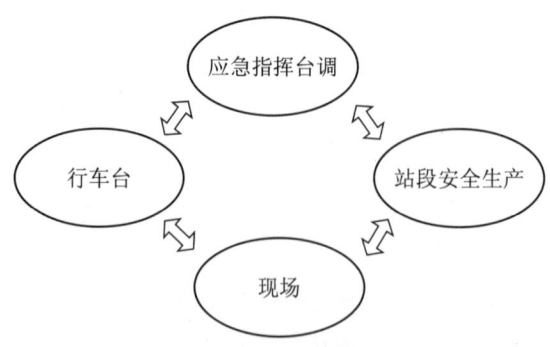

图 4.7　应急调度指挥台应急处置关系图

控制高铁的安全风险必须从高铁设计源头、设备质量维护、外部环境控制、作业人员规范操作、突发情况应急处置等可能影响高铁安全的因素着手，采取有效的风险控制措施来全面的防范风险失控。

当发生铁路安全问题时，铁路应急调度指挥中心首先应该进行事件信息的收集，尽快明确事件发生的原因、事件当前的态势、事件发生的时间以及详细地点等，根据收集的信息制定相对应的应急处理方案。在铁路安全问题发生之后，除了要进行相关信息的收集，铁路应急调度指挥中心还要做好事件的评估工作，也就是提前评估事件可能造成的影响、事件的危害程度以及事件的种类等。铁路安全问题一旦发生，最先到达的部门应该将现场的信息传给调度指挥中心，并且根据事件的现场状况对事件的影响、今后发展的态势进行预先评估，铁路应急调度指挥中心应该根据最先到达部门上传的资料以及其给出的事件影响评估和事件态势评估确定这次事件的损失程度、影响层面、影响规模以及事件种类，制定出详细的处理方案。在进行安全事件处理时，要随时对安全事件最新的进展状况进行监测，根据最新得到的资料进一步修改安全事件处理方案。如果安全事件处理方案制定的比较有效，那么在实施救援之后的一段时间内，安全事件的影响就会降低，事件发展态势就会转好，此时应急指挥部门应该进行应急方案的修订，提高资源利用效率；如果安全事件处理方案实施效果较差或者事件当前的发展态势超出了人们的预想，事件影响程度增加，危害等级提升，此时应急指挥部门应该及时调整应急方案，加大救援力度，加大物资、人员的供给，将事件的影响控制在人们可以接受的范围之内。

2. 高速铁路调度指挥应急处置方面存在的制约因素

通过对现有应急调整组织模式的实际操作和决策过程的分析，可以发现影响应急处置效率和效果的掣肘集中在受影响旅客列车具体信息的获取和确认过程。无论是管内还是外局突发事件的应急处置中，都是单纯依靠客运调度员通过人工查看相关实际列车运行图、手动查询资料等传统手段来获取和传达信息，且流程未细化规范，数据的实效性和准确性明显不足，大大降低了应急调整的效率。

（1）数据准确性不足

应急调整过程中，客运调度员是通过参考客运日班计划及相关列车调度台的阶段计划，确认直接受影响车次范围的。在确认列车具体信息时，依靠的是基于基本图、日常文件电报和客调命令等资料进行变更后的台账。但由于该台账没有统一的维护人员，而是相关人员在基本图资料的基础上根据后期相关文电调令自行修改而积累的，其数据的准确性得不到基本保障。同时，有些动态性数据可能已经发生变化，且信息依靠人工渠道传达，传达过程中数据的准确性也受到影响。而一旦错误的数据被应用到调整中，轻则遗漏受令单位，导致相关单位未接收到调整信息而来不及作业；重则导致遗漏、错误调整车次，造成车底接续不上、客运组织混乱的局面甚至有发生责任事故的后果。

（2）信息流转时效性不强

无论是直接受影响车次及其乘车人数、后续交路、编组、担当等基础信息，还是基本调整方案的确定，一方面，信息传达手段仍然依靠的是传统人工摘录抄送或口头传达。另一方面，在应急调整作业中，需要各专业相互配合，互相交换数据和意见。而实际作业中，大家对信息的掌握都是碎片化的，形成了未集成不关联的信息孤岛。因此，信息通报流转耗时长，时效性差，与铁路旅客运输现代化的设备和组织方式严重不符。同时，信息流转的滞后引起决策用时过长，不仅会使受影响旅客列车范围扩大，造成不良的社会影响，甚至威胁现场人员生命财产安全。

（3）作业流程缺乏标准

虽然国铁集团及各铁路局集团公司层面有相关的突发事件应急预案，但具体到突发事件后的旅客列车运行方案调整，目前国铁集团及各铁路局集团公司都未制定指导性的标准化作业流程。由于应急调整作业的突发性，在实际应对过程中，应急指挥仍然是依靠决策者自身经验来组织和分配工作。在权限职责划分、作业原则和流程层面，也缺乏统一的、规范的标准。

（4）应急处置信息收集和汇总滞后

设备故障后，应急指挥人员需立即掌握"列车工况、坡道曲线、桥隧堤堑、三乘人员"等信息，上述资料分别通过文电公布、司机汇报、其他工种人员提供等不同渠道获取，由于没有自动提取信息平台需人工逐项收集、汇总、梳理，造成应急信息掌握滞后，影响处置时间。

（5）很难第一时间掌握现场信息

发生非正常情况后，调度人员很难第一时间掌握现场信息，准确掌握现场故障（事故）情况，做出合理的应急处置决策。当前调度人员仅凭CTC显示和司机的简要报告，难以准确、清晰地掌握现场具体情况，并且铁路局集团公司调度员、业务部室及站段应急指挥人员等同时通过电话向司机、随车机械师询问情况，无法实现信息同步共享，甚至有时会严重干扰司机、随车机械师处置故障。

（6）铁路局集团公司、站段应急专家仅能通过电话与现场人员联系，根据现场人员描述的故障现象，推断产生故障的可能原因，再通过电话指导现场人员处置，无法实现专家"面对面"指挥。这种应急指挥过程，不但容易发生错误描述、错误理解、错误推断，而且对整个现场处置过程缺乏直接、可视的监控和卡控，易发生"判断不清耽误时间、处置失误扩大后果"等问题。

（7）故障判断和处置缺少技术支持

高速铁路故障应急处置过程中，铁路局集团公司应急指挥中心对故障判断、处置指导、安全卡控的技术支持主要依赖应急值班人员的个人能力，较难保证每名应急值班人员都具备较好的故障判断和现场指导能力，造成应急指挥中心无法有效指挥现场处置，同时也无法向应急领导小组提供准确的决策依据。

3. 需求分析

为在庞大体量的基础数据里及时提取可靠的信息，提高应急调整的效率和质量，建立统一的信息共享平台势在必行。平台应包括以下基本内容和功能：

① 实现信息的汇总和维护

伴随"一日一图"的实施，旅客列车开行方案呈现部分无规律性变化。为确保数据的精准，信息集成平台应具备列车运行图信息输入、导出、修改、统计等功能。建立统一的维护管理办法，对相关数据维护管理人员的岗位职责、作业标准和程序等进行明确。

② 受影响列车车次的获取和输出

受影响列车车次的信息来源于调度所列车调度台的实际列车运行图和阶段计划。信息共享平台通过获取各行台调整列车运行图和阶段计划，按照决策者给定的条件（时间段、经过站、列车类型等）对直接受影响列车进行筛选，并以列表等方式展示，方便决策者准确、全面的掌握相关信息，为调整方案的制定提供支持。

③ 受影响列车具体信息的获取

受影响列车相关基础信息，包括全车次、运行区段、图定办客站时刻、实际办客站时刻、列车编组（含编组辆数、顺序、定员等）、客运担当、机务担当和车底担当、交路（含出入库车次及各车次运行区段和始发终到时刻）。

④ 其他辅助决策的信息

铁路是一个庞大的联动系统，由运营和维护各部门相互配合，共同完成运输任务。随着各环节作业和管理信息化程度的不断提高，整合其中可用的信息资源，为旅客开行方案应急调整作业做数据参考和技术支持，可以辅助决策者更好地制定方案。如调度监控设备可提供列车实时运行位置，车站线路监控视频设备可提供现场情况等。部分可利用资源包括：调度监控、车站和线路视频监控、客票发售信息、动车运用信息以及社会资源信息等。

⑤ 整合历年应急案例

收集梳理铁路运输应急调整案例，包括铁路各铁路局集团公司历年案例及国外铁路运输生产中的典型应急处置案例，建立专门案例数据库。在此基础上，利用科学系统的统计和分析方法进行统计分析，总结经验不足，归纳发现规律。

⑥ 建立应急处置模板，提供调整方案

案例数据库建立完成后，应通过对案例的总结和分析，结合其应急调整效果，根据不同的情景要素，生成相应的应急调整方案模板，然后汇总建立模板数据库。在实际应用中，决策者可以根据不同场景的实际情况，从应急调整方案模板数据库中借鉴和选择最优的模板方案作参考，对旅客列车运行方案进行调整。

4. 应急辅助系统

国铁集团调度应急系统主要功能模块包括调度应急辅助、应急处置管理、应急基础资料管理、风险预警、系统管理等五部分，实现国铁集团级的调度日常的监测预警和应急处置的过程管理，并通过消息共享和交互，实现国铁集团和集团公司两级应急响应的联动和协同，提升应急处置效率和处置水平。

（1）调度应急辅助

调度应急辅助模块为国铁集团级调度作业人员在处理应急事件时提供辅助功能，主要包括列车晚点盯控、在途车分布、异常停车盯控、短信通知列车长、客运列车综合查询、跨局信息共享等功能。

① 高铁列车晚点盯控

为方便国铁集团调度业务人员对重点客运专线运输秩序进行盯控，开发高铁列车晚点盯控功能，在铁路地理信息地图上展示在途高铁列车晚点详情。可设置晚点时长、告警时长等参数卡控车辆状态，可通过担当局和担当段等查询条件进行定制筛选，可自定义数据刷新时间间隔以满足用户体验度。

② 晚点列车综合查询

可设置途经站、终到/折返站、途经时间段、晚点时间等查询条件，系统自动筛选并展示出符合条件的列车当前在途位置、晚点情况及车底套用交路信息。

③ 在途车分布

列车在途分布：在铁路地理信息地图上显示在途列车当前在铁路网分布情况。并可根据列车车次、晚点时间、始发站、途经站或终点站等查询条件，系统自动筛选并定位在途车的位置及其综合信息。

列车运行轨迹查询：根据输入的一个或多个查询列车车次，在铁路地理信息地图和表格两种形式，展示列车运行的历史经由轨迹、当前位置、计划经由及运行时刻、正晚点信息等。

大客运站预计到达：根据输入的查询车站和时段，系统自动给出未来到达列车当前位置、正晚点情况信息等，并可选定任一列车，查询其车底、司乘、客座利用等信息，还可快速定位到列车当前运行区段列车运行图界面，查看区段列车运行情况。

④ 异常停车盯控

异常停车预警：可设置停车时长，系统自动将异常停车车辆信息在铁路地理信息地图上进行展示并进行预警提示。

异常停车盯控：可设置停车时长，系统自动将超时列车位置展示在铁路地理信息地图上，并以表格形式汇总异常列车详细信息，起到主动预警和盯控作用。

⑤ 超员预警

超员预警功能主要有以下几方面的内容：

超员预警参数设置：预警参数设置，包括超员预警等级设置和超员比例设置，不同等级对应不同的超员比例。

超员预警计算：通过预警参数设置情况对当前在途车以及待发车超员情况进行统计运算并形成超员结果集。

超员预警查询：提供超员预警查询报表，展示当前在途车和待发车超员情况，对不同等级的超员列车通过颜色给予区分，并提供报表输出。

（2）应急处置管理

① 应急启动通知

由于自然灾害、铁路交通事故、设备故障或其他原因导致列车晚点、列车故障或其他危险情况发生时根据事故严重程度由国铁集团分等级启动应急。应急启动时，系统具备突发应急事件的创建功能，通过应急响应模板，录入具体突发应急事件的线别、事件详情描述、事件类型、响应等级，自动勾选通知单位及联系人，通知国铁集团运监、客运、货运、机务、车辆、工务、电务、供电、安监、劳卫、宣传、办公厅、公安等部门，同时通知相关集团公司的应急指挥中心。应急通知时，提供终端消息通知、短信通知和电话语音自动播报三种方式。

② 应急签到管理

收到国铁集团应急响应通知的各部门及值班人员，通过应急签到设备进行应急签到，提供人脸识别及手动签名的方式进行应急签到。并提供应急签到情况汇总查询。

③ 应急过程管理

盯控国铁集团应急启动过程中的各部门响应进度的功能；

国铁集团各部门登记应急处置计划和应急处置实际过程。

盯控相关集团公司接收到国铁集团应急启动通知后管内的应急处置情况。

④ 应急处置报告

辅助生成应急处置报告，包括故障描述、故障影响范围、故障处置方案、预计恢复时间等描述。

⑤ 应急统计分析

通过图、表两种展示形式，以部门、集团公司和故障类型多个维度对启动应急事件进行统计分析，可按时间段进行统计并可打印输出。在按部门和应急级别统计的报表上开发钻取功能，通过钻取功能可查看应急预警历史记录。

⑥ 应急值守

提供应急值守人员维护、值守签到、值守排班、值班查询等。

⑦ 集团公司应急联动

集团公司发生应急事件后可通过国铁集团——集团公司消息通道将应急信息传递到国铁集团应急启动终端，国铁集团接收到铁路的应急启动消息后可执行国铁集团级应急启动，将应急信息下发到各个参与应急的业务部门实现应急联动。

⑧ 集团公司盯控

国铁集团级应急调度指挥系统对集团公司应急调度处置情况在线盯控，包括应急启动通知情况、应急进度盯控、应急处置过程、应急处置报告和应急处置统计等。

（3）应急基础资料管理

对应急文件、规章、应急预案等进行分类管理、汇总和统计查询。

① 应急规章管理

文件上传：按部门、刚规章类别管理维护、上传规章文件，利用文件服务器对文件进行存储。

规章文件编辑：按照分配的用户操作权限，对规章文件进行修改和删除功能。

文件下载：点击下载规章制度文件。

规章查看：可案部门、分类、时间段查询，可按照关键字检索定位。

② 应急基础资料管理

提供应急基础资料的上传、下载、查看、关键字搜索等功能，分部门分种类的关联查询。

③ 应急预案管理

提供应急预案电子化、流程化功能，提供绘制电子预案流程、部署和编辑电子预案流程功能。

建立电子预案库，汇集国铁集团和铁路局集团公司的电子预案库，形成铁路的电子预案库。

④ 应急资料汇总

汇总国铁集团工电、机辆、调度等相关专业的规章制度。

汇总铁路局集团公司收集的应急资料。

集成汇总应急管理系统中的应急基础资料。

汇总各应急专家，建立铁路统一的应急专家库。

（4）风险预警

① 应急案例库管理

建立统一的应急案例库，分为成功案例和失败案例两种，可以通过故障类型、响应等级等关键字进行关联和检索。

② 专项风险预警

现有各类专项系统能够根据天气状况、车辆状态、沿途社会资源等给出具有参考意义的预警信息。调度应急系统对接现有专项风险预警系统实现风险预警综合展示功能。

③ 应急风险预警

通过应急处置历史案例分析，结合专项风险预警系统的提示数据，综合展示风险预警。并将风险预警信息推送至相关岗位和各个关联铁路局集团公司。

（5）应急预案管理

应急预案管理包括以下两方面的内容：一是在几种不同的应急处理方案中选择出最适合当前事件处理的一种应急预案；二是做好该种应急预案的实施工作。

（6）应急决策管理

① 决策方法

在铁路安全事件处理的过程中，会发生许多意想不到的问题，这就需要应急救援中心做好问题的决策工作。对铁路安全事件进行决策时，不仅需要铁路人员的参与，而且还需要相关专家的参与，提高决策的科学性，降低事件的影响，各个决策参与人员应该具有极高的事件分析能力以及事件处理能力，能够在短时间内做出最有利的决策。当前，铁路安全事件的决策方法主要包括以下三种：

a）快速决策法。该法的实施过程为：首先尽可能多的收集事件信息，之后根据这些信息评估事件影响以及事件的发展态势，初步制定几个可行的决策方案，从不同方面对这几方面进行评估，选择最优的决策方案，最后进行决策方案的实施，并且对决策方案的实施过程进行监督。

b）专家决策法。铁路安全事件一旦发生，就会产生非常大的社会影响，引起公民较大的关注和骚动，为了降低铁路事件的影响，必须提高决策的科学性和效率性，这就需要专门的铁路专家、心理专家、管理专家、社会问题处理专家以及经济学专家参与，确保决策方案的准确性。

c）智能决策法，上述两种决策方法都存在一定的不足，例如快速决策法虽然能够保证决策的效率，但无法保证决策的科学性和准确性，而专家决策法虽然能够保证决策的科学性和准确性，但很可能会出现专家意见不一致的情况，决策的效率无法保证，而智能决策法能够有效解决上述两种决策方法的不足。智能决策法就是利用当前飞速发展的计算机技术以及人工智能技术进行决策。智能决策法的实施过程为：首先进行事件信息的收集，之后利用计算机进行模型的创建，通过模拟仿真等手段提供几套可供选择的铁路安全事件处理方案，之后结合专家意见进行方案的选择。

② 构建信息系统

a）构建大数据路网视图

以高速铁路线路、接触网、信号等LKJ数据为基础，构建2D路网视图；将防灾、视频、疏散通道等所有铁路设备设施纳入视图管理；将沿线铁塔、上跨桥、电力线等外部可能侵害因素一并纳入视图管理将基于GIS系统准确定位的山体、河流自然情况和医院、消防、车站等地方救援资源同步纳入视图管理。

b）搭建音视频互通平台

通过开发、使用眼镜式智能视频语音穿戴设备实现故障现场与应急指挥中心间视频语音的相互传输，同时不影响现场人员作业。在集团公司应急指挥中心配置音视频直播系统；在站段应急指挥中心装设高清摄像机及接入控制系统，并开发手机APP系统；在现场接入既有综合视频系统、路网通系统、智能视频语音穿戴设备，打造集团公司、站段、现场三级应急指挥体系，通过音视会议的模式使各方在一个平台进行"会诊"流程及处置方案，并自动关联对应的技术图表和参考信息；对铁路和地方救援资源按照"最近距离、最快速度"原则确定救援半径，统一划区、归类管理自动关联其他信息系统，将车辆组、三乘人员和旅客人数等信息均纳入应急指挥系统数据库管理。

c）准确映射故障现场信息

发生非正常情况后，通过定位列车位置或故障地点准确映射现场微场，精准描述列车与设备对应关系，调度人员能够第一时间掌握现场情况，迅速确定最优救援方案。例如，动车组掉分相，以前是根据司机报告的停车位置，通过计算得出列车各受电弓位置，再查询接触网分相区资料，判断各受电弓对应接触网是否有电，还需查询现场坡道、曲线条件，最终确定选择换弓、退行闯分相或越区供电等方案，整个过程既需要大量时间、延误救援时机，又容易发生错算、误判。目前，在高速铁路调度应急指挥系统的路网视图上，只需根据列车停车位置即可准确映射列车各受电弓在分相区的位置以及坡道条件，据此直接。

d）应急处置信息实时共享

集团公司各部门应急指挥人员收集汇总现场最新处置进展信息，并实时推送至高速铁路调度应急指挥系统。调度应急指挥平台通过"可视化""会诊式"的指挥方式，使集团公司调度台和应急指挥中心、站段应急指挥中心、各级应急专家、现场人员在同一个平台上进行应急处置，实现各种信息实时共享，有利于协调各部门同时行动，科学决策，高效处置。高速铁路调度应急指挥系统利用智能穿戴设备和移动互联网技术，搭建集团公司、站段、现场三级应急指挥体系，形成"互联网＋应急"的故障处置新模式。发生非正常情况后，调度应急指挥人员能够通过系统第一时间掌握现场情况，并根据技术支持平台，迅速确定救援方案。集团公司和站段各级指挥人员可通过系统直接与现场人员"面对面"交流，实现应急处置信息的实时、透明传输与共享，有效解决现场情况不清、信息流通不畅和处置过程不可控等问题，为高速铁路应急处置提供有力的技术保障。

③ 应急决策方式

a）专家"面对面"指挥

通过司机、随车机械师等佩戴的"智能眼镜"，随时将视觉范围内的视频及语音信息传送至调度台应急专家组，集团公司与站段应急指挥中心可实时查看现场视频，外出应急指挥专家还可通过办公电脑或手机 APP 接入平台，专家组研究确定应急处置方案后，同样以视频、语音、文字等方式将指令信息直接传回现场作业人员，应急指挥专家与现场作业人员"面对面"交流，真正实现了专家判断故障、专家指导现场、专家监控操作。

b）提供应急处置技术支持

发生非正常情况时，高速铁路调度应急指挥系统通过录入的故障现象自动提取数据库相关信息，自动生成故障判断建议、明示排查项点和排查顺序；待故障原因明确后，自动提取故障的处置流程、关键环节和注意事项，为应急指挥人员指导、卡控现场作业提供技术支持。

c）应急处置信息自动提取

发生非正常情况时，自动提取车辆编组和三乘人员、旅客人数等信息，自动关联故障（事故）地点相应半径范围内铁路应急资源和周边医院、消防、企业厂矿等应急资源信息，通过关联卫星地图查看周边水文、地形地貌等信息，使应急指挥中心决策者第一时间掌握故障（事故）概况和就近的应急资源，加快处置效率。

（7）构建应急管理平台

铁路应急平台以铁路安全技术和现代信息、通信技术为支撑，是铁路应急管理、应急事件处置的工具，是铁路信息交换及应急指挥的场所，是处置突发事件的技术保障系统。铁路应急平台的主要功能包括铁路应急信息报告、实时图像传输、网上会商、应急资源管理、应急预案管理、应急指挥联动、预测预警、总结评估及辅助决策等，可为决策者及时、科学处理应急事件提供全面的信息支持和可视化实战指南。

在应急指挥时，管理部门必须将来自不同源头的数据放在平台上进行去伪存真，多角度的验证数据的全面性和可信性，这些将导致应急指挥平台收集和处理大数据复杂度的提高，大数据的运用为应急指挥平台管理带来了良好前景。例如，在应急指挥平台上，可以通过卫星、传感器、视频监控、移动通信、无线射频识别设备、社交媒体等持续不断地接收与交通有关的数据，通过对这些数据的摄取、分析和分配，可转化为有意义、有价值的微机处理信息，若能将这些大数据进行管理、建模、分享和转化，便能以传统情景所无法想象的方式作出应急决策。大数据信息整合与共享成为应急平台系统建设的最基本要求，而云应急系统能对实时的突发事件收集情景感知数据、历史数据、决策支持模型等，这些数据通过标准化接口无缝集成，实现快速全面的挖掘和抽取，并在云应急平台上实现信息和数据的全面整合，根据不同的应急需求、不同部门的服务性质，形成应急协同网络。

① 铁路应急平台的软硬件层次结构

一个完整的铁路应急平台应包括组织体制、标准规范、信息资源、技术、保障体制等组成要素，关键任务是通过对信息资源的融合、分析处理，实现对突发事件的信息传递、应急响应、应急处置及推演评估等。因此，铁路应急平台必需在组织体系和保障体系的保障下，遵循政策法规、标准规范进行开发、设计及应用。铁路应急平台的软、硬件层次结构如图4.8所示。

第 4 章 > 调度指挥安全风险管控与应急处置

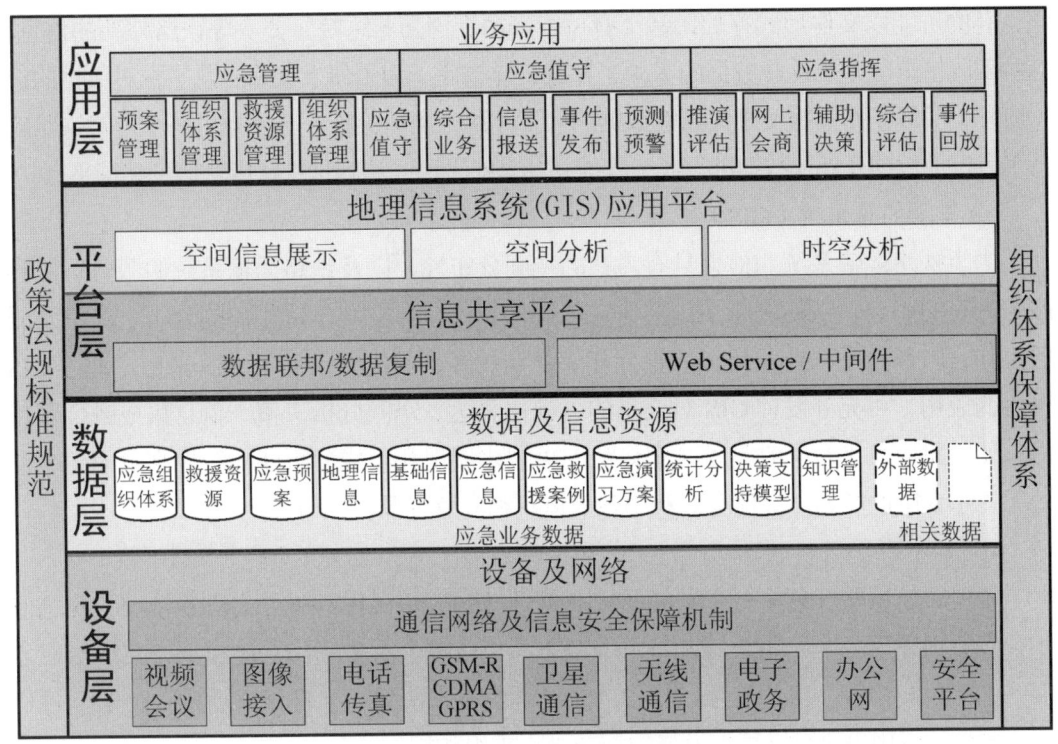

图 4.8 铁路应急平台的软硬件层次结构

1）设备层

铁路应急平台的设备层由网络基础设施、应急现场接入设备、视频系统、服务器存储设备及电话、传真等各类设备。网络基础设施是指集团公司域、广域网络资源，如铁路办公网等，同时还包括相应的网络管理体系；应急现场接入设备指用以解决应急现场的通信接入问题的卫星、无线等不同方式的通信接入系统。

2）数据层

数据是系统的基础。铁路应急平台的数据资源包括应急业务信息及需共享外部系统信息。应急业务数据包括应急组织体系数据库、救援资源数据库、应急预案数据库、地理信息数据库、基础信息数据库、应急信息数据库、应急救援案例库、应急演习方案数据库、决策支持模型库及知识数据库等。

3）平台层

平台层由信息共享平台和地理信息系统（GIS）平台构成。

a）信息共享平台

由于应急平台所需数据来源于多个部门、多个信息系统及不同的类型的数据库管理系统，有的可能以文件形式存贮，甚至有可能来源于消防、医院、公安等铁路外部的信息，这种实际情形注定了这些数据的多源、异域、异构性。为了便于铁路应急平台对数据的统一应用，实现空间数据及相关属性数据的共享和综合决策分析，必须提供一个可对铁路应急平台内部数据及外部数据进行统一管理并共享的平台，这就是铁路应急信息共享平台。

b）地理信息系统（GIS）平台

由于铁路运输系统的信息具有内在的空间分布性，以及铁路运输系统的服务对象和服务内容的特点，铁路应急平台的信息可视化表达、与空间位置相关的分析、决策及服务工作，以及与不同业务信息的整合和综合利用等，都需要借助于 GIS 平台。通过 GIS 平台的应用，可充分发挥 GIS 对信息的可视化表达、空间分析决策、信息集成融合等特性，使铁路应急平台同时具备时空信息的可视化展现和集成分析能力，提高对应急事件处理的综合协调能力，合理有效利用各类运营和应急资源。

4）应用层

应用层是铁路应急平台主要涉及的业务领域的应用实现。可分为应急管理、应急值守、应急指挥等多个应用领域，每个领域下面包含多个业务应用功能模块，实现对应急事件事前预测预警，事件发生过程中的资源调度辅助决策、事件结束后的评估等全过程的信息化。应用模块可以根据发展的需要进行重组和扩充。

① 铁路应急平台的功能

铁路应急平台的功能可按应急事件处理的时间逻辑分几个阶段，即日常应急管理、应急响应、应急处置中和处理结束后，如图 4.9 所示。

② 关键技术

a）信息资源整合利用技术

铁路应急平台涉及铁路车、机、工、电、辆等多个业务部门的协同工作。因此在构建铁路应急平台时应充分利用已建成的相关业务信息系统中的信息资源，按各应急预案要求，提供各专业相关数据信息。铁路应急平台和路内专业信息系统以及国家应急平台的数据共享如图所示。铁路应急平台需和外部系统共享的数据包括两大类，一类是静态信息，另外一类是动态信息。

根据《铁路信息化总体规划》的统一规划，铁路应急平台和外部相关系统间的数据共享和交换应采取构建应急信息共享方式进行。应急信息共享平台是铁路应急平台和外部系统间信息交互的枢纽，提供两种类型的数据共享方式，一类是针对静态数据的共享，采用数据联邦/数据复制技术实现，保证数据的同步和一致；另外一类是针对动态数据的共享，采用 Web Service / 中间件接口来实现，保证数据的及时交换。如图 4.10 所示。

第 4 章 > 调度指挥安全风险管控与应急处置

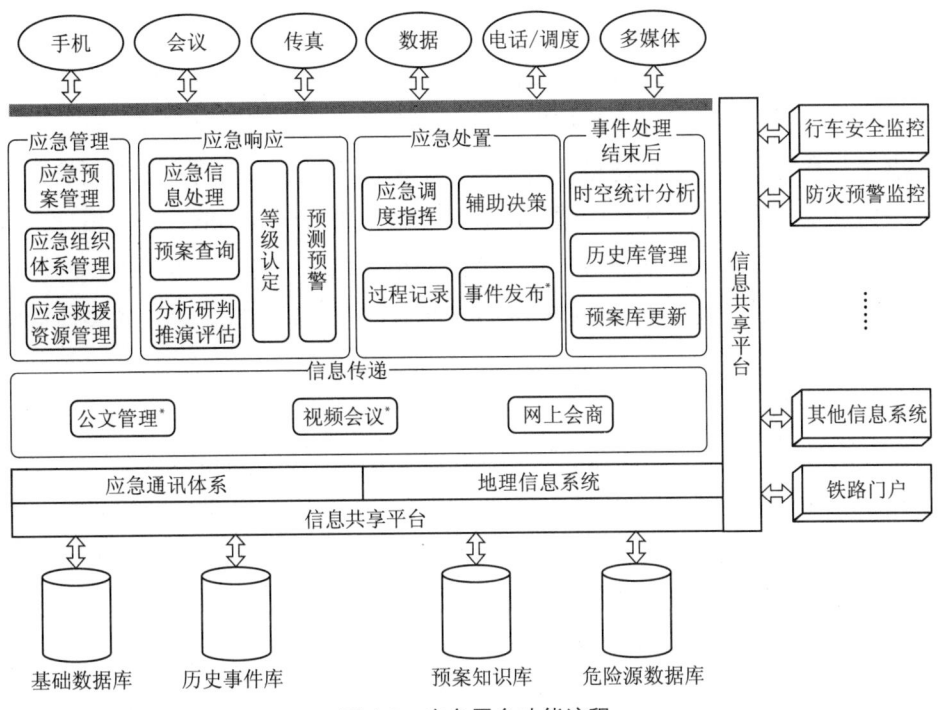

图 4.9　应急平台功能流程

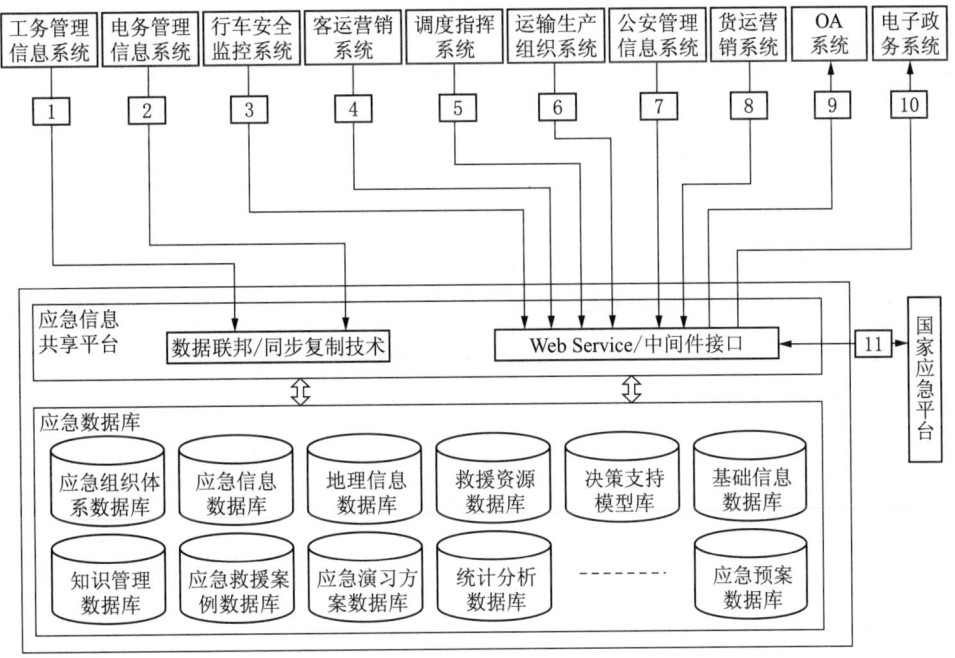

图 4.10　铁路应急信息共享平台结构

b）铁路地理信息系统技术

铁路应急管理、应急指挥涉及大范围路线、车站、救援物资、救援队信息，这些信息具有很强的空间分布特征，应用地理信息系统技术构建铁路应急管理信息系统是行之有效，也是非常有必要的。在铁路应急信息共享平台基础上，构建铁路地理信息系统与现有业务信息系统的互连和集成，通过应急信息共享平台获取其他系统的信息，结合线路、车站分布、危险源、车站配线、应急资源分布等地理信息，以电子地图的形式形象地展现这些信息。通过地理信息系统的空间分析、时空分析功能，建立各类分析评估模型，辅助制定应急方案。

c）预测预警技术

为保证铁路行车安全，近年来，特别是铁路5次大面积提速以来，原铁道部投入大量资金用于强化铁路行车安全及线路基础，建设了六大干线提速安全标准线，安装了"列车运行安全监控记录装置"，装备了地对车安全监控系统（5T系统）、大型铁路货物安全检查系统、铁路货车超限及装载状态监测系统等。目前，必须深入研究可行的预测预警技术，在事故或应急事件还没有发生时，就及时采取措施，防止事故和灾害的发生。

铁路应急平台的预测预警应包括中长期预警及短期实时预警两方面功能。

① 中长期预警功能

通过掌握路内外相关重大危险源、铁路关键基础设施以及重点防护线路等分布和运行状况信息，分析风险隐患，对可能发生的突发公共事件进行预测预警。应用地理信息系统的时空分析功能，通过建立事故及应急事件的历史数据库，不但可以对事故发生的时间序列进行统计，还可对事故发生的空间特征进行分析，提前发现事故多发时段及地区，方便有关部门提前做出防范措施，做到"防灾、减灾"。

② 短期实时预警

铁路应急平台应将整个路网系统作为研究对象，不仅研究在事发后如何组织救援、提供应急处置所需的决策支持信息，同时通过信息共享技术，获取来自客运系统、防灾安全监控系统及气象等共享信息，应用GIS技术的时空分析功能，通过建立事件评估预警模型，根据相关应急事件发生时间、地点、类别、性质及规模，对应急事件影响空间、时间、旅客数量范围等进行评估推演、分析估算，对可能受到影响的车站、线路等提前给出预警，以便相关线路、车站能提前做好应急准备工作，实现事故的短期实时安全预警能力。

（8）规范应急调整作业组织流程

① 完善应急调整责任制

根据应急处置的基本目的、原则和要求，以国家安全法规、国铁集团和铁路局集团公司各专业系统安全生产责任制为指导，进一步健全完善旅客列车运行方案应急处置过程中各相关部门的责任，细化应急调整时各部门各岗位职能、岗位责任和范围、追责及考核办法，形成依法合规、界面清晰、责任具体、便于操作的应急调整责任制体系。同时，进一步完善应急调整组织的教育培训、现场检查、管理考核制度，健全和落实"层层负责、人人有责、各负其责"的应急调整责任制体系，提升各岗位责任意识，促进全体人员自觉履行安全职责。

② 规范应急调整作业程序

为进一步完善应急调整作业程序，建议分别在国铁集团、各铁路局集团公司客调层面对不同场景的作业流程进行细化和完善，建立应急调整标准化作业指导书，绘制应急处置流程图，明确具体环节的作业人员及其作业内容。按照旅客列车类型（普速、动车组）、突发事件所属局（管内、外局）、是否需要社会力量协助等方面分门别类，从非正常信息的流转通报、应急响应的标准和时机、不同级别应急响应下各部门各岗位的具体作业内容和程序以及相互间的联系机制等方面进行细化并落实。

③ 建立完善的应急调整方案评估体系

借鉴国内外相关行业做法，建立完善的旅客列车应急调整方案评估指标体系，利用科学系统的统计和分析方法，对应急调整方案进行全方位评估，为决策者选择方案提供支持，不断提高应急调整的效率和效果。

a）建立完善的评估指标体系

对应急调整方案进行评估，要求建立涵盖评估指标及各指标权重的完整评估指标体系。在对旅客列车运行方案应急调整工作进行全面分析的基础上，提炼统计要素，从技术、经济、政治等方面设置一级指标，然后对各一级指标进行细化构建建立二级指标。如技术方面可分为响应时间、旅客列车恢复情况、旅客列车正晚点情况，经济方面可分为设备损坏情况、物资投入情况等，并根据实际情况，对各指标进行融合并赋予权重。

b）选择科学的评估方法

评估方法的确定是方案评估工作的核心环节，直接关系到评估的组织方式与评估结果的质量。现有评估方法可分为定性评估与定量评估两类。其中，定性评估方法包括有故障树分析方法、基于流程的评估方法、对照评估法等，定量评估方法有层次分析法（AHP）、数据网络分析方法（DEA）、多属性决策方法等。相较于定性评估，定量评估更为直观、科学、准确。根据通过各种方法得出的评估结果判断方案的优劣，由决策者进行选择或调整。

4.2.6 应急恢复系统

在突发事件结束之后，铁路要进行重新建设或是进行修葺因突发事情所造成的设备物品损失，查清事情产生的缘由，总结经验教训，尽可能地避免这类事情的再出现或是降低再出现的概率。应急恢复包括：恢复重建、事件调查、应急资源管理和信息反馈等几个组成部分。

（1）恢复重建

有的突发事件，比如自然灾害，其不但会导致人员出现人身伤害，还会很可能导致许多的关键基础设备遭到损坏，致使群众的生活生产秩序被破坏。恢复建设，重新发展，目的就是要在最短时间内把受灾地区的基础设施得到恢复正常，再建立正常的生产生活秩序，并且对受灾群众进行心理引导，帮助他们及时从灾难的阴影中走出来，重拾生活的信心。

（2）事件调查

在应急响应过后，应建立突发事件调查小组，对所发生的事件进行全面深入的调查了解，具体调查的内容有：事件产生的深层次原因、人员和财产的伤亡损失状况、应急响应的程序内容的合理性、相关责任人在履行职责时有没有按照相关程序、有没有按照相关的标准来制定应急办法措施、突发事件的内在性质、事件的产生有没有相关具体的责任方等等。

（3）应急资源管理

应急预案的管理指的是，在应急响应时，对所运用的资源的回收利用、修缮以及添加新的资源。在应急恢复时，应急资源的管理部门在使用资源结束之后开始将资源加以回收，并且按照资源的使用状况进行对资源的修缮和添加，从而保证资源能够继续投入使用。要注意的是，在资源回收和添加过程中要按照有关规定来开展。

（4）信息反馈

预案信息反馈就是在应急管理的过程当中，对应急预案具体落实状况尽快做出信息的反馈，这有利于应急准备系统对应急预案做出更合理全面的修改完善。

信息管理系统的作用就是要对信息资源加以整合，也就是采取逻辑方式把在一定范围之内的原来较为分散、多元、异构的信息整合在一起，使得其能够为管理、使用以及服务发挥积极作用。系统在体系当中起到纽带的联系作用，为铁路突发事情应急管理体系提供交流途径，其从多方面，采用各种方式来收集、管理和发布信息，对突发事情产生之前各环节做出全面的监视，对事情产生之后的应急救援全程做出监视，并且搜集发布应急信息，确保应急信息能够实现体系内良好畅通传播，以此提升铁路企业在突发事情发生之后的反应速度，强化应急管理体系的整体效果与联动效应。

从信息的性质方面来说，该系统所管理的信息主要分成两种，即动态和静态。

① 静态信息

静态信息就是指变化频率较小的信息，包含：

a) 各种应急预案的数据系统；

b) 应急指挥部门、救援队伍、救援设备、救援物资、相关专家等应急资源数据系统；

c) 管理区域的信息，遥感影像、安置场所、救援资源的分布图；

d) 相关的法律法规、处理安全生产事故的相关知识技能经验等内容的管理数据系统；

e) 世界上尤其是本区域或是行业产生巨大影响、事故典型案例数据系统。

② 动态信息

a) 突发事情的报告、预警、危险源头、监视控制信息、应急指挥信息等信息数据系统；

b) 各种事故发展趋势和产生影响的预估分析模型、所带来的灾害预警模型、疏散群众的措施模型等决策模型系统；

c) 对应急救援队伍进行应急资质的评估数据系统；

d) 各种事故应急救援演练方案和开展情况的方案数据系统；

e) 对各种应急救援数据分析的数据系统。

4.3 高速铁路调度应急处置培训及应急演练

高速铁路应急演练为运营安全管控培训的重要内容之一，通过对突发性事故、人员疏散、应急救援、抢险维修等方面的演练，可以检验调度员、司机、乘务员、机械师在突发事件时的快速响应和协同处理能力，检验《高速铁路突发事件应急预案》等规定非正常情况下行车组织办法的影响及效率，检验应急处置效率及突发事件对正常运营的影响，验证预案处理流程和应急救援方案的可操作性，积累突发事件应急救援经验。

4.3.1 仿真培训系统

高速铁路列车调度员应急场景处置仿真系统的应用主要体现在以下方面。一方面，在对高速铁路应急处置预案设计与优化时，调度部门可利用系统对复杂应急场景、特定应急场景进行场景模拟，通过处置试验，分析出最优处置流程，设计场景应急预案；也可利用系统对既有应急场景进行多种处置方案的推演，根据系统数据中心的分析功能，发掘既有应急预案的可优化项点。另一方面以高速铁路列车调度员应急场景处置仿真系统为基础，建立起高速铁路列车调度员CTC仿真模拟实训平台，从而实现提升新职学员岗前培训效果提高在职学员设备操作熟练度、增强列车调度员应急处置能力。结合调度部门的运营与培训实际可以按学员等级、线路特点对用户进行平台类型设计。

1. 应急处置培训仿真系统功能

鉴于在调度集中条件下，高速铁路列车调度员承担了更多的责任与风险。由于大量新技术设备的投入使用，对调度员的业务素质、应急处置水平要求更高，需要他们具有更高的技能和更全面的知识结构，对于调度员综合素质尤其是学习和掌握新技术的能力提出了更高的要求。为了提高高速铁路调度安全风险管理的系统性和科学性以及应急演练培训质量的保障性，可利用仿真设备来模拟真实的工作环境以实现对列车调度员的培训、考核和评估。

根据调度指挥的实际需求，以安全风险识别、评估、预警与防控为研究重点，应用各种仿真理论和现代仿真技术，实现各调度相关工种的仿真集成环境，建立一个综合、集中、透明的现代化调度指挥仿真系统，为调度员提供先进的调度指挥训练环境，提高各工种协同编制日班计划能力，提高应急处置能力和列车运行调整能力，并实现分析和调度员培训、实作考核功能。作为模拟真实工作环境的调度仿真培训系统，在总体上应具有能够完全模拟真实环境下的列车正常运行以及恶劣天气和设备故障条件下的安全风险管理与应急处置，支持真实案例的再现和分析，其功能主要有：

（1）能够模拟调度日常工作的基本功能。系统在软件界面和操作方式上应与实际调度台完全一致，能完全模拟调度日常工作的基本功能，包括列车运行计划调整和下达、调度命令下达、临时限速设置、车站控制模式转换、自动排路控制、站场按钮操作等所有CTC系统功能。除此之外，系统可提供操作步骤提示，并具有培训教师介入操作的功能。同时，针对应急指挥中心提供应急处置辅助决策的最佳方案，还在功能上设定了列车调度员与应急指挥中心之间的信息流程以及辅助决策的方案设计功能。

（2）能够模拟列车运行和故障场景。系统可模拟列车运行的移动红光带，并可自动进行车次号追踪。根据下达的3—4 h列车运行调整计划或者定制的模拟场景，自动生成虚拟的列车，按规定设置的速度等级、方向运行。能模拟显示C0、C1、C2、C3等多种条件下的各种行车设备信息的联动输出，并可进行各种故障的设置。同时，还应具备根据需要对演练进度进行调节的功能。

（3）支持多种模拟场景。为了满足调度员培训以及技术比武的要求，系统应支持多调度台集成演练和调度台独立演练方式。在多调度台集成演练方式下，系统应为其提供同一模拟环境，演练多个调度台管辖不同的区段并实现邻台协作的联合演练；在调度台独立演练方式下，系统应能提供完全独立的多个模拟环境，各调度台进行独立演练，保证互相不受影响。

（4）支持真实场景再现。为了满足特定环境下培训和演练的效果，系统应支持从实际CTC系统中截取真实的场景环境，纳入到培训系统的场景库中，可根据需要调取到系统中作为仿真场景运行。

（5）具备培训和评估功能。为了配合调度员的日常培训和资格考试，系统应具备理论和实作的学习、培训和评估功能，具备自动生成理论、实作考试试卷，并对调度员的学习、实作进行分析，生成评估结果，并可对风险识别、评估、预警和防控各个环节提出相关业务技术改进的建议。

2. 应急场景处置作业过程

列车调度员作为一个调度区段运输生产的直接组织与指挥者，在应急场景处置中发挥着突出的作用，其作业过程主要是根据应急场景信息、区段综合信息，完成满足规范性与及时性的设备操作、信息交互、处置决策等工作的过程。高速铁路列车调度员应急场景处置作业过程如图4.11所示。

其中，应急场景信息包括场景发生的时间和地点现场的即时情况、故障的影响范围等；区段综合信息涵盖救援力量布局、设备实施信息、在途列车的实时属性；设备操作涉及列车运行图、列控限速、车务终端、调度命令等方面；信息交互主要指值班主任、车务应急值守人员、设备管理单位人员、司机、供电调度员间的信息传递与反馈等；处置决策是指运行计划调整、救援力量调动故障处置等方案的制定。

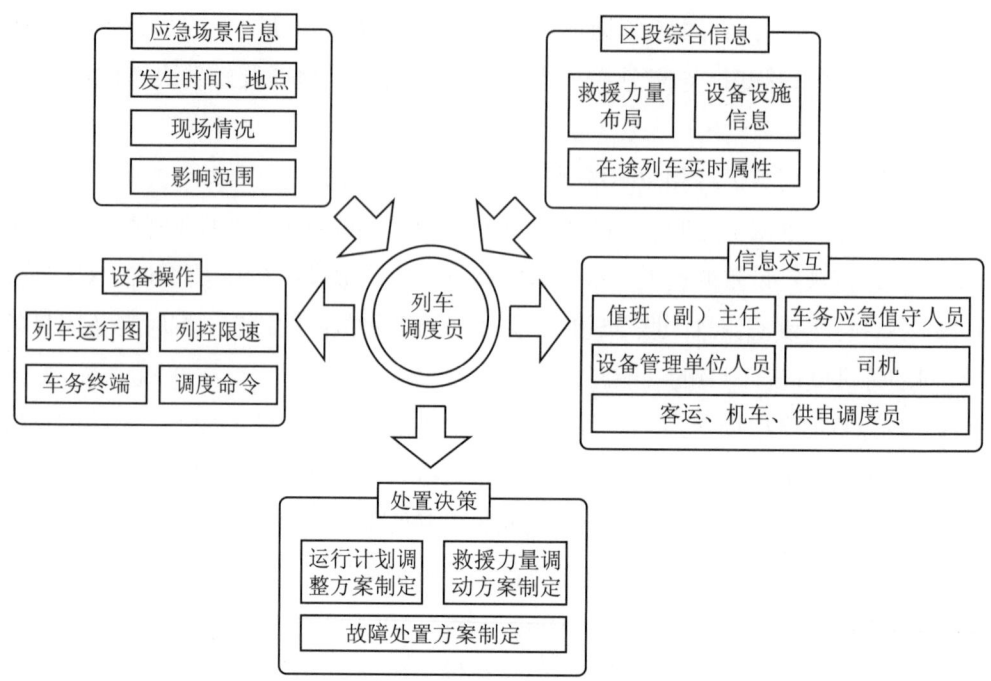

图 4.11　高速铁路调度员应急处置过程图

3. 应急场景处置作业特点分析

（1）应急场景多样。由于高速铁路等级高、设备数量多、线路范围广，因而应急场景类别多，包括固定设备、移动设备故障类以及恶劣环境、应急事件突发类等。

（2）事件触发随机。非正常情况发生的时间、地点、车次、类别等具有随机性的特点，甚至在同地点或同一时间可发生多项故障。

（3）设备操作复杂。调度集中区段，现场行车设备操作权向列车调度员转移，对调度人员的业务和综合素质提出了严峻的考验。应急场景发生时，高速铁路列车调度员需根据具体情况完成列车运行计划调整、调度命令拟写与发布、列控限速设置、车务终端操作等复杂的设备操作作业。

（4）信息交互丰富。作为应急场景处置的核心岗位，列车调度员需同值班（副）主任、司机、设备管理单位人员、车务应急值守人员、供电调度员等岗位的沟通、配合，进行联动处置。

（5）处置决策难。完成信息收集与紧急处理等应急处置先期工作后，列车调度员需根据应急场景类型，调度区段在途列车实时属性、运行计划救援力量布局等制定合理的救援决策方案。

（6）作业要求项点多。面对突发情况，列车调度员既要做到处置规范、符合各类规章要求，也要到反应及时、减少故障延误时间，还要做到与他人沟通顺畅、配合到位。

4. 应急场景处置仿真系统需求分析

依据高速铁路列车调度员应急场景处总体要求，在硬件方面，要求与实际调度工作环境尽可能保持一致，在软件方面，要求满足列车运行图、调度命令等各子系全覆盖，而且各子系统的操作界面和功能与现场设备相同，在使用方面，要求系统可达到运行系动化和评判智能化的效果。因此，高速铁路列车调度员应急场景处置仿真系统需求主要体现在以下方面。

（1）平台工况逼真。应以当前正在使用的运营设备为标准进行搭建，复制或高度仿真与调度员应急处置相关联的各系统界面与功能，并符合软、硬件相关要求。

（2）多类别应急场景再现。要进行精细化的场景设计，考虑故障类型、运行计划、故障地点、故障时间、故障触发条件和故障恢复条件等要素，满足场景类型覆盖全面、触发方式多样的特点，涵盖设备操作、信息交互等环节。

（3）关联岗位自动配合。除列车调度员（助理调度员）本岗位外，系统需实现其他岗位（司机、设备管理单位人员、车务应急值守人员等）在场景处置全过程的自动配合，解决关联岗位多，需要人工替代的问题。

（4）作业过程关键环节辨识与评价。根据调度员应急处置决策难、处置作业要求项

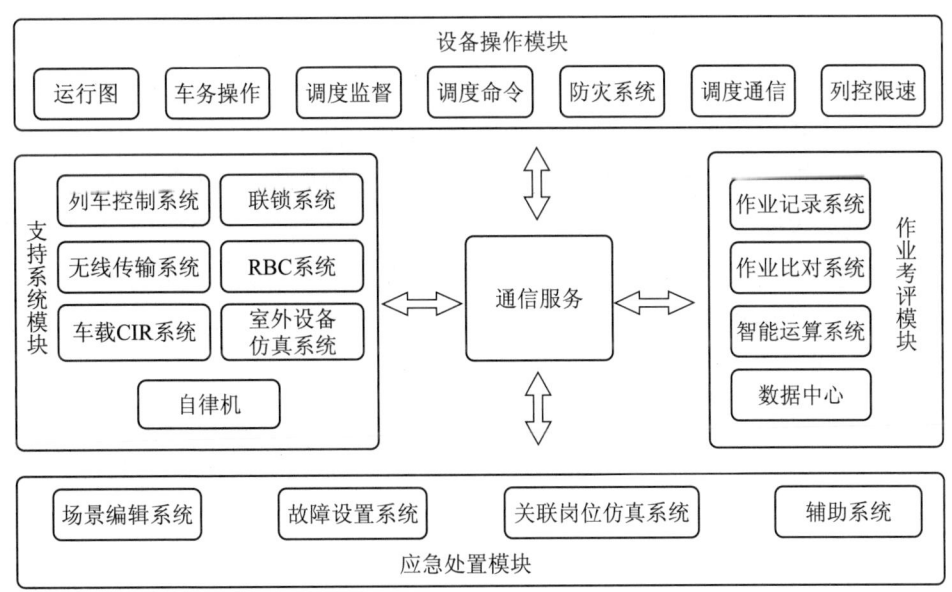

图 4.12　高铁列车调度员应急场景应急处置仿真系统框架

点多的特点,对应急处置关键点(如调度命令正确性、运行计划整方案合理性)进行智能化评判,涵盖规范性及时性、协作性及处置决策合理性等项点。高速铁路列车调度员应急场景处置仿真系统设计高速铁路列车调度员应急场景处置仿真系统,分为设备操作、应急处置、作业考评、支持系统4个模块,利用通信服务作为系统的中转站,承接各个模块的信息,并根据指令做出响应。如图4.12所示。

5. 系统设计

高速铁路列车调度员仿真系统的设计和建立不仅可以模拟高速铁路列车调度员应急场景处置同还可以解决实作培训缺乏平台支撑的问题,从而满足高速铁路调度员对各种应急场景下的调度处置培训需求,及时对列车调度员的实作能力水平进行评价,找出能力短板,不断优化应急处置预案的分析和推演点。高速铁路列车调度员应急场景处置仿真系统的设计与建立是适应调度部门运输组织精细化、应急处置水平提高、实作培训效果提升、列车调度员科学化管理等需要,为更好地强化提升调度作业水平提供支撑,不断促进铁路安全运输生产。

(1)设备操作模块

设备操作模块直接接触用户,包含列车运行图车务操作、调度命令、防灾系统、调度通信、列控限速等子系统。其中,列车运行图子系统包括基本图加载、阶段计划下达、运行计划调整等功能调度命令子系统包括场景库建立、命令编辑、受令人及处所选择与增补等功能,列控限速子系统包括命令编辑、命令校验、激活校验、命令执行等功能;车务操作子系统包括单站与区段显示、进路序列查看、进路排列与取消等功能;调度监督子系统包括区间设备与站场设备信息显示、列车运行状态显示、临时限速显示等功能;防灾子系统包括雨量监测预警、风速监测预警、异物侵限监测报警等功能;调度通信子系统包括列车通信、车站通信、台间通信、单呼与组呼等功能。

(2)应急处置模块

应急处置模块主要用于场景设计与关联岗位配合,旨在实现高速铁路列车调度员现场应急处置工况的仿真,在应急场景类型、关联岗位仿真、应急场景触发、故障现象4个方面可实现以下要求。

① 应急场景类型。根据高速铁路运行试验的故障模拟及应急演练测试内容,通过研究提出《高速铁路应急场景库》,该场景库涵盖设备故障和突发事件的场景,其中涉及高速铁路列车调度员应急处置场景如:

设备故障类:动车组故障包括列车碰异物、受电弓自动降弓等场景;电务设备类:进站信号机故障、列控限速无法下达等场景;工务设备类包括道岔故障、站内正线断轨等场景；牵引供电类包括接触网故障、SCADA 系统故障等场景；通信类故障包括 CIR 车载设备故障、调度台 FAS 故障等场景。

突发事件类：动车组救援包括动车组故障内燃机救援、动车组发生火灾等场景；普通常见包括动车组空调故障、车站发生火灾等场景；恶劣天气主要包括大风监测报警、余量监测报警等场景。

② 关联岗位仿真。在应急场景处置时，系统可模拟替代各关联岗位，完成自动应答、信息交互、按令操作、自主处置等作业。

③ 应急场景触发。根据应急场景的模拟形式，场景触发可满足立即触发、条件触发 2 类。场景立即触发满足即时模拟的需要，如设置动车组列控车载设备故障后，列车可立即采取降速措施，降速至 0 kmh。场景条件触发满足场景化模拟的需要，可在线路任意地点、时刻设置故障，具备条件时自动触发，如设置列车在某处发生受电弓自动降弓故障，司机可在列车运行至该处时，立即向列车调度员汇报故障情况。

④ 故障现象。系统 CTC 终端故障现象显示应与实际运营调度台保持一致，如突发大风报警时，防灾系统应有声光报警提示，并根据设定的风速等级对应显示相应限速的提示信息。

（3）作业考评模块

作业考评模块用于对列车调度员作业信息的采集、评价与反馈，包括列车调度员设备操作、信息交互、处置结果性指标等方面。在功能上，作业考评模块满足考评自动化，考评工作完全由计算机实现；满足评估全景化，系统应可记录列车调度员在实操及信息传递过程中的所有操作过程；满足评价智能化，部分复杂的评价项点可实现智能的偏离度比对；四是满足数据挖掘功孙举能，通过建立数据中心，利用数据挖掘与数据分析，发现调度指挥的能力短板，为培训方案的制定及培训场景设置提供可靠依据。

（4）支持系统模块

支持系统模块用于外部接口的模拟，通过配置外部系统仿真软件模拟列控系统、联锁系统、无线调度命令传输系统、RBC 系统、车载 CR 系统及室外设备仿真系统，采用虚拟机技术将多个车站的虚拟自律机集中于一台服务器，实现自动排路人工排路等功能，并与外部系统仿真软件相接。

4.3.2 应急演练

从高速铁路应急预案编制及演练、救援组织和预案修订各阶段进行分析，我国高速铁路应急预案及救援组织中还存在应急预案缺乏全面风险评估、应急准备不力、缺乏演练、组织体系不完善、救援组织权责不够清晰、应急救援指挥决策信息不全等问题，提出以下改进建议：

① 建立长期动态实时的风险评价机制，对具体灾害和可能造成的影响进行持续的预测和评估；

② 提前准备并下发应急组织工作的进度表，从人员组织、设施设备、售票组织、乘降组织、宣传资料、后勤保障等方面做好应急救援准备工作；

③ 改善应急组织指挥体系，细化并编制应急指挥体系图，明确日常应急与突发应急的负责制，明确各专业责任分工；

④ 加强培训和演练，组织相关部门学习应急处置流程，加强对设备操作方法培训，规范各工种通话用语，增强各部门、各工种间的协同能力，建议采取"事前无通知"的方式进行演练，加强实战性；

⑤ 完善硬件配套设施，增设应急辅助设备，对特殊区域增设指示牌、防护栏、照明等应急设施；

⑥ 完善应急预案措施，编制一目了然的应急预案启动流程图，明确故障处置时各工种的权责范围提高预案执行效率；

⑦ 建立与地方政府相关部门的长期协作机制，特别是遇非正常情况时，加强与地方政府合作。

1. 应急演练前提条件

（1）演练前，各车站及区间、各系统完成线路开通运营前的动态验收，轨道、路基、桥梁、隧道、牵引供电、接触网、通信、信号、综合接地、电磁环境、振动噪音、客服系统、防灾安全监控系统、综合视频监控系统设备均满足技术要求。

（2）应急演练电报、各行车工种操作手册及应急处置办法等规章均发布实施，调度员、司机、乘务员等岗位人员经过培训，熟悉系统和设备使用及维护，具备上岗资格。

（3）按照演练时刻表的要求，故障及救援动车组列车、测试仪器、设备等准备妥当，应急抢修和故障处理的机具、设备及人员到位并处于待命状态。

（4）确保施工作业在演练前结束，各设备管理单位和施工单位确认施工人员、工具、机具、物料撤离清除完毕，线路、道岔、信号、联锁、闭塞、接触网设备状态良好，建筑限界满足要求，接触网已送电，具备行车条件，并经车站组织设备管理单位和施工单位对现场范围内的行车设备联合检查，确认各单位签认完毕。

2. 应急演练的机构设置

演练开始前，集团公司成立应急演练领导小组，负责统筹协调应急演练事宜，确保演练组织安全有序，并在演练线路调度台设立应急演练指挥部，领导小组设组长、副组长、现场指挥，其中现场指挥在演练指挥部负责演练指挥，对演练总指挥负责。

在应急演练领导小组的统一领导下，集团公司一般设立运输组织组、演练测试组、设备保障组、安全监控组、治安保卫组、宣传报导组、后勤保障组 7 个工作小组。

3. 应急演练场景设置

建议较全面的应急演练场景设置如下：

动车组故障。动车组故障包括列控车载设备故障、CIR 车载设备故障、受电弓故障、重联动车组运行中前车故障站内停留、受电弓挂有异物、运行途中晃车、动车组运行中碰撞障碍物或撞人、动车组运行中发生异音、异状、轴承温度超温报警、动车组列车无动力在 20‰以上坡道停留等。

电务设备故障。列车变更到发线通过、无法通过列控系统设置临时限速、出站信号开放后取消发车进路、因线路临时限速列控设置临时限速、道岔无表示办理接车、道岔无表示办理发车、区间连续 2 组应答器故障、有源应答器丢失、进站信号机故障引导接车、区间闭塞分区出现红光带、列车反方向运行、CTC 系统设备故障转非常站、出站信号故障发车等。

工务设备故障。钢轨折断、道岔故障、检查车 IV 级偏差等。

牵引供电设备故障。接触网故障、动车组分相区停车、SCADA 系统故障等。

客运设备故障。客运引导广播系统故障、售票系统发生严重故障等。

通信设备故障。数字调度系统（FAS）故障、电话接入网设备故障、轨旁通信设备故障等。

应急救援场景。动车组空调失效；车站发生火灾、爆炸事故，需要组织扑救和疏散旅客；动车组列车故障需启用热备动车组救援；动车组在高架桥上发生事故，列车失去动力、危及旅客安全，需要组织疏散和救援；大风、暴风雨雪等恶劣天气组织行车；发生线路塌方、道床冲空、水害断道，列车行车中断并返回；发生地震灾害，继续运行；动车组列车晚点；站车发生重大疫情或旅客食物中毒；列车运行中遇有旅客因伤、病必须临时停车抢救；动车组在隧道内发生火灾，危及旅客安全，需要组织疏散和救援等。

高速铁路应急指挥及救援组织是应急救援工作的核心内容，为强化调度员、司机、机械师等各工种应对和防范高速铁路事故风险和应急处置能力，需进一步细化大风、雨雪、冰冻等灾害天气和设备故障等突发事件情况下的行车组织办法，明确各层级、各专业、各岗位的职责要求和工作流程，形成以调度为龙头的应急救援体系，以"统一指挥、快速反应、正确处理、车站协同、尽快开车"为原则，进一步完善我国高速铁路应急救援安全保障体系，推进高速铁路安全管理。

4. 应急演练实施

速铁路应急演练场景由故障类型、运行计划、故障地点、故障触发和恢复条件等要素构成。应急演练实施过程如图 4.13 所示。

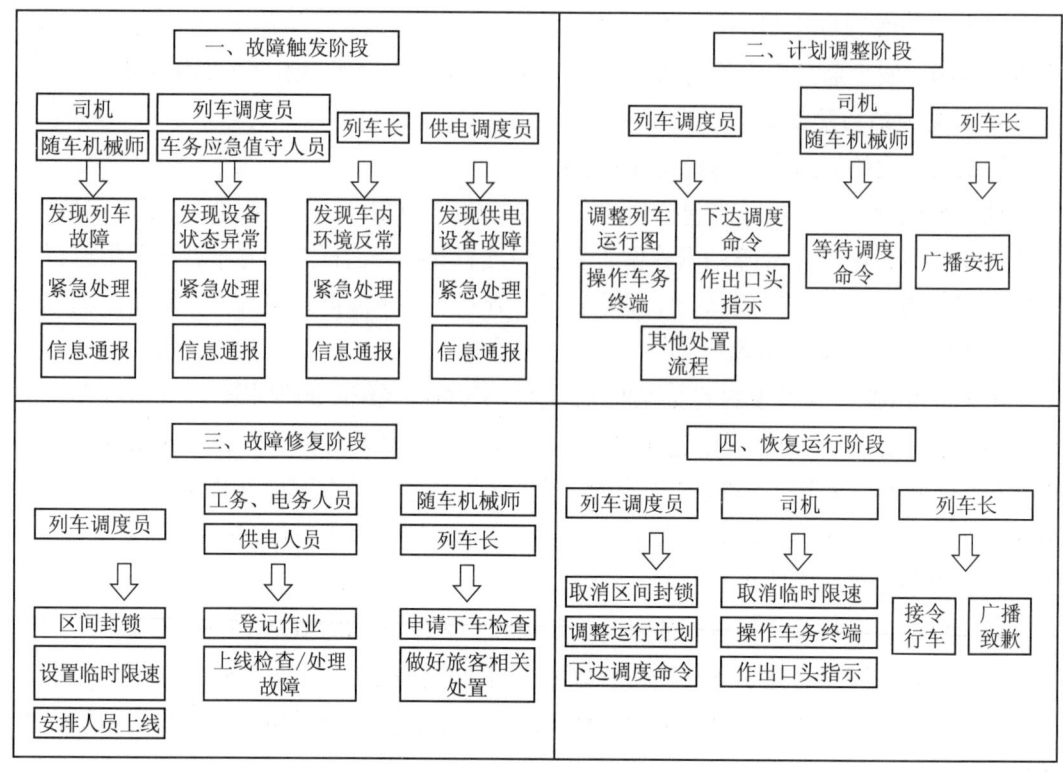

图 4.13 应急演练实施过程

（1）故障触发阶段。由司机或随车机械师发现列车故障、列车调度员或车务应急值守人员发现设备状况异常、列车长发现旅客伤病或车内环境反常、供电调度员发现供电设备故障等进行场景触发。在该阶段涉及相关岗位对故障或应急情况的紧急处理、信息通报等过程。

（2）计划调整阶段。由列车调度员根据应急事件对后续列车的影响进行阶段计划的调整。在该阶段涉及列车调度员对列车运行图、调度命令、车务终端等 CTC 子系统的操作及口头指示等过程，其他配合工种需按令执行相关操作。

（3）故障修复阶段。列车调度员根据现场情况，在具备条件时安排设备管理单位人员上线作业或车内工作人员下车作业，进行故障检查与处理。在该阶段涉及上线登记、下车申请、调度命令下达、设备检查故障处置、下线及故障销记等过程。

（4）恢复运行阶段。由列车调度员根据设备检查或故障处理情况，开通封锁区间，取消临时限速，对故障影响本列及后续列车的运行计划进行调整，指示列车正常运行或按行车限制条件运行。在该阶段涉及列车调度员对列车运行图、调度命令、车务终端等 CTC 子系统的操作及口头指示等过程。

各岗位在应急处置中一般均需完成设备操作、信息交互等作业、应急演练特点主要有以下几方面：

（1）应急场景多样。由于高速铁路线路等级高设备数量多、线路范围广、因而应急场景类别多，包括设备故障类以及应急事件类等。设备故障类包括动车组故障场景、电务设备故障场景、工务设备故障场景、牵引供电设备故障场景、通信设备故障场景、客运设备故障场景；应急事件类包括动车组救援场景普通常见场景（如动车组空调故障、旅客突发伤病等）、恶劣天气场景等。

（2）设备操作复杂。各岗位需根据应急事件具体情况完成专业化的设备操作作业，如列控限速设置车务终端操作、升弓验电、滚动试验、安装防护网等部分作业需要多工种配合完成。

（3）信息交互丰富。演练时，列车调度员、司机设备管理单位人员、车务应急值守人员、供电调度员等岗位间需进行沟通、配合。例如，列车调度员与司机进行故障信息交互、与车务应急值守人员进行现场信息确认、与供电调度员完成停电手续办理等。

（4）处置决策难。救援方案的制定需充分考虑列车运行计划，并结合设备管理单位及救援力量的布局，保证合理性，防止此生事故的发生，减少耽误列车数量与时间。

（5）作业要求项点多。各岗位在演练时既要做到处置规范、符合各类规章要求，也要做到反应及时、减少故障延误时间，还要做到与其他岗位沟通顺畅、配合到位。

4.4 高速铁路应急处置

4.4.1 总体原则

当高速铁路遇到设备故障、突发事件甚至铁路交通事故等情况时，应采取应急处置措施，处置过程中应遵循以下原则：

（1）按章处置的原则。应急处置必须遵守应急处置的相关程序和有关规章制度。

（2）单一指挥的原则。应急处置必须遵循和维护行车工作集中领导、统一指挥、逐级负责的原则，实施调度单一指挥。

（3）减少损失的原则。应急处置必须尽最大可能减少生命财产损失和减少对运输秩序的影响，防止次生灾害发生。

（4）方便旅客的原则。列车运行图调整方案应便利旅客出行，运行调整信息及时公布,且便于客服人员获取。

4.4.2 关键环节

1. 信息畅通

确保信息畅通是维护正常运输秩序和做好应急救援组织工作的必要条件,迟报、漏报铁路交通事故(设备故障)导致信息不畅,会对应急救援组织和运输调整工作带来很大影响。

在发生铁路交通事故(设备故障)时,现场有关人员须立即报告邻近车站值班员或列车调度员;车站值班员接到报告后,须立即报告列车调度员;集团公司调度接到报告后,立即将事故(故障)基本情况和救援处置方案报国铁集团调度。

在应急处置过程中,列车调度员直接与司机、车站值班员通话,动车调度员直接与动车组机械师通话,客运调度员直接与列车长通话,供电调度员直接与现场供电抢修负责人通话,各站(段)应急指挥中心指导现场人员作业,集团公司应急指挥中心统一指挥各站(段)应急指挥中心开展应急抢修工作。通过规范信息通报流程,避免信息交叉,保证信息准确性、实时性,减少对现场作业人员的干扰。

信息汇报内容主要包括:时间、车次、车组号、担当局、主控车号、线路、地点、故障部位、故障现象、动车组损坏程度、影响程度及后续处置方案等。动车组列车运行途中发生故障车辆系统信息汇报流程如图4.14所示。

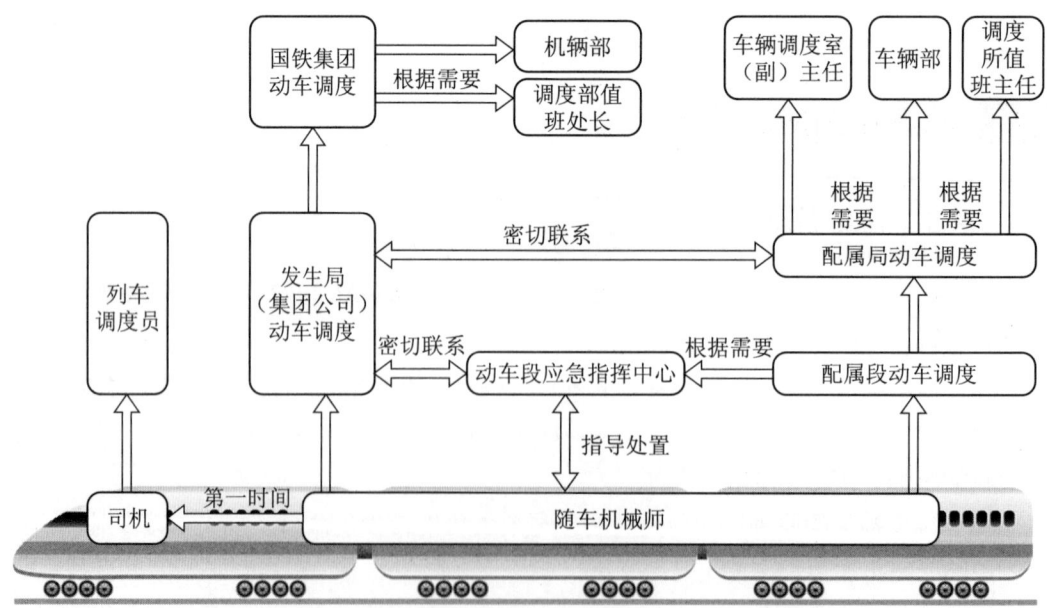

图4.14 高速列车运行途中发生故障车辆系统信息汇报流程图

2. 响应及时

在接到交通事故（设备故障）信息时，列车调度员除安全应急处置相关要求及时进行处置外，还应第一时间向值班主任（副）汇报，值班主任（副）向集团公司应急调度台和国铁集团汇报，应急调度台根据故障影响情况及时启动应急预案，协调各部门开展应急指挥工作。

为确保各项应急处置顺利开展，铁路各级部门应建立完善的应急预案体系，制定预案启动条件，明确应急处置责任划分和流程，并根据实施情况，对预案不断进行完善。铁路交通事故应急响应流程如图 4.15 所示。

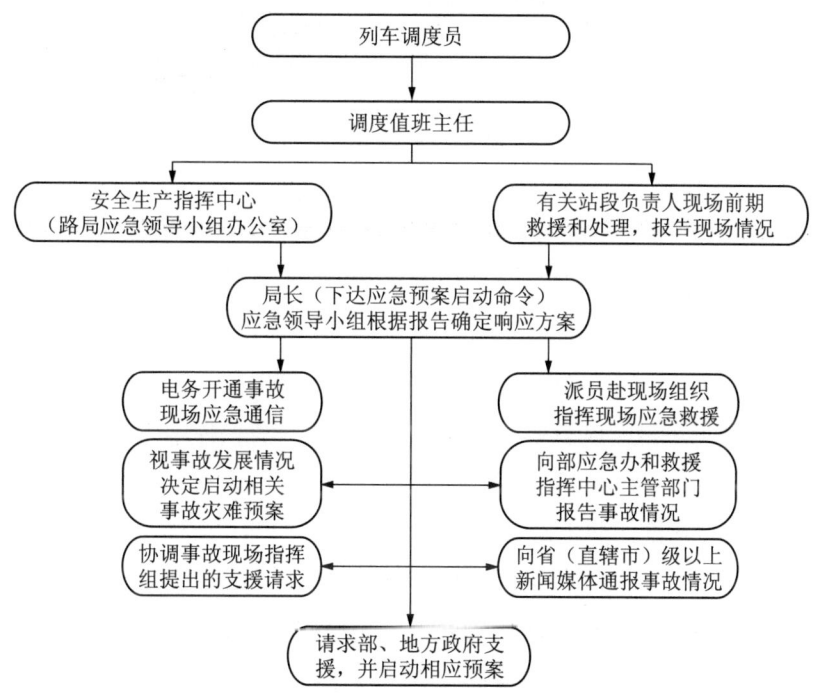

图 4.15　铁路交通事故应急响应流程

3. 科学决策

应急抢修、救援方案的制定，应在确保高铁和旅客安全基础上，兼顾效率和效益，科学合理安排机具使用和人员调动。国铁集团、各铁路局集团公司、各站段建立相应应急指挥部门，统一协调各层级应急处置指挥和决策工作。

各级应急指挥部门应根据实际需求配备远程视频监控、列车运行监控、列车运行图及调度监控、客运售票等信息系统，实时掌握现场情况、设备状况、动车组三乘、动车组运用等各类信息，为应急指挥决策提供信息支持。**OCS** 高铁运行调整辅助决策系统如

图 4.16 所示。

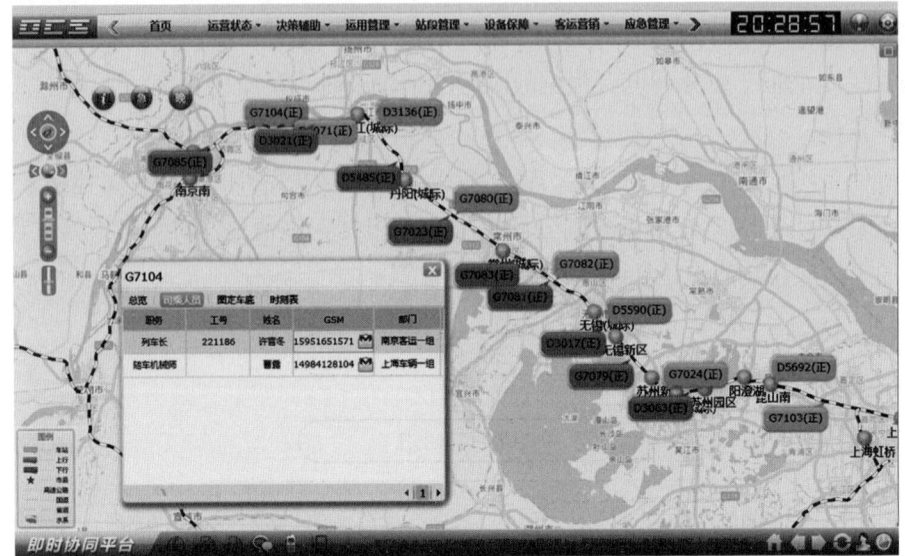

图 4.16　OCS 高铁运行调整辅助决策系统

4. 指挥有序

按照集中统一指挥、逐级负责的原则,国铁集团调度部、铁路局集团公司调度所高铁调度员负责高铁行车日常应急处置指挥工作。各级应急指挥中心负责管辖范围内应急处置,制定应急方案,协调各部门开展应急处置工作。

应急指挥中各专业部门职责:

(1) 车务(调度):负责铁路突发事件的应急处置、救援抢险的指挥、协调工作;制定运输组织调整方案,及时发布调度命令,督促下级实施运输调整方案,根据现场和专业部门要求,最大限度提供运力保障。

(2) 客运:负责指导、制定疏散旅客、收集整理旅客携带品、站车客运组织及服务等工作方案,参与制定旅客列车运行调整方案。

(3) 机务、车辆:负责指导机务、车辆部门进行应急处置措施、突发事件的应急救援,提高本系统的行车限制条件。

(4) 供电、工务、电务:负责指导本专业部门进行设备故障的抢修和应急处置,提供本系统的行车限制条件。

(5) 公安:负责指导相关公安人员维护事故现场治安秩序和协助事故调查取证工作。

（6）宣传：负责做好突发事件处置中的新闻报道和舆论引导工作，并做好相关组织、协调工作。

5. 安全作业

高铁应急处置中作业安全主要涉及调度指挥安全和现场作业人员安全。调度指挥安全是指高铁调度人员在行车设备的操作和应急处置作业过程中的安全。现场作业人员安全主要指现场作业人员在作业流程和作业防护上的安全。

（1）确保高铁调度指挥安全的主要措施

① 完善岗位作业标准，按标作业。对调度员设备使用方法和作业流程进行规范，施行双岗互控制度，制定标准化作业流程，执行作业标准化。高铁 CTC 标准化"点灯灭灯操作"如表 4.1 所示。

表 4.1　高铁 CTC 标准化"点灯灭灯操作"

作业程序		岗位作业技术要求		说明事项
程序	项目	列车调度员	助理调度员	
点灯灭灯操作	确认条件	（1）点灯时确认满足下列时机： 1. 接发未装设列控车载设备的列车时； 2. 接发列控车载设备故障的动车组列车时； 3. 需越出站界调车时。	（1）点灯时确认满足下列时机： 1. 接发未装设列控车载设备的列车时； 2. 接发列控车载设备故障的动车组列车时； 3. 需越出站界调车时。	
	布置	（2）通知助理调度员："×站××信号机点灯（灭灯）"。	（2）复诵："×站××信号机点灯（灭灯）"。	
		（3）听取助理调度员复诵无误后口呼："执行"。	（3）选择人工办理的车站，核对列车运行调整计划。	
		（4）对助理调度员的操作进行确认。	（4）眼看，鼠标指向对应信号机，口呼："××信号机，点灯（灭灯）。"点击右键并选择点灯（灭灯）选项（灭灯需输入密码）。确认操作成功，口呼："好（了）"。	
		（5）确认点灯状态，应答："好（了）"。		

② 完善应急处置办法，规范应急处置流程。对各类调度相关应急处置情况进行梳理，结合各项规章制度要求，制定调度应急处置办法和应急处置卡片，指导调度员按照处置办法开展应急处置工作。高速铁路列车碰撞异物应急处置流程如图 4.17 所示。

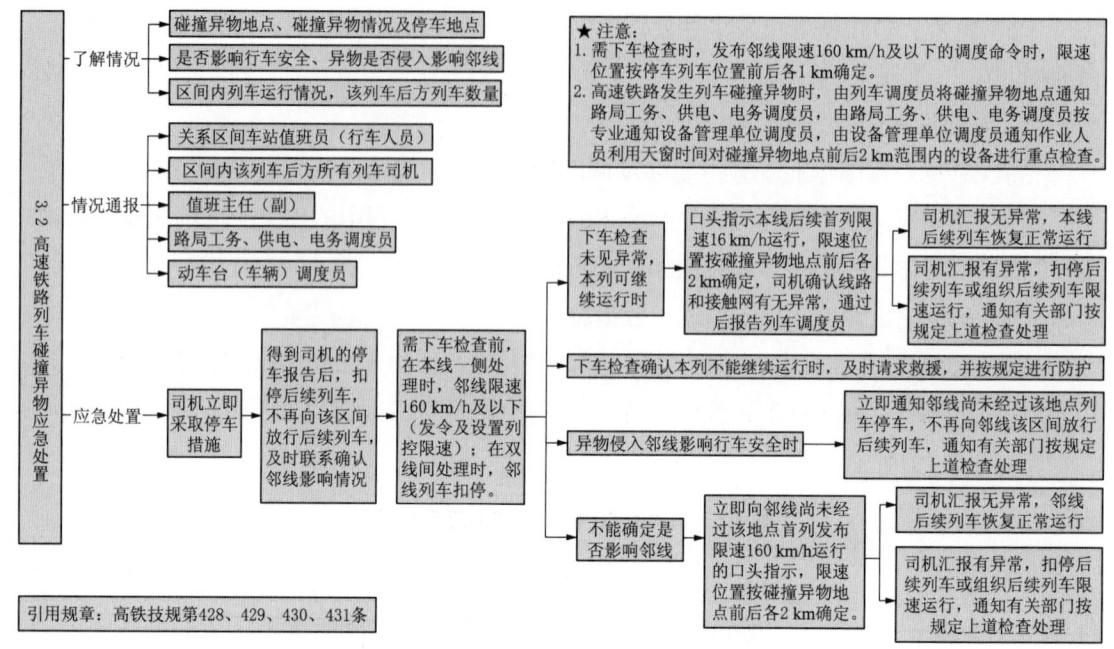

图 4.17 高速铁路列车碰撞异物应急处置流程

（2）确保现场作业人员安全的主要措施

① 执行高铁进入线路作业人员安全防护措施。列车在区间停车需下车处理时，列车调度员发布邻线列车限速 160 km/h 及以下的调度命令，限速位置按停车列车位置前后各 1 km 确定；司机在接到列车调度员已发布相关调度命令的口头指示后，通知有关作业人员办理。需组织旅客疏散时，必须扣停邻线列车；司机在接到列车调度员已扣停邻线列车的口头指示后，通知有关作业人员办理。

② 落实现场作业人员岗位作业标准。现场作业人员要执行岗位作业指导书要求，按标作业。工务、电务、供电等现场作业人员需要进入高铁线路进行故障处置时，必须登记限速和封锁条件，作业时执行有关防护制度。

6. 放行列车

在应急处置过程中，应以导向安全的原则，严禁臆测行车和盲目放行列车。在放行列车前，应确认设备状态和具备开车条件，在确认具备放行列车条件后，按规定组织列车恢复开行。放行列车的依据是：

① 按规章文电规定的运行条件组织列车放行。按照国铁集团和集团公司制定的高铁相关制度和文电进行应急处置。例如高铁列控限速设置失败、接触网跳闸等情况下，放行列车限速规定。

② 按设备管理单位登记的行车限制条件组织放行。遇工务、电务、供电等设备故障

时，放行列车前，要按照设备管理单位在《行车设备检查登记簿》(运统46)登记的行车限制条件放行列车。

③ 应急指挥中心下达的决策。在特殊情况下，放行列车无规章依据时，在专业部门科学指导前提下，根据应急指挥中心确定的行车限制条件组织放行列车。

7. 高速铁路调度指挥的风险与控制

高速铁路实行统一指挥的运营组织模式。高速铁路调度指挥系统是高速铁路运输组织的神经中枢，担负着铁路日常运输的组织、协调、指挥工作，通过实现对运输过程的高效组织、对运力资源的合理运用，及时处理安全风险事件，确保动车组列车的运行秩序的稳定。

4.5 高速铁路调度指挥风险管控

4.5.1 高速铁路调度指挥存在的安全风险

高速铁路列车调度区别于普速列车调度由单一指挥者变为集组织者、指挥者和执行者于一身，既负有高速铁路行车指挥者的职能，还要担当车站值班员、信号员等现场执行者的职责，集行车施工、动车组、客服、供电、应急于"六位一体"；除正常的运输组织外，还需要对运营中出现的设备故障、灾害天气、线路障碍、列车晚点等多种非正常情况下进行应急处置，实现运输组织的规范有序和畅达高效，真可谓"责任重大，使命光荣。"但同时，也存在安全风险。例如，高速铁路高密度、高运量、复杂性、高科技等特征，若遇有设备故障、自然灾害、恶劣天气等风险，若处置不当，容易造成动车组列车大面积晚点现象，给旅客出行带来现实困难，严重时还会发生事故，危及旅客生命财产的安全。

通常说来，调度指挥是围绕"人、车、天、地、图"五大要素展开的。人是指参加运输工作的人员，即调度及车站行车工作人员的状况；车是指各类列车、机车、车辆运行状态信息；天是指天气、气候状况；地是指铁路技术设备，线路的横纵断面条件、平面布置情况及沿线地质状况；图是指列运行计划图和实际图。在当前行车指挥自动化的基础上，随着列车速度和密度不断提升，这个过程组织形式发生了巨大的变化。根据"变化就是风险"的理念，新技术装备的运用、作业组织方式的变化、高速铁路客流的骤增等都给高速铁路运营安全管理带来严峻的考验。

正常情况下，高速铁路调度指挥系统每日以 0:00 为分界，根据高速铁路调度日计划铺画列车运行图，再下达3—4 h列车运行调整计划，实时盯控高速动车组列车运行。遇有恶劣天气、设备突发故障等情况时，通过临时调整并下达3—4 h列车运行调整计划指挥列车运行，以减少对列车运行秩序的影响，确保高速动车组列车开行日计划的兑现。当出现列车晚点、停运、换乘等情况时，协调各部门将影响控制到最小，尽最大可能维护高速铁路列车运行秩序稳定，满足旅客出行需要。

高速铁路安全问题一旦发生，调度员要根据事件的现场状况对事件的影响、发展的态势进行预先评估，给出的事件影响评估和事件态势评估确定这次事件的损失程度、影响层面、影响规模以及事件种类，按照安全风险评估的风险等级，制定出详细的处理方案，并对应相关预案，组织应急处置。在处置过程中，各相关岗位协同一致、共同完成。高速铁路列车调度员几乎每天都会遇到或大或小的安全风险，大到封锁线路、列车停运，小到动车组旅客吸烟引发烟雾报警降速运行等，应对如此种类繁多的风险，熟知各项规章规定是必要的前提，在处置过程中，要按照"单一指挥、导向安全、按章处置、减少损失、方便旅客"的处置原则，在日常应急处置过程中着重把握安全、效率和服务准则，对应预案操作流程和关键项点有序熟练规范处置。

随着高速铁路调度指挥系统的日益成熟，高速铁路风险管理尤为重要，应在风险识别，风险评估，风险监控及风险应对的过程和方法方面继续深入研究。通过更多的高速铁路风险管理大数据积累和分析，进一步研究适合高速铁路调度指挥系统风险管理的技术和方法，开发出相应的软件和硬件设备应用到日常的高速铁路调度指挥系统中去，使得风险管理在高速铁路调度指挥系统中发挥更重要的作用。

1. 高速铁路调度指挥系统风险特点

高速铁路调度指挥系统是在开通运营的高铁路线路上，运用一定数量的高速动车组及相关设备和服务人员，依据高速动车组列车开行日计划，同时考虑当日的客流量，突发故障和天气变化等情况，及时调度指挥动车组列车运行，确保高速动车组列车运行安全。

高速铁路调度指挥系统每日以0:00为分界，根据高速铁路调度日计划铺面列车运行图，再下达三、四小时阶段计划，实时盯控高速动车组列车运行。由此可见，设备故障、不良天气等情况影响着高速铁路列车安全运行，给高速铁路调度指挥系统带来了风险。遇有突发故障、自然灾害等情况时，通过临时调整并下达三、四小时阶段计划指挥列车运行，尽量减少对列车运行秩序的影响，确保高速动率组列车开行日计划的兑现。

当出现列车晚点、停运、换乘等情况时，协调各部门将影响控制到最小，尽最大可能维护高速铁路列车运行秩序稳定，满足旅客出行需要。

高速铁路调度指挥系统风险可以是在某一时段、某一线别的高速铁路调度指挥过程中，对高速动车组列车运行安全和秩序产生不同程度影响的各种因素。

其风险特点：

（1）突发性。设备的不稳定、天气变化不确定性、路外人员对危险的无知等威胁着高速铁路调度安全和运营效率。这些风险因素常常突然出现，随机性很强。四班倒、24 h 制的调度指挥工作制度的采用，目的就是实时监控高速铁路调度指挥过程中出现的各种风险，及时发现并采取应急措施，最大程度减少风险带来的影响。

（2）多样性。我国幅员辽阔，气候复杂多变，高速铁路线路面临着多种天气变化带来的考验。如，东南沿海地区的台风，西部地区的风沙，东北地区的低温降雪，华中、华南、西南地区的大范围降雨天气等。

（3）复杂性。庞大的高速铁路网，使得高速铁路调度指挥系统面临着多种多样的风险。高速铁路线路设备复杂多样、数量众多，高速列车运行沿途经过的车站多，线路设备、调度指挥设备等均有差异。

（4）关联性。高速铁路调度指挥系统面临的风险往往不是独立存在的，它们之间大部分有着复杂的因果关系。例如，大风雷雨天气，大风除了带来大风限速甚至是禁行的风险外，还是接触网挂异物、线路上有异物风险的成因；雷雨天气除了带来降雨限速甚至封锁线路的风险外，还是接触网跳闸、轨道电路非占用红光带等故障风险的成因。其他风险如降雪、地震等也会带来道岔故障、线路下沉等风险。另外，调度指挥人员的行为不当，如设备操作错误或不及时等也可能引发设备故障，致使列车晚点。

2. 高速铁路调度指挥系统风险管理分析

通过高速铁路运营风险识别、风险评估、风险监控、风险应对的风险管理方法优化高速铁路调度指挥系统流程，形成既能够确保高速运行安全，又能兼顾高速铁路运营效率的风险管理体系。

（1）风险识别

风险识别是高速铁路调度指挥系统风险管理的首要环节，目的是要做到准确识别高速铁路调度指挥系统面临的各种风险，并将这些风险合理地分类。根据高速铁路调度指挥系统风险的特点和产生的原因，可以将其分为内部风险和外部风险。

内部风险是指高速铁路自身设备故障、调度队伍管理不到位及人为因素引发的风险，可以分为故障风险和人员风险。故障风险包括动车组车辆、车载信号故障等移动设备故障风险，线路故障、接触网故障、通信信号故障等固定设备的故障风险。这些风险多数是设备老化或设备质量问题引起的，故障种类繁多且具有不可预见性，具有风险突发性的特点。人员风险包括队伍管理风险和个人行为风险。高速铁路调度队伍管理包括队伍建设、业务培训、责任落实、安全卡控、奖惩机制等内容。如果管理不到位，会导致调度队伍散漫、业务不精、职责混乱、安全意识薄弱、工作积极性不高等现象，可能间接引发调度指挥的安全风险。

高速铁路调度人员的个人行为包括运行盯控、信息反应、设备操作、故障处置等。一旦出现工作人员精神状态不佳或消极怠工等情况，将直接引发故障处置不及时、不正确等调度指挥安全风险，具有风险关联性的特点。

外部风险是指高速铁路沿线的自然环境。路外安全环境等情况带来的风险，可以分为自然风险和路外风险，自然风险是指高速铁路沿线的自然环境变化引发的风险，比如大风、降雨、降雪造成的运行限速甚至线路封锁等。此类风险地域性很强，而且影响范围和程度差异性较大，具有风险多样性特点，同时也是部分故障风险产生的原因。

路外风险是指可能侵入铁路限界的建筑物、危树，以及路外人员上线和破坏铁路设备的行为等造成的风险。与故障风险一样具有风险的突发性特点，主要通过人员巡视、添乘检查、视频监控、宣传教育等方式来保障。

（2）风险评估

风险识别出的各类风险对高速铁路调度指挥系统带来的影响各不相同，评估这些风险的影响程度是高速铁路调度指挥风险应对的重要前提。持续时间和发生概率是高速铁路调度风险的 2 个重要指标。

当设备故障恢复时间、自然灾害持续时间、路外安全情况处理时间，以及人员管理不到位、注意力不集中的情况延续时间越长，对高速铁路安全和运输秩序影响越大，高速动车组列车开行日计划的兑现率就越低。但是这种持续时间较长的风险发生概率并不高，如较难恢复的设备故障、严重的自然灾害等。不过一般的设备故障、调度人员盯控不到位、天气聚变等风险发生概率较高。经过及时的故障处置、人员的互控提醒，以及天气的自然好转后，对高速铁路的安全和运输秩序影响并不是很大。后续通过有效的列车运行调整，仍可以保证较高的日计划的兑现率。

另外，同一种风险持续时间一定时，其影响程度也可能不同。例如，动车组受电弓故障，不仅造成列车晚点，还会造成动车组车内断电，影响空调车内设备的使用，给旅客带来较差的旅行体验。再如，恶劣天气行车时，不同程度的风、雨、雪天气造成的列车限速值不同，列车晚点程度也不尽相同，高速动车组列车开行日计划兑现率也会差距很大。因此，面对相同种类的风险时，还应基于风险的具体类别、等级和危害程度来进行风险评估。

（3）风险监控

日常的高速铁路调度指挥工作中，风险事件发生的概率并不高，在大多时间高速铁路的运行秩序是正常的。但是，在这一平稳时期高速铁路列车调度员并不能放松，风险以其突发性的特点无处不在，并且随时随地可能发生。风险监控是调度员为了确保高速铁路安全应该做的最多，也是最重要的工作之一。

为了更好地进行风险监控，必须要熟悉高速铁路设备。例如，准确掌握调度管辖范围内动车组属性、车站里程和股道道岔设置、轨道车配置情况、中继站和供电分相位置等。通常风险都是在直接或间接导致高速铁路设备发生异常的情况下引发的。

了解设备基本情况是高速铁路调度指挥体统风险监控的基础，高速铁路设备的掌握情况往往能够决定调度指挥体系风险应对的准确性和及时性。因此，高速铁路调度指挥人员必须做到全面掌握调度管段设备情况，并随设备变化及时更新。熟悉高速铁路设备后，就可以展开风险监控。风险监控应做到以下3点：

列车所占用红光带和对应的车次框。当列车非正常停车时，除了司机使用通信设备通报调度员外，还需要调度员通过盯控发现列车运行中的异常情况，即使早发现几秒，也可能为后续的调度调整赢得主动权，减少对运行秩序的不良影响。

做到设备盯控。高速铁路行车设备自动化程度高，与既有铁路相比，没有了车站值班员的设置，车站和区间的设备大多都由调度员负责盯控和操作。进路的排列顺序，信号机显示的变化情况，都需要调度员实时盯控。只有及时发现报警信息、找到故障地点、确认故障情况，才能够迅速地采取有效措施控制风险的发生和蔓延。同时立即通知设备管理部门进行故障处置，以设备部门的故障恢复登记和设备盯控相结合的双重确认方式恢复列车运行，防止故障反复和次生故障带来的安全风险。

做到防灾设备盯控。高速铁路沿线装设了防灾监控系统，实时监控外部环境的变化，如风速、雨量的变化和地震情况，以及公路上跨铁路和隧道出入口地段异物侵限状况。当环境变化超过一定限度时，防灾监控系统调度终端会及时发出报警信息。由于目前防灾监控系统报警信息还没有实现发送到司机端的功能，只能由高速铁路列车调度员发现报警信息后及时通知司机控制速度运行。因此，需要调度员实时按防灾监控系统的报警情况，有报警信息时迅速反应，确保在复杂环境下的高速铁路列车运行安全。

（4）风险应对

高速铁路列车调度员几乎每天都会遇到或大或小的安全风险，大到封锁线路、列车停运，小到动车组旅客吸烟引发烟雾报警降速运行等。应对如此种类繁多的风险，熟知各项规章规定是必要的前提。高速铁路调度和普速铁路调度一样，都按照规章规定，如中国国铁集团层面的《铁路技术管理规程》(高铁部分)、《高速铁路调度规则》及相关文件电报；集团公司层面有行车组织细则及相关文件应急处置措施等。

上述规章规定是高速铁路调度指挥的基本依据，也是调度指挥体系风险应对基本方法的来源，详细说明了高速铁路常见的非正常情况，每种非正常情况的处置流程，以及区分需要停车处理与需要限速处理的具体情况和限速值的大小。因此，高速铁路列车调度员只有熟悉规章规定，才能在遇到调度指挥风险情况时做到心里有底、有章可循。因此，在高速铁路调度指挥了将系统风险应对时，除了熟练掌握各种规章规定外，还应在调度指挥实践中做到灵活运用，坚持以下原则：

① 坚持安全原则。安全原则在风险应对中有充分的体现。安全正点是高速铁路调度指挥的目标，但当设备故障或者自然灾害发生时，必须牺牲列车运行正点来换取运行安全。动车组运行"速度"是高速铁路运行安全与正点中的关键要素。列车全程按计划运行时就能确保列车正点，但当有运行限制或者临时停车时就会导致列车晚点，限速运行或者临时停车是高速铁路调度为了确保列车安全运行采取的必要措施。除了按照规章、规定指示列车运行外，还要有一定的安全冗余思想。所谓的安全冗余思想就是当现场情况不清楚、信息不畅通、规章不适用等情况发生时，应该立即扣停列车、不盲目放行。只有在设备部门确认现场情况，提出专业的放行列车条件后，再组织列车依照条件运行。

② 注重效率原则。在坚持安全原则的基础上，"提质增效"是高速铁路调度应对安全风险的重要目标。在处置安全风险过程中，尽可能减少列车晚点情况发生，提高列车正点率和旅客乘车的满意程度。例如，双线铁路其中一线中断行车时，可以根据条件采取利用另一线反方向运行的方法；动车组在途中故障不能继续运行时，可以组织旅客乘坐后续去向相同的列车，并增加停站的合并运行方式。当车因故障晚点时，可以启用热备车担当后续交路的方法等。随着铁路公司制改革的不断完善，经营效益也是高速铁路调度指挥风险应对时需要考虑的，如当发生较大故障或自然灾害导致线路中断、限制通过能力时，应优先停运管内短途列车，放行直通长途、列车或者组织直通长途列车在途中大站折返运行，力求最大范围满足旅客运输需要的同时保障铁路运输效益。

(5) 风险可接受准则

风险 ALARP (As Low As Reasonably Practicable) 准则是指风险控制的最合理可行准则。国际上唱功 ALARP 准则作为风险分级管理的基本理论和原则。该准则包括联调风险分界线（允许上限和允许下限），分别称为可接受风险上限和可接受下限制，两条线将系统风险划分为三个区域（层级），如图4.18所示。可将高速铁路运营风险分析及控制中推荐使用ALARP准则，该准则主要基于如下风险等级的划分：

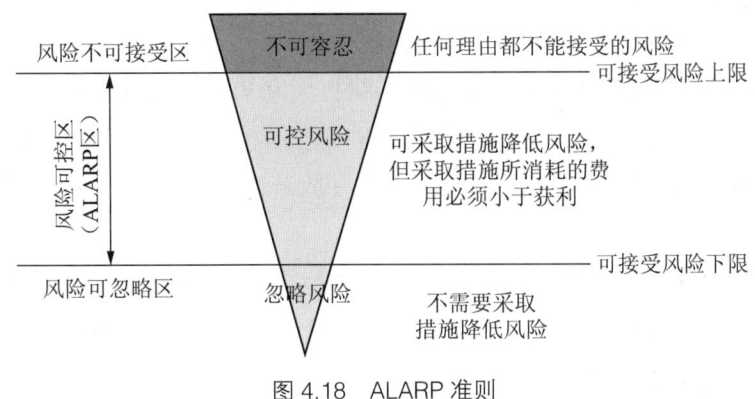

图4.18　ALARP准则

一是"风险不可接受区"：若风险值超过允许上限，除特殊情况外，该风险无论如何不可被接受。对于处于设计阶段的装置，该设计方案不能通过；对于现有装置，必须停产。

二是"风险可忽略区"：若风险值低于允许下限，该风险可接受，无须采取安全改进措施。

三是"风险可控区"：风险值在允许上限和允许下限之间，应采取切实可行的措施，使得风险水平"尽可能低"，实现风险水平最小化。

在实际工作中，通常可将风险准则按照该准则分为四级，将"风险可控区"又常划分为两个级别（较低和中），采取不同的措施加以防控。按照不同级别防控措施如表4.2所示。

表4.2　不同风险级别的防控措施

风险分级	防 控 措 施
Ⅰ（高）	不可接受风险；不许可、停止、终止；启动高级别预控，全面行动，直至风险消除或降低后恢复
Ⅱ（中）	不期望风险；全面限制；启动中级别预控，局部行动；高强度监管；在风险降低后许可
Ⅲ（较低）	有限接受风险；部分限制；低级别预控，选择性行；较高强度监管；在控制保障措施下许可
Ⅳ（低）	可接受风险；常规监管，常规预控，企业自控，在警惕和关注条件下许可

4.5.2 调度常见安全风险

1. 高速列车晚点的原因

（1）雨雪天气和地质灾害

很多朋友可能有疑问：列车遇到暴雨为什么会晚点？大雨能让列车开不快吗？是的，列车虽然不怕下雨，可是轨道下面的路基怕啊！大家知道，地质灾害的破坏是巨大的，对路基也会造成损害，下雪容易造成道岔出现问题，比如尖轨与基本轨因夹雪而不能密贴接触、道岔连接杆被冻住，也导致信号无法开放，这时需要人工扫雪或电热设备进行除雪。

强风，尤其是横向风对列车的运行安全影响巨大，轻则逼迫列车降速停驶，重则影响列车稳定甚至脱轨倾覆。例如，在著名的兰新线"百里风区"，强风就经常造成列车脱轨倾覆等事故，造成严重的损失。

因此，为了保证高铁的安全运行，每当遇到强风、暴雨或者大雪天气，列车会根据实际情况限速运行甚至停运，当列车限速运行时，就容易导致列车运行晚点。

（2）设施设备的故障

高速铁路是由线路桥隧、牵引供电、动车组列车、列车控制、调度指挥等子系统构成的庞大系统，任何一个子系统的设施设备运行了一段时间之后都会出故障，高速铁路也不例外，大到一座隧道、一条桥梁，小到一组道岔、一个信号机，除了进行日常维护外，也难免会出现一些故障。

例如，高铁动车组列车通过接触网，将来自变电所的特高压电，引导到车载变压器上，然后才能以此为动力牵引列车高速运行。任何一个环节出现了故障，都会影响列车的正点运行，甚至造成被迫停车。

（3）其他原因

除了上述天气影响、设施设备原因外，还有突发事件、意外事故等的干扰与影响，如节假日期间的大客流，造成在规定的停站时间内无法完成乘降作业，个别旅客的"把门"、"堵车"等行为，以及列车上抽烟触发列车紧急制动等。

2. 高速铁路事故风险管理

高速铁路列车运行速度高，容易受到外部环境及设施设备条件的影响。高速铁路运营安全的影响因素众多，从不同的角度有不同的分类：

（1）按照运营系统生产作业分类，可分为外部环境（包括自然环境和人为环境）、人员因素、维护保养及设备设施；

（2）按照运营系统组织架构及功能，可分为动车组、通信信号、工务工建、高压供电、客运服务、车务组织等；

（3）按照运作流程分析，事故事件发生的原因可分解为产品设计环节、生产制造工艺、联调环节、设施设备故障、施工作业、规章制度缺陷、外部自然环境、管理缺失等因素。

可从人、设备、环境以及管理风险分析，高铁运营安全隐患如表4.3所示。

表4.3 高速铁路运营安全面临的安全隐患

故障类型	具体分类	主要内容
固定设备故障	调度集中控制系统（CTC）故障及计算机联锁设备故障	CTC设备模式转换失常、信息传递中断、区段分离不良；车站道岔、信号、轨道电路故障
	牵引供电设备故障	接触网状态失常；受电弓滑板损坏；接触网及供电设备地面监测、综合SCADA系统等故障
	通信信号监测故障	GSM-R系统、信号系统安全、列车追踪接近预警系统故障
	线路基础设施故障	轨道、路基、客运设备等相关设备故障
	高速铁路综合检测故障	轨道、弓网、轮轨动力学、通信、信号检测信息错失
移动设备故障	列控设备故障	地面设备、车载设备、信号数据传输网络、车底通信设备故障
	动车组运用维护	动车组性能、功能及主要部件的运用状态失常；走行部、供电部、动力部的破损率；通信设备等磨损率
人员方面威胁	行车岗位及人员设置失误	调度员各岗位配备及岗位职责、工作量及工作协同程度
	安全考核失效	安全制度执行程度
	人员培训缺失	专业知识和技能的培训是否全面、正确以及工作人员的接受程度
	人员精神状态不佳	对人员精神状态的重视程度、对人员精神状态预警反应的灵敏度
	人身安全控制	操作人员对异常情况下人身安全的重视程度和对异常的处理是否得当
	人员操作	操作的正确性及其判断的准确程度
行车组织工作	调度集中行车组织	行车组织方式的转换导致接发列车的延续性割裂带来的隐患；列车运行图铺画的合理性和有效性，特别是列车运行图的弹性大小
	列控系统下行车组织	非正常情况下基本闭塞法的停用导致列控模式和行车凭证的转换带来的隐患；列控设备故障情况下行车组织变更带来的隐患

续表

故障类型	具体分类	主要内容
行车组织工作	列车运行限速管理	列车运行限速设施故障等
	调车集中行车组织	CTC 调车模式转换后人工掌握调车进路的排放带来的隐患
	施工管理行车组织	施工与行车时间、抢修销记等工作协调不当带来的威胁
	规章体系	人对技术资料的熟练程度和操作规范程度
	应急处置预案	对应急预案的反应速度,以及旅客组织的有序性、合理性、安全性和高效性

从故障的因素看,高速铁路运营事故是由设备故障(包括固定设备、车载设备、轨道线路、信号控制、供电设备)、环境气候变化、人的失误(行车人员失误、司机误操作)以及管理失误等四个因素相互影响、相互作用的结果。高速铁路运营事故是由于天气影响、人为失误以及设备故障等三个因素互相影响、互相作用,无论哪一个环节出现错误,最终都会酿成严重的事故。相应的应急处置的主要方式包括:人工排列进路和开放信号;车站转为非常站控模式通知设备管理单位立即检查(上线检查、添乘检查等);动车组降弓运行;设置列控限速;发布调度命令转隔离模式或指示司机目视运行;根据需要封锁区间;组织列车反方向运行;启动热备;组织旅客换乘;临时调整车底运用方案;停运、加开动车组列车等。

4.6 恶劣天气下调度指挥的风险管控

常见的恶劣天气主要包括强风、暴雨、雪灾等。高速铁路列车运行速度高、密度大,对风、雨、雪、雾、雷电等自然气候的影响较为敏感,另外线路塌方、落石、滑坡、坠物等带来的灾害对高速铁路的行车安全带来的损害也是难以估量。高速铁路自然灾害及异物侵限监测系统是铁路信息系统的重要组成部分,在调度所,灾害监测的运用主体是列车调度员。自然灾害监测系统通过在铁路沿线设置监测仪器,收集现场风速、雨量或雪深等环境数据,传送至数据处理中心,数据处理中心根据现场环境数据和设定的阈值,按等级进行实时报警,相应根据报警等级,调度员采取限速、停运等应急处置防控方式,对列车运行计划进行调整,或是发布行车限速、抢险救援等命令,保证列车运行安全。

天气恶劣难以辨认信号行车。接到天气恶劣报告时的处置：遇天气恶劣，信号机显示距离不足 200 m 时，司机或车站值班员须立即报告列车调度员。列车按地面信号显示运行时，列车调度员应及时发布调度命令，改按天气恶劣难以辨认信号的办法行车。

天气恶劣难以辨认信号行车办法：

（1）列车按机车信号的显示运行。当接近地面信号机时，司机应确认地面信号，遇地面信号与机车信号显示不一致时，应立即采取减速或停车措施。

（2）当无法辨认出站（进路）信号机显示时，在列车具备发车条件后，司机凭机车信号的显示起动列车，在确认出站（进路）信号机显示正确后，再行加速。

4.6.1 大风天气安全风险管控

1. 大风天气安全风险辨别与评估

高铁作为高速运载工具，大风天气对动车组运行安全存在较大威胁。高速运行的动车组列车，在大风特别是侧向风环境中，运行稳定性降低。在特殊地形、时间条件下，可能形成瞬时大风，造成轮轴横向力加大，列车脱轨危险增加。强风的定义是指风力达蒲福氏风级 6—7 级，即每小时 41—62 km，相当于每小时 22—33 海里或每秒 11—17 m 的风力。强风可能导致接触网剧烈摇晃，当高速铁路列车通过时，受电弓和接触网不能以正常的接触方式接触，造成离线放电，也有可能直接把接触网或者受电弓刮断刮落。另外，高速运行中的列车受到强风的影响，会导致车厢的剧烈摇摆，甚至引起列车的侧翻。横风对高速铁路影响的作用机理是通过与高速运行的列车发生气动作用，产生使高速列车横向偏移的侧向力以及让列车脱轨的升力。已有研究表明，在高速列车速度达到 300 km/h 的情况下，若遇到 15 m/s 的横风时，高速列车的脱轨率将达到 50% 以上。在横风影响下，高速铁路列车运行过程中横向稳定性会随着运行速度的提高而降低，如果横向风速大，极有可能造成轮轴横力超标导致列车颠覆，给高速铁路运营安全产生带来极大的安全隐患。

台风是指形成于热带或副热带 26℃以上广阔海面上的热带气旋。世界气象组织定义：中心持续风速在 12—13 级（即 32.7—41.4 m/s）的热带气旋为台风或飓风。每年的夏秋季节，我国毗邻的西北太平洋上会生成不少台风，有的消散于海上，有的则会登陆，带来狂风暴雨，台风是自然灾害的一种。

恶劣天气具有地域性、季节性特征，其对高铁运行的风险确认需根据线路所在地区地形、气候、气象条件具体确定，不同地区的防范重点有所不同。如南方多雨水，夏季应注意降雨监控，做好防洪预备；沿海地区和西北地区应重点做好大风监控和防风预案；

北方地区应重点做好冬季降雪监测和扫雪除冰准备。

2. 大风预警与防控

风速监测子系统提示大风报警信息时，列车调度员根据报警提示向相关列车发布限速调度命令。对来不及发布调度命令的列车，要立即通知司机限速运行。动车组司机接到调度命令或通知后，应立即采取措施限速运行。当风速监测子系统报警提示发布限速调度命令，遇上风速不稳或同一个地段多处风速报警时，列车调度员可以合并设置，按照最低限速值发布限速调度命令。当风速监测子系统报警提示时，环境风速与动车组限速要求风险评估如表 4.4 所示。

表 4.4　环境风速与动车组限速要求风险评估

风速		风级		安全风险评估
风速（m/s）	运行速度（km/h）	最大风速	安全防控措施（列车运行速度 km/h）	
风速≤15	正常运行	—	—	Ⅰ级（可维持运行）
15＜风速≤20	限速 300	7 级	限速 300	Ⅱ级（按限制条件运行，高速铁路速度）
20＜风速≤25	限速 200	8 级、9 级	限速 200	Ⅱ级（按限制条件运行，高速铁路速度）
25＜风速≤30	限速 120	10 级	限速 120	Ⅲ级（按限制条件运行，普铁速度，此时已不属于高速铁路运行速度）
风速＞30	严禁进入风区	11 级以上	严禁进入风区	Ⅳ级（立即终止运行）

遇有台风影响时，为确保旅客列车运输安全，目前，铁路部门在该时间段内根据台风路径和影响程度分时段对所辖区域部分线路采取列车停运措施。铁路部门密切关注台风影响程度，及时调整受影响线路列车恢复开行时间。

【案例一】2012 年 3 月某日，受强冷空气影响，北京、安徽、山东、山西、河北、河南等地出现大风天气，部分地区瞬时风力达 8 级、9 级，各地气象部门相继发布大风预警信号，提请公众注意防范。其中，北京遭遇近年来最强风，城区最大阵风达到 8 级，郊区甚至观测到 9 级大风，刮倒不少树木和临时建筑；不仅使市民出行受到影响，而且给京沪高速铁路带来了一定的影响。受大风影响，京沪高速铁路部分列车采取降速运行措施。北京市气象台也发布了大风蓝色预警，北京铁路部门接到大风影响通知后，立即组织供电、调度等部门，加强设备检查和列车运行组织工作。同时，组织两组动车组备用车赶赴北京南站，确保始发高速铁路正点运行。北京局集团公司也在第一时间通知北京南站、廊坊站、天津西站、天津南站、沧州西站、德州东站，投入人力有序组织旅客乘车，并做好安抚解释工作。当日，列车晚点还有一个原因是大风导致京沪高速铁路北京南至天津南区间部分接触网停电、天津南站发生设备故障。铁路部门采取了紧急应对措施，加强设备抢修和运输组织，确保运输安全，全力恢复列车运行秩序。随着风力逐步减弱，京沪高速铁路于 19 时 02 分恢复正常运行。

【案例二】某日 10 时 19 分，D 站—G 站间 K45+153—K62+387 处风速监测子系统发出四级报警，该地段限速 300 km/h，12 时 36 分恢复正常。12 时 31 分 C 站—F 站间 K36+006—K57+078 处风速监测子系统发出四级报警，该地段限速 300 km/h，12 时 48 分恢复正常。列车调度员接到大风报警信息后，立即确认报警地点，并根据限速提示向相关动车组列车发布限速运行的调度命令。遇大风天气，风速不稳或同一地段多处风速报警时，列车调度员可合并设置，按最低限速值发布限速调度命令。风速监测子系统限速报警解除后，列车调度员应及时取消前发限速调度命令，恢复正常行车。本案例涉及两处列控限速，如限速里程有重叠部分，则第二次下达的列控限速不能设置；对来不及发布调度命令的列车，立即通知司机限速运行。对禁止运行的报警信息，列车调度员应及时关闭相关信号并通知司机停车。司机接到调度命令或通知后，应立即采取措施。

【案例三】众所周知，台风行踪"飘忽不定"，路径预报很难"说得准确""测得准确"，对于这类灾害性天气，不怕"十防九空"的防御理念是科学的，更是以人为本的。而这一直是上海预防台风的第一准则。2018 年的台风"安比"是自 1949 年以来直接登陆上海的第 3 个台风，上一次直接登陆还要追溯到 1989 年。为确保旅客安全，铁路及时对列车开行方案做出调整，计划停运当日部分线路多趟列车，具体包括：沪宁、沪杭高速铁路全线 9：00（不含）—17：00（不含）停运；京沪高速铁路上海虹桥站至南京南站区间 9：00（不含）—17：00（不含）停运；金山铁路全天停运；宁启铁路全天动车组列车停运，普速列车正常开行；杭甬高速铁路及沿海铁路部分列车停运；其他既有铁路普速列车正常开行。台风"安比"来临之前，相关单位组织职工搬运沙袋等防洪防台物资，对站台、楼梯口等容易积水的部位填高加固，排除安全隐患；对隧道口排水沟进行清理整治；组织职工重点检查高柱信号机、高架桥上跨线路外挂电缆槽防护情况，对锈蚀的电缆槽道重新涂刷油漆并加固，同时，加强对各种标志牌、设备箱盒、防尘罩等重点设备的检查；对防洪防台重点地段进行详细排查，砍伐危树，全力排除隐患；对所管辖区域的房建设备加强巡查和加固，确保安全；组织职工对厂区内外重点区域进行安全隐患排查；及时清理铁路高架桥下的堆积物，确保列车运行安全；组织职工加固站区隔离栏；

根据列车停运调整，组织车站增开窗口 17 个，提供退改签车票服务；动车组乘务员执行标准，确保列车运行安全；组织人员做好通信设备和线路的检查，确保铁路通信安全畅通。台风期间，铁路部门密切关注台风路径变化，根据风速雨量和灾害的影响程度等实际，适时辞去停运、停售、限速、迂回、折返、加开、恢复开行等措施，动态调整列车开行方案，确保旅客安全出行需要。

4.6.2 雨天行车安全风险管控

1. 降雨量的辨别与评估

降雨会导致钢轨湿滑，同时，降雨对动车组司机视线有极大的影响。暴雨常会伴随雷电，对供电通信、信号设备也有不利影响。暴雨还可能引起山体滑坡、泥石流等自然灾害，这对高速铁路列车运行带来了安全隐患。暴雨过后也可能产生比较严重的洪涝灾害，很多高速铁路设备如果长时间浸泡在水里，可能会损坏，同样也会影响到高速铁路列车的运行。

2. 降雨量预警与防控

降雨量预警分为四级，列车调度员接到雨量监测子系统报警信息时，应按高速铁路运营有关规定进行处理，如表 4.5 所示。

表 4.5 雨天行车限速及风险评估

重点防洪地段 1 h 降雨量（mm）	安全防控措施 （列车限速 km/h）	安全风险评估
列车遇到线路塌方、道床冲空等危及行车安全的突发情况时	立即停车	Ⅰ级（立即终止运行）
≥60	45	Ⅱ级（按限制条件运行）
≥45	120	Ⅲ级（按限制条件运行）
≤20，持续 30 min 以上	可逐步解除限速	Ⅳ级（可维持运行）

降雨安全风险管控措施主要有：

（1）组织列车限速运行

遇到雨量监测子系统提示雨量监测报警信息时，列车调度员根据报警时间向相关列车发布限速运行的调度命令。对来不及发布调度命令的列车，立即通知司机限速运行。司机接到调度命令或通知后，应立即采取措施。无论列控限速设置与否，均应采取降速措施。雨量警戒分为出巡警戒、限速警戒和封锁警戒。各线雨量警戒值和封锁值由各工务段在汛前根据历年水害与降雨关系、线桥设备状态和周边变化等因素提出修订意见，并报集团公司防洪办审定后，在年度防洪工作通知中公布。如北方某集团公司规定：重点防洪地段 1 h 降雨量达到 45 mm 以上时，列车限速 120 km/h；1 h 降雨量达到 60 mm 及以上时，列车限速 45 km/h。在雨停或降雨减小等情况下，有设备管理单位对有关设备检查确认，具备提速、取消限速、解除线路封锁等条件时，应及时报告相关专业调度台，列车调度员应根据工务及其他相关专业调度台检查的报告，及时提高限速值、取消限速或解除线路封锁。当 1 h 降雨量降至 20 mm 及以下且持续 30 min 以上时，可逐步解除限速。

（2）提醒司机加强瞭望

防洪重点地段多是汛期灾害多发区域，如洪水、泥石流、山体滑坡、塌方落石等，线路、桥隧、路基、道床的稳定性会受到影响。工务部门应根据现场环境、气候特点、设备状况等条件并结合历年防洪经验，确定并公布重点防洪地段。日常运输中，当列车通过重点防洪地段时，调度员要提醒司机要加强瞭望，并随时采取必要的安全措施。动车组列车运行中，司机发现积水高于轨面时，应立即停车，根据现场情况与随车机械师共同确认行车条件或请求救援，并立即报告列车调度员（或由车站值班员报告列车调度员）。列车调度员（车站值班员）立即通知已进入区间的后续列车停车（避免停在桥梁上或隧道内），不再向该区间放行列车。后续司机接到通知应立即采取停车措施，根据实际情况避免停在桥梁上或隧道内等有潜在危险、不利于救援和疏散旅客的地段。

遇有落石、倒树等障碍物危及行车安全时，司机应立即停车，列车调度员立即通知已进入区间的后续列车停车，不再向该区间放行列车。经救援或检查、排除障碍并确认安全无误后，可继续运行。列车运行过程中，司机发现邻线有障碍、积水时，虽不妨碍本车运行安全，也应鸣示紧急停车信号或报告列车调度员拦停对向列车。遇到线路塌方、道床冲空等危及行车安全的突发情况时，司机应立即停车或根据实际情况采取其他应急处置措施，并立刻通知追踪列车、邻线列车及列车调度员（邻近车站）。配备列车防护报警装置的列车，立即使用列车防护报警装置进行防护。追踪列车和邻线列车的司机得到通知或接收到防护报警后，应根据本列车位置和报警列车位置立即采取措施。列车调度员得到报告应立即通知后续、邻线列车采取停车等相应的安全措施。邻近车站值班员或应急值守人员得到报告，应立即报告列车调度员，并通知本线后续列车及邻线对向列车，采取停车等相应的安全措施。

（3）人防手段发现险情

当各设备管理单位检查发现水害影响行车安全时，应立即向所属调度报告，调度及时通知驻调度所联络员登记限速或封锁，列车调度员立即采取限速或封锁措施，并报告集团公司防洪指挥部及时组织抢险。公安部门（护路保安）发现影响行车安全的水害时，应立即报告公安处值班室，值班室则立即报告列车调度员采取相应措施。动车组列车运行中，司机发现积水高于轨面时，应立即停车，并报告列车调度员，确认水面位置。当积水未超过轨面 100 mm 时，司机以随时能够停车的速度（最高不超过 20 km/h）通过积水地段。列车调度员立即通知已进入区间的后续列车停车（避免停在隧道内），并禁止向该区间放行后续列车。列车停车位置的积水超过轨面 100 mm 时，司机应按随车机械师要求降弓，停止供电，并向列车调度员报告，请求救援。列车调度员（车站值班员）立即通知已进入区间的后续列车停车（避免停在隧道内），并不再向该区间放行列车。当洪水漫到路肩时，列车应按规定限速运行；遇有落石、倒树等障碍物危及行车安全时，司机应立即停车，排除障碍并确认安全无误后，方可继续运行。

【案例一】2017 年 6 月某日，受大范围降雨影响，沪宁城际高速铁路列车出现不同程度晚点。截至 14 时 20 分，已经有 20 多趟列车晚点，晚点时间最长的达 1 h 40 min。针对新一轮降雨过程，国铁集团发布了暴雨预警通知，部署相关集团公司严密防范，全面落实汛期各项制度措施，确保主汛期铁路运输安全。当日，沪宁城际高速铁路列车受到了局部暴雨的影响，铁路部门要求"宁可错停，不可盲行"，而至南京、至镇江区间的列车在中午时段实施限速 200 km/h 的运行措施，不折不扣地执行雨量警戒办法，落实"扣停拦绕"等汛期行车安全措施，确保铁路大动脉的安全畅通。

【案例二】某日，4 时 33 分—7 时 29 分，某调度台防灾安全监控系统雨量监测子系统多次报警雨量超标，影响范围为 G 站—H 站—I 站—J 站—K 站间上、下行线范围内多处，列车调度员和助理调度根据防灾系统雨量监测子系统的报警情况按规定设置限速。报警警戒解除后，列车调度员和助理调度与工务调度联系核对后，取消相关地段限速。一是当发生防灾系统雨量超标报警时，会出现连续的雨量监测点先后报警，从而导致限速区段很多、取消变更限速值频繁，这就要求列车调度员和助理调度员具有冷静的头脑，在确认限速地段、扣停列车、设置列控限速、发布临时限速命令时要按规定程序进行，做到忙而不乱，安全第一。二是列车调度员接到报警信息立即通知报警区段或接近报警区段内各动车组司机限速运行，并人工干预相关列车进路。三是进行限速取消，列车调度员或助理调度员不能仅通过工务调度员的电话通知进行取消，应确认防灾安全监控系统终端上显示的工务调度申请取消限速后方可取消。

【案例三】2010 年 7 月某日 4 时 33 分，某城际铁路（CTCS-3 级，350 km/h 区段）雨量监测子系统发出 K250+066 处基站雨量超标二级报警，影响范围为乙站至丁站间上、下行线 K232+596—K263+983 处，限速 160 km/h。此时在途的 DJ5622 次列车运行至戊站至丁站间上行区间，列车调度员核对影响区段后，呼叫该列车说明情况。同时，助理调度员电话通知值班副主任到台盯控。4 时 34 分，列车调度员布置助理调度员将 DJ5622 次列车丁站 Ⅱ 道发车进路由自动触发改为人工触发，并拟定临时限速调度命令，经无线传输至 D5622 次列车司机，助理调度员确认司机签收后，报告列车调度员。列车调度员和助理调度员两人确认设置列控限速（上、下行限速 160 km/h）后，助理调度员恢复 DJ5622 次列车进路自动触发。

4 时 47 分，该处雨量超标升至一级报警，限速 80 km/h。助理调度员再次将 DJ5622 次发车进路序列修改为人工触发，列车调度员用 FAS 电话通知司机限速 80 km/h 运行，并布置助理调度员拟定丁站至丙站至乙站间上、下行线 K232+596—K263+983 处限速 80 km/h 的调度命令，随即向 DJ5622 次列车司机发布限速调度命令，同时取消前发限速调度命令，列车调度员、助理调度员设置取消该处原列控限速并设置新的列控限速（上、下行限速 80 km/h），确认司机签收后，恢复 DJ5622 次列车在丁站 Ⅱ 道的发车自触。此后，雨量监测系统多次报警，因影响范围重叠，列车调度员布置助理调度员合并拟定限速调度命令。

7 时 29 分，雨量监测子系统提示：限速警戒解除，建议恢复常速。现场工务人员确认后向工务调度员汇报；7 时 42 分，与工务调度员进行电话确认后，列车调度员取消列控限速。

在本案例中，由于降雨区域可能不断扩大或移动，且雨量监测报警值是结合小时降雨量和日降雨量两个指标设置的，当发生雨量超标报警时，相邻多个雨量监测点会先后报警，导致限速区段较多，而且交叉重叠，限速值变更频繁，列车调度员要时刻保持清醒的头脑。在确认限速地段、扣停相关列车或联控列车限速、发布临时限速命令、设置列控限速时，要按程序进行，做到忙而不乱、安全第一。本案例在取消限速命令时要慎重。当报警监测点的降雨量低于规定的警戒值，需取消雨量报警临时限速命令时，列车调度员不能仅通过工务调度员的电话通知来取消，应确认雨量监测子系统终端上显示的工务调度取消限速的申请后方可取消。

4.6.3　冰雪天气下风险管控

1. 冰雪量的辨别与评估

雪灾是高速铁路旅客运输中需要重点防范的一种自然灾害。冰雪天气下，设备积雪或结冰等会导致列车运行稳定性降低，动车组下部积雪、结冰还会降低转向架高速运行的性能，冰块脱落时会击打车底和地面设备；线路积雪、结冰可能使地面应答器、车地通信等受到影响；接触网结冰会导致弓网受流不畅；冰块脱落击打车体，影响列车运行安全。暴雪甚至会压断导线，造成供电臂停电，中断行车。此外还造成接触网的坍塌，影响高速铁路列车的供电。在东北铁路干线上，道岔上都安装有自动电加热除雪装置，从而可以有效保障铁路运输。

2. 冰雪天气预警与防控

冰雪一般分为小雪、中雪、大雪、暴雪四个级别，按照雪量的标准，列车运行安全评估标准如表 4.6 所示，根据不同的影响程度，采取相应的防控措施。

表 4.6　冰雪天气对列车运行的安全评估与防控措施

雪量标准	安全防控措施（列车限速 km/h）	安全风险评估
当列车运行区段降中雪或积雪覆盖轨枕板或道砟面时	无轨道区段限速 250 km/h 及以下，有轨道区段限速 200 km/h 及以下	Ⅰ级（立即终止运行）
中雪、大雪、暴雪以气象部门公布为准或当无砟轨道区段轨枕板积雪厚度 100 mm 以上时，	限速 200 km/h 及以下；有砟轨道区段积雪厚度 50 mm 以上时，限速 160 km/h 及以下	Ⅲ级（按限制条件运行）
接触网导线结冰，受电弓取流不畅时	限速 160 km/h 及以下	Ⅱ级（按限制条件运行）
动车组转向架结冰需要列车限速时	无砟轨道区段限速 250 km/h 及以下，有砟轨道区段限速 200 km/h 及以下	Ⅳ级（可维持运行）

列车调度员采取的管控措施主要有以下几点：

（1）报警应急响应

当雪深值达到警戒值时，雪深监测子系统报警，列车调度员应根据报警信息和限速提示，及时向相关列车发布限速运行的调度命令。对来不及发布调度命令的列车，应立即通知司机限速运行。列车在运行过程中，司机发现道床积雪时，应先采取减速措施，并及时向列车调度员汇报。列车调度员通知工务、电务、车辆、供电等相关专业调度；专业调度及时通知有关设备管理单位；设备管理单位及时查明情况，需要列车限速时，按规定办理限速申请。列车调度员根据各设备管理单位的限速申请，按各单位申请中的最低限速值发布限速调度命令。未安装雪深监测子系统的区段或雪深监测子系统故障时，工务、电务部门根据降雪情况和需要，在调度所《行车设备检查登记簿》（运统 46）内登记限速申请，并可根据积雪量变化情况，提出提速或进一步限速的申请，列车调度员要及时发布调度命令。列车调度员根据设备管理部门在《行车设备检查登记簿》（运统 46）上登记的限速条件，及时发布临时限速调度命令，并按规定设置列控限速。同一处所

（地段），当多个部门、子系统提出的限速要求不一致时，列车调度员应按照最低限速值发布限速调度命令。

（2）到发线使用安排

在高速铁路区段，列车运行速度高，人员上线作业需封锁或限速，考虑到不利于人身安全及避免影响列车运行，降雪时有融雪装置的线路应根据线路积雪情况启动道岔融雪装置，列车调度员立即闭合远动电热道岔开关，对线路上的电热道岔进行加热融雪。遇调度所不能远动控制时，列车调度员通知车务应急值守人员在车站车务终端进行操作。遇室内端故障不能使用时，由电务人员负责现场控制柜的操控。当降雪量较大、达到中雪及以上，车站道岔转换困难时，应尽量减少扳动，车站采取固定接发列车进路的方式，办理接发列车作业，上下行各固定一条接发车进路，减少列车在中间站会让、越行。不办理客运业务的会让站固定上下行正线，保证不间断接发（通过）列车；办理客运业务的车站，固定上下行各一条可以办理旅客乘降的到发线，保证不间断接发列车。始发、终到列车较多的大站或多线交会的车站执行有困难时可选择交叉干扰少、道岔位置改变少的几条线路，相对固定办理接发列车作业。较大客运站尽量停靠便于上水、吸污的线路。

（3）取消限速

降雪结束后，提出限速的设备管理单位应根据现场实际情况，做好对有关行车条件的检查确认，及时恢复列车常速运行。在具备提速条件或限速情况消除时，分别向铁路局集团公司专业调度提出恢复常速的申请，集团公司专业调度做好记录，并立即在列车调度台《行车设备检查登记簿》（运统46）内办理销记手续。列车调度员应根据申请或监控系统提示及时取消限速。

【案例一】冰雪天时，车务、工务、电务和供电部门协同配合，传统的观念是扫雪，而当高速铁路遇有列车大面积晚点时，要由以扫雪组织为重点向以列车运行调整组织为重点做转变，平时还要加强扫雪机能培训与落实、演练方案制定和演练、应急组织方案的执行。2018年年初，京沪高速铁路地区迎来大雪，部分地区12 h内积雪厚度达300 mm，此种情况十年一遇。铁路部门迅速启动扫雪除冰Ⅰ级响应，任何一趟列车运行安排出现差错，都有可能扰乱整个运输秩序，调度、客运、运输、机务、车辆等部门协同作战、研究对策。此次降雪导致京沪、合宁、合武、郑徐高速铁路等主要干线列车大面积晚点，尤其是对京沪和沪汉蓉高速铁路影响较大，部分列车晚点时间较长，部分车站旅客滞留现象严重。调度所行车、车辆、安全等各部门负责人24 h盯台把关，加强列车运行监控，果断处置各类突发事件，合理调整到发线运用，组织列车限速运行，维护运输秩序。部分高速铁路线路固定侧线接发列车，因调度CTC系统无法实现自动开放侧线通过列车信号，因此需调度员人工手动操作。办客列车和侧线通过列车，须认真核对运行时刻表，防止错开门或错误侧线通过。对京沪高速铁路滁州、定远、蚌埠、宿州等站，实施列车固定进路接车，以减少现场因道岔清扫作业等对运输带来的影响。为保障高速铁路运行安全，京沪、合宁、合武、郑徐等线路接连开行除冰列车。京沪高速铁路沿线各单位以雪为令、见雪上岗，组织扫雪队伍顶清扫积雪、打冰除凌，确保运输安全畅通、旅客平安出行。客票管理所根据列车开行方案变化，实时跟进调整售票组织，指导各站段做好车票退、改、签等服务工作。12306 客服中心利用官方微博、微信、"上铁 12306" App 等平台第一时间对外发布列车停运和晚点信息，方便旅客及时准确获地取出行资讯。

4.6.4 地震管控

1. 地震风险辨别与评估

集团公司与相关省级地震主管部门建立应急联系机制，应急调度台负责接收地震速报信息。当列车调度员现场地震信息报告后，进行应急处置。

地震影响区段的确定。根据地震震级和震中距铁路的距离，地震影响区段分为限速区段和封锁区段。如表 4.7 所示。

表 4.7　不同地震级别安全风险评估与防控措施

标　准	安全防控措施	安全风险评估
3.0 级以下地震	无地震影响区段	无影响，列车不限速
3.0 级别以上 4.0 级以下	影响区段为震中 20 km 范围内的铁路	限速区段，地震影响区段内列车限速 80 km/h 及以下，首列无异常后，重丘和山区铁路后续列车提速至 120 km/h，平原和微丘铁路后续列车按 120、160 km/h 逐级提速至 160 km/h。
4.0 级及以上 5.0 级以下	影响区段为距离 50 km 范围内的铁路	其中距离震中 25 km 范围内的铁路为封锁区段（检查列车可进入），其余区段为限速区段。工务和电务部门派人添乘时，列车限速 40 km/h。在越过接触网电分相有困难的特殊情况下，集团公司可根据实际情况制定不超过 80 km/h 的分相入口限速，列车不超过该速度越过接触网分相，前行列车无异常后，山区和重区铁路后续列车按 80、120、160 km/h 逐级提速至 160 km/h。
5.0 级及以上 6.0 级以下地震	影响区段为距离 100 km 范围内的铁路	其中距离震中 50 km 范围内的铁路为封锁区段（检查列车可进入），其余区段为限速区段。
6.0 级及以上 7.0 级以下地震	影响区段为距离 250km 范围内的铁路	该区段为封锁区段（检查列车可进入距震中 25km 以外的封锁区段）
7.0 级及以上	影响区段为距离 600km 范围内的铁路	该区段为封锁区段（检查列车可进入距震中 100 km 以外的封锁区段）

当列车调度接到现场地震信息报告后,地震影响区段按现场报告地点的相邻站间区间掌握。地震影响区段和地震后的行车限制条件,由应急调度台根据接到的震情信息,从铁路地震应急处置系统获取。在铁路地震应急处置系统投入使用前或故障时,地震影响区段及地震后行车限制条件,由应急调度台按照前述规定采用人工方式确定。

平原、微丘、重丘和山区铁路的区段里程由工务部门向集团公司应急调度台提供。

地震 3.0 级及以上地震发生后,工务、电务、供电等部门应安排人员在按照 2—4 款地震应急处置后的第一个天窗时间内对地震影响区段的设备进行检查,检查无异常后,按照 160、200、250、300、常速逐级提速。

应急调度台街道有关地震信息后,应立即确定地震影响区段及行车限制条件,并提供给相关列车调度员。列车调度员仅接到现场地震报告时,应立即组织扣停地震影响区段内的列车,不得向有关区间放行后续列车,并通知集团公司应急调度台进行确认,按应急调度台确定的地震影响区段及行车限制条件组织行车。

设备管理单位要及时组织地震后检查,特别加强对轨道几何状态、桥梁伸缩缝、桥梁支柱、山区铁路落石、滑坡段登检查。发现影响行车安全时,必须及时提出限速或封锁线路请求。地震事件达到相关应急预案影响标准时,应及时启动应急响应,并按规定开展相关抢险救灾工作。

2018 年 2 月 12 日 18 时 31 分,河北廊坊发生 4.4 级地震,为确保旅客列车安全,中国铁路北京局集团公司立即启动应急预案,停扣途经京沪高铁、京沪和京九线通过该区段的上下线行旅客列车,正在组织人员对线路进行巡检,导致部分旅客列车晚点。根据 2014 年的统计资料,我国已经建成和将要建成的高铁客专线路有大约 8500 公里位于地震烈度为 7 度的设防区域中,因此设置地震监测系统也是必不可少的。比如,京津城际轨道交通、京石武客专、京沪高速铁路的地震预警系统均采用"多点 S 波报警"方式,合蚌客专采用"S 波报警、P 波预警"方式,哈大客专采用"S 波报警"方式。随着地震预警技术的不断进步,更加先进的地震预警设备也随之准备投入使用。

2019 年 6 月 17 日 22 时 55 分,四川省宜宾市长宁县发生 6.0 级地震,成贵铁路、成昆铁路、成渝高铁沿线及部分车站均有不同程度震感。地震发生后,铁路部门第一时间行动起来。成都局集团公司立即启动应急预案,封锁受影响线路,迅速组织工务、供电、电务等专业人员对震后铁路设施设备全面开展排查,做好站车应急服务工作,确保西南山区铁路运输安全。成都局集团公司对普速铁路内六线、成昆线、成渝线、达成线、宝成线、川黔线、成都枢纽、重庆枢纽共封锁区间 291 处,对高速线路西成高铁、成贵铁路、贵广高铁、成渝高铁、郑渝高铁、沪昆高铁等共封锁区间 197 处。D1835 次列车、

G8597次列车于17日23时临时停车,列车长立即通过广播向旅客告知列车晚点原因和情况,并带领班组成员到车厢进行巡视,及时了解旅客需求,安抚旅客情绪。铁路部门紧急扣停区间高铁动车4列、站内扣停高铁动车1列,扣停普速列车10列、站内扣停普速列车15列、扣停区间货车31列、站内扣停货车111列。受此影响,途经成渝高铁、渝贵铁路、成贵铁路、沪昆高铁西段等线路的列车出现不同程度的晚点或停运。宜宾西站、成都站做好震后旅客退票改签工作。同时,站内进行列车运行信息播报,在候车室、售票厅增派工作人员做好旅客引导和解释工作。地处震中附近的宜宾工电段立即启动地震应急处置预案,连夜排查线路,检查人员重点对线路、桥梁、隧道以及接触网、通信、电力等设备展开拉网式全覆盖检查。地震后,该段累计出动轨道车15台、徒步检查290多人次、添乘检查120多人次。宜宾工电段对管内线桥设备、危石坡面、隧道进出口仰坡、重点病害处所、重点桥梁支座、接触网设备、通信设备进行全面检查。成都供电段迅速组织职工利用接触网作业车对成渝高铁、成渝铁路接触网线路进行重点巡视检查。其他工务单位重点检查线路有无异常,桥路重点危石坡面、隧道进出口仰坡、重点病害处所、重点桥梁支座是否位移;供电、电务单位重点检查沿线变电所、接触网杆、机械室设备,全力确保管内设备正常。重庆电务段对成渝高铁、渝贵铁路等高铁线路进行全面排查。遂宁工务段迅速组织线路巡养工检查沿线线路,排查沿线地质险情。宜宾车务段立即启动地震应急处置预案,确保旅客安全。地震发生后,该段生产调度立即通知所辖相关车站值班员第一时间叫停在内六铁路上行驶的4趟旅客列车,管内昭通站、宜宾站等客运办理站全力做好站内旅客宣传解释工作,及时公布列车晚点停运消息,对车站内的悬挂物开展全面排查。宜宾站工作人员做好K854次列车旅客的安抚工作。宜宾站客运人员做好K854次列车停靠站内后的巡视检查工作。考虑到内六线是山区铁路,叫停列车所在的区段属于防洪重点区段,旅客列车停放于区间内存在较大安全隐患,宜宾车务段联系设施设备单位做好站内以及区间线路检查的同时,按照规定的开行速度将旅客列车开行至前方就近车站停靠。该段所辖3个高铁车站对站内的所有悬挂物进行排查,确保悬挂物没有松动,全力保障高铁车站旅客运输安全。

下面以中国铁路哈尔滨局集团公司管内发生地震历史统计为例加以建议说明(选自哈尔滨铁道科技杂志)。据中国地震台网站统计,自2008年9月1日至今,哈尔滨局集团公司管内近10年内共发生地震37次,其中最严重一次发生于2016年1月2日12时22分,地点是黑龙江省牡丹江市林口县(经度:129°95 纬度:44°81′),震级为6.4M,震源深度580 km。哈尔滨局集团公司管内及附近其他发生地震灾害的重点位置主要集中在:黑龙江省佳木斯市汤原县、黑龙江省齐齐哈尔市碾子山区、黑龙江省黑河市嫩江县、黑龙江省鸡西市密山市、黑龙江省鹤岗市萝北县、内蒙古自治区呼伦贝尔市扎兰屯市、内蒙古自治区呼伦贝尔市鄂伦春旗等地。

（1）地震信息传递流程

中国铁路哈尔滨局集团有限公司与黑龙江省地震局提前建立了网络信息传递路径，当哈尔滨局集团公司管内及周边发生地震灾害时，黑龙江省地震局防震减灾服务平台会第一时间接收到地震信息，并通过已建立的地震信息网络传递路径，将该地震信息内容通过手机短信方式转发给局调度所高铁综合设施工务调度台，调度台地震手机接收到地震信息后，由调度员将地震信息录入铁路地震应急处置系统，导出地震应急处置方案单，再将该方案传至值班主任，由值班主任通知列车调度员和相关工种调度组织行车和布置现场检查。

（2）发生地震灾害时的行车组织

哈尔滨局集团公司管内发生3.0级以下地震时列车不限速，对重丘和山区铁路，工务、电务和供电部门派人添乘检查地震影响区段相关设备。

哈尔滨局集团公司管内发生3.0级至4.0级以下地震时，平原和微丘铁路，列车不限速；重丘和山区铁路，列车限速45 km/h。工务、电务和供电部门派人添乘检查地震影响区段相关设备，对重丘和山区铁路，根据检查情况，具备提速条件时应逐级提速。

哈尔滨局集团公司管内发生4.0级至6.0级以下地震时，扣停地震影响区段的列车，不得向有关区间放行后续列车（检查列车除外）。工务、电务和供电部门派人检查，根据检查情况，提出行车条件。

（3）应急处置的相关管控措施

① 改进地震信息的接收方式

随着科技的发展和"互联网+"在人类生活中的应用，人们在工作中接收各类信息的途径和方法日益广泛。针对地震灾害这一发生突然且不可控的现象，哈尔滨局集团公司的地震信息接收仅通过一部严机接收短信的方式获取信息来源过于单一，且手机网络要受到费用、信号、地域环境的影响和干扰，并且这种影响是无信息提示的，一旦在手机网络出现同时发生地震灾害，对铁路系统造成的危害和损失是不可设想的。针对以上情况，建议哈尔滨局集公司牵头，相关业务部室与省地震局研究优化地信息接收方案，当管内发生地震灾害时，可采取视终端显示、设备震动、信息语音报警、接收人工电话提示等方式，同时建立单独的网络连接通道，最大限度地避免地震信息传递过程中受到外界环境的干扰，确保接收者在第一时间能够及时、准确、清晰、直观地接收到地震灾害信息。

② 减少地震灾害的应急处置时间

当调度所综合设施工务调度员手机接收到地震灾害信息时,首先要将信息中地震发生的位置名称、时间、经度、纬度、震级内容录入到铁路地震应急处置系统导出地震应急处置单,还要将其传至值班主任,该过程大约需要 2—3 min;值班主任从接收到地震应急处置单到通知列车调度员和相关工种调度员,调度员接到信息后通知相关车站值班员组织列车限速和扣停时,已经距离地震发生时间至少过了 5—7 min,这样的地震信息传递方式和处置过程时间过长,也增加了地震灾害对铁路运输的影响。针对上述情况,需要研发计算机软件,将该软件与省防震减灾服务平台建立数据网络联系,并提前编辑好地震信息录入程序。当发生地震灾害时,该软件接收到省防震减灾服务平台发出的地震灾害信息后,自动完成读取、识别、录入、导出、传递、提示地震信息功能,确保相关地震应急处置人员在第一时间接收到信息,并依据接收到的地震信息组织行车并采取措施。结合当今的计算机软件技术水平,完成这样的套数据处理流程时间一般在 1 min 内是可以实现的,这样大大缩短了发生地震灾害的信息传递和应急处置时间,同时也最大限度地降低了地震灾害给铁路带来的的损失和影响。

③ 地震易发区应增设地震灾害监测系统

为最大限度地减小地震灾害对铁路的影响,结合对十年内中国铁路哈尔滨局集团有限公司管发生地震位置的统计,可在哈尔滨局集团公司管内地震易发区增设地震灾害监测系统。该系统主要是在地震易发区线路附近布置地震监测设备,并将地震监控子系统接入的监控单元处、监控单元与信号列控中心处采用继电器接口电路,并通过信号电缆连接至列控中心室,实现地震监控与列控系统的联动控制。当哈尔滨局集团公司管内发生地震时,地震监测设备检测的地震动加速度 ≥ 0.04 g 时,防灾安全监控系统生成报警信号,并通过防灾监控单元将该报警信号传送至邻近的列控中心,触发列控系统降低列车速度或控制列车自动停车,同时触发牵引变电所牵引供电控制装置使接触网停电,实现发生地震时第一时间对铁路沿线列车应急控制。

④ 提高地震应急处置人员业务水平

地震灾害信息是由省地震局防震减灾服务平台发出的,而地震信息的应急处置则是由地震接收设备和应急处置人员完成的。由此可见,加强地震接收设备的维护和提高应急处置人员的业务水平是至关重要的。如果地震应急处置人员对发生地震后应急处置流程和规定掌握不清楚,势必会增大地震灾害对铁路系统的损失和影响。针对以上情况,建议相关单位制定人员培训计划,加强对地震知识和应急处置过程的学习,提高人员地震应急处置能力。同时,加强对地震设备检查,定期组织人员检测地震设备的运行状态,并做好地震系统的升级和维护工作,确保地震设备及软件运行状态良好。对每次发生地震后的应急处置过程进行分析,认真总结经验教训,找出地震处理中存在的短板和不足,不断改进和优化地震灾害的应急处置过程,最大限度地降低地震灾害给铁路系统带来的危害和影响。

4.6.5 自然灾害及异物侵限风险管控

1. 自然灾害及异物侵限风险辨别与评估

异物侵限往往是因为路外单位设备脱落(如公铁立交上设备被汽车碰撞掉落)或自然原因导致石块、树木等侵入限界或击打列车,对高速运行的列车来说,异物侵限可能导致列车瞬间脱轨,后果不堪设想。山区应重点做好降雨和山体监测,防止滑坡、泥石流灾害和山坡落石侵限等重点工作;当高速铁路线路与公路立体交叉较多时,应做好异物侵限的监测工作。同时,工务、电务和供电部门对线路重点地段进行日常巡视检查时,发现有异物侵限或路旁山石、树木有脱落、倒塌、侵限等危险时,应立即报告列车调度员(车站值班员),妥善处理。遇雨雪天气,工务部门应加强线路巡视,对重点部位派人现场盯控,出现险情立即拦停列车,并向列车调度员(车站值班员)汇报,调度所根据汇报情况,及时采取应急防控措施。

2. 自然灾害及异物侵限风险预警与防控

在一些容易发生塌方、落石、倒树、落物的地点,将其作为异物侵限监测点,设有监测设备,通过现场监测设备对关键区域和重点区域进行实时监测,一旦监测到异物侵入限界时,异物侵限子系统会发出异物侵限灾害报警信息,并自动使报警地点所在的轨道电路显示红光带。列车调度员接到报警信息或相关人员的报告后,应按规定及时采取相应的安全措施。异物影响程度划分如表 4.8 所示。

表 4.8 不同异物标准及采取的防控措施

安全风险评估	异物标准	安全防控措施
Ⅰ级(立即终止运行)	异物很大,挂落位置侵入铁路机车车辆限界	影响列车正常运行,且弓已被挂坏,需要组织救援
Ⅱ级(不能降弓运行)	异物较大,挂落位置侵入铁路机车车辆限界	影响列车正常运行且不能降弓通过
Ⅲ级(可降弓运行)	异物较大,挂落位置侵入铁路机车车辆限界	对正常运行影响不大,列车能降弓通过
Ⅳ级(可维持运行)	异物较小	挂落位置不影响列车正常通过

异物侵限安全管控措施如下：

（1）列车调度员接到异物侵限子系统异物侵限灾害报警信息后，应立即通知区间内已进入报警地点及即将进入报警地点的列车立即停车，并不再向该区间放行列车，同时向调度所值班主任（值班副主任）汇报。值班主任（值班副主任）应立即通知工务、电务、供电等设备管理单位赶赴现场检查处理。

（2）在设备管理单位检查人员到达报警点前，列车调度员通过远程视控系统查看现场情况，有异状或不能确认时，必须经设备管理单位检定办理，无异状时，则可采取如下措施：

① 列车调度员确认报警地点次一个闭塞分区空闲后，对区间内已进入报警地点及即将进入报警地点的列车，口头通知司机报警点所位于的闭塞分区，逐列恢复运行，并以遇到障碍能随时停车的速度（动车组列车最高不超过 40 km/h，其他列车最高不超过 20 km/h）越过报警点所在闭塞分区。指示后列司机恢复运行前必须确认前列已完整越过报警点次一个闭塞分区，并得到前列无异状的报告后，方可进入。

② 后续尚未进入报警地点的列车司机，在报警点所在闭塞分区通过信号机（区间信号标志牌）前必须停车（此时通过信号机显示红灯，列控车载设备收到禁止运行的信号），等候 2 min 后，以遇到障碍能随时停车的速度（动车组列车以目视行车模式最高不超过 40 km/h，其他列车最高不超过 20 km/h）越过该闭塞分区，按次一架通过信号机显示（列控车载设备显示）运行。司机应加强瞭望，发现异状立即停车，并报告列车调度员；如无异状，司机确认列车完整越过报警点次一个闭塞分区后，应及时报告列车调度员。

③ 由于列车需在通过信号机显示红灯且列控车载设备收到禁止运行信号的情况下，越过该通过信号机（区间信号标志牌），虽然列车调度员已确认前列已完整越过报警点次一个闭塞分区，并得到前列无异状的报告，但现场异物侵限报警尚未解除，有关设备管理单位正在组织检查，行车条件仍有变化的可能，所以司机仍须停车等候 2 min。同时，必须与列车调度员联系，确认前发闭塞分区内无列车。

④ 春夏之交，气温回暖，是接触网检修工人的"重点检修期"。除了春天的大风容易将塑料袋、风筝等吹到接触网上，造成突发故障外，春天也是鸟儿筑巢的高峰期。此外，温度变化引起热胀冷缩，致使导线松弛，这时就更需要检修了。在进行异物处理时，利用杂物杆进行间接带电处理时需要穿戴好绝缘靴、绝缘手套；处理较大异物时，如塑料泡沫、防尘网、绳索、风筝、孔明灯等，在没有做好安全措施时，应注意确保现场人员与飘落的悬挂物保持足够的安全距离；进行高速铁路区段异物处理时，必须依照本线封锁，邻线限速 160 km/h 及以下规定进行处置，防止车辆伤害。

3. 异物侵限风险管控案例

【案例一】异物侵限报警。2010 年 4 月某日 14 时 44 分，某高速铁路（CTCS-3 级，300—350 km/h 区段）甲站至乙站间上行线 K1741+400、下行线 K1739+300 处同时出现红光带，对应异物侵限监测点报警。列车调度员在调度终端显示界面上确认报警内容后，应立即向有关司机发布按目视模式行车、通过报警区段检查线路的调度命令，经上、下行第一趟列车司机确认线路无异状后，使用临时通车按钮，恢复正常行车。事后查明，区间隧道口有落石击穿了双层防护网，石头落在了线路外方。

本案例中列车调度员处置不够妥当，首先，发现红光带报警未在《行车设备检查登记簿》(运统 46) 登记，未通知工务派人检查现场，仅通知司机运行途中检查，不能保证检查到位；其次，未接到双层防护网已修复的报告，未确认工务在《行车设备检查登记簿》(运统 46) 销记就贸然恢复正常行车，存在安全隐患。异物侵限报警时，列车调度员除立即通知已进入区间的列车，禁止通过异物侵限报警点线路，并不再向区间放行列车，同时通过视频监视系统进行查看，并按规定汇报、处置，还应登记《行车设备检查登记簿》(运统 46) 等，这是因为异物侵限报警的信息虽有记录，但双网断线的状态实际已经是行车设备故障状态。此时《行车设备检查登记簿》(运统 46) 登记的内容及目的，均为双网断线的情况及影响正常使用的范围。在当日天窗点，应及时组织有关部门对防护网进行修复，并按规定将异物侵限子系统复原按钮解锁，并在《行车设备检查登记簿》(运统 46) 办理销记。

【案例二】区间撞异物停车。2014 年 7 月某日 21 时 04 分，G1158 次列车运行到某高速铁路（CTCS-3 级，300—350 km/h 区段）甲站至乙站间 K1784+200 处，司机反映 10 号车厢走行部位有异响故临时停车，机械师反映机车排障器损坏。接报后，列车调度员判断安全风险等级为不可接受的等级，让司机临时停车，同时立即组织有关领导乘动车赶赴现场，并部署开展以下工作：迅速调集附近民警赶赴现场，同时在现场附近路门设卡堵截，派出警犬全面开展现场搜索；询问 G1158 次列车司机、随车机械师、列车长和 10 车厢列车员了解情况；细致勘查列车、线路，查找撞击物、撞击点，排查护栏网损坏情况；组织民警会同列车乘务人员，做好旅客安抚工作；布置网监、宣教部门密切关注网上舆情，及时做好舆情引导；布置高铁沿线派出所，组织警力连夜加强高铁线路巡防工作；再次从集团公司机关、各公安处抽调 150 名警力，分别由局、处领导带队以最快时间增援。

经初步调查，当日 21：01，G1158 次列车运行至甲—乙站间 K1784+200 处，因异物临停，21：04，列车停于该区间 K1781+43 处，司机和机械师下车查看，发现动车组下沿有撞击痕迹，据司机反映，撞击部位位于动车组停车位置南头约 3 km 处。经排查和扩大搜索，在上行线 K1784+580 处西侧护网外的草丛中，发现一个铁质撞击物，另在该区间上行线 K1784+590 处西侧，发现 4 根水泥栅栏被破坏。经处理，7 月 6 日 23 时 12 分，G1158 次列车在区间开车；23 时 40 分，G1158 次列车停靠前方丙站，启用已停在丙站同一站台的热备动车组，将该车 9 名乘客全部安全转乘至热备列车，23 时 52 分，G1158 次列车从丙站继续开出。

该案例处置时间较长，耽误列车较多，前后用时 2 小时 8 分钟。该高速铁路为重要干线，列车运行密度较大，如此处理会耽误后续列车，且 G1158 次 23 时 12 分方才开出，还要在前方站换乘已是半夜时分，给高铁设备综合维修、车底检修、旅客出行都带来较大影响。出现类似情况，可以由司机和随车机械师下车检查、确认后报告，然后调度发布限速调度命令使列车以目视模式运行至前方站，同时派出专业人员到前方站待命，列车到达后立即进行检查判断是否需要更换车底。后续首列仍以目视模式运行通过该区，并汇报情况，如运行正常，其后续列可以 160 km/h 速度运行通过该故障地点。同时指派工务、公安等应急人员赶往故障地点附近待命，等列车运行结束立即上道检查。

【案例三】高速铁路接触网是沿铁路线上空架设的向电力机车供电的输电线路，由接触悬挂、支持装置、定位装置、支柱与基础几部分组成。高速列车组运行所依赖的电流就是通过机车上端的接触网来输送的。对于高速列车必须保证不间断供电，接触网一旦中断供电，将影响行车，造成线路拥堵。2018 年 8 月 12 日 23 时 04 分，杭州东开往北京南的 G40 次列车运行到京沪高速铁路廊坊—北京南区间，受到大风刮起的彩钢板撞击导致故障，接触网折断，接触网杆同时损坏，如图 4.19 所示，最终造成本列及后续 5 趟列车晚点，多车受影响，部分列车停运。当时 G40 次列车在京沪高速铁路上运行，已经驶出廊坊站。在长达近 5 h 的等待后，到 8 月 13 日 3 时 49 分，设备故障排除，列车恢复运行。早 5 时左右，受故障影响的最后一班列车 G160 次到达北京南站。距离故障排除完毕仅 4 h，京沪高速铁路再次遇到故障，或与前次故障相关。

图 4.19 彩钢板影响京沪高速铁路接触网故障图

4.6.6 防灾系统故障管控

1. 风速监测子系统故障时的处置

当最大风速达 7 级时，运行速度不大于 300 km/h；8 级、9 级时，运行速度不大于 200 km/h；10 级时，运行速度不大于 120 km/h；11 级及以上时，禁止列车进入风区。限速里程由工务部门根据故障情况以及天气预报信息确定后，通知列车调度员。

2. 异物侵限子系统故障时的处置

自然灾害及异物侵限监测系统异物侵限子系统故障导致系统不能反映现场情况时的处置。

（1）列车调度员发现异物侵限子系统故障导致系统不能反映现场情况时，应立即通知设备管理单位，并在《行车设备检查登记簿》（运统 46）内登记；设备管理单位发现异物侵限子系统故障时，应立即报告列车调度员，并在调度所《行车设备检查登记簿》（运统 46）内登记。

（2）异物侵限子系统故障未修复前，设备管理单位须派人在现场看守，并及时向列车调度员报告现场情况，列车调度员应下达限速 120 km/h 及以下注意运行的调度命令，限速位置为监测点所在闭塞分区，司机应加强瞭望。遇有异物侵限时，看守人员应立即通知列车调度员，列车调度员呼叫列车停车。

（3）在看守人员未到达异物侵限监测点前，列车调度员应下达限速 120 km/h 及以下（异物侵限监测点为隧道口时，限速 40 km/h 及以下）注意运行的调度命令，限速位置为监测点所在闭塞分区，司机在该处注意运行。

3. 雨量监测子系统故障时的处置

列车调度员发现雨量监测子系统故障时，应立即通知设备管理单位，并在《行车设备检查登记簿》（运统 46）内登记；设备管理单位发现雨量监测子系统故障时，应立即报告列车调度员，并在调度所《行车设备检查登记簿》（运统 46）内登记。雨量监测子系统故障期间，由工务部门根据降雨情况在调度所《行车设备检查登记簿》（运统 46）内登记限速或封锁。

4. 雪深监测子系统故障时的处置

列车调度员发现雪深监测子系统故障时，应立即通知设备管理单位，并在《行车设备检查登记簿》（运统 46）内登记；设备管理单位发现雪深监测子系统故障时，应立即报告列车调度员，并在调度所《行车设备检查登记簿》（运统 46）内登记。

4.7 高速铁路设备故障下调度指挥风险管控

设施设备是指高速铁路运营系统中影响运营安全的基础设施和关键设备，质量良好的设备既是运输生产的物质基础，又是运输安全的重要保证。与既有线相比，高速铁路设备智能化程度高，广泛应用新型智能行车控制设备，一旦行车设备发生故障或者可靠性降低，都将会危及行车安全。如果平时缺乏设备风险意识，未及时做到保养和维护，那么，在一定的条件下，潜藏的风险就会显现出来，造成人员伤害与财产损失。设备故障情况下的行车组织，长期以来都是铁路行车组织工作的重点和高风险点。如果处置不当，就会扩大事件的影响范围，给列车运行带来不安全的因素。所以，发生设备故障事件后，作为列车调度员应冷静对待，迅速、正确地进行处置，合理组织，把故障事件对列车运行的影响降到最低，切忌胆大心不细、有章不循、一味图快、简化程序盲目行车。

4.7.1 工务设备故障下调度指挥风险管控

1. 工务设备故障风险辨识与评估

高速铁路工务设备状态可通过轨温监测、道岔缺口、桥梁震动监测和隧道、涵洞等视频监测系统识别出工务设备安全风险。例如，轨温监测系统中，轨温的升高使无缝线路钢轨的纵向应力加大，当超过一定标准时，如列车通过时的震动、制动等，线路将会失去保持稳定的能力，从而导致胀轨跑道事故，对高速铁路的行车构成极大威胁。现场设置钢轨及大气温度传感器，建立轨温监测报警系统，实时掌握钢轨温度，确定轨温控制标准，科学地进行轨温预报，能进一步为行车提供决策依据。工务设备故障主要有：曲基本轨折断、站台有裂痕、隧道内壁不良及积水、线路晃车、信号机倾斜、应答器破损、路基有划痕、夹板保护大卡断裂、电容线断裂、红光带等。

2. 工务设备故障风险预警与防控

从安全风险评估来看，线路、桥梁、隧道等基础设施遭受水害、塌方、落石会对行车造成耽误或中断，而不同程度的故障对行车的影响是不同的，可分为四级，如表4.9所示。

表 4.9 工务设备安全风险及防控措施

安全风险评估	影响程度	安全防控措施
Ⅳ级	故障不影响行车	按正常情况进行组织作业。必须对故障认真检查,不能使故障扩大,要及时排除故障
Ⅲ级	故障造成列车晚点,但无列车积压	需要对列车运行图进行调整,但不影响正常组织行车
Ⅱ级	故障造成了列车积压	如线路、桥梁、隧道设备不良耽误列车,使繁忙干线的单线或双线之一线行车中断或延误列车满 2 h,双线行车中断满 1 h;一般干线的单线或双线之一线行车中断或延误列车满 3 h,双线行车中断满 2 h。其他线路行车中断或延误列车满 4 h
Ⅰ级	故障造成行车中断	繁忙干线的单线或双线之一线行车中断满 4 h,双线行车中断满 3 h;一般干线单线或双线之一线行车中断或延误列车满 4 h,双线行车中断满 3 h;其他干线行车中断或延误列车满 6 h

调度员及时组织预警并采取相关防控措施,主要包括以下几个方面:

(1)当故障情况危及所在线路行车安全,而列车并未进入该区间时,列车调度员必须通知车站值班员立即扣停开往该故障区间的列车;若列车进入该区间,则列车调度员需用列车无线调度电话直接呼叫此列车立即中途停车。以上两种情况下,列车调度员需向司机说明停车原因及注意事项,同时,通知邻站不得向该区间放行列车。

(2)如果危及邻线行车安全,但邻线的列车还未进入故障区间时,列车调度员需通知车站值班员立即扣停开往邻线的列车;列车调度员应马上用列车无线调度电话直接叫停此列车。在完成以上工作的同时,列车调度员通知邻站扣停进入该区间的列车。此外,司机需将以上几种情况及时向列车调度员汇报再听从其指示。

(3)如果列车颠覆、脱轨,相关人员应及时通过无线调度电话向列车调度员汇报,由列车调度员发布调度命令封锁该区间。当向封锁区间发出救援列车时,不办理行车闭塞手续,此时,应以列车调度员的命令作为进入封锁区间的许可,并按有关规定执行。

(4)调度人员须通知施工人员对线路损坏部分封锁施工。若故障恢复时间很长,如需要若干天,则安全风险防控的组织行车中必须包括以下几点:扣停发往该区间的列车;将发出的列车返回发站;紧急情况下,用其他运输方式代替要经过故障区间的列车将旅客送达下一车站。另外,根据车站线路故障风险的评估等级(在车站内,不同的线路对行车的影响是不同的),可以采取相应的防控措施。

① 线路故障造成站内正线、到发线及能够接车的线路部分被占用。此时,可能需要对线路灵活使用。立即向调度人员和上级报告,再根据调度命令变更进路进行接车。

② 由于线路故障造成站内正线、到发线及能够接车的所有线路占用。此时，需要车站值班员及时向调度员上报情况后，按区间故障行车组织方案组织行车。

3. 工务设备故障风险管控案例

【案例一】高速铁路线路晃车风险防控。2017年6月，G7121次列车运行至沪宁城际高速铁路某区间发生晃车，晃车时列车运行速度156 km/h，司机立即降速运行，并将情况向列车调度员汇报，并通知随车机械师检查处理。司机降速至120 km/h运行，经随车机械师检查确认无异常后恢复常速运行。列车调度员接到司机汇报后，立即扣停后续列车，通知工务部门对线路进行检查。经工务部门检查确认后，申请该区间发生晃车处限速120 km/h运行。列车调度员组织后续列车在该地段限速通过。工务部门利用天窗点继续检查线路，检查后销记恢复常速运行。处置过程中的亮点主要有：列车调度员执行高速铁路区段列车运行晃车的应急处置规定，及时扣车，并按规定向有关人员通报；列车调度员及时和现场联系，督促现场人员尽快处置，为线路及早开通赢得了时间。从调度员到把关领导多次和工务段联系，指示人员尽快赶往晃车地点，组织抢修。积极组织站车联动，做好旅客安抚工作。

本案例中，列车调度员接到司机汇报后，立即询问列车晃车时运行速度，根据司机汇报的晃车速度，对后续列车采取了扣停措施，并通知工务部门对线路进行检查。根据应急处置规定：晃车时运行速度为160 km/h以下时，需立即扣停后续列车，通知工务部门检查线路；晃车时运行速度为160 km/h及以上时，通知后续列车限速运行，并按120 km/h、160 km/h、250 km/h、常速逐级提速。在采取应急措施后，列车调度员立即将该情况向高速铁路调度值班主任汇报，并做好后续计划的调整，及时下达运行调整计划，通知综控调度台客车晚点情况。高速铁路调度值班主任立即向集团公司应急调度台进行汇报，并通知工务、动车、客运调度等相关工种协助开展应急处置工作。工务部门得到晃车信息后，立即安排工区人员赶赴现场进行应急处置。列车调度员根据工务部门申请，发布封锁命令和临时限速调度命令，设置列控限速和封锁标志。经过工务部门检查处置，登记晃车处临时限速120 km/h，后续利用天窗点继续检查线路，检查后销记恢复常速运行。

【案例二】高速铁路线路故障时的风险防控。高速铁路调度台列车调度员在盯控列车运行时，当区间轨道电路出现故障风险时，列车调度员立即扣停后续列车，通知设备管理单位进行检查处理。若经过检查，设备管理单位登记线路设备正常，但故障现象暂时无法消除，则该区间停用自动追踪功能。列车调度员按照设备管理单位登记的行车限制条件，组织列车在区间按站间组织行车。

本案例中，在发生各类设备故障风险时，列车调度员要根据故障类别和故障现象，第一时间采取扣停、限速等应急处置措施，确保列车运行安全。在组织后续列车放行时，要按照设备管理单位登记的行车限制条件组织行车。在采取应急措施后，列车调度员立即将该情况向高速铁路调度值班主任汇报，并做好后续计划的调整，及时下达运行调整计划，通知综控调度台客车晚点情况。高速铁路调度值班主任立即向集团公司应急调度台汇报，并通知工务、电务、客运、动车调度等相关工种，协助开展应急处置工作。电务部门通过检查，排除电务设备原因，销记电务设备正常。

4.7.2 供电设备故障调度指挥风险管控

1. 牵引供电设备故障风险辨识与评估

牵引供电设备状态主要通过牵引供电安全监测诊断系统、供电安全检测系统、接触网悬挂状态检测监测装置等对供电设备的风险进行识别和评估。牵引供电安全监测诊断系统是为了适应高速电气化铁路及高速铁路设备特点开发的在线监测系统，可实现对主要电气设备的实时在线监测，在建立设备分析模型的基础上，通过专家诊断软件系统比对历史数据进行统计分析，确定设备运行状态，指导运行维护人员工作。供电安全检测系统主要包括弓网动态检测、接触网巡检、车载接触网运行状态检测、接触网检测监测、受电弓滑板状态检测、接触网供电设备地面监测等系统。

在高速铁路的整个系统中，接触网是最容易出现问题的环节。接触网是高速铁路的牵引供电系统，从铁路上方架设的接触网上取得高压电流，从而获得持续充足的动力。柔性的接触网最容易受到外力的影响而发生位移，在遭到雷击后发生短路时，列车断电停车的可能性很大。接触网停电和弓网故障都会对列车正常运行带来极大的影响。接触网跳闸，可能由接触网设备故障、动车组（电力机车）设备故障以及外部因素（如鸟窝、异物、结冰等）原因引起。接触网跳闸重合或送电成功，但原因不明时，可能存在接触网设备损坏或故障，影响行车，因此，需要对相关接触网设备运行状态进行巡视确认。对接触网设备巡视检查有多种方式，为避免影响列车运行，在供电人员现场检查或添乘列车检查前，通知故障区段邻线及本线尚未经过故障区域的首列运行司机，进行初步观察是一种方便可行的方式。

2. 牵引供电设备故障风险预警与防控

接触网停电后，动车组列车及电力机车就会失去动力来源。由于接触网停电原因不明，为保证列车安全，应按以下防控措施进行处理。

（1）遇接触网停电时，司机应立即停车并降弓，报告列车调度员（车站值班员）停车原因及停车位置，通知随车机械师（车辆乘务员）、列车长、车站值班员，并报告列车调度员。供电调度员发现接触网停电时，应立即确认停电范围并通知列车调度员，以便列车调度员尽快掌握接触网停电范围。

（2）列车调度员（车站值班员）接到接触网停电的报告后，应立即扣停后续开往停电区域的相关列车，对已进入停电区域的列车则应通知司机停车。列车调度员并应立即通知供电调度员确认停电范围，通知供电部门检查处理。确定接触网停电范围后，列车调度员要在 CTC 系统上设置停电标识，充分发挥"设备保安全"功能，防止人为作业疏漏，将列车放入接触网停电区域。

（3）列车调度员立即向尚未经过该地点的本线及邻线首列列车发布口头指示，限速 80 km/h 且注意运行。限速位置原则上按故障标定装置指示地点前后各 2 km 确定。司机应注意观察接触网设备状态，当发现影响行车异常情况时应立即停车并向列车调度员报告。列车调度员立即通知尚未经过异常地点的后续列车停车，不得再向该区间放行列车，并立即通知供电部门检查处理，列车调度员按供电部门登记的行车限制条件组织行车。无异常时，司机在通过限速地点后立即向列车调度员报告。列车调度员根据本线司机确认本线无异常的报告，组织本线后续列车正常运行；根据邻线司机确认邻线无异常的报告，组织邻线后续列车正常运行。同时，供电调度员应立即组织供电人员，登乘本线或邻线列车巡视检查设备。考虑到高速铁路区间站间距较大，为了便于供电抢修人员尽快赶到现场，供电人员可根据需要申请添乘动车组列车快速赶赴现场进行处置，列车调度员应及时安排。另外，由于司机只能从外观上判断接触网的状态，为了保证列车运行安全，即使列车调度员已组织本线或邻线后续列车正常运行，供电调度员仍应组织供电人员巡视检查设备，保证万无一失。

（4）电力机车牵引的旅客列车，因接触网停电在区间停车后，司机应采取保压措施。长时间停车风压不足时，为防止车辆制动力不足，司机通知车辆乘务员组织客运乘务组拧紧全列人力制动机。

（5）接触网跳闸重合或送电成功，原因不明时，供电调度员应立即将接触网跳闸情况、故障标定装置指示地点的里程及限速要求，通知列车调度员。

3. 牵引供电设备故障风险管控案例

【案例一】接触网停电故障。2016 年 8 月某日，因地方供电局高压电力线故障造成京广高速铁路接触网停电，导致 G79 次列车空调近 2 h 无法使用，由此引发了社会舆论对高速铁路应急处置的广泛关注和讨论。北京西开往深圳北的 G79 次高速列车因铁路发生停电故障，停在了邯郸东至安阳东间，这一区间断电，造成区间内运行的列车全部停车。本次故障的原因是邯郸市供电公司管辖的辛肖线 220 kV 上跨京广高速铁路电力线脱落，造成了京广高速铁路邯郸东至安阳东区间设备故障，该区间上下行列车均受到影响。在恢复供电后，列车恢复运行。

【案例二】受电弓故障。某日 13 时 00 分，C1701 次列车运行至 E—F 站间下行线 K267+000 m 处，网压显示为 0，司机报告列车调度员列车停在 E—F 站间 K267+500 m 处，不能升弓，需下车检查。列车调度员接到报告后，扣停续行列车及邻线运行列车。13 时 10 分随车机械师报告 1 号车受电弓断裂，需上车顶处理，申请停电，列车调度员接到停电申请后，确认该供电臂供电范围内的所有电力机车停妥后与供电调度员办理停电手续。13 时 35 分，故障处理完毕后，司机向列车调度员申请接触网恢复送电，13 时 38 分接触网恢复送电，司机换弓后恢复运行。

接到动车组受电弓故障的报告后，要加强与动车台、客服台调度员联系，动车台调度员要实时掌握故障处理进度，客服台调度员应及时将列车运行晚点情况通知车站综控室值班人员，列车调度员应做好列车运行调整工作。办理停电时，列车调度员要确认供电臂范围内列车运行情况，重点掌握扣停列车、列车降弓和处理完毕后的现场人员撤离等关键环节；办理停电签认手续时要联系彻底，防止联系脱节而导致不安全问题的发生。同时，动车组列车在区间被迫停车时，随车机械师、客运乘务组均应听从动车组列车司机指挥，处理有关行车、列车防护和事故救援等事宜。若需下车处理时，列车调度员发布邻线列车限速 160 km/h 及以下的调度命令，限速位置按停车列车位置前后各 1 km 确定；需组织旅客疏散时，必须扣停邻线列车。司机在接到列车调度员已发布相关调度命令的口头指示后，通知有关作业人员执行。

4.7.3 电务设备故障风险管控

1. 信号设备故障风险辨识与评估

电务设备最主要的是信号系统，是高速铁路列车运行的"大脑"，尤其在列车运行速度不断提高的条件下，信号设备的安全及出现信号设备故障时能否及时按规定迅速处理故障，这直接关乎列车的运行安全和行车效率。高速铁路信号设备包括信号机、转撤机、ZPW2000 轨道电路、应答器、计轴器、CTC、无线闭塞中心（Radio Blocking Center，RBC）、TCC、CTCS 等众多信号基础设备和控制系统。

高速铁路信号设备状态主要通过信号集中监测系统、电务智能运维系统对信号设备安全风险进行识别和评估。其中，车站联锁设备应考虑与列车运行控制系统和行车调度指挥系统结合，采用计算机联锁。为适应高密度行车的需要，进路控制应自动化，尽量摆脱人员的参与，车站联锁设备可采用一次解锁电路。信号集中监测系统应全程联网，实现远程诊断和故障报警功能。信号主要系统（含车载设备）应具有自诊断、预警、信息存储、状态再现等功能，并符合高速铁路技术特点和运营维护要求。信号集中监测系统应由段级主机、站阶分机、终端以及数据传输网络等部分组成，段级主机应具备与综合维修管理信息系统联网的接口条件。信号设备故障主要包括：通信故障、制动通信丢失、车载设备显示报文错误、无线连接超时、进路信息错误或未收到、车次号丢失、CTC控制台或调监灰屏、道岔无表示等。当发生信号设备故障时，抢修人员到达现场后，应积极查找，尽快判明故障原因。在故障判断时应注意测试设备的各项性能指标，并与最近一次正常测试时的数据进行分析比较，判断原因。对能够临时恢复的故障应临时恢复，临时恢复后再登记要点进行彻底处理，尽量减少故障延时。如判断故障是由结合部问题造成的，必须立即通知相关单位共同处理。无论故障难度、影响范围大小，车间值班干部必须组织应急抢险器材，迅速出动，并及时与现场抢修人员、车站保持联系，将故障影响降到最低，范围缩小到最小。

2. 信号设备故障（列控）风险预警与防控

信号设备故障风险管控主要包括以下措施：

（1）道岔故障防控措施

① 道岔设备故障时，列车调度员（车站控制时为车站值班员）应停止使用该道岔，立即通知电务、工务人员处理。

② 工务、电务人员接到故障通知后，应立即检查、处理。如需上道检查、处理，应按规定办理相关上道手续。

③ 故障暂不能恢复，具备放行列车条件时，根据设备管理单位登记的停用范围及行车限制条件办理行车。

（2）道岔故障需现场准备进路的有关规定

① 检查或确认线路、道岔空闲的规定，无联锁或联锁失效时，列车调度员（车站控制时为车站值班员）指派工务、电务人员按规定检查、确认线路、道岔空闲。

② 进路准备、确认的有关规定

需现场准备进路时，列车调度员应及时通知车务应急值守人员（车站值班员），车务应急值守人员（车站值班员）应报告站段指派应急行车小组人员赶往发生故障的车站，通知车站站长（或副站长）赶赴行车室进行把关。列车调度员根据列车运行计划，布置车务应急值守人员准备接发车进路。

车务应急值守人员接到列车调度员现场准备接发车进路的通知后，组织应急行车小组人员、工务、电务人员现场准备进路。

应急行车小组人员根据车务应急值守人员（车站值班员）准备接发车进路的命令，组织电务、工务人员现场操纵道岔准备进路，确认进路正确并按规定加锁、紧固后，向车务应急值守人员（车站值班员）汇报。

准备进路时，由应急行车小组人员和电务人员负责摇动道岔和道岔加锁，工务人员负责道岔紧固。

能通过 CTC 终端准备的进路，由列车调度员（车站控制时为车站值班员）准备，并单独锁闭。

（3）列控车载信号与机车信号不一致时的风险防控措施

列控车载信号（指显示的允许运行速度值）与机车信号不一致时的处置办法：

① 列控车载信号显示停车信号而机车信号显示进行信号时，按列控车载信号显示立即停车。

② 列控车载信号显示进行信号而机车信号显示停车信号时：

在区间运行时，动车组司机须立即停车，并向列车调度员汇报。列车调度员确认前方闭塞分区无车占用后通知司机，司机以遇到阻碍能随时停车的速度运行至前方次一信号机或闭塞分区入口处。如列控车载信号与机车信号均显示进行信号，按车载信号显示运行；如列控车载信号显示进行信号而机车信号仍显示停车信号，按上述规定处理。

在车站发车时，司机应立即向列车调度员汇报。列车调度员应确认第一个闭塞分区空闲、道岔位置正确及进路空闲后才能通知司机发车，司机在出发信号机前以遇到阻碍能随时停车的速度运行。如列控车载信号与机车信号均显示进行信号，按车载信号显示运行；如列控车载信号显示进行信号而机车信号仍显示停车信号，司机以遇到阻碍能随时停车的速度运行至前方次一信号机或闭塞分区入口处，按上述区间规定处理。

（4）进出站信号故障防控措施

① 进站、出站、进路信号机、线路所通过信号机故障或车站（线路所）道岔失去表示、轨道电路非列车占用红光带都会造成信号机不能正常开放。列车调度员（车站值班员）应根据信号机是否安装了引导信号，确定进路准备方式。能够开放引导信号的，开放引导信号办理接发列车；不能开放引导信号的，按规定准备进路妥当后，发布命令准许越过该信号机。

② 进、出站信号机未设引导信号或引导信号不能开放时，由于进路正确性不能通过开放信号来保证，需人工方式准备、确认进路，司机也不能通过列控车载设备或地面信号机的显示确认进路是否正确。为了保证接发列车的安全，应通过的行车手续，在确认

进路空闲、进路准备妥当后，列车调度员发布准许越过该信号机的调度命令，司机凭调度命令越过该信号机。

③ 为防止在信号（含引导信号）未开放的情况下，动车组司机误操作冒进信号机，在进站（接车进路）、出站（发车进路）、线路所通过信号机外方的有源应答器发送的报文中，包含"绝对停车"包，当信号（含引导信号）未开放且未将列控车载设备隔离的情况下，动车组列车经过该应答器接收到该应答器报文后，会触发紧急制动停车。为避免司机按目视等行车模式越过未开放的进站（接车进路）、出站（发车进路）、线路所通过信号机而造成紧急制动停车，所以规定，在上述信号机未设引导信号或引导信号不能开放时，动车组列车在该信号机前停车后，装备 LKJ（列车运行监控记录装置）的动车组列车，将列控车载设备隔离改按 LKJ 方式运行，未装备 LKJ 的动车组，列车改按隔离模式运行。动车组列车按上述方式越过该信号机后，如次一信号机显示正常，考虑到高速铁路站间距较大，动车组列车如按原有控车模式和速度继续运行，势必因运行速度低而造成列车运行晚点，所以规定，动车组列车在次一信号机前停车，转回列控车载方式控车，恢复正常运行。

3. 信号设备故障风险管控案例

【案例一】区间通过信号机故障条件下调度指挥风险。某日，17 时 18 分，C 站车站值班员接到列车调度员通知：C—D 站间下行线区间 3317 号通过信号机跳红灯，D6215 次列车在 K631+700 处停车。

处置过程：一是车站操作方式下，车站值班员未能及时发现设备故障，列车调度员通知时值班员才发现 3317 号通过信号机跳红灯，D6215 次列车已在区间停车。二是《行车设备检查登记簿》（运统 46）审核把关不严。电务销记时间比实际填写完毕提前了 10 min；工务第一次登记相邻线限速未标明里程，销记时只描述 C 站下行线 K331+700 工务设备良好，未销记下行线封锁区间开通。三是封锁调度命令下达后，车站值班员未对发车终端按钮进行钮封。四是 CTC 车站操作方式及非常站控模式下，区间通过信号机故障时，车站值班员应立即通知有关列车司机立即停车，通知设备部门对故障进行检查处理，按照设备部门登记的列车放行条件放行列车。设备故障恢复，车站值班员根据设备部门销记，通知有关列车司机恢复正常行车。有关设备部门未销记确认可以放行列车前，不得再向该区间放行后续列车。在设备故障暂时无法恢复，但具备列车放行条件时，确认区间空闲后，改按站间掌握行车。五是车站值班员发现及得到区间通过信号机故障信息时，应立即通知区间内已进入故障地点及后续的列车司机立即停车，通知电务、工务部门进行处理。区间通过信号机故障暂时无法恢复，但具备列车放行条件时，待故障地点（发生两处及以上故障时，为前进方向第一故障地点）前的列车运行至前方站，对区间内已进入故障地点的列车及后续的列车，确认列车至前方站间区间空闲后，通知列车司机故障闭塞分区起止里程和防护该闭塞分区的通过信号机号码，逐列恢复运行至前方站（指示后列每列车恢复运行前必须确认前列已完整到达前方站）。列车司机在该闭塞分区通过信号机前停车等候 2 min 后，以遇到障碍能随时停车的速度，最高速度不超过 20 km/h（装备 CTCS-3 级列控车载设备的动车组列车在 CTCS-3 级区段最高速度不超过 40 km/h），继续运行越过该闭塞分区，按次一通过信号机显示（列控车载设备显示）运行，司机应加强瞭望，在停车等候的同时，必须与列车调度员（车站值班员）联系，如确认前方闭塞分区内有列车时，不得进入。六是如接到司机或设备部门发现断轨等危及行车安全情况的汇报时，列车调度员（车站值班员）应立即通知区间内有关列车司机立即停车。

【案例二】道岔故障处置案例。某日，18 时 23 分，G2180 次列车 E 站 4 道停车办客，18 时 24 分 CTC 自动触发 G2180 次 4 道发车进路时 105 号道岔不能反位，18 时 58 分 105 号道岔反位恢复表示，G2180 次 E 站 19 时 01 分发车，晚开 33 min，K 站终到晚点 31 min。后续 G2204 次列车 E 站等线进 4 道，机外 18 时 41 分停，19 时 00 分开，G 站终到晚点 20 min，衔接交路 G2221 次列车始发晚点 13 min。G2276 次列车在 D—E 站间利用下行线反方向运行，E 站终到晚点 4 min。在此次安全风险防控中，调度员需要重视几个关键环节：一是此故障情况虽为道岔失去表示，但牵涉到接发列车的情况较为复杂，同时启用热备车底，要求列车调度员根据列车运行情况及时调整列车运行计划并布置助理调度员扣停列车、关闭相关信号等，助理调度员在执行列车调度员指示的同时还应主动考虑调整列车运行后还有哪些注意事项，同时密切监视列车运行。二是需现场准备进路时，列车调度员负责非故障道岔的操纵、准备进路。工务、电务等有关部门人员现场检查前，应进行本线封锁、邻线限速 160 km/h 及以下。待工务、电务等有关部门现场检查和确认道岔故障具备现场准备进路放行列车条件时，确认本线封锁及邻线限速命令下达后，车务应急值守人员组织电务、工务等人员现场操纵道岔准备进路，确认进路正确并按规定加锁，列车调度员根据现场人员汇报的故障道岔开通方向及控制台上非故障道岔的显示确认进路正确。车务应急值守人员须及时向列车调度员汇报进路准备情况。列车调度员得到现场进路准备妥当、道岔加锁良好、作业人员已撤至安全地点的汇报后，确认进路正确，解除封锁、取消限速后方可办理行车凭证，准备接发列车。在此期间应做到信息的不间断和准确，做到正确处置。

【案例三】高速铁路列车常见故障有 ATP（列控车载设备）黑屏、死机、车辆异音、抱闸、受电弓故障等。遇到上述故障，司机均需停车，通知随车机械师处理。根据需要，汇报列车调度员通知供电调度员对相关供电单元接触网停电。列车调度员还需扣停后续列车。待处理完毕后，方可恢复正常运行。以常见故障如 ATP 的故障处理为例，规章规定：已在区间内运行的未装备 LKJ 的动车组列车列控车载设备故障，不能恢复正常运行时，司机应报告列车调度员（车站值班员），车站值班员报告列车调度员。列车调度员（车站值班员）不再向该区间放行列车，并通知已进入区间的后续列车立即停车。确认该列车至前方站（线路所）间空闲后，列车调度员发布改按隔离模式运行的调度命令，列车改按隔离模式，按地面信号显示以不超过 40 km/h 的速度运行至前方站（线路所）。该列车到达前方站（线路所）后，列车调度员方可通知后续列车恢复运行。从司机汇报、停车、列车调度员确认区间空闲、发布调度命令、司机操作改为隔离模式，再以不超过 40 km/h 的速度运行至前方站（线路所），根据区间长短及停车位置不同（高速铁路线路区间长度普遍在 30 km 以上），至少需要 40 min 的时间，会造成后续列车相应被动晚点。

列车运行控制系统对列车实现间隔和速度控制。系统由地面和车两部分组成。地面设备提供列车控制所需要的全部基础数据和线路空闲情况，例如线路允许速度、轨道电路长度、线路坡度、前方空闲情况等，车载设备对地面传来的信息进行处理，计算出列车速度控制曲线，用来监督或控制列车安全运行。如果列控车载设备出现故障，就会给列车运行带来不安全因素，所以必须引起足够的重视，加强日常维护，保证正常使用。

【案例四】动车组在车站始发时，到拉车载设备 ATP 故障。某日 15 时 24 分，某高速铁路（CTCS-3 致、300—350 km/h 区段）G1048 次（CRH2 型 076/075C，双组重联）列车在甲站因 ATP 故障，采用后位倒前位的方式处置。G1033 次列车于 14 时 29 分正点到达甲站，计划于 14 时 50 分始发，14 时 46 分，G1048 次列车司机向列车调度员汇报：运行前端 CRH2 型 075 号动车组 ATP 故障，正在处理。

列车调度员立即向司机了解情况，并向值班副主任汇报。根据了解的现场情况，G1048 次列车司机多次重启 ATP 设备，并且随车添乘的厂家人员也同参加处理。调度所领导接到报告后立即上台组织处理，在现场反复处理都不能恢复正常，于 15 时 40 分指令现场放弃抢修，采用后位倒前位的方式处置组织 4 道南头 CRH2 型 076 号动车组由甲站南头越出站界调车，经道转北头进 4 道连挂（其间 16 时 41 分司机报告 ATP 设备故障停车 7 min），16 时 53 分进 4 道连挂时，又因火灾报警停车，17 时 23 分连挂及处理完毕。G1048 次列车于 17 时 36 分开车，造成始发晚点 2 h46 min，同时造成等线停车 3 列、变更固定进路 4 列、反方向行车 6 列（其中上行 5 列、下行 1 列）、晚点 11 列（其中始发晚 6 列、终到晚 5 列）。利用列车分解作业，通知现场告知 G1048 次旅客可以选择乘坐本列和换乘两种途径。

在本案例中，主要存在三个问题：一是决策不果断，故障发生后，由于缺乏经验，对现场处理一直抱有期望，造成放弃修理过晚，采取措施不及时，耽误 1 h11 min；二是转线组织不严密，现场在车钩摘解、司机换端等环节衔接不密贴，造成转线时间长达 1 h43 min；三是根据事故调查，车站、列车工作人员未能安抚好旅客情绪，是延长转线时间的原因之一。

4.7.4 调度集中指挥设备 CTC 故障风险管控

1. CTC 设备故障风险辨识与评估

CTC 设备故障一般可分为以下几种情况：列车车次号丢失（遗留）；进站信号机故障；区间通过信号机故障；列控系统地面系统故障；列车占用丢失；无线闭塞中心（RBC）通信中断；进路不能解锁（遗留白光带）；调度台工作站故障；进路预告信号机发送异常等。同时，在 CTC 设备故障条件下，调度员容易发生下列指挥操纵的错误，如：CTC 调度集中区段未按标准化作业，造成列车停车；CTC 调度集中区段列车盲目退行；CTC 调度集中区段未修改接车通道，造成列车机外停车；CTC 调度集中区段计划与调车作业计划冲突不当，造成列车在站通过变停车；中心控制方式车站未按规定向非常站控车站进行预告，造成错办；CTC 调度集中区段未办闭塞发出列车（中控站）；未认真执行接发列车作业标准，错误开放通过信号；未按规定使用 TDMS5.0 系统铺画运行计划造成列车开行方向错误；向封锁区间开行路用列车时未确认进路上道岔开通位置，造成轨道车脱线；简化作业程序，在未确认站存车的情况下人工对 LOI 封锁解除，造成向占用线接入列车；调度命令内容不全导致 CTC 设备未能正常使用；转换非常站控后计划布置、监控不到位，未防止事故发生；牵引供电系统故障情况未查明，通过 CTC 设备盲目放行列车，造成事故扩大；督促有关部门执行规章不到位，未及时下发运行揭示调度命令；施工组织不到位，给事故发生埋下隐患；未执行作业标准，错误办理接车进路后又临时变更，造成旅客列车机外停车。

2. CTC 调度集中设备故障风险预警与防控

CTC 调度集中设备故障管控措施主要有：

（1）CTC 调度集中设备对某一区段内的信号设备进行集中控制、对列车运行直接指挥、管理的技术装备，其强大的功能为铁路组织按图行车、运力资源调整、减轻行车指挥人员的劳动强度、促进行车调度指挥现代化提供了广阔的空间。但要注意的是，设备先进的同时，调度员安全风险关口前移，设备使用故障会给调度指挥带来风险，不能掉以轻心。

（2）CTC 系统发生故障后，如果不能及时、正确地处理，必将严重干扰列车运行秩序、降低运输效率,甚至会导致列车运行事故。当然,在正常情况下,列车调度员可利用 CTC 设备直接操纵集控站的道岔和信号。集控站因故转为车站控制时(非常站控),根据列车调度员指示,可由该站应急值守人员指挥。

3. 站内信号信号机、道岔故障或轨道电路红光带

进站(接车进路)信号机故障或接车进路上道岔失去表示、轨道电路非列车占用红光带的应急处置:

(1)列车调度员(车站控制时为车站值班员)通知设备管理单位进行检查处理,在《行车设备检查登记簿》(运统 46)内登记。

(2)设备故障修复,列车调度员(车站控制时为车站值班员)根据设备管理单位的销记,开放进站(接车进路)信号办理接车。

(3)设备故障暂时无法修复,具备放行列车条件时,列车调度员(车站控制时为车站值班员)根据设备管理单位登记的行车限制条件组织行车。

① 进站(接车进路)信号机引导信号能够开放时,在确认接车进路空闲、进路准备妥当后,开放引导信号办理接车。

② 进站(接车进路)信号机引导信号不能开放时,在确认接车进路空闲、进路准备妥当后,列车调度员发布准许越过该信号机的调度命令,司机凭调度命令越过该信号机。动车组列车在进站(接车进路)信号机前停车后,装备 LKJ 的动车组列车将列控车载设备隔离,按 LKJ 方式运行,速度不超过 40 km/h;未装备 LKJ 的动车组列车改按隔离模式进站停车。动车组以外的列车按 LKJ(GYK)方式运行,速度不超过 20 km/h。

出站(发车进路)信号机故障或发车进路上道岔失去表示、轨道电路非列车占用红光带的应急处置:

(1)列车调度员(车站控制时为车站值班员)通知设备管理单位进行检查处理,在《行车设备检查登记簿》(运统 46)内登记。

(2)设备故障修复,列车调度员(车站控制时为车站值班员)根据设备管理单位的销记,开放出站(发车进路)信号机办理发车。

(3)设备故障暂时无法修复,具备放行列车条件时,列车调度员(车站控制时为车站值班员)根据设备管理单位登记的行车限制条件组织行车。

① 出站信号机不能开放时:

出站信号机引导信号能够开放时,在确认第一个闭塞分区空闲(CTCS-3 级及信号机常态灭灯的 CTCS-2 级自动闭塞区间对 LKJ 或 GYK 控车的列车和自动站间闭塞区间为确认区间空闲)和发车进路空闲、进路准备妥当后,开放引导信号办理发车。

出站信号机未设引导信号或引导信号不能开放时，按以下方式办理发车：

在 CTCS-3 级及信号机常态灭灯的 CTCS-2 级自动闭塞区段，信号机应点灯，在确认区间空闲和发车进路空闲，进路准备妥当后，列车调度员发布准许进入区间的调度命令，司机凭调度命令进入区间。装备 LKJ 的动车组列车将列控车载设备隔离，按 LKJ 方式运行至前方站进站信号机（线路所通过信号机），按其显示的要求执行；未装备 LKJ 的动车组列车改按隔离模式运行至前方站进站信号机（线路所通过信号机），按其显示的要求执行；动车组以外的列车按 LKJ（GYK）方式运行，运行至前方站进站信号机（线路所通过信号机），按其显示的要求执行。

在信号机常态点灯的 CTCS-2 级自动闭塞区段，确认第一个闭塞分区空闲（未装备 LKJ 的动车组列车为确认区间空闲）和发车进路空闲，进路准备妥当后，列车调度员发布准许进入区间的调度命令，司机凭调度命令进入区间。装备 LKJ 的动车组列车将列控车载设备隔离，按 LKJ 方式运行，以不超过 40 km/h 的速度运行至区间第一架通过信号机，按其显示的要求执行；未装备 LKJ 的动车组列车改按隔离模式运行至前方站进站信号机（线路所通过信号机），按其显示的要求执行；动车组以外的列车按 LKJ（GYK）方式运行，以不超过 20 km/h 的速度运行至区间第一架通过信号机，按其显示的要求执行。

自动站间闭塞区段，在确认区间空闲后，应停止使用基本闭塞法改按电话闭塞法行车，确认发车进路空闲和进路准备妥当后，发布调度命令，司机凭调度命令进入区间。装备 LKJ 的动车组列车（需将列控车载设备隔离）、动车组以外的列车，按 LKJ（GYK）方式运行至前方站进站信号机（线路所通过信号机），按其显示的要求执行；未装备 LKJ 的动车组列车改按隔离模式运行至前方站进站信号机（线路所通过信号机），按其显示的要求执行。

② 发车进路信号机不能开放时：

发车进路信号机能开放引导信号时，在确认发车进路空闲和进路准备妥当后，开放引导信号办理发车。

列车由车站开往区间，发车进路信号机未设引导信号或引导信号不能开放时，在确认发车进路空闲和进路准备妥当后，列车调度员发布准许越过该信号机的调度命令，司机凭调度命令越过该信号机。装备 LKJ 的动车组列车将列控车载设备隔离，按 LKJ 方式，以不超过 40 km/h 的速度运行至次一信号机前停车，转回列控车载方式控车；未装备 LKJ 的动车组列车改按隔离模式，运行至次一信号机前停车，转回列控车载方式控车；动车组以外的列车按 LKJ（GYK）方式，以不超过 20 km/h 的速度运行至次一信号机,按其显示要求执行。

(4)出站信号机不能开放时,除按规定交付行车凭证外,对通过列车应预告司机。装有进路表示器或发车线路表示器的出站信号机,当该表示器不良时,由列车调度员(车站控制时为车站值班员)通知司机;司机发现表示器不良时,应及时报告列车调度员(车站值班员)。

(5)区间通过信号机故障或闭塞分区轨道电路非列车占用红光带

列车调度员(车站值班员)发现及得到区间通过信号机故障或闭塞分区非列车占用红光带(异物侵限报警红光带除外)的信息时,列车调度员(车站值班员)应立即通知区间内已进入故障地点及尚未经过故障地点的列车司机立即停车,通知设备管理单位进行检查处理,并在《行车设备检查登记簿》(运统46)内登记。车站值班员应立即报告列车调度员。

设备管理单位未销记确认可以放行列车前,不得再向该区间放行列车。设备故障修复,列车调度员根据设备管理单位的销记,通知有关列车司机恢复正常行车。

区间通过信号机(闭塞分区非列车占用红光带)故障暂时无法修复,具备放行列车条件时,根据设备管理单位登记的行车限制条件组织行车。待故障地点(发生两处及以上故障时,为运行方向第一故障地点)前的列车运行至前方站(线路所),对区间内已进入故障地点及尚未经过故障地点的列车,列车调度员确认列车至前方站(线路所)间空闲后,通知列车司机故障闭塞分区起止里程及防护该闭塞分区的通过信号机号码,逐列恢复运行至前方站(线路所),指示后列恢复运行前必须确认前列已完整到达前方站(线路所)。列车恢复运行时,司机在该闭塞分区通过信号机(区间信号标志牌)前停车等候2 min后,以遇到障碍能随时停车的速度,最高不超过20 km/h(动车组列车不超过40 km/h),越过该闭塞分区,按次一通过信号机显示(列控车载设备显示)运行,司机应加强瞭望。司机在停车等候同时,必须与列车调度员联系,如确认前方闭塞分区内有列车时,不得进入。区间空闲后,按站间组织行车。

4. 列车占用丢失

(1)区间列车占用丢失

区间列车占用丢失报警或列车调度员(车站值班员)发现及得到区间列车占用丢失信息时,列车调度员(车站值班员)应立即通知已进入区间的后续列车立即停车。车站值班员应立即报告列车调度员。

列车调度员(车站值班员)联系占用丢失的列车司机,询问列车位置及现场情况,通知电务部门检查处理,在《行车设备检查登记簿》(运统46)内登记。

电务部门未销记确认可以放行列车前,不得再向该区间放行列车。

设备故障修复,列车调度员根据电务部门的销记,通知有关列车司机恢复正常行车。

设备故障暂时无法修复,占用丢失的列车运行无异常,具备放行列车条件时,根据电务部门登记的行车限制条件组织行车。对已进入区间的后续列车,列车调度员确认列车至前方站(线路所)间空闲后,通知司机逐列恢复运行,指示后列恢复运行前必须确认前列已完整到达前方站(线路所)。司机按信号显示运行,逐列运行至前方站(线路所)。区间空闲后,按站间组织行车。

(2)站内股道列车占用丢失

站内股道列车占用丢失报警或列车调度员(车站控制时为车站值班员)发现及得到站内股道列车占用丢失信息时,应立即停止使用该故障区段。

列车调度员(车站值班员)联系占用丢失的列车司机,询问列车位置及现场情况,通知电务部门检查处理,在《行车设备检查登记簿》(运统46)内登记。

设备故障修复,列车调度员(车站值班员)根据电务部门的销记,恢复正常行车。

设备故障暂时无法修复时,经电务部门检查处理后,根据电务部门登记的行车限制条件组织行车。

5. CTC 故障

(1)列车车次号错误或丢失

列车调度员发现CTC终端列车车次号错误或丢失时,应进行核对确认,重新输入正确的车次号。

车站值班员发现CTC终端列车车次号错误或丢失时,应报告列车调度员,与列车调度员核对确认后,重新输入正确的车次号。

(2)CTC 不能下达列车运行计划

CTC不能下达列车运行计划时,列车调度员通知电务部门进行检查处理,并在《行车设备检查登记簿》(运统46)内登记。通知车站转为非常站控。采取电话等方式下达列车运行计划。

(3)CTC不能自动触发进路时,列车调度员(车站控制时为车站值班员)应采取人工触发进路或人工排列进路方式办理,并通知电务部门进行处理,在《行车设备检查登记簿》(运统46)内登记。

(4)当CTC设备登记停用或全站表示信息中断未及时恢复时,应转为非常站控。

(5)调度所及车站CTC设备均不能正确显示列车占用状态

调度所及车站CTC设备均不能正确显示列车占用状态时,列车调度员应立即通知已进入区间的列车司机立即停车，通知电务部门进行处理。

CTC 设备不能正确显示列车占用状态故障暂时无法修复，具备放行列车条件时，列车调度员根据电务部门登记的行车限制条件放行列车，通知车站转为非常站控。对已进入区间的列车，列车调度员确认列车至前方站（线路所）间空闲后，通知列车司机逐列恢复运行，指示后列恢复运行前必须确认前列已完整到达前方站（线路所）。司机按信号显示运行，逐列运行至前方站（线路所）。区间空闲后，按站间组织行车。CTC 设备不能正确显示列车占用状态故障修复，列车调度员根据电务部门的销记，通知有关列车司机恢复正常行车。

（6）列控限速设置不成功

对装备 LKJ 的动车组列车，列控限速设置不成功时，列车调度员应关闭（车站控制时为通知车站值班员关闭）进入该限速地段前一站的出站信号，发布动车组列车改按 LKJ 方式行车的调度命令。司机在该站停车转换为 LKJ 方式，按以下方式运行：

① 动车组列车司机在出乘前已收到该限速的运行揭示调度命令时，列车调度员与司机核对限速的运行揭示调度命令无误后，方可放行列车，司机按运行揭示调度命令和 LKJ 设置控制列车运行速度，通过限速地段。

② 动车组列车司机在出乘前未收到该限速的运行揭示调度命令时，列车调度员应向司机发布限速调度命令（最高不超过 40 km/h），核对无误后，方可放行列车。司机按限速调度命令人工控制列车通过限速地段。

对未装备 LKJ 的动车组列车，列控限速设置不成功时，列车调度员应关闭（车站控制时为通知车站值班员关闭）进入该限速地段前一站的出站信号，向司机发布限速调度命令（最高不超过 40 km/h），核对无误后，方可放行列车。司机按限速调度命令人工控制列车通过限速地段。

6. CTC 调度集中设备故障风险管控案例

【案例一】调度台工作站故障。某日 15 时 22 分，沪昆高速铁路（CTCS-3 级，300—350 km/h 区段）；CTC 系统显示某站站内及两端区间各 15 个闭塞分区灰屏，经询问车站，车站 CTC 设备正常，15 时 25 分自行恢复。列车调度员立即通知电务部门，并登记《行车设备检查登记簿》（运统 46）。

列车调度员在处置过程中，15 时 40 分，调度台 CTC 系统再次发生灰屏；15 时 45 分自行恢复；16 时，调度台 CTC 系统第三次出现灰屏。列车调度员在 CTC 系统灰屏频繁发生的情况下，及时下达列车运行计划并确认盯控干部到岗后，于 16 时 04 分指示 A 站转为非常站控。非常站控期间，CTC 系统显示仍时好时坏。设备部门反馈，故障原因系该站机房内的CTC中心与当地通信服务器主机死机。现场电务技术人员乘汽车赶到该站，重启服务器主机后，CTC系统于16时26分恢复正常，电务同时销记《行车设备检查登记簿》（运统46）；16时39分，转回分散自律中心控制模式。在CTC系统灰屏及转为非常站控期间，调度员及时下达运行计划，指示车站应急值守人员按计划排列进路，由于处置得当，未影响列车正常运行。

　　本案例中，遇调度台CTC设备故障时，列车调度员应立即通知电务部门处理，登记《行车设备检查登记簿》（运统46），并通知车站值班干部到岗，按非常站控模式组织行车。针对CTC系统故障有如下规定：CTC区段，调度所及车站CTC设备均不能正确显示列车占用状态时，列车调度员应立即通知有关列车司机立即停车，通知设备部门对故障进行检查处理，按照设备部门登记的放行列车条件放行列车。设备故障恢复，列车调度员根据设备部门登记，通知有关列车司机恢复正常行车。有关设备部门未销记确认可以放行列车前，不得再向该区间放行后续列车。在设备故障暂时无法恢复，具备放行列车条件时，确认区间空闲后，改按站间掌握行车。CTC设备不能正确显示列车占用状态，故障暂时无法恢复，但具备列车放行条件时，通知车站转为非常站控，对已进入区间的列车，列车调度员确认列车至前方站间区间空闲后，通知列车司机逐列恢复运行（指示后列每列列车恢复运行前必须确认前列已完整到达前方站），司机按信号显示行车，逐列运行至前方站。根据以上规定，可考虑按照以下两种方式进行应急处置。在发生CTC系统灰屏时，列车调度员应首先询问车站应急值守人员车站CTC设备的状态。

　　（1）如果车站CTC设备同时不能正常显示，则符合规定的故障处置条件，可立即采取下列步骤：立即扣停相关列车。需注意"相关列车"是比较模糊的概念，列车调度员应注意在扣停故障区段的列车后，对后续列车运行的控制，通知电务人员处理，并在《行车设备检查登记簿》（运统46）上登记放行列车的条件。电务已经登记故障暂时无法恢复，但具备放行列车条件时，可通知车站转为非常站控由应急值守人员按照列车调度员的计划排列进路；按站间区间掌握行车，对已经进入故障区间的列车应在确认列车至前方站空闲的前提下逐列恢复运行；转为非常站控后，列车调度员必须及时下达列车运行计划。计划内容包括：车次、时间、股道及作业等内容。车站排列进路后，列车调度员还需要进行检查在应急处置时应同时注意对后续列车、折返列车的影响，将列车晚点情况及时通知客服调度、动车调度、动车司机调度。故障恢复转回中心控制时，应逐列核对列车位置，确认车次号是否正确。

　　（2）如果车站CTC设备正常，则不符合规定的故障处置条件，此时处置要点如下：立即通知车站盯控人员到岗，待人员到岗后转为非常站控；通知电务人员处理，并在

《行车设备检查登记簿》（运统46）上登记；及时下达列车运行计划，计划内容包括：车次、时间、股道及作业等内容。由应急值守人员按计划在车站联锁控显机上排列进路，调度员检查进路排列情况。设备恢复正常转回中心控制后，列车调度员应逐列确认列车运行位置及CTC车次号正确。

【案例二】列车占用丢失。某日6时42分，某高速铁路（CTCS-3级，300—350 km/h区段）列车调度员在通过调监设备监控列车运行情况时，发现DJ3次列车运行至甲站—乙站间下行线某处该列车占用丢失，大约1分钟恢复，CTC设备无报警提示，列车调度员立即将故障现象通知电务部门。

本案例中，值班副主任督促CTC中心值班人员调取系统监控回放记录进行确认，并要求列车调度员对该区间重点监控，后续第一列G51次列车于7时29分运行至该处再次出现上述现象，列车调度立即布置助理调度对后续G101次取消甲站发车自动触发，按站间掌握行车；在确认G51次列车到达乙站后，方才开放G101次甲站出站信号，导致G101次列车晚点7分钟。当日G101次列车及后续列车均未再出现占用丢失现象，故障原因不明。

（1）当CTC区段区间列车占用丢失，列车调度员识别后就要立即通知有关列车司机立即停车，通知设备部门对故障进行检查处理，按照设备部门登记的放行列车条件放行列车。设备故障恢复，列车调度员根据设备部门登记，通知有关列车司机恢复正常行车。有关设备部门未销记确认可以放行列车前，不得再向该区间放行后续列车。在设备故障暂时无法恢复，具备放行列车条件时，确认区间空闲后，改按站间掌握行车。

（2）在安全风险预警和控制中，CTC区间列车占用丢失报警或列车调度员发现及得到区间列车占用丢失信息时，列车调度员应立即通知已进入区间的后续列车和占用丢失的列车司机立即停车，联系占用丢失的列车司机，询问列车位置及现场情况，并通知电务部门进行处理。列车占用丢失故障暂时无法恢复，占用丢失的列车运行无异常，具备列车放行条件时，对已进入区间的占用丢失的列车和后续列车，列车调度员确认列车至前方站间区间空闲后，通知列车司机逐列恢复运行（指示后列每列车恢复运行前必须确认前列已完整到达前方站），司机按信号显示行车，逐列运行至前方站。

（3）当调度所及车站CTC设备均不能正确显示列车占用状态时，列车调度员应立即通知已进入区间的列车司机立即停车，通知电务部门进行处理。CTC设备不能正确显示列车占用状态，故障暂时无法恢复，具备列车放行条件时，通知车站转为非常站控，对已进入区间的列车，列车调度员确认列车至前方站间区间空闲后，通知列车司机逐列恢复运行（指示后列每列车恢复运行前必须确认前列已完整到达前方站），司机按信号显示行车，逐列运行至前方站。

【案例三】动车组错接股道事故。A 局集团公司：2013 年 11 月某日，北京西—安阳东的 G569 次列车图定在京广高速铁路 × 站 8 道终到，因 A 局集团公司列车调度员未确认接收 B 局集团公司调度所传来的列车接收股道为 3 道存在错误的计划信息，自律机自动下达 G569 次进 × 站 3 道接车进路，11 月 1 日 14 时 18 分，× 站车站值班员发现 G569 次列车 × 站接车进路错误排列至 3 道后，向列车调度员汇报。列车调度员立即用 FAS 电话呼叫 G569 次司机，但电话占线未呼叫到司机，随即指示 × 站继续呼叫，× 站多次呼叫仍然呼叫不到，G569 次列车于 14 时 22 分到达 × 站 3 道，构成铁路交通一般 C8 类事故，列 A 局集团公司调度所主要责任。

B 局集团公司：11 月某日是调整列车运行图第一天，14 时 14 分，京广高速铁路调度台接到 G569 次司机电话联系，让列车调度员核对确认 × 站进 3 道停车是否正确，并通过调监查看 × 站 G569 次已触发好的 3 道接车进路后司机是在没收到进路信息的情况下进行核对，就盲目回答：对的，并主观认为 A 局集团公司列车运行图是对的。14 时 22 分，G569 次错误进 × 站 3 道（图定进 8 道），列 B 局集团公司调度所次要责任。

事故原因分析如下：一是 A 局集团公司调度所列车调度员在接受 B 局集团公司调度所列车运行计划时，未认真确认 G569 次接车股道是否正确，调度员没有认真辨识和评估，就盲目接受，进路排列后也未认真核对，导致 G569 次列车进错股道。二是 B 局集团公司调度所列车调度员在司机咨询问 × 站进 3 道对不对时，虽然司机没有明确提出进 3 道不对的疑问，但列车调度员应该由此产生司机为什么要进行核对的疑问，而调度员盲目认为司机在核对进路预告信息，而没有意识到司机的真实意图，说明在对安全敏感性方面以及沟通方面存在较大漏洞。三是集中统一指挥和单一指挥观念较差。× 站隶属 A 局集团公司管辖，虽然列车调度员通过调监确认了 G569 次 × 站已经触发了接车股道，但无论正确与否都应告知司机与 A 局联系确认，作为 B 局集团公司列车调度员不应代为答复。

【案例四】动车组列车错办进路事故。2016 年 8 月某日 7 时 37 分，某列车调度员调整 D6471 次动车组列车运行计划过程中，错误将龙山镇站 3 道接车进路调整为 1 道（非固定进路），8 时 13 分 02 秒，在系统多次提示无法接入无客运设备股道的情况下，代替助理调度员人工强制办理列车龙山镇站 1 道接车进路，8 时 13 分 55 秒，列车压上龙山镇站 1 号道岔区段，列车调度员发现后呼叫司机停车，并组织列车退行至进站信号机外方，重新办理 3 道接车进路，8 时 55 分，列车到达龙山镇站 3 道停车，办客完毕后，8 时 56 分开车，耽误本列 41 min（图定 8 时 13 分到、8 时 15 分开），构成铁路交通一般 C8 类事故。

事故原因分析如下：一是列车调度员严重违反岗位职责与作业标准。在调整列车运行计划时，未认真确认修改计划的车站名称，本该修改马坑站D6471次列车股道计划，却错误将龙山镇站D6471次动车组股道由3道修改为1道，将D6471次动车组接入无客运站台的非固定股道。二是助理调度员不履职。未认真监视控制台显示状态，对提示窗多次报警提示未查看，导致列车调度员错误修正计划并下达，错误人工触发进路等行为未予以提醒、纠正，导致事故发生。

【案例五】×月×日13：52，×高速铁路B线路所—C站间下行线×号通过信号机红灯，轨道电路红光带，列车调度员立即呼叫下行D365次立即停车，13时55分停于A站后离去。14时29分—15时51分封锁B线路所—C站间下行线，工电人员上道抢修，电务抢修人员在C站乘G138次，14时38分赶到故障现场，工务抢修人员在C站乘G40次，14时55分赶到故障现场。15时02分工务销记线路正常，16时29分电务人员下道，同步开通B所—C站间下行线，并登记停用B—C站间下行线电务设备自动闭塞追踪功能，D365次在B线路所—C站间下行线按站间运行。16时48分电务销记恢复B线路所—C站间下行线自动闭塞。此次设备故障共造成下行列车晚点37列，最长D365次晚点2 h51 min，最短G21次晚点25 min。上行列车晚点2列，G162次晚点14 min，G164次晚点35 min。启用热备车底4组，停运列车4列。15时53分接调度所通报后，集团公司安全生产指挥中心值班主任立即通报应急指挥调度台调度、供电、运输、工务、电务应急值守人员以及×电务、工务段安全生产指挥中心进行处置。

本案例中，应急指挥调度台值守人员处置及时，技术支持正确，及时联系段指挥中心安排添乘动车组赶赴现场，后续运行调整方案有效；电务、工务段应急抢修人员出动及时，故障范围判断准确，抢修现场组织严密，分工明确，紧张有序。调度应急人员：立即到行车台了解故障地点、在途列车运行情况，要求及时扣停后续列车，并与司机加强联系，注意调度命令发布，保证安全。与工务、电务值守人员对接人员出动事项。其中，运输应急人员立即布置×站领导派人进行安全把关，并确认《行车设备检查登记簿》(运统46)登记、销记正确情况；客运应急人员安排列车交路，制定停运和启用热备车底方案，并及时通报有关客运站段；工务应急人员立即布置×工务段派人添乘动车组赶赴区间检查线路，及时按规定进行《行车设备检查登记簿》(运统46)登记、销记；电务应急人员：立即布置×电务段派人添乘动车组赶赴区间检查线路，并查询微机监测系统初步判断设备故障原因，初步判断为室外电缆原因；机务应急人员：立即布置相关机务段合理调整司机交路和注意接收相关调度命令。

【案例六】×月×日15时33分常州北站2/4号道岔反位无表示，15时46分电务登记停用经由 2/4 号道岔反位的列车信号，15 时 47 分工务销记线路设备正常。15 时 55 分电务申请封锁 2/4 号道岔上道抢修，16 时 10 分电务汇报故障暂时无法处理（夜间天窗点内处理），2/4 号道岔定位可以正常使用，发令开通。影响 G1583 次由常州北站始发改由镇江南站始发，在途晚点 90 分钟；上下行 8 列动车组不同程度晚点。

（1）常州北站应急值守人员接列车调度员通知，2/4 号道岔反位无表示，车站能立即通知工务、电务等设备管理单位、车站值班领导和安全生产指挥中心，在网络故障的情况下，能及时改按纸质登销记，做好设备故障的登销记工作，并根据设备管理单位的登销记内容正确组织行车，应急处置过程安全控制较好。

（2）车站值班领导接到故障通知后，能够及时到岗，对应急处置过程做好重点盯控、指导。

（3）在电务已登记停用内容和影响范围后，工务未销记前，车务应急值守人员能及时联系列车调度员，提醒列车调度员发布首列限速 40 km/h 的调度命令，表明该应急值守人员对相关规定掌握到位。

不足之处：

（1）销记内容还欠规范。15：37 分电务已停用经由 2/4 号道岔反位的列车信号（不含引导信号）后，申请上道进行故障处置，在故障暂时无法处理的情况下，16:10 分电务再次销记停用经由 2/4 号道岔反位的列车信号（不含引导信号），按照规定应待设备故障处理完毕后进行销记。

（2）封锁调度命令填记不规范。电务人员申请上道应急处置，封锁调度命令应登记在进入封闭区段申请上道内，而不应填记在停用设备登记内容内。

4.7.5　通信设备故障管控

1. GSM-R 故障

（1）在《行车设备检查登记簿》(运统 46）内登记。车站值班员接到报告后应及时报告列车调度员，列车调度员报告调度所值班主任（值班副主任）。

（2）根据通信部门在《行车设备检查登记簿》(运统 46）内登记的停用内容、影响范围及行车限制条件，按下列规定办理：

① GSM-R 故障导致 CTCS-3 级降为 CTCS-2 级时，按 CTCS-2 级行车。

② 影响调度命令无线传送功能时，向司机发布的调度命令，按规定采用列车无线调度通信设备发布、转达或采用人工书面交递方式。

③ 遇无进路预告信息，司机须报告列车调度员（车站值班员），列车由正线通过改

为侧线接车时，列车调度员（车站控制时为车站值班员）应提前预告司机。

④ 设备故障修复后，列车调度员（车站值班员）根据通信部门在《行车设备检查登记簿》（运统 46）内的销记，恢复设备正常使用。

2. FAS 故障

（1）调度台 FAS 均故障

① 列车调度员通知通信部门检查处理，在《行车设备检查登记簿》（运统 46）内登记。

② 列车调度员指示车务应急值守人员转为车站控制办理行车。

③ 设备故障修复后，列车调度员根据通信部门在《行车设备检查登记簿》（运统 46）内的销记，恢复设备正常使用和正常行车组织。

（2）车站 FAS 故障

① 车站值班员（车务应急值守人员）通知通信部门检查处理，在《行车设备检查登记簿》（运统 46）内登记，报告列车调度员。

② 车站值班员（车务应急值守人员）使用 GSM-R 手持终端或有语音记录装置的自动电话办理行车通话。

③ 故障修复后，车站值班员（车务应急值守人员）根据通信部门在《行车设备检查登记簿》（运统 46）内的销记，恢复设备正常使用。

3. 机车综合无线通信设备故障

司机报告列车调度员（车站值班员），车站值班员报告列车调度员。

（1）影响调度命令无线传送功能时，向司机发布的调度命令，按规定采用列车无线调度通信设备发布、转达或采用人工书面交递方式。

（2）遇无进路预告信息，司机须报告列车调度员（车站值班员），列车由正线通过改为侧线接车时，列车调度员（车站控制时为车站值班员）应提前预告司机。

（3）机车综合无线通信设备不能通话时，司机应立即使用 GSM-R 手持终端报告列车调度员（车站值班员）。如 GSM-R 手持终端也不能进行通话时，司机应在前方站停车报告；机车综合无线通信设备或 GSM-R 手持终端修复（更换）后，方准继续运行。

4. GSM-R 故障管控案例

【案例一】沪昆高铁上行某处附近某中学进行月度模拟考试，该学校为防止学生作弊，使用了手机全频段屏蔽器，造成铁路 GSM-R 频段受到干扰，导致多趟高铁列车在该学校附近发生 CTCS-3 降级 CTCS-2 运行。经常原因是某移动公司进行网优工作，重新规划频率资源时未按照无线电管理的要求使用接近铁路的频段，造成高铁在该处

GSM-R 频段受到干扰，导致高铁列车 CTCS-3 降级 CTCS-2 运行。铁路部门联合地方无线电管理部门，加大路地共同宣传的力度，使地方单位充分认识 GSM-R 无线频率干扰对高铁运行安全的影响及危害性。

【案例二】某日 14 时 20 分，A 站至 B 站间 RBC 与列车间的无线连接中断。检查发现 C 站服务器死机，经相关人员处理后，14 时 34 分恢复正常使用。影响后续 4 列列车由 C3 转 C2，按 300 km/h 运行。经验教训：全区段或连续几站出现无线连接中断时，应首先判断为中心服务器设备存在故障，需立即通知电务部门进行检查处理。

【案例三】某日 14 时 42 分，武广高铁 G1041 次司机报告：列车运行至衡阳东站至耒阳西站间下行线某处 ATP 显示冒进紧急停车，经重启 ATP 后，14 时 52 分开车。14 时 43 分 G1046 次司机报告：列车运行至衡阳东站至衡山西站间上行线某处 ATP 显示冒进紧急停车，经重启 ATP 后，14 时 57 分开车。15 时 59 分 G1049 次司机报告：列车运行至汨罗东站至长沙南站间下行线某处 ATP 显示冒进紧急停车，经重启 ATP 后，16 时 13 分开车。17 时 00 分该列车在衡山西站至衡阳东站下行线某处 ATP 故障停车，重启 ATP 后，17 时 12 分开车。16 时 00 分 G1003 次司机报告：列车运行至汨罗东站至长沙南站间下行线某处 ATP 显示冒进紧急停车，经重启 ATP 后，16 时 14 分开车。经验教训：连续多列动车组在相同区间显示 ATP 故障时，应判断为 RBC 通信故障，需通知电务部门进行检查处理。

4.7.6　动车组故障风险管控

1. 动车组设备故障风险辨识与评估

动车组列车技术先进、监控齐全，尤其是涉及动车组运行安全的走行部、牵引传动、制动以及中央控制单元等系统更是以"天网"的形式实现监控系统全列覆盖，并以列车总线与车辆总线进行网络传输。车载信息可实时进行远程监控并下载分析。动车组列车运行实时监控内容主要包括牵引传动、制动、中央控制单元、走行部等系统中关键部件的相关振动量、温度、速度等参数以及部件的状态信息。动车组实时信息数据库基于 Web 信息管理查询系统、Web GIS 电子地图实时监控数据传输软件，实现动车组列车运行信息及状态信息的实时监控。

通过建立集动车组故障应急指挥通信系统、应急指挥信息系统、车载信息动态监测系统于一体的多平台、全方位的应急指挥系统，辅助配备前后台操作终端、辅助视频通信手段等，形成一套完整的应急指挥系统，作为动车组列车故障应急处理的支撑，极大地提高了动车组故障应急处理的安全性、快速性、准确性，提高了应急处理的效率，并确保了动车组列车运行的绝对安全。一般来说，动车组故障主要包括：

① 动车组故障：裙板脱落、头灯故障、转向架故障报警、牵引电机轴温报警、速度传感器故障、制动装置故障、制动力单元丢失、动力丢失、变流器故障、变压器故障、主断路器合不上、车门故障等；

② 车载设备故障：如 ATP 故障、空调故障、制动实验通不过等；

③ 其他设备故障：如防灾设备故障、防护栅栏故障等。

2. 动车组设备故障风险预警与防控

动车组列车运行途中发生故障时，根据不同的故障情况，调度员应采取相应的四级应急防控措施，如表 4.10 所示。

表 4.10 动车组设备故障及应急防控措施

安全风险评估	安全防控措施
Ⅰ级	动车组故障影响后续交路时，可采取换车措施
Ⅱ级	当动车组发生牵引丢失、制动切除、空气弹簧破损等故障时，应按设备故障限速的规定，报请列车调度员发布限速命令，准许动车组限速运行至终点站后，再根据实际情况采取车站修理或换车
Ⅲ级	当动车组发生轴温报警、走行部异常、受电弓异常等故障时，需采取临时停车措施，报告列车调度员发布"本线封锁、邻线限速"命令后，随车机械师下车检查故障部位，如正常或处理后能够运行时，报告列车调度员恢复正常运或限速运行，运行中加强监控
Ⅳ级	动车组运行途中发生故障时，一般采取复位、切除等措施，在保证安全、影响最小的前提下，维持动车组正常运行

动车组列车故障应急处置是以动车组运行故障应急处置为核心，通过构建应急指挥通信系统、应急指挥信息系统、动车组车载信息动态监测三大系统，建立高效的语音、视频通信保障平台，有效整合动车组运用检修、技术规章、故障处置、应急预案等各类信息，帮助应急指挥专家团队掌握行车设备、列控设备的一手信息，实现信息报告反馈及时、应急处置措施得当、命令发布及时准确、生产组织指挥有序的管理目标。实现集团公司、动车段、随车机械师的动车组列车故障三级应急响应梯队，分层次分级、同步响应，并形成《应急电子指挥手册》。将应急电话监听录音、应急视频通话、应急多方通话、应急处置流程图表、应急处置文件办法、车组履历资料、车型技术资料、随车机械师信息、线路信息等应急指挥需参考的要素整合，将应急指挥、应急响应、应急评价、故障分析、故障处理、故障统计全环节整合。

3. 动车组故障应急处置方式

动车组列车运行途中发生故障时，根据不同故障情况，采取如下应急方式：

（1）维持运行

动车组运行途中发生故障时，一般采取复位、切除、国路旁通多在保证安全、影响最小的前提下，维持动车组正常运行。

（2）限速运行

当动车组发生牵引丢失、制动切除、空气弹簧破损等故障时，应按应设备故障限速的规定，报请列车调度员发布限速命令，准许动车组限速运行至终点站后，再根据实际情况采取车站修理或换车。

（3）临时停车

当动车组发生轴温报警、走行部异常、受电弓异常等故障时，需采取临时停车措施，报告列调发布"本线封锁、邻线限速"命令后，随车机械下车检查故障部位，如正常或处理后能够运行时，报告列调恢复正常运或限速运行，运行中加强监控。

（4）换车或换乘

动车组故障影响后续交路时，可采取换车措施。例如，2010 年 4 月某日，某高速铁路 G1040 次 15:19 晚点 12 min 到达 A 站，图定 19:30 折开 G1051 次。列车出发前，因制动试验多次未通过，调度所决定启用内热备动车组，组织换乘，减少故障对列车运行的影响。

（5）救援

动车组故障无法继续运行时，及时申请救援，尽可能减少影响。例如 2011 年 9 月某日，××城际铁路 D337 次运行至 A—B 站间区间，因主断不合等故障，降速运行至 B 站经小复位、大复位处理，司机报告故障并请求救援。因 B 站上、下行分别只有 1 条到发线，且图定停站列车多，不具备换乘条件，列车调度员一方面指令司机降速至 200 km/h 继续运行至 C 站 5 道停车，另一方面启用热备动车组，开行 D7 次到 C 站 3 道，更换开行 D17 次并组织旅客在同一站台换乘。例如，某高铁路线 2018 年 9 月某日 6 时 09 分，G1970 次在上海虹桥高速场准备开车时汇报全列紧急制动不缓解。6 时 33 分随车机械师请求换车，启用虹桥动车所沪杭场检备车 CR400BF 7 时 18 分开行 G8201 次（虹桥动车所沪杭场—虹桥高速场）担当 G1970 次及后续交路，上海虹桥高速场 7 时 30 分到。G1970 次上海虹桥高速场 7 时 53 分开，始发晚点 1 小时 43 分。

4. 动车组故障风险管控案例

【案例一】动车组故障无法继续运行时，及时申请救援，尽可能减少影响。例如，

2011年9月14日，××城际铁路D337次运行至A—B站间区间，因主断合不上等故障，降速运行至B站经小复位、大复位处理，司机报告故障并请求救援。因B站上、下行分别只有1条到发线，且图定停站列车多，不具备换乘条件，列车调度员一方面指令司机降速至200 km/h继续运行至C站5道停车，另一方面启用热备动车组，开行D7次到C站3道，更换开行D17次并组织旅客在同一站台换乘。

为及时准确的调查处理高速铁路行车设备、通信设备、基础设备故障，加强设备质量管理，防止和减少设备故障的发生，保障高速铁路运输的安全与畅通，列车调度员应坚持及时、准确、真实、完整的原则，根据设备故障类别、原因、责任等项采取相应的组织方案。当列车处于站内或者区间，设备出现故障，相关作业人员根据故障设备的类别（行车设备、通信设备、基础设备）、发生时间、地点、影响范围等信息，来确认故障设备的具体情况。车站值班员与列车调度员保持相互联系，通知设备管理单位，及时组织抢修。如若遇设备故障无法在短时间恢复时，列车调度员立即将有关情况逐级汇报。

【案例二】动车组故障区间临时停车。某日，G1046次（CRH2-155C）运行至A—B站间上行线K176+031处，6号车厢轮对3出现不旋转情况。随车机械师下车检查确认无异常。G1046次列车13时11分停，13时30分开。

随车机械师在区间下车处理故障时，列车调度员根据影响程度，评估A—B站间上行列车为不能忍受的风险等级，下行为能够忍受的风险等级，于是下达了邻线区间封锁的调度命令，将上行列车扣停，影响了上行列车运行秩序。此时，动车组列车在区间被迫停车时，按照相关防护的处理标准，随车机械师、客运乘务组均应听从动车组列车司机指挥，处理有关行车、列车防护和事故救援等事宜。当随车机械师需下车处理时，列车调度员发布邻线列车限速160 km/h及以下的调度命令，限速位置按停车列车位置前后各1 km确定；需组织旅客疏散时，必须扣停邻线列车。司机在接到列车调度员已发布相关调度命令的口头指示后，通知有关作业人员执行。如因行车设备故障、灾害或施工，风险评估等级为可忍受的等级，但需要采取防范措施，例如需要使列车限速运行时，列车调度员应按规定向相关人员发布限速调度命令，同时应设置列控限速调度命令。

若本次动车组列车发生故障，动车调度员需组织指挥随车机械师及其他有关人员对动车组的故障进行识别和评估。动车调度员还要根据本次动车组故障情况进一步评估因动车组故障或其他原因影响管辖范围内车底正常交路时的影响情况，相应根据评估等级组织车底交路调整、热备启用工作。同时，客运调度员根据客运突发情况的通报、处理，协调列车调度做好列车运行组织和调整，并采取有效措施，减少晚点等对列车正常运行的影响。遇动车组故障或突发事件时，动车组调度需及时与机务段、司机联系，掌握详细信息，指导动车组司机处置，向高速铁路值班主任及相关调度台通报；需启动热备（备用）动车组时，及时组织热备（地勤）司机出动，安排好乘务交路；动车组利用救援列车、机车救援时，组织司机、救援机车及时出动、到位。

【案例三】动车组故障救援风险管控。当遇有因动车组故障区间停车，且故障暂时无法修复，随车机械师请求救援时，列车调度员接到司机汇报的故障信息后，立即扣停后续列车，并向高速铁路调度值班主任汇报，调整阶段计划并及时下达至 CTC 自律机和车站及客运综控台的旅客服务系统，布置车站和司机相关注意事项，并和助理调度员一起盯控和组织列车按计划运行。为减少设备故障对运输的干扰，列车调度员通过利用反方向行车、加开临时列车等调度指挥手段，及时恢复列车运行秩序。

高速铁路调度值班主任接到列车调度员的报告后，及时上台把关，督促和协调各工种调度员、车站分管客运工作的领导，并通知应急台值班副主任，由应急台值班副主任通知领导和相关业务部门。在故障动车组机械师请求救援后，由应急指挥台协商制定救援方案。动车调度员接到动车组故障信息后，及时和动车组机械师联系，了解现场处理情况，并查看动车组运用计划，核实停放在动车所（库）内的动车组车底和热备动车组信息，以备晚点列车车底衔接不上时启用备用动车组车底，并根据客运调度员的停运、加开命令，及时安排动车组车底的运用和回送。客运调度员接到列车调度员列车晚点信息通报后，及时将晚点信息、原因通告相关客运段，并根据需要发布高速铁路列车停运、加开的调度命令；遇晚点列车，当列车长询问时，应向列车长通报晚点原因和预计时间等信息。客运综控调度员接到列车调度员的晚点通知后，及时通过旅客服务系统控制车站检票闸机，在车站各屏幕显示各次列车晚点情况，并远程广播列车晚点情况；当晚点列车较多时，组织车站客运人员人工检票、人工引导上下车客流等。随车机械师在故障处置过程中，根据动车段应急指挥中心的指导开展各项工作，根据故障情况及时请求救援，并根据列车调度员下达的救援方案，负责具体落实事宜。动车组司机配合随车机械师进行故障处置，并将故障和现场情况及时报告列车调度员，根据列车调度员指示和命令落实救援方案。

【案例四】动车组轮对踏面碴伤风险管控。当发生动车组轮对踏面碴伤时，调度所应立即布置相关动车段加强对动车组轮对的排查，经对碴伤动车组的路径排查，确定在高速铁路区间线路上存在的碴伤点。

高速铁路调度值班主任立即布置动车调度员通知各动车段加强夜间动车组检修；布置工务调度通知工务部门做好检查准备；向集团公司应急指挥中心进行汇报。各动车段根据安排对相关动车组进行认真排查，在排查过程中发现多列动车组存在相似碴伤情况。

根据两组故障车底路径和发现的硌伤动车组所经过的路径，经综合分析初步判定故障点所发生的大致区间，并将情况报告国铁集团。在夜间天窗时段组织在区间开行排查列车。调度所按国铁集团要求组织开行两列动车组排查列车，对区间同时进行排查，安排工务、动车段人员随车添乘，并对所有区间和站内线路进行排查。通过排查发现区间内存在的疑似硌伤点，调度立即通知工务上道检查处理。通过工务现场检查，确定区间存在的硌伤点，并及时进行了修复处理。

该起案例，因为涉及跨局集团公司应急处置指挥，集团公司根据国铁集团统一指挥领导，及时响应，启动应急预案，制定合理处置方案，快速查找出了故障隐患地段，确保了高速铁路运行的安全。

4.8 其他非正常情况下安全风险管控

4.8.1 行车组织风险管控

1. 列车运行图基础数据维护不及时或错误风险

新的调整列车运行图实施过程中，如果旅客列车办客站、动车组列车办客股道、列车运行径路等未经核对，TDMS5.0 系统上列车运行图丢失运行线（俗称"丢线"）等，极有可能造成列车错办等事故。因此，需要加强以下方面的工作，发现差错及时更正、及时反馈、及时上报：

① 按规定的格式制作新旧交替表，核对正确后导入 TDMS 系统，并根据修改电报和文件进行再核对、再修改，确保新的调整列车运行图数据在传递、生成及上传过程中完整无误；

② 新的调整列车运行图实施期间，及时搜集各调度台新列车运行图使用情况的信息；

③ 制定新旧交替计划，在新旧交替期间，安排人员进行安全把关；

④ 列车调度员加强运行径路、办客站、办客股道资料的核对；

⑤ 加强与软件部门、行车台的核对工作。

2. 列车运行图调整培训不到位风险

如果没有及时组织新的调整列车运行图培训、没有制定新的调整列车运行图实施期间重点注意事项，作业人员没有掌握新的调整列车运行图变化特点，都极有可能在新的调整列车运行图实施过程中出现差错，造成事故。因此，需要加强以下工作：

① 按照《新的调整列车运行图实施管理办法》做好新的调整列车运行图实施工作，技术教育室做好新的调整列车运行图实施前的人员培训工作，组织新的调整列车运行图学习和考试；

② 指定专人管理基本图基础数据，完整保存改图的文件和电报，建立列车运行图修改台账，详细记录文电号、执行时间、修改范围；

③ 做好新的调整列车运行图实施前的人员培训工作，组织新的调整列车运行图学习和考试，确保相关调度人员考试合格，能准确掌握新的调整列车运行图变化与特点，并积极采纳有关人员对新的调整列车运行图的合理建议，及时向有关部门反映；

④ 列出新的调整列车运行图实施期间的重点注意事项，细化新的调整列车运行图中的各项要求，特别是牵涉到列车运行安全的重点事项（如禁止进入高站台的客车）。

3. 客运日班计划编制错误风险

如果日班计划的每日一图上漏下或错上运行线（俗称"线条"），办客站及办客站时刻信息没有核对正确、列车运行径路选择错误，那么极有可能误导调度和现场的作业，造成列车错办。

为此，客运调度室依据基本列车运行图、国铁集团客调命令、邻局客运调度命令、集团公司有关文件、电报、站段有关旅客列车甩挂、回送、取送的申请、集团公司主管业务处的书面通知，编制客运日班计划，并加强以下几方面的工作：

① 客运调度室每天指定专人负责将次日的日计划内容按规定（匹配到各相关行车台）的格式录入TDMS系统客调子系统，并生成客车交路图；

② 客调室内部实行一人输入、一人核对、主任审核制度，录入完成并确认无误后上传系统；

③ 日班计划信息上传下达后应加强核对，特别是在调整列车运行图（简称"调图"）和临时客车（简称"临客"）开行期间；

④ 回送临客计划、轨检车计划、重点列车、客运调度重点提示计划等文本信息由客调室通过TDMS系统客调子系统录入，并按规定匹配到相关行车台。

4. 列车运行调整计划下达和执行风险

按照《技规》（高铁部分）的规定，动车组列车在车站办理客运业务时，须固定股道、固定站台、固定停车位置。在列车晚点和其他列车进路交叉的情况下，当计划变更而列车仍要接入固定线路，涉及环节就比较多，易出现顾此失彼的现象，例如：① 遇列车晚点列车调度员未按规定及时下达阶段计划；② 变更动车组办客股道调度命令未下达至综控台；③ 综控台调度员接收命令后未及时调整，等等，都极有可能耽误列车或造成客运组织的混乱。

因此，当遇"列车晚点、运行调整"，需要变更列车到发股道，列车调度员应按规定正确及时下达列车运行调整计划，必要时以调度命令形式下达综控台，或口头（电话）通知综控调度员，且变更计划的时机应满足客运组织的要求。综控台加强与行车台及车站的联系，密切监控各项设备状态，正确处理各种突发事件。如TD信息中断或局控来不及的情况下，综控台应及时转为站控模式。

其他安全风险还包括应急处置、人工干预进路、行车控制权转续等方面。

4.8.2 票务系统故障风险管控

中国铁路客票和预定系统（以下简称客票系统）是一个跨越全国、分布式、实时的计算机网络应用系统。网络设备、主机、数据库乃至应用系统在内的计算机资源的安全管理成了一个十分重要的问题。随着中国铁路客票系统全国联网售票的实现，客票系统的开放性逐渐增强，系统安全管理面临的考验也越来越大，一旦发生故障，会给旅客的出行带来极大不便，使车站售票、客运组织工作变得被动，给车站工作带来困难。客票系统故障出了影响串口售票、旅客出行外，还会导致设备受到威胁，根据故障的起因，客票系统故障分为设备故障、安全故障和应用程序故障。

1. 设备故障

是指设备市区或降低其规定功能的事件或现象，表现为设备某些零件失去原有的精度或性能，使得设备不能正常运行、技术性能降低，致使设备运行终端生产或效率降低而影响生产。客票系统的设备故障主要包括主机、网络、存储设备等故障，设备故障在一般情况下均会影响系统的正常运行，可能的情况下应首先启用备用设备或备件。

2. 安全故障

主要包括感染病毒、口令泄密、安全屏障被攻破、安全设施失效、安全系统漏洞、网络通信受到监听或干扰等。安全故障一般会使系统数据的安全性受到外来威胁，在发生安全故障时，应首先从系统中拆除相关安全设备、切断外界连接通道、停止安全系统运行。

3. 应用程序故障

一般是因使用不当引起的，表现为信息显示不是期望的内容，其他磨料不能正常运行，或售票业务不能正常开展。由于客票系统中的数据存在同步一致、异步一致、延迟一致和统计一致等情况，因此有时网络故障、系统计算繁忙、规定延迟等正常情况也反映为应用程序故障。

2013年7月某日下午，上海、南京、杭州、苏州和嘉兴等地的网友陆续反映当地火车站的售票系统故障，无法买票和取票。对此，铁路部门表示，此次故障是原上海铁路局售票机房突发设备故障，影响到管内各站的售票系统，故障发生30分钟后被排除，随后售票逐步恢复。故障发生后，铁路部门采取了相应措施保障旅客出行，其中无法换票的网购车票旅客可直接凭12306发送的手机短信进站乘车，若需纸质车票可到站换票；无法买票又急于乘车的旅客可先上车再补票。若是发现网络购票无法操作时，12306网站上将贴出一则"关于互联网售票服务故障的公告"，公告显示："因硬件设备故障，正组织抢修，暂停互联网售票服务，请稍后重试。"此时，应及时增加车站售（取）票窗口，对因网购系统故障造成的车站购（换）票客流增加；做好宣传解释工作，保障信息渠道畅通；设备管理部门及时检查修复设备。

4.8.3 高速铁路拥挤踩踏风险管控

拥挤踩踏是公共场所比较常见的突发事件，在旅行过程中因各种风险原因，易发生拥挤踩踏、群死群伤事故。为减少和防止拥挤踩踏事件的发生，针对拥挤踩踏风险事件进行了深入剖析，为广大旅客提供辨识风险、规避风险的常识，同时采取积极有效地措施控制，尽最大努力降低拥挤踩踏风险的发生，促进广大旅客安全出行目标的实现。

铁路拥挤踩踏是指旅客在持铁路有效乘车凭证，通过铁路车站验证、候车、检票、乘车、出站等各环节各通道过程中，因聚集在某处的人群过度拥挤，致使一部分甚至多数人因行走或站立不稳而跌倒未能及时爬起，被人踩在脚下或压在身下，短时间内无法及时控制、制止的混乱场面。

1. 铁路拥挤踩踏风险的危害

（1）产生拥挤踩踏的原因

① 客流高峰、列车大面积晚点预想不充分，处置不及时，造成旅客在候车室等服务场所大量聚集，疏导不力或不及时发生拥挤踩踏问题。

② 客运组织不当，造成候车室、售票处、实名制查验、进出站通道、站台边、车门口等秩序混乱，服务场所发生旅客拥挤、旅客坠落站台等隐患。

③ 电梯设备操作、使用不当，设备维护管理不到位导致设备带病运行，以及设备突发故障、处置不及时，造成旅客在乘梯过程中跌倒、大件行李等引发意外伤害。

④ 车站广场、候车室等公共服务场所非法聚会、演出，无安全防范措施，引起旅客和人民群众聚集、拥挤和踩踏事故。

⑤ 公众人物出行，未采取保护和安全防范，造成粉丝追星而引发的拥挤踩踏事故。

⑥ 车站聚集场所短期内出现大量旅客聚集，一旦发生火灾、爆炸等突发事件，预案落实不力、疏散不及时，造成在疏散过程中引发拥挤踩踏、群死群伤事故。

⑦ 旅客携带大件行李未按规定组织托运，在出行过程中堵塞电梯、楼梯、天桥、车门，引起旅客拥堵或踩踏问题。

⑧ 突发事件。一是车站广场、候车室等公共服务场所非法聚会、演出，无安全防范措施，在旅客和人民群众聚集、拥挤和踩踏事故。二是公众人物出行，未采取保护和安全防范，在候车室与站台、列车、电梯（楼梯）等处所，造成粉丝追星而引发的拥挤踩踏事故。三是车站聚集场所短期内出现大量旅客聚集，一旦发生火灾、爆炸等突发事件，预案落实不力、疏散不及时，造成在疏散过程中引发拥挤踩踏、群死群伤事故。

（2）主要预防控制措施

① 制定完善应急预案。优化高峰客流组织方案和列车大面积晚点应急预案，实施警戒线管理，截流、分流、引流等措施酌情启动，必要时采用以车代候、限时候车、增开临时候车区等措施，疏解旅客集中出行；

② 加大旅客运输组织。做到检票有计划、放客有控制、关键位置有卡控、岗位作业有联控，确保组织有力、秩序有序；

③ 落实好大客流制度。在出现高峰客流、列车大面积晚点等情况下，落实干部值班、带班等卡控制度，启动应急预案，合理均衡安排候车，避免通道拥堵；通过增开实名制验证通道、安检查危通道等措施，做到"不堵不漏"；

④ 建立健全电梯安全管理制度，进一步规范岗位责任、操作规程、日常检查和定期检查、维护保养、定期报检、钥匙管理等制度；维保单位、使用单位分工落实责任；加大电梯运行值守，保证报警装置持续有效运行，一旦旅客被困报警，要立即做出应急响应；每日开启运行确认，运行期间定期巡视，停运后全面检查，发现隐患立即处理，杜绝电梯带病使用；按照电梯分类等级管理规定，引导旅客安全乘梯，及时发现、制止不文明乘梯行为，确保电梯不挤不堵；

⑤ 车站广场、候车室演出审核，遇公众人物乘车、公众场所演出等，必须提前做好应急预案和安全防范措施，加大组织力量，全面抓好应对，防止追星粉丝聚集、冲撞服务场所，造成旅客拥堵；

⑥ 加大突发问题应急处置培训。针对高铁客运站存在的风险制定行之有效的应急预

案，加强干部职工的意识教育及能力培训，做好日常客运人员应急演练，保证在客运站风险发生时迅速高效地做好疏散工作和各项补救措施，防止事故范围扩大和影响升级；

⑦ 加大日常安全宣传引导。人员的安全素质是造成事故发生的重要影响因素，一方面，如果大家都能有较高的安全意识，在一定程度上可以规避拥挤踩踏事故的发生。另外，遇到突发事件时，人们良好的安全素质和心理状态对于事故的控制具有重要作用，否则恐慌心理的出现和扩散会引起人群的心理不稳，进而引发更大的事故。因此，各高铁站应加强宣传突发事件的自救意识和方法，努力提高工作人员与公众自身的安全意识，可以有效地降低拥挤踩踏事故的发生；

⑧ 完善应急处置机制。应急是车站进行客运组织工作的重要保障，车站事先要建立拥挤踩踏事故应急预案，建立良好的调度和应急联动机制，以便发生拥挤踩踏事故时能够使消防、医疗、通讯等部门对旅客进行联合救援，并定期组织工作人员和消防人员进行拥挤踩踏事故应急处理演练，增强对事故发生的疏导管理能力，一旦发生事故能及时地对人群进行疏导和分流。

2. 铁路拥挤踩踏风险控制

（1）完善客流高峰组织方案。制定完善客流高峰组织方案和列车大面积晚点应急预案，实施警戒线管理，截流、分流、引流等措施酌情启动，必要时采用以车代候、限时候车、增开临时候车区等措施，疏解旅客集中出行。

（2）加强客运组织确保运输安全有序。一是加大旅客运输组织，做到检票有计划、放客有控制、关键位置有卡控、岗位作业有联控，确保组织有力、秩序有序。二是落实好客流高峰、列车大面积晚点等情况下的干部值班、带班等卡控制度，及启动应急预案，合理均衡安排候车，避免通道拥堵；通过增开实名制验证通道、安检查危通道等措施，做到"不堵不漏"。

（3）抓好突发事件应急处置。一是车站广场、候车室检查，遇公众人物乘车、公众场所演出等，必须提前做好应急预案和安全防范措施，加大组织力量，全面抓好应对，防止追星粉丝聚集、冲撞服务场所，造成旅客拥堵。二是加大突发问题应急处置培训。针对高铁客运站存在的风险制定行之有效的应急预案，加强干部职工的意识教育及能力培训，做好日常客运人员应急演练，保证在客运站风险发时迅速高效地做好疏散工作和各项补救措施，防止事故范围扩大和影响升级。三是加大日常安全宣传引导。人员的安全素质是造成事故发生的重要影响因素，如果大家都能有较高的安全意识，在一定程度上可以规避拥挤踩踏事故的发生。另外，遇到突发事件时，人们良好的安全素质和心理状态对于事故的控制具有重要作用，否则恐慌心理的出现和扩散会引起人群的心理不稳，进而引发更大的事故。因此，各高铁站应加强宣传突发事件的自救意识和方法，努力提高工作人员与公众自身的安全意识，可以有效地降低拥挤踩踏事故的发生。四是完善应急处置机制。应急是车站进行客运组织工作的重要保障，车站事先要建立拥挤踩踏事故应急预案，建立良好的调度和应急联动机制，以便发生拥挤踩踏事故时能够使消防、医疗、通讯等部门对乘客进行联合救援，并定期组织工作人员和消防人员进行拥挤踩踏事故应急处理演练，增强对事故发生的疏导管理能力，一旦发生事故能及时地对人群进行疏导和分流。2018 年 5 月某日晚 G351 次列车晚点到达黄山北站已经是次日凌晨近 1 时许，终到人数约 300 人。收到北站值班室的晚点通知后，黄山经开区高铁综管办统一协调部署，立即启动应急预案，开发区运管办根据预案的程序进行车辆的准备及调运工作，客运枢纽、高铁北站、高铁北站联勤联动办等相关单位全力配合，提前调拨了市交通股份公司旅游大巴 1 辆待运，并将晚点信息及时发布告知出租车驾驶员群体，现场出租汽车运力 40 余辆。经综管办统一协调，运管、公安、交通股份公司各部门通力协作，整个旅客疏散过程安全、平稳、有序，站前无旅客滞留。搭乘应急旅游大巴的乘客全部送至中心城区及老火车站点进行转乘，整个应急过程平稳、有序。

（4）建立健全电梯安全管理制度。进一步规范岗位责任、操作规程、日常检查和定期检查、维护保养、定期报检、钥匙管理等制度；维保单位、使用单位分工落实责任；加大电梯运行值守，保证报警装置持续有效运行，一旦乘客被困报警，要立即做出应急响应；每日开启运行确认，运行期间定期巡视，停运后全面检查，发现隐患立即处理，杜绝电梯带病使用；按照电梯分类等级管理规定，引导旅客安全乘梯，及时发现、制止不文明乘梯行为，确保电梯不挤不堵。

（5）执行旅客免费携带品的重量和体积规定。进站时客运人员检查旅客携带品是否超重超限，对超重超限的行李按规定办理托运，不得让超重超限行李进站妨碍其他旅客乘坐或通行，避免在出行过程中堵塞电梯、楼梯、天桥、车门，引起旅客拥堵或踩踏问题。发情况下旅客列车运行方案的应急调整是当前铁路旅客运输组织中重要组成部分，为提高铁路应急管理能力，展示铁路良好的形象，优化应急调整组织模式势在必行。通过对组织模式进行系统性的分析，找出其中存在的瓶颈和问题，制定针对性的优化措施并加以落实，能够有效提高运行方案应急调整的效率和效益。在对客流高峰期的现场检查中多次发现个别车站在旅客列车密集达到时段，出站口到达旅客长时间积压拥堵现象较为突出，存在一定的旅客安全隐患。

（6）高度重视到达旅客组织。各单位要高度重视到达旅客的组织工作，特别是对出站口的作业组织工作，要充分认识旅客密集到达和高度聚集存在的安全风险和隐患，要组织对本单位旅客到达组织工作进行一次全面排查，对存在的问题要及时采取有效措施，确保旅客安全。

（7）加强出站旅客组织引导。各单位要加强站台与出站口的联劳协作，站台作业人员要及时将旅客到达情况与出站口进行沟通联系。具有多个出站口的车站，站台作业人员要根据旅客到达情况，主动做好旅客的引导和分流，避免到达旅客集中在一个出站口，造成出站口的拥堵。

（8）做好出站旅客应急疏散。到达客流大的车站，要加强对高峰到达客流的安全风险研判，根据出站口通道的实际情况，科学测算、设置旅客最高聚集安全警示线（标志），安全警示线设置应便于出站口作业人员的日常观察。当到达出站旅客聚集超过安全警示线时，出站口作业人员应打开全部通道，组织旅客快速疏散，避免旅客积压和拥堵。例如，2018年8月，受台风影响，高铁出现大面积晚点，最长延误时间达4 h以上。合肥南站迅即启动应急预案，设在站前广场上的综管办在接到列车晚点信息后，通过应急处置平台发布相关信息，随即合肥市交通广播电台群发给出全市出租车，同步所有从合肥南站发出夜班公交车，均按最后一趟动车组抵达时间延后发车。合肥直属站主动联络合肥市政府，在地方政府的支持下，分别在合肥站、合肥南站成立广场综合管理办公室。路地双方建立了完善的联动机制，成功处置多起应急事件，同时由综管办负责维护站前广场治安、环卫、照明、绿化、公交等秩序，保证结合部服务的无缝对接。随着台风影响加剧，部分中转旅客夜间滞留车站。地方政府及时伸出援手，在站外区域开放部分有空调、沙发的室内空间，旅客凭车票可领取方便面、矿泉水等，当天共有23名旅客领到"食品包"。此外，在节假日客流高峰期，通过路地协调，临时增开至市内主要方向的大巴，及时疏散旅客。在春运和年初暴雪期间，地方政府不仅为到达旅客送去姜汤，还提供大型清扫机具，组织100余名民兵、武警，及时清理露天积雪，并组织数百名志愿者，轮班助力春运。地方政府还对合肥站和合肥南站周边区域的市内交通进行了整治，有效防止车辆在站前的拥堵，同时，在站外设置临时应急大巴停泊地，方便应急车辆停靠。

（9）加强站台出站通道口的安全卡控。车站要合理配置站台作业人员，并根据作业实际，明确站台作业人员立岗区域，加强站台地道口、天桥口等安全关键部位的安全防护，客流高峰时段，作业人员应加强对旅客安全宣传和引导，确保站台秩序平稳。

4.8.4 高速铁路火灾爆炸风险管控

高铁车站拥有大量的自动化设备，使得大空间中电器空调线大量分布，再加上电梯、楼梯、竖井等大量竖向开口，易造成火灾、爆炸事故的发生。此外，由于工作人员操作不当也有可能引发火灾、爆炸事故。火灾报警系统故障、消防人员技术素质不高、建筑或设备材料易燃和车站应急组织预案执行不力等问题，是导致高铁站火灾重要影响因素，应重点预防。其次，车站设备日常检查落实不力、作业人员用火不慎、工作人员违章作业或操作不当、旅客吸烟等不安全行为和商业配套区域起火等，也应予以足够的重视。

1. 火灾爆炸的原因

（1）安检查危岗位制度落实不严。因安检漏检造成旅客携带危险品进站上车；旅客携带危险品从非正常通道进站上车；旅客托运的行李包裹，未执行"开箱视检、过机透视、实名制登记"三个100%要求，未做好托运人或经办人姓名及证件的登记，致使旅客防夹带或匿报危险品进站等，而引发火灾或爆炸事故。

（2）服务场所禁烟制度落实不严。因高铁站禁烟场所禁烟制度监督落实不到位，网格化巡视制度落实不力，旅客个人违章吸烟、乱扔烟头等问题未及时制止，服务岗位、禁火场所违规动用明火等，引发火情或火灾。

（3）大功率电器使用管理不到位。客运服务岗位私自违规使用大功率电器，电线路老化、未及时更换，弱电电源管理失控、电路短路，广告灯箱电源等乱拉乱扯，日常管理不善、超负荷使用等，引起火灾或爆炸。

（4）旅客夹带危险品进站。容易发生携带危险品起火或爆炸，甚至造成高铁列车起火；车站电器设备超负荷使用、禁烟场所动火，势必会引起服务场所站房起火；旅客匿报品名托运行包，易引起行包仓库或高铁行包车起火。

2. 火灾爆炸预防控制措施

（1）加强携带品安全检查

① 加大安检查危人员配备，把责任心强、志愿从事安检查危工作的人员，补充到安检查危岗位，加大日常安检查危力量。

② 加大安检设备投入，对安检仪进行更新，统一配备双源安检仪，更新防爆罐和防暴毯，配备爆炸品探测仪和液体探测器，配备充足的金属探测器，对安检仪前后端、安检仪进出口安装监控设备，确保装备精良、设施齐全、状态良好。

③ 加大日常检查处置。组织按照"控流、引导、值机、手检、开包"的安检模式，确保携带品件件过机，旅客人人过门、手检个个过关，对可疑物品必须进行开箱（包）检查，发现禁限物品按规定做好登记、处置工作，遇有难以处置的问题应及时报告现场执勤民警。

（2）查处违禁品管理。对检查发现旅客携带其他禁止和限制携带物品或超量携带限量物品时，安检查危人员应明确告知旅客该物品严禁携带进站上车，由旅客可选择托运、交送站亲友带回或自愿放弃物品等方式进行处理。危险物品暂存安检区域时，应放入危险品存放柜，分类存放，并予以锁闭保管。对查获的交由公安部门处置或旅客放弃的禁止、限止和限量物品应分别进行登记，粘贴标签，并注明处理情况。对查获的鞭炮、发令纸、摔炮、拉炮等易爆物品应立即采取浸湿处理。存放危险品的库房必须符合消防安全法规和消防技术标准要求，不得与居住场所设置在同一建筑内，并与居住场所以及车站行车、售票、候车室等重点要害部位保持安全距离，有良好的隔热、通风条件，配备足够有效的灭火器材。每月不少于一次对仓库进行检查，每季度车站公安派出所不少于一次开展查没危险品的处理，及时消除仓库安全管理隐患，严防仓库存储物品发生火灾或爆炸。

（3）加大禁烟消防安全管理。健全消防重点处所禁烟管理制度，消防重点场所进出管理；建立的动火审批制度，动火必须有审批、有防护措施，杜绝违规使用明火；加大禁烟安全宣传，按规定张贴禁烟标识，落实禁烟广播宣传，网格化巡视制度落实，做到禁烟处所不吸烟，发现吸烟旅客及时进行劝阻和制止；按标准配置消防器材，每月对消防设施进行检查，对消防设施状态进行签认，确保消防设施期限完好有效；强化垃圾桶等高危部位的检查，发现异常及时处置，防止发生火情；加大对岗位作业人员消防知识配备，确保所有从业人员对"三懂三会"内容熟知会用，一旦发生火情会应急处置，消除初起火灾隐患。

（4）大功率电器管理。建立健全大功率电设备使用安全管理办法，定期开展检查巡视；设备寿命管理，一旦检查发现电气设备超期使用现象，一律停用、收回和统一更新配备；对生产岗位配备的大功率电器，必须按操作说明操作设备，不违章使用大功率电器、不超负荷用电，不得在人员离开的情况下使用大功率电器；定期开展用电设备检查，杜绝设备带病使用；加强各岗位检查巡视，发现违规使用大功率电器等问题，及时制止，按章处理。

（5）进出通道、便门管理。高度重视通道和便门的管理，组织对高铁站区进出站通道和便门进行摸底排查，对违规设置的进出站通道和便门一律进行封闭管理；加大对进出站通道、便门的管理力度，执行进出站通道、便门专人值守、管理，对进站人员一律引导通过进站口、安检进站，严禁进站人员携带危险品从便门进站，监督杜绝出站口违规进人、违禁品和危险品违规进站上车。

（6）商业配套设施管理。车站设置的商店、广告等商业设施和商业配套设施布局合理，安全牢固，不得影响旅客出行，不得影响站房、车辆、行车和人身安全。所有商业用电和广告电源应单独设置回路，不得影响照明用电的安全，不得私自增加用电设施、超负荷使用电器。建立日常巡检制度，明确相关责任人，加强日常动态巡检，发现商业场所违规私增大功率设备、超负荷使用电器，广告媒体存在故障、破损以及电线老化，应当商业和广告管理单位进行立即维修整改，危及安全时，应立即督促拆除，有效消除电器设备老化、超负荷使用可能引起的火灾隐患。

（7）完善火灾爆炸应急预案。根据"预防为主，防消结合"的基本原则，建立健全具备完善的防护、监控、报警、救援等设备，确保火灾爆炸发生后，能及时发现、迅速扑灭，并在最短时间内安全疏散旅客，最大限度减少火灾造成的人员伤亡和财产损失。防止因应急救援处置不及时，发生二次火灾爆炸而引发更大次生灾害问题发生。

（8）加强安全教育和培训。定期对车站工作人员和旅客开展安全教育和培训，通过日常对工作人员的安全教育、培训，培养员工遵守安全操作章程的责任意识，提高了应对突发火灾的应急组织能力；通过在车站内的宣传教育，定期举行火灾演练等措施，提高了旅客的安全意识和自救能力。

4.8.5 站、车发生旅客食物中毒事件管控

通道型高铁，如京沪高铁具有旅途较远、旅行时间较长等特点，旅客食物中毒事件在铁路运营组织突发事件中不可忽视。旅客食物中毒的原因主要有两方面，一方面来自铁路运营服务方，另一方面来自旅客本身。首先，由于高铁车站、动车组食品进货渠道复杂、食品加工和存储条件、食品消毒设备、就餐人数多、食品加工工作量大等原因，稍有不慎，铁路运营行业食品卫生工作就容易出现问题，带来负面影响；其次，大部分旅客在旅行中都会携带自制食品充饥，但是食品本身具有易腐烂变质、易受污染等特点，增加了旅客食物中毒的风险。

由铁路运营服务方原因造成的食物中毒事件，通常表现为多名旅客食物中毒，且具有相同的饮食行为。若发生此类事件时，站、车应立即停止销售可疑食品并努力追回已销售的可疑食品。对于旅客自身原因造成的旅客食物中毒事件，站、车应以人为本，把救治旅客作为应急处置的首要任务，同时收集好相关人证物证，避免不必要的旅客纠纷。

1. 安全风险及预防控制

（1）安全风险

① 来自事件发现方面的风险

旅客食物中毒的症状通常为腹泻、呕吐、头痛、发烧等，这与旅客的其他常见疾病症状相似，早期难以发现。另外，由于旅客旅行的目的地不同，乘坐列车车次不同，发现的时间也会有所推迟。

② 来自信息传递方面的风险

引发食物中毒的单位为了自身利益，一般不会主动汇报事故，给事故的后期处置增加了难度。

③ 来自救治方面的风险

a）铁路职工的急救技能。铁路客运工作人员都接受过急救培训，但其急救技能与专业急救人员相比仍有很大差距，在站、车急救设备欠缺，不一定能在旅客中找到医护人员的情况下，铁路客运工作人员急救技能的不完善使中毒旅客的救治存在一定的风险。

b）来自救治路程方面的风险。铁路辖区呈条状分布，点多线长，一旦发生食物中毒事故，救护人员难以短时间内赶到。

④ 来自地方卫生防疫部门方面的风险。按规定，列车上发生旅客食物中毒事件时，由列车运行前方铁路卫生防疫部门调查处理。铁路沿线站区发生食物中毒事故时，要做到及时处置，铁路方面本身难以做到，只有借助当地卫生防疫部门的力量，形成"地铁联动"才能做到。但处理食物中毒事故责任大、难度强，这就需要搭建一定的与地方联系的协作平台。

⑤ 来自站车交接工作方面的风险。站车交接工作是否顺利直接影响对旅客的救治。虽然铁路相关规章要求在处理此类事件时"以站保车"，列车向车站移交中毒旅客时车站不得拒绝，但是为了自身利益，各部门之间不得存在相互推诿的现象。

⑥ 来自证据收集方面的风险

发生旅客食物中毒时，及时判断旅客出现的食物中毒症状是否由站、车供应食物所引起，对分清事故责任很重要。这要求现场处置人员及时、准确地采集样品，应保好相关证据材料。如果现场处置人员对事件处置流程不熟悉，缺乏警惕意识，就会留下隐患，造成旅客纠纷。

（2）预防控制

① 统一进货渠道，规范食品加工、存储、消毒要求，强化食品监督和经营网点的管理，最大限度地消除食品安全隐患，杜绝食物中毒事件的发生。

② 完善站、车急救设备设施，加强员工急救技能培训。

③ 制定科学、合理、切实可行的旅客食物中毒应急处置方案，定期开展旅客食物中毒突发事件应急处置综合演练，加强考核。

④ 完善食物中毒报告制度，定期对旅客食物中毒事件进行抽查，对欺瞒不报、蒙混过关的单位加大惩罚力度。

⑤ 站、车与铁路沿线地方卫生防疫部门搭建协作平台，加强"站、车、地联动"，

共同协作处置旅客食物中毒事件。

（3）应急处置

① 车站发生旅客食物中毒事件的应急处置

a）及时报告。旅客发生食物中毒现象后，当班客运员应立即报告值班员，并做好相关记录，记录的内容包括旅客姓名、性别、年龄、地点、中毒时间、主要症状、中毒人数、餐饮名称等。值班员要立即汇报综控室、车间值班干部，并通知卫生所人员和疾控中心负责人；车间值班干部要立即向车站值班领导汇报。

b）组织抢救。综控室通知医务室人员到现场实施救治，及时拨打120急救电话，联系地方救护中心做好移交患病旅客的各项准备工作及抢救工作。

c）保护现场。值班员应第一时间到达现场，立即组织客运员封存可疑食物、呕吐物样品，保留造成食物中毒或可能造成食物中毒的餐料、工具、设备，同时保护好现场，等待公安部门到场处理。

d）调查取证。当班人员应积极配合公安部门对现场的调查取证工作，收集不少于两份同行人或见证人的证言和有关证据，并保护好证据材料；收集证人证言时，应当记录证人姓名、性别、年龄、地址、联系方式、有效身份证件信息等相关内容；证言、证据必须准确、真实，并能够证明事故发生的过程和原因。

e）防止事态扩大。车站应立即停止可能导致旅客中毒的食物销售，保护好现场。并采取措施追回已售出的可疑食物，防止事态扩大。

f）防疫消毒。当班人员要积极配合卫生防疫部门做好卫生防疫消毒工作。

② 车站对于列车移交的食物中毒旅客的应急处置

a）站台客运员接到食物中毒事件的报告时，应立即汇报值班员和综控室；综控室立即向车间值班干部汇报，并通知医务室人员和疾控中心负责人；车间值班干部要立即汇报车站值班领导。

b）值班员及时与列车长办理交接，站台值班员对旅客食物中毒发销情况的提供进行详细管理，管理内容包括车次、发病时间、地点、发销人数、进食人数、食物名称、旅客到站、所在车厢、患者简况及主要症状。

c）值班员通知值班站长，保护好现场，对于剩余的可疑食品要保管好，对于中毒的旅客排泄物和呕吐物不要急于销毁或倒掉，厨房的炊事工具、盛入食品的容器应保留，以利于及时查明中毒原因。

d）对于列车移交的中毒旅客，站台值班员要与列车长办理相关交接手续，及时通知综控室联系医务室人员救护，并拨打120急救电话，请其速到车站予以送院及时抢救。

③ 动车组列车上发生旅客食物中毒事件的应急处置

a）报告。列车发生疑似旅客食物中毒时，列车长应立即赶赴现场，及时了解疑似中毒旅客的主要症状及饮食情况，掌握疑似中毒旅客人数、发病时间等情况，并将初步情况向驾驶员、客调和段调度室汇报，报告内容要简明、扼要，包括日期、车次、运行区段、发病时间、地点、患者主要症状、发病人数（包括危重人数及死亡人数）、可能引起中毒的食物等，要求车站组织采取措施。

b）救助。列车长通过广播寻找医生帮助抢救治疗，控制病情，采取催吐、降温等方法和应急救治措施，进行初步救治。遇有中毒旅客必须临时停车送医院抢救时，列车长向驾驶员、客调和段调度室报告，请求停车急救。列车到站后，列车长按章与车站办理交接，列车乘务组人员不下车参与处理。

c）留取证物。在抢救安置中毒旅客的同时，乘务组人员要做好解释工作，稳定旅客情绪，防止造成混乱。列车长、乘警（专职安全员）应及时保留、封存造成食物中毒或可能致食物中毒的食物及其原料、器具，并将中毒旅客的呕吐样品一并留存，交由卫生防疫人员进一步调查。

d）防止事态扩大。如不能排除食物中毒是列车供应食品所致，要停止列车食品供应活动，立即采取措施追回已售出的可疑食物或通知旅客禁止继续食用，防止事态扩大。若能确认导致食品中毒的食物是因配餐或某站出售的食物造成的，应及时报告集团公司客调、段调度室。

e）调查取证。列车长、乘警（专职安全员）应及时收集证据材料，了解旅客发病症状、进食史，并做成记录，形成第一手资料。对中毒旅客的基本情况做好登记，以便协助卫生防疫等部门最终调查确定诊断。列车长应及时将记录和有关材料移交车站，以便车站尽快做好善后处置。

f）如发生三人以上具有疑似食物中毒症状时，除按上述要求处置外，列车长还应立即向前方车站通报（通信不畅时由驾驶员向前方站通报），并向集团公司客调、段调度室汇报；怀疑投毒导致食物中毒时，还应同时向铁路公安机关报告。

④ 食物中毒的急救

食物中毒是指食用被细菌性毒物或化学性毒物污染的食物，或误食有毒的食物，引起急性中毒的疾病。按照中毒的原因，食物中毒可分为细菌性食物中毒、真菌性食物中毒、动物性食物中毒、植物性食物中毒、化学性食物中毒。

虽然不同原因引起的食物中毒症状各有其特征，但食物中毒有共同的症状：剧烈呕吐、腹泻、中上腹部疼痛，上吐下泻，可能出现脱水症状，口干，眼窝下陷，皮肤弹性消失，肢体冰凉，脉搏细弱，血压降低，甚至休克等。

食物中毒的应对包括：

a）立即停止食用可疑食品，喝大量洁净水以稀释毒素。

b）用筷子或手指下压舌根进行催吐，并及时就医。注意：昏迷的中毒者不能催吐，因为呕吐物可能堵塞中毒者的气道造成窒息。

c）用干净塑料袋留好呕吐物和排泄物，带去医院检查，以利于医生诊断。

d）中毒者出现抽搐、痉挛症状时，马上将其移至通风良好的地方，并取来筷子，用手帕卷好塞入中毒者口中，以防止咬破舌头。

e）症状无缓解迹象，甚至出现明显失水，四肢寒冷，面色苍白，大汗，腹痛腹泻加重，意识模糊，说胡话或抽搐，以至休克，应立即送医院救治。

f）了解与中毒者一同进餐的人有无异常，并告知医生一同进餐者。

g）及时向当地疾病预防控制机构或卫生监督机构报告。

（4）站、车突发重大疫情

重大疫情突发事件包括如下内容：发生肺鼠疫、肺炭疽和霍乱暴发；动物间鼠疫、布氏菌病和炭疽等流行；乙类、丙类传染病暴发或多例死亡；发生罕见或已消灭的传染病；发生新发传染病的疑似病例；可能造成严重影响公众健康和社会稳定的传染病疫情，以及上级卫生行政部门临时规定的疫情。

近年来，流行性感冒、传染性非典型肺炎、鼠疫、感染性腹泻、霍乱、肺结核发生率较高，属于铁路车站需要重点控制传染病；高致病性禽流感、急性出血性结膜炎、细菌性痢疾、甲型/戊型病毒性肝炎也是人们易感染的几大主要传染病。

① 安全风险

a）铁路运输具有流动性强、运输网络庞大、人员密集、旅客成分复杂的特点。若某一地区发生疫情没有得到控制，很可能通过铁路网传播到全国各地，造成大面积的蔓延和严重的后果。

b）我国各地区在自然环境、经济状况、卫生条件等方面存在差异，使各地区疾病谱、人群免疫水平有所不同。病原体从一种物种传染到另一个物种时往往会导致一种新的传染病的流行，在疫病流行季节，大量旅客形成的人群流动，不仅促发疾病流行，而且存在着利于病原微生物及其生态宿主和媒介昆虫向异地转移，并可能诱发其变异而出现某一疾病突发性流行的风险。

② 预防控制

a）加强铁路与地方防疫机构的联动控制，共同协商、分工合作。

b）加强铁路客运人员的卫生防疫知识培训教育，使其掌握卫生防疫基本技能。

c）加强站、车卫生防疫硬件基础设施建设。

d）加强卫生防疫工作质量控制，对防病用品的采购、运输、保存和接种要全程监控，杜绝因预防接种导致伤残甚至死亡的恶性事件发生。

e）制定科学合理的应急处置预案，定期开展应急演练，切实提高应急处置人员的应急能力。

f）疫情期应加强对站、车的卫生检疫，对客运工作人员的检疫及对旅客的卫生检疫。

③ 车站突发重大疫情的应急处置

a）报告。在站内发现疑似鼠疫、霍乱等重大疫情的病例时，工作人员要立即报告值班员。值班员要在第一时间将患者情况报告车站综控室，提出处置请求（特殊类传染病按上级要求等待处置通知），同时立即向铁路疾控部门和上级主管部门报告。

b）分类隔离。值班员安排经过专业培训的人员穿着防护服，按规定做好个人防护，再按卫生主管部门的要求采取措施对患者进行分类隔离。隔离方法：采取个人防护措施后将患者或疑似患者引导到车站医务室进行隔离，根据传染种类对其周围密切接触人员采取集中管理的隔离措施，做好登记，登记内容包括姓名、性别、年龄、有效身份证件信息、联系方式、近期活动情况等。工作人员要在值班员的领导下，稳定旅客情绪，消除恐慌，防止发生意外。

c）封闭管理。封锁已经污染或可能污染的区域，疏散其他人员。对传染病或疑似患者及密切接触人员使用过的物品隔离封存，在未有效消毒前不得使用，使用过的防护用品立即封存，不得重复使用。

d）消毒处理。由铁路疾控人员对已经污染或可能污染的区域进行消毒。铁路疾控部门消毒处置完毕后，方能解除区域封锁。

e）移交。卫生防疫部门到站后，值班员应与卫生防疫部门认真交接，办理交接手续，对特殊类传染病实行"门对门"交接（即出隔离间直接上救护车）。同时，车站还应将传染病患者、疑似患者、密切接触者及其他需要跟踪观察的旅客及资料移交铁路疾控部门。

f）现场秩序。公安部门应维持好站内治安秩序，协助开展区域封镇、旅客隔离、站车移交等工作。

g）配合工作。车站人员积极配合现场的医疗单位和铁路疾控部门开展工作。

④ 动车组列车突发重大疫情的应急处置

a）报告。动车组列车发现疑似鼠疫、霍乱等重大疫情的病例或接到动车组列车上有疑似病例的通知时，列车长应立即向驾驶员和客运段指挥中心报告，驾驶员向列车调度员报告，列车调度员立即向值班主任报告，值班主任立即向集团公司相关部门和铁路疾控部门报告。报告内容包括日期、车次、运行地点、发病人数、患者和密切接触人员简况及主要症状、旅行目的站、患者所在车厢号等。

b）隔离控制。列车长应组织、指挥有关人员参与现场处理。接触患者的乘务人员及参与现场处理人员必须做好自身防护，将患者或疑似患者进行隔离（原则上锁闭本车厢隔离门，在本车厢隔离），组织其他旅客紧急疏散到远离污染区域的其他车厢，控制患者所在车厢密切接触者的流动。封锁已经污染或可能污染的区域，禁止向外排放污物。

c）登记信息。对密切接触者进行登记，登记内容包括姓名、性别、年龄、实际居住地址、联系方式、有效身份证件信息等。

d）交站准备。列车调度员根据集团公司劳卫部门和疾控部门确定的处置方案，安排动车组在指定车站停车，并通知驾驶员。列车长接到驾驶员有关在指定车站停车的通知后，做好疾控人员上车和疑似病例交站的准备工作。车站及铁路疾控部门要根据要求做好接车和紧急处置的各项准备工作。

e）交站。列车长编写客运记录，并与客调联系，列车在指定的停靠站停站后，将传染病患者、疑似患者、密切接触者及其他需要跟踪观察的旅客及名单、相关材料等交车站和铁路疾控部门。车站应开辟绿色快速通道，明确急救车进出站路线。

f）消毒。铁路疾控部门应对列车污染或可能污染区域和车站通道进行彻底消毒铁路疾控部门确认消毒处置完毕后，方可解除封锁。

g）配合。站车应积极配合现场的医疗和疾控部门开展工作。

4.8.6 新型冠状病毒肺炎疫情下的铁路安全风险管控

此次疫情作为重大突发事件发生在铁路春运期间，且持续时间较长，是一场不期而遇的挑战和前所未有的考验。2020年初（1月23日），新冠肺炎疫情在我国中部主要的铁路交通枢纽城市武汉爆发，这直接导致了全国大部分城市全部或部分交通封锁，并严重影响了国家铁路运输的正常运营与人员、物资的有序流转。铁路运输是疫情防控的重要手段，疫情就是命令、防控就是责任。铁路系统以疫情为令，上下齐心，科学研判疫情，第一时间反应、应对、落实，在站内站外、车上车下、对内对外筑起一道道联防联控的安全防线，积极响应分区分级精准防控策略，抓好疫情防控各项措施，打响了一场规模空前的疫情防控阻击战，在非常时期发挥了关键作用。

1. 疫情对客流的影响

（1）对铁路运营影响较为突出。自2020年春运开始至疫情爆发之前，我国铁路客运量一致保持着稳定增长趋势，1月10—18日，铁路共发送旅客1.06亿人此次，比去年春运同期增长20.5%。然而随着疫情的发生和蔓延，此后的铁路客运同比增速逐渐下滑，1月24日铁路客运增速首次出现负增长，较去年春运同期下降了6.3%。中国铁路武汉局集团有限公司（下称武汉局）1月25日连发7条停运公告，共400余条停运信息，将武汉局管内及始发终到管外列车停运，并逐步对武汉及周边城市铁路出发通道进行封闭，包括武汉站、汉口站、武昌站等61个站点。武汉局又及时关闭火车站离岸通道，暂停武汉地区车站中转服务。为进一步减少人员流动，还停开了湖北境内所有始发、终到旅客列车，共涉及79个车站。同时，进出香港、哈萨克斯坦、朝鲜等中国大陆境外地区或国家的列车也暂时停运。随着疫情趋紧，1月31日，我国铁路客运同比下降了81.9%。进入2月份，铁路客运量进一步下降，2月8日（元宵节），铁路发送旅客127万人，同比减少745万人，下降85.4%。与此同时，我国各个区域的铁路运力也在缩减。

（2）疫情期间客流及运力安排特点。受新型冠状病毒"人传人"的影响，春节假期探亲访友、休闲娱乐以及假期后通勤、通学出行全部取消，春节假期的延长以及各级地方政府临时出台的出行管控措施，"返乡规模减少、返程周期拉长、峰值低于往年"成为2020年春运的主要特征。疫情期间常住人口的出行量、出行目的、出行范围、出行时间、出行方式均与常态不同，出行总量大幅降低。直到4月8日零时起，武汉解除离汉离鄂通道管控措施，标志着防疫战斗基本取得了胜利。随着国内疫情形势趋稳、各地积极组织开展复工、复产，客流呈现逐步回暖趋势，尤其是周末及清明小长假期间，高峰时段客流饱满。截至2020年4月中旬，根据疫情发展变化及客流特点上海局采取了相应的客运运力动态调整措施，根据客流下降各增长的拐点，总体可分为三个阶段。

第一阶段为1月23日武汉"封城"至2月13日，该阶段初期为春运客流低谷，叠加疫情爆发影响，客流持续走低，期间除2月9日（正月十六）为传统务工流出行高峰，客发稍有抬头外，其余时段客发呈明显下降趋势。1月23日至2月13日全局客发845.9万，同比下降79.25%。该阶段运力调整以列车停运为主，按照武汉方向列车、春运临客、图定列车逐步停运，同时在元宵高峰时段保留部分传统务工方向运能。

第二阶段为2月14日至2月28日，元宵节之后第一个周末为传统务工流出行高峰，同时由于国内疫情得到有效控制，各地复工、复产有序推进，尤其是2月16日全国首列贵阳北至杭州东务工专列开行，开启定制务工包车的爆发期。由于各地疫情防控措施暂未放松，基础客流不足，客发增量以务工流为主，上升乏力。该阶段运力调整以列车停运为主，保留部分传统务工方向运能，并试水定制务工包车方案，组织增开大量务工专列。

第三阶段为 2 月 29 日至 4 月中旬，随着国内疫情得到较好控制，各地复工、复产有序推进，各省市公布具体开学日期，天气转好人们出行愿望强烈，客流总体向好。但受制于境外疫情爆发，"外放输入、内防反弹"压力较大，油价处于历史低位、高速公路免费、自驾安全性等多种因素推动高速公路客流同比大幅攀升，对铁路客流形成分流，各旅游景区限流及相关政策性限制等诸多不利因素，造成客流总体稳步上升，增幅较缓，客发从 30 万逐步恢复至 80 万，务工流逐步减少、通勤客流复苏，周末及清明期间呈现明显的通勤客流波动规律。该阶段运力调整策略以列车停运为主，并适当补充周末及清明高峰时段运能。

2. 客运运力动态调整方案

（1）梯次实施列车停运。1 月 23 日在武汉"封城"后，上海局立即组织武汉方向春运临客及图定列车全部停运，同时对武汉各站实行封站禁售，后根据国铁集团统一安排对湖北各站封站禁售。其他方向各次列车按照春运夜间临客、春运基本临客、图定列车梯次实施列车停运，结合温州、北京防疫政策变化，组织温州地区始发终到列车全部停运，并安排北京方向大部分列车停运。

（2）实施均衡的列车停运。基于铁路的公益属性，制定列车停运方案时，首先需确保列车的通达性，保障旅客基本出行需求，对于客流不饱满的"独门"车采取隔日停运措施，既减少运输成本，又能保障旅客出行需要；其次需统筹兼顺客流方向性、时段性的均衡，采取停短保长、停劣保优、统筹兼顾列车开行密度及编组的综合调整策略。以上海至重庆方向为例，上海至重庆方向（含途径）共计开行自担列车 6 对，在客流低谷时段仅保留开行效果较好的上海至成都东 D952/3、D954/1 次 1 对，满足列车通达性需求；2 月底客流逐步回暖之后，3 月上旬恢复开行上海虹桥至南充北 D3056/7、D3058/5 次、上海至重庆北 D956/7、D958/5 次 2 对，满足务工流出行需求；3 月中旬开始务工流回落，组织上海至重庆北 D956/7、D958/5 次停运，保留上海至成都东、上海虹桥至南充北 2 对长线列车；3 月 25 日起除武汉外湖北全境"解封"，组织上海南至重庆北 D3072/3、D3074/1 次短编列车恢复开行，满足重庆至武汉间湖北地区各站旅客出行需求，实施先抑、后扬、再抑、再扬的动态调整方案。

（3）列车停运联动调整。为避免列车大规模停运下线车底导致动车所存放能力不足，在制定动车组列车停运方案时统筹兼顾，优先采取列车对停（整交路同时停运）方式，上海局组织车底在异地存放点及存放能力较富余的合肥、徐州东动车所下线存放；对非整交路停运动车组列车交路，通过各交路间及与相关动车组确认列车进行优化整合，减少车底运用，控制动车组上线率，缩减车辆检修成本。

（4）开行有效车

定制务工包车方案。为响应地方政府复工复产的强烈愿望，适应各地疫情防控政策需要，在保留部分既有传统务工方向运力的基础上，上海局试水定制务工包车方案。包车方案根据地方政府需求及现有运力情况采取包车厢或开行点到点务工专列相结合的形式，由地方政府对所包车厢或整列买单。在既有运能满足需求时采取预网票额包车厢的方式，其次采用动车组列车重联，当上述方法均不能满足需求时，利用图定停运列车或临客线位开行点到点务工专列。

逐步恢复列车开行。

自 3 月份以来，随着国内疫情逐步得到控制，人们出行信心增加，客发进增趋势明显，通勤客流复苏。为适应通勤客流需求，在以列车停运为主旋律的基础上，通过采用灵活的交路及售票调整策略，以开行有效车为主要原则，上海局精准补充以沪宁杭合等中心城市为支点、以周五下午至周六上午及周日下午至周一上午高峰时段的运力缺口，实现运能配置与市场需求精准匹配。

清明小长假期间，车站紧盯车票预售情况，敏锐捕捉市场需求，提前向上海局申请恢复部分停运列车开行，并有针对性地提报安徽、徐州、沪宁杭、甬台温等重点方向列车 14 趟，其中 4 月 3 日甬台温方向 G7527 次列车上座率达 96%，沪宁方向 G7214 次列车上座率达 91%，实现以流配能、以量增效，在客流总体低迷的情况下，及时捕捉增运增收时机。

"五一"假日运输期间，上海局管内短途和城际间旅游线路迎来旅客出行高峰。作为小长假热度较高的旅游目的地，长三角上海、杭州、南京、苏州、无锡、常州、黄山、宁波等城市旅游客流增幅明显，本地人游本地以及周边游成为主流，铁路城际和短途客流超过预期，京沪、沪宁、沪杭、甬温、宁安、杭黄等上海铁路局所辖区段高铁线及短途区段客流有较大增幅。据统计，小长假期间，长三角铁路共发送长途直通旅客 134 万，发送短途管内旅客 662 万，短途客流占比 83%。针对管内短途客流占比高、流向集中等特点，合理调整动车组列车检修计划，加强夜间检修技术力量，确保车辆有效供给，并结合周末图、高峰图及"五一"假日运输方案，实行"一日一图"，同时采取增开客车、动车组重联、加挂普速车辆等方式，努力实现运力投放与客流需求匹配。

另外，为满足广大学生旅客复学需求，长三角铁路结合相关城市大中专院校学生复学返校情况，5月15日加开蚌埠南——上海虹桥G9415次"复学专列"，沿途停靠滁州、南京南、镇江南、常州北、无锡东、苏州北站。车厢采取设置专区候车、安排专人引导等方式为学生做好服务，并积极做好服务场所、通道等预防性消毒工作。有需要的学生可以通国12306网站、车站售票窗口以及铁路客票代售点购买车票。

3. 妥善安排售票和退票组织

（1）售票组织

各车站对具备条件的列车实行车票"隔座"发售策略，科学安排席位。对具备条件的列车实行车票离散发售策略。科学安排席位分布，组织车内旅客分散就座，采取了"隔座""隔窗"发售车票等多项控售防疫措施，降低旅客感染风险。旅客列车客座率将控制在50%左右。原则上，高铁动车二等座控制B、D席位，一等座控制C、D席位；普速列车座席控制双数席位，硬软卧控制上铺席位；卧代座控制B、D席位。上海铁路局客票管理所负责各次列车的预售监控，对客座率超过60%的列车进行控售管理。各单位结合现场购票客流，在不排长队的前提下，采取隔窗开窗措施，扩大旅客间距。

严格落实属地防控要求，科学精准抓好站车防控措施落实。车站售票窗口应按照作业标准，进一步做好购票旅客的手机号码录入，为旅客接收列车运行调整信息提供便利，为实施精准防控提供信息支撑，并严禁发售无座车票，严格控制旅客列车客座率，继续实行离散选座、分散候车、车内设置发热旅客隔离席位等措施，严格落实购票提供乘车人手机号码制度，从售票源头为站车防控创造条件。

（2）退票工作

根据疫情防控需要，以及客流变化情况，铁路部门临时调整运输方案。已购买停运列车车票的旅客，可于票面乘车日期起30日内（含当日）办理退票手续。在12306网站购买车票的旅客，如尚未换取纸质车票（报销凭证），可在网站直接办理退票；已换取纸质车票（报销凭证）的旅客，请到车站窗口办理退票，以上均不收取退票费。根据疫情防控需求，停开部分列车并继续实行免费退票，切实维护广大旅客权益。全国铁路每日停开旅客列车已达2507列，已停开湖北境内所有始发、终到旅客列车；1月21日至29日，为配合疫情防控工作需要，回应广大旅客诉愿，铁路部门先后四次出台免费退票措施，全国铁路为旅客办理免费退票6257万张。对无法在网上办理退票的旅客，铁路部门继续推出延长退票时限的服务措施。凡是于2月5日24时前使用现金购票或已于2月5日24时前换取纸质车票（含报销凭证）的旅客，如开车前无法到车站办理退票的，可延期至 3 月 31 日 24 时前办理退票；凡是火车票票面发站所在地车站进站通道关闭的，在进站通道恢复之日起 30 日内均可办理退票；退票须在购票地或出发地各车站办理，办理时继续免收退票费，铁路乘意险一同办理。因各地学校开学时间不同，为方便学生旅客退票，铁路部门已于 1 月 27 日起，在办理学生票退票时均不收取退票手续费，购买铁路乘意险的一同办理。

上海局微信公众号 2 月 5 日再次发布免费退票措施。这是针对目前疫情防控需要，集团公司发布的第 5 次退票措施。此举不仅扩大了退票时间条件的限制，更延长了办理退票服务的时间节点，也极大减缓春运返程客流的集聚压力。自去年 12 月 12 日起，12306 网站、手机 APP、电话订票开始预售今年春运车票以来，集团公司通过线上线下各种售票方式，售票总量不断上升。仅去年 12 月 24 日当天就预售车票 366.8 万张，较 2019 年春运最高峰多售 27.8 万张，创春运单日售票新高。售出的车票越多，意味着退票数量也随之水涨船高。退票最高峰，一天达到 100 多万张。虽然大部分的退票业务都是通过网上办理，但还有不少旅客来车站窗口办理。每年春运客发量位居集团公司第一的上海直属站，在 1 月 23 日、24 日这两天迎来了最为集中的退票潮，当天，退票数量 2 万多张，是日常的 10 倍之多。为了避免退票旅客大量集聚，车站及时调整加开了 12 个退票专窗，减少旅客办理退票时的停留时间。

4. 加强车站安全保障

（1）车站防控工作

严格落实通风、清洗、消毒和对旅客进行体温检测等措施，坚决切断疫情传播途径和条件。上海局 29 个客运车站成为阻击疫情的第一道关口。全局所有客运车站全部实行严格的进出站旅客测温工作，截至 2 月 4 日，集团公司为各车站共配备了 1233 支手持式测温仪、470 台红外非接触式测温仪。上海局 229 个客运车站全部实行进出站测温，严把进出站两个关口，落实地方政府疫情防控要求，规范进出站旅客测温工作，所有客运车站均在进出站口设置了旅客测温点，在出站口设置留验站，对到达、出发旅客一个不漏进行测温，并增派人手加强维护引导，及时疏散完成测温与核验的旅客。各站车单位还严格落实站车通风、消毒、卫生保洁等防疫措施，确保站车环境卫生达标，着力为旅客营造安全舒适的候乘环境；严肃管控纪律，严格执行通过铁路通道进出疫情严重地区的审批和报备程序；协助地方医疗机构，及时做好发热旅客的处置工作。特别是作为春运主战场的上海、杭州、南京、合肥四大客运直属站，此时已将管内站区变成了一个个"战区"。各进出站口全副武装的工作人员和医务人员，对进出站旅客逐一测温确认，发现发热旅客立即进行筛查或者移交当地卫健部门。各站区还协同华铁旅服公司每日对候车室、售票厅、卫生间等公共场所进行预防性消毒，对车站通风设施全面检查、维修、消毒，为旅客提供安全清洁的候车环境。上海虹桥站的出站口已不见往日旅客穿梭的繁忙景象，旅客个个面戴口罩，拖着行李箱，在工作人员的引导下，有序通过测温通道。车站在进出站口配置了31台先进的医用红外热像仪。配置这些非接触式测温机器，既可以做好测温工作，又不会造成客流拥挤。车站在出站口设置了6个测温通道，每一个通道都有两个测温环节。只有通过两次测温都没有问题的旅客，才能进入市区。

为保障复工包车、定制专列顺利开行，各车站根据务工人员集中返岗需求，按照"一车一方案"的原则制定专门运输方案，加强公共区域消毒通风，开辟绿色通道，确保务工人员快速有序出站。各车站组织工作人员引导旅客按区域、企业排队，有序到出站口进行体温测量和身份核验。专列到发车站通过加强公共区域消毒通风，开辟绿色通道等措施，确保务工人员快检、快进、快登乘、快出站。相关列车在出库前进行全面预防性的消毒，列车运行中乘务人员引导务工人员全程佩戴口罩，组织车上分散就座，减少车厢内走动流动频次，同时做好列车卫生保洁。到达车站科学制定出站引导方案，配合地方政府和企业做好复工人员体温检测、身份核验和"健康码"核对，确保旅客快速有序出站。

针对到来的春运返程客流，各车站还提前预判客流集中进站和到达高峰时段，合理布局进出站通道数量，优化调整测温组织流线，避免出现长时间客流积压。为确保旅客有序测温，快速进出站，车站加强内部挖潜，配足现场力量，协调各级公安部门，均衡进出站口旅客人数，落实重点时段人员疏导。对初测体温超标的安排静等10分钟后再行复测，视情放行或转运。各车站还加强对候车室、售票厅、站台面等公共场所卫生消毒，利用电子显示屏、宣传牌、宣传帖、广播等各类载体，宣传引导旅客配合做好体温检测、口罩佩戴以及个人健康信息填报等工作，确保每一名旅客平安出行。根据当前防控及复工情况，各地制定了差异化防控措施：所有铁路车站实施体温检测，长三角铁路各车站均实行出发、到达旅客100%测温措施，对温度超过37.3度的旅客进行送医诊断。部分车站使用热成像测温仪，在旅客不需驻足停留的情况下，实现精准测量旅客体温，最大限度方便旅客，提高通道通行能力。

随着疫情的减弱，为做好常态化疫情防控和旅客出行服务，上海局各客运车站针对客流上升趋势，加强安检口、站台、地下道等关键部位的疏散引导，防止旅客聚集拥堵，及时增开测温通道，对进出站旅客进行体温检测。同时严格落实候车区域、售票厅等公共场所通风换气、卫生保洁和日常消毒等防疫措施，提醒旅客正确佩戴防护口罩。各客运段协同华铁旅服公司严格落实列车防疫措施，加大保洁和消毒频次，重点突出列车厕所问题的整治，确保列车厕所无异味，卫生无死角，为旅客提供整洁、温馨的乘车环境。

5. 加强列车车上防控

（1）列车日常管理

① 坚持对每日所有终到入库的局属动车组列车、普速列车实行全覆盖预防性消毒一次，涉及发热旅客列车的终到消毒由各疾控所负责。终到入库车底消毒作业完成后，在餐车放置"本次列车已全列消毒"揭示。

② 做好运行途中旅客列车的消毒工作，每4小时对公共区域、售货推车、洗手池（台）、水龙头、电茶炉、厕所、门把手等部位消毒一次，并在列车保洁作业单中填写"途中消毒时间：×× 时 ×× 分"。做好列车通风工作。普速列车要加强途中通风，空调列车将新风量设置到最大挡位。

③ 加强车上旅客服务。各次列车餐车一律改为下车厢出售盒饭、商品，餐车不再接待旅客就餐、购物。餐售人员必须佩戴口罩、手套，根据需要可佩戴防护眼镜和一次性帽子，做好自身防护。客运乘务人员要根据值乘区域，对车厢端门加强看管，劝阻旅客不要在不同车厢间走动。每站开车后，播放广播"各位旅客，根据疫情防控要求，本次列车停止接待旅客到餐车就餐购物，工作人员将到车厢售卖盒饭和商品，请您在座位上等候。同时，尽量减少在车内走动"。

④ 组织车内分散就座。列车长要了解各节车厢各区段实际乘坐旅客人数，在车内条件允许的情况下，引导人员密集车厢旅客到同等席别较空车厢分散乘坐。

⑤ 预留防控隔离席位。客票管理所预留一定席位，遇途中出现发热旅客，供列车调整席位使用。若空闲席位不足时，立即联系客票管理所，申请预留席位。

⑥ 加强列车防控工作，细化落实旅客体温抽测制度，全面推行列车扫码配餐服务。

这里有一个特殊的故事值得一提。对于器官移植来说，时间就是生命。2月29日17:00，京沪高铁无锡东站接到无锡市人民医院的紧急求援，来自河南省的一个用于新冠肺炎患者进行器官移植的肺源正在由医护人员乘坐高铁护送到无锡东站，急需通过车站绿色通道火速转运至医院。该患者为男性，59岁，确诊为COVID-19危重型，经气管插管呼吸机应用ECMO维持和药物治疗后，连续核酸检测呈阴性，但双肺已严重病变受损且不可逆转。2月24日，经专家讨论，有肺移植手术指征，即转无锡。无锡东站第一时间开辟出站绿色通道，安排工作人员沿途引导，并积极协调联系地方卫生防疫和公安部门，组成疫情防控特别小分队提前在站台待命。18：20分，G1821列车准时停靠在无锡东站，由车站人员带队引导，地方卫生防疫人员和公安人员分别对器官护送医疗人员进行了测温和行程查验，在落实疫情防控措施的同时最大限度地压缩了出站时间，使整个出站流程不到3分钟就完成了。最终，移植器官顺利通过绿色通道转运至地方车辆送往医院成功移植到患者体内。2月2日在江苏省卫健委、省防控医疗专家全力支持下，"我国肺移植第一人"、著名肺移植专家陈静瑜教授团队历经5个小时鏖战在无锡成功进行全球首例新冠肺炎病例双肺移植手术。业内专家认为，这例新冠肺炎危重症病例肺移植救治手段对降低死亡率有较大意义。

（2）列车应急处理

在列车上发现发热大于37.3摄氏度、咳嗽等症状旅客，简称发热旅客，列车长立即向本单位和列车运行所在局调度所客调报告。列车担当单位应按规定上报所属铁路局集团公司防控办、铁路疾控所，所属铁路局集团公司防控办技术上报国铁集团防控办，铁路局集团公司调度所客调及时向国铁集团调度中心客调报告。

列车长立即将发热旅客移至防控隔离席位进行隔离，让发热旅客戴好口罩，并检测或复测体温，了解发热旅客的活动范围，确定密切接触者，非发热旅客所在车厢及肯能污染的旅客进行登记。立即向前方站或所在局防控办和调度报告，调度部门根据铁路局集团公司防控办确定的处置方案，安排列车在前方最近下交车站停车，列车上进行应急消毒，车站及疾控部门做好接车紧急处置，接受发热旅客的车站，做好个人防护，专人负责发热旅客移交地方卫生健康部门。如，杭州客运段工作人员引导旅客完成个人健康信息登记。针对客流到达高峰时段出站口测温可能出现排队的现象，铁路部门组织乘务人员提醒旅客提前在列车上通过微信公众号等途径及时完成个人健康信息填报，相关车站增加人力做好出站口秩序维护和引导，配合地方医务工作人员组织旅客有序测温，对体温超过37.3度的旅客免费发放口罩和健康告知书，及时疏散完成测温与核验的旅客，避免在通道内滞留。上铁疾控所联合华铁旅服公司对长三角各车站及动车组列车进行消毒作业。

6. 确保职工岗位工作和人身安全

（1）合理安排职工岗位

主要是通过优化劳动组织实现，主要方法有：划小工作单元，相对固定作业区域，合理作业分工，降低受污染概率。如，武汉局各站克服种种困难，科学合理安排职工上岗。全力保障发往疫区重点物资的运输畅通，确保物资以最快速度到达疫区，是重中之重。武昌东车务段坚决按照"确保必须、关停不必"的原则，优化生产劳动组织，安排机关腾出学员楼房间20多间，保障武东编组站调度、行车人员住宿；组织沿线各站利用生产用车保障职工上下班通勤，畅通职工上下班交通费用报销通道，确保各站职工到岗上班安排有序。武昌站抓好劳动生产组织，对沿线各站往来武汉间的职工通勤情况进行摸底调查，合理调整班组上岗人员，为管内各车间、中间站配备足够生活物资及口罩、手持额温枪等物品，每天对职工生产生活区域进行消毒处理，采取职工集中管理及住宿、集中待班等措施，做好职工后勤保障。汉口站在保障干部职工家庭正常生活的前提下，组织党员和生产骨干组成突击队，每天在车站集中住宿，车站行车岗位人员实行集中管理。同时，该站管辖内的汉宜线和武孝城际各中间站干部职工主动克服困难，分别从家中赶往车站留守，保障车站正常运转。

再如，上海各大火车站是上海的"陆上大门"，既是服务旅客的重要窗口，又是防控新冠病毒通过铁路传播的前沿阵地。疫情期间，上海直属站紧急动员、迅速行动，一方面落实最严的防控措施，守一扇门，护一座城；一方面密切关注疫情走势和客流变化，紧贴市场需求，灵活高效地组织运输生产，以提高有效供给为核心持续优化生产劳动组织，全方位节支降耗。上海虹桥站按高速场、综合场等不同场区的列车到发特点，将负责站台、出口作业的人员归到一个班组，由班长根据岗位繁忙程度，灵活调配人员，发车时将更多的人员安排到站台负责乘车组织、电梯防护，列车到达时用工重心相应向出站口倾斜。柔性化的作业组织方式，打破了固有工班设置，实现了高效用工管理。疫情期间，车站合理优化客运组织，三大客站根据现场客流情况，结合进出站测温筛查，动态调整旅客流线、通道设置，分类、梯次实行售票窗口间隔开窗、调整列车到发股道等，相应停止部分售票、候车、检票、出站区域服务功能，优化人员配置，降低用工成本。"节约的岗位人员车站引导其开展轮流年休，1至3月共安排1455人年休，年休率达48.3%，为客流回升后用工留有储备。

（2）提供自我保护设备

如，为保护列车服务人员的安全，上海还按照至少2台手持红外测温仪、5套防护服、5副护目镜、10副口罩和手套等防护用品的配备标准，配发至担当值乘任务的旅客列车上。

加强防护用品配备。防控期间，保洁作业人员除配备基础保洁用品外，还应配备防护口罩、乳胶手套、消毒液等专用防护用品，防护口罩配备数量比照客运人员标准。根据疫情防控需要，可配置护目镜、胶靴（鞋）或胶质鞋套等。

落实个人防护措施。值乘保洁作业时，需穿专用工作服，佩戴口罩、手套。对有发热旅客使用过的卫生间、垃圾箱进行清洁时，可佩戴护目镜，切实做好个人防护。防护用品破损时，要及时更换或修补。

强化作业安全操作。对公众接触暴露部位进行清洁作业时，应使用消毒液浸泡过的抹布，进行保洁并擦拭消毒。卫生间、垃圾箱清扫作业时，应先喷洒消毒液进行消毒，再进行清扫作业。门把手、扶手、开关等重点部位要做到每小时消毒和清洁至少一次，切实防止感染。

（3）防止职工交叉感染

铁路运输一线的干部职工处在疫情防控的最前沿，不仅承担着确保铁路运输安全畅通、快速抢运防控人员和物资等繁重工作任务，而且承受着巨大的心理和生理压力。坚决防止麻痹松懈思想，强化重点岗位和关键单位人员防护，尽可能划小工作管理单元，防止大范围交叉感染。严格遵守属地有关规定，制定细化"八小时内"防控措施，明确"八小时外"管控要求。铁路卫生防疫部门充分发挥专业优势，既抓外防、又抓内控，为打赢疫情防控阻击战贡献专业力量。在加强职工健康防护方面，主要采取了以下措施：编制职工健康防护宣传手册，加强职工卫生防疫常识宣传；为铁路一线干部职工配发口罩，要求站车服务人员上岗时必须佩戴口罩，工作需要的要佩戴防护手套；对调度指挥、行车等重点岗位、场所实行严格管理，加强通风消毒，严控人员出入，保持环境卫生整洁；

调度所作为铁路大动脉的大脑和指挥中枢，如何保证铁路"最强大脑"在全力做好疫情防控的同时，又能确保集团公司运输安全生产平稳有序，实现"零失误"运行。组织乘务人员出乘、退乘时进行体温检测，对体温超过37.3℃的，暂停其乘务工作并安排就医；为最大限度减少感染病毒的机率，调度员需避免乘坐公交、地铁等公共交通工具上下班。对重点地区铁路调度员、机车乘务员等主要工种人员和旅客列车工作人员，采取集中食宿的方式加强卫生防疫管理，确保全国铁路路网畅通、安全有序；减少和控制人员临时出差，除防控疫情需要，无特殊原因不安排到湖北境内出差；减少开会，暂停或控制各类交流活动，尽可能避免人员聚集；对居家隔离留观的职工加强管理，落实健康状况随访和电话问询，建立每日报告制度，及时掌握情况，对有发热、咳嗽症状的职工及时安排就医。武汉铁路局从环境、列车、人员等方面做好车站卫生、保洁和消毒工作，补强通道测温设备，完善应急预案，为逐渐恢复的铁路客流做好各项准备，同时高度重视职工健康防护，对主要行车工种人员实行集中管理，科学发放口罩、消毒剂、药品等物资，积极开展走访慰问，开通"心理热线"，开展心理疏导，呵护职工健康。

上海局还强调严格落实"三要""四不准"的要求。"三要"即：一要佩戴口罩。室内人多时，外出、上下班、乘坐公共交通工具等接触人群时，要佩戴口罩，经常接触扶手等公共物品要戴手套、做好个人防护。二要勤洗手。饭前便后要洗手。要注意用眼卫生，不能用不洁手揉拭眼睛。接触不洁物后，要用洗手液消毒，保持清洁卫生。三要划小工作单元。作业时各班组要精细化管理，人员分组相对固定，工作岗位相对固定，减少岗位轮换，减少人员交叉。"四不准"即：一不准去公共场所。工余时间，不要到影院、餐厅等人员密集的室内公共场所；去公园等户外活动，要选择人员稀少的区域，降低感染机率。二不准参加聚会用餐。无论亲朋好友，不要聚餐。食堂用餐，尽可能分时分段，人员分散，减少长时间密切接触。三不准带病坚持工作。有身体不适，体温达到或超过 $37.3℃$，特别是有发热、咳嗽等病症的，应当立即停止工作及时安排就医。待身体恢复后，冉复岗。对划定为密切接触的人员，要坚决落实 14 天隔离医学观察措施。四不准相互串岗。铁路员工要坚守本职岗位，非工作需要不要串岗，能电话联系就电话联系，防止相互传播。还要求要加强重点单位防控工作，调度所、信息所、乘务员公寓等重点单位要加强管理，以控制人员出入、避免密切接触的隔离封闭管理为主要措施，严格管控生产场所。同时，为加强重点地区防控工作，按照网格化管理要求，持续抓好"三史"人员和来自集团公司管内疫情严重区域人员的排查工作，并按照地方政府要求，做好集中或居家隔离的重点人员监控。

疫情期间（截至 4 月末），上海局通过精准实施站车疫情防控，排查发热旅客 3.2 万人,免费办理退票1.66亿张,提供密切接触者协查信息3.58亿条,运送医护人员1.39万人次,运送防疫物资44.3万吨、生活物资39.9万吨。实施"一日一图",动态优化列车开行,安排401列务工专列、164列离鄂返京专列、1531辆包车等,提供"点到点"运输服务。全国铁路日均旅客发送量由2月份的130万人次上升至4月份的356万人次,客流逐步回升。

Chapter 05
第 5 章 高铁事故应急处置与应急救援

我国高铁在应急救援方面进行了系统研究，提出了高速铁路应急救援安全保障系统由"日常生产操作安全系统"和"安全基础保障系统"构成，并从运输组织和政策法规两个角度阐述了应急救援体系，构建了高速铁路安全保障信息系统，分析了各个子系统的功能及构成情况。同时，还提出高速铁路应急预案管理的生命周期，包括应急预案的编制流程、审批备案、更新、修订和演练。初步构建了铁路运输环境突发应急反应体系，研究了各种突发事件的特点和应急处置方法。

5.1 事故应急处置能力及策略

5.1.1 事故应急处置能力概述

事故应急能力是指组织、企业或个体预防和应对突发事件的能力。根据国情和借鉴国内外经验，事故应急能力主要包括：

① 应急认知能力：主要包括应急意识、应急知识、危险及其发生可能性、危险中人财物的易损性程度等的辨识能力等；

② 信息处理能力：包括事故信息报告，以及应急响应需要的制度、标准、技术、资源、专家、设施、社区、人员等相关信息；

③ 监测预警能力：是对可能发生或正在发生的突发事件进行处理时所具备的应对能力，包括编制应急预案、建立监测预警制度，进行隐患排查和监测、配置相应的设施和工具；

④ 应急处置能力：这是应对突发事件的核心能力，包括应急快速反应，应急决策，应急指挥、控制、协调，应急队伍的实战技能等；

⑤ 应急保障能力：主要包括应急设施建设、应急装备工具储备、应急物资储备、资金支持、避难场所设置等；

⑥ 公众反应能力：主要包括居民个人的对灾害的防御能力和自救、互救技能，居民家庭应急准备情况等；

⑦ 社会疏导能力：指突发事件将要发生或发生过程中组织相关区域群众有序转移到避难场所或其他安全地带的能力；

⑧ 应急动员能力：主要包括组织社区内机关、企事业单位、社会组织、居民捐款捐物和提供技术支持，开展应急宣传教育和演练，为受到伤害的居民提供必要的基本生活条件、心理干预等能力。

事故应急能力的建设体系结构如图 5.1 所示。

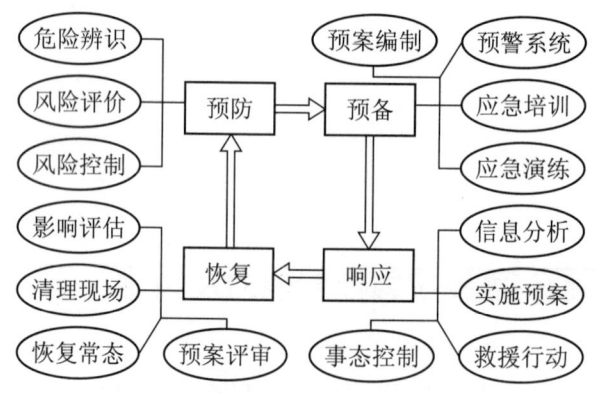

图 5.1　事故应急能力的建设体系结构

5.1.2　事故应急处置能力建设内容

事故应急能力建设应遵循应急能力模型中的两层要素内容开展：

① 事前防范能力：在预防过程中，应充分利用建立完善的对象风险管控工作及模式，消除、减缓、控制事故发生的可能性与后果水平，实现事前的减灾目的；

② 事前准备能力：在预备过程中，针对事故灾害的风险水平，搭建预测预警预报系

统与平台对目标进行动态化的监测与预警，编制各类事故灾害的应急救援预案，并组织人员开展有效的培训与演练；

③事中响应能力：在响应过程中，应强化事故信息的分析与沟通，提高预案启动的准确合理性以及行动过程中人、物、管理协调机制等各方面的配合，使事故与损失得到最大限度的控制；

④事后处置能力：在恢复阶段，需要完善对事故遗留问题处置与解决的能力，并能够对事故及救援过程中暴露出的优势与不足进行科学认知与总结，为未来的事故预防与应急救援提供科学的经验指导。

事故应急能力建设内容如图 5.2 所示。

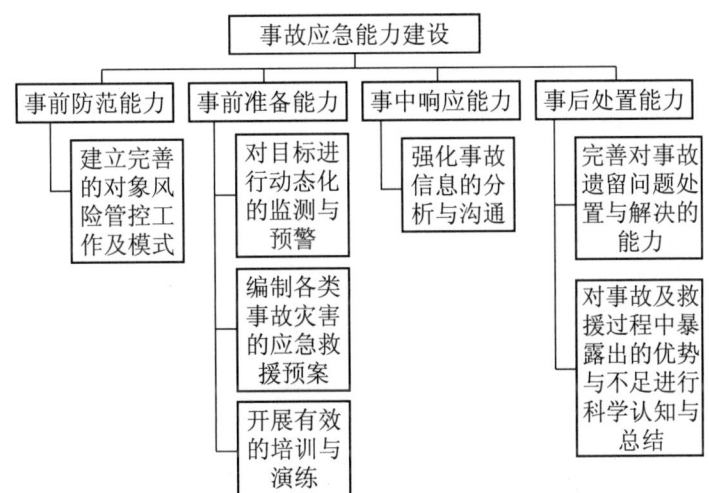

图 5.2　事故应急能力建设内容

根据事故应急能力建设的模式，指导企业构建如下列出的 20 项应急能力建设体系如表 5.1 所示。

表 5.1　包含 20 项应急能力建设体系

阶　段	建　设　目　标	建　设　子　系　统
预　防	确立主动式应急理念	应急法规、组织、管理、队伍、科技和预警系统
	全面辨识事故风险	
	合理评价风险水平	
	建立应急基础保障	

续表

阶　段	建设目标	建设子系统
预　备	制订系统全面的应急预案	应急预案、物资、培训、演练、监测和信息系统
	充分准备事故应急所需资源	
	实施事故应急能力建设	
	提高事故应急响应效能	
响　应	及时启动应急预案	应急报告、指挥、救援和通报系统
	有效实施应急预案	
	降低生命、财产和环境损失	
	有利于事故灾后恢复	
恢　复	企业和社会事故影响最小化	应急救援、医疗、评估和保险系统
	有效吸取事故教训	
	具备事后重建能力	
	反馈应急管理能力信息	
	促进应急保障体系完善	

5.1.3　基于事故风险分级的应急管制策略

基于事故风险分级的应急管制策略是指不同类型突发事故事件的不同风险水平所采取的针对性应急管制策略。

科学、合理的分类分级式应急管制策略，是实现事故应急有效性的重要方法论。根据自然灾害、事故灾难、社会治安及公共卫生四大类突发事件，设计分级应急管制策略及其技术。

事故应急的分级原理要以基于风险的原理进行，即应用 RBS 理论和技术，确定各大类应急管制对象的应急响应主体与应对责任主体，将各类应急预案按照从高到低不同风险等级，由对应管制部门进行分类分级策略进行管制和组织。基于风险的分类分级应急管制策略如表 5.2 所示。

表 5.2　基于风险评价的安全事故分类（分级）应急监管策略

应急对象	自然灾害			事故灾难			社会安全			公共卫生		
事故类型	地震、滑坡、泥石流、台风、海啸等			矿难、空难、火灾、交通事故等			刑事案件、恐怖袭击、突发事件等			重大疾病疫情、食品药品中毒等		
风险等级	高→低			高→低			高→低			高→低		
事故分级	Ⅰ级	Ⅱ级	Ⅲ级	Ⅰ级	Ⅱ级	Ⅲ级	Ⅰ级	Ⅱ级	Ⅲ级	Ⅰ级	Ⅱ级	Ⅲ级
监管策略	A级策略	B级策略	C级策略	A级策略	B级策略	C级策略	A级策略	B级策略	C级策略	A级策略	B级策略	C级策略
策略内涵	加强响应	较强响应	一般响应	加强响应	较强响应	一般响应	加强响应	较强响应	一般响应	加强响应	较强响应	一般响应

政府与企业可以根据其面临的潜在突发事件，按其类型进行事前与事中两大过程的事前风险评估与事中风险评估，掌握各类事故事件在不同阶段的风险等级，从而制定与实施相应风险级别的应急监管、预防、准备、响应、救援、恢复等不同强度的管制对策。通过对突发事故事件采取基于风险分类分级的管控与应急，既能够提升应急管制策略体系的系统性与针对性，也可以实现应急管理中人力、物力、财力等各类应急资源的科学配置，提高应急管理效能水平。

5.1.4　事故应急响应模式

事故应急响应模型是面向事故应急主体（政府和企业），揭示应急流程、应急组织功能的规制与机制，指导应急响应的实施及功能任务的分配及协调模式，为落实和有效实施应急响应提供方案及对策方法。

事故应急响应模型将接警、响应、救援、恢复和应急结束等过程规律系统化，对应急指挥、控制、警报、通讯、人群疏散与安置、医疗、现场管制等任务协调化，有助于合理、科学地设置应急响应功能和实施运行应急响应程序，对保障应急效能，提高应急效果具有重要的应用价值。

事故应急响应模式包括"事故应急响应流程"和"事故应急响应功能设计"两大体系。前者是纵向的层次逻辑，后者是横向的任务逻辑。

事故应急响应流程如图 5.3 所示。事故应急救援响应程序主要包括警情与响应级别的确定、应急启动、救援行动、应急恢复和应急结束五大步骤，其中涉及诸多技术环节和要素。

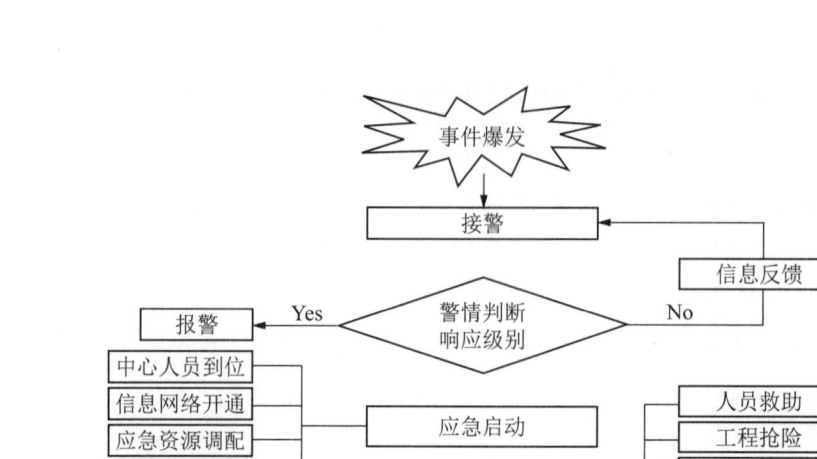

图 5.3　事故应急响应处置流程结构图

实施应急响应需要多部门、多专业的参与,如何组织好各部门有效地配合实施应急响应,完成响应流程的目标,是最终决定应急成败的关键因素之一。因此,应急响应模式要解决应急响应任务的设置和安排。一般应用应急响应预案中包含的应急功能的数量和类型,主要取决于所针对的潜在重大事故危险的类型,以及应急的组织方式和运行机制等具体情况。如图 5.3 描述了应急功能及其相关应急部门或机构的功能关系,其中 R 代表应急功能的牵头部门或机构,S 代表相应的协作部门或机构。

表 5.3　应急功能及其相关应急部门或机构的功能关系

应急功能	应急机构						
	消防部门	公安部门	医疗部门	应急中心	新闻办	广播电视	……
警　　报	S	S		R		S	
疏　　散	S	R	S	S		S	
消防与抢险	R	S		S			
……							

5.2 应急救援体系

5.2.1 应急救援概述

应急救援一般是指针对经济型、威胁性、影响广泛的突发事件采取预防、准备、响应和恢复的计划与举措。应急救援的对象是具有突发性和后果、影响严重的自然灾害、事故灾难、公共卫生事件和社会安全事件等。应急救援的目的是对紧急事件作出预警；控制紧急事件发生与扩大；开展有效救援，减少损失和迅速组织恢复正常状态。因此，应急救援有三个特点：第一时间的反应；实时的信息公开；有效处置与防范。

应急救援管理主要涵盖四类活动：一是预防、减少突发事件的发生；二是响应、应对突发事件；三是控制、减轻突发事件的社会危害；四是清理、消除突发事件的影响。归纳起来，应急管理就是围绕突发事件而展开的预防（precaution）、响应（response）、处置（handling）、恢复（recovery）的活动。所谓"预防"是指减少影响人类生命、财产的自然或人为风险，提高应对各种突发事件的能力，如实施建筑标准、推行灾害保险、颁布安全法规、制定应急预案、建立预警系统、成立应急中心、进行救援培训、开展应急演练等；所谓"响应"是指在突发事件发生时所采取的行动，如研判信息、发布预警、启动应急预案等；所谓"处置"是指采取措施以挽救生命、减少财产损失，如调动资源控制突发事件的扩大、升级，提供医疗援助、组织疏散与搜救等；所谓"恢复"既指按照最低运行标准将重要生产生活支持系统复原的短期行为，也指推动社会生活恢复常态的长期活动，如清理废墟、控制污染、恢复生产、提供灾害失业救助、提供临时住房等。

按照突发事件发生、发展规律，完整的应急救援管理过程应包括预防、响应、处置和恢复重建4个阶段，分别发生在突发事件的事前、事发、事中、事后，形成一个闭合的循环过程。其中，每一个阶段都要求采取有力的应急救援管理措施，尽可能地减少突发事件的发生，控制突发事件的升级和扩大。

1. 事前——预防与应急准备阶段。应急救援管理要贯穿"预防为主"的方针。在预防与应急准备阶段，要注意在日常工作中采取措施，着力降低社会应对突发事件的脆弱性，要为应对突发事件做好充分准备。同时，要经常排查所在区域的风险和隐患，对危险源进行持续的、动态的监测，并开展有效的风险评估，在风险评估的基础上，进行风险处置。及时预警即将演变为突发事件的风险和隐患，使社会公众在突发事件发生前采取避险行动，尽量减少突发事件所带来的损失。

2. 事发——预警与应急响应阶段。应急响应是指在突发事件发生时，应急救援管理者研判突发事件信息，启动应急预案，动员协调各方面力量开展应急处置工作。信息研判是至关重要的，一定要快速、准确，以避免应急响应失当。

3. 事中——处置与应急救援阶段。应急处置是指应急救援管理者在时间、资源等约束条件下，控制突发事件的后果。即突发事件发生后，要尽可能详细地掌握事件情况，迅速按照应急预案的要求，采取有效救援措施，防止突发事件扩大、升级。处置过程需要大量的非常规决策。应急管理者需要在极短的时间和巨大的心理压力下，进行创新性决策，要遵照预案，但又不能固守预案。不遵照预案，就无章可循；但固守预案，突发事件的瞬息万变又可能使预案的作用丧失。

4. 事后——评估与恢复重建阶段。突发事件处置工作完成后，应急救援管理者必须清理现场，尽快恢复生产生活秩序，并据此组织各种力量，消除突发事件对社会、经济、环境以及人的心理的影响。不仅如此，应急救援管理者还应该开展应急调查、评估，及时总结经验教训；对突发事件发生的原因和相关预防与处置措施进行彻底、系统的调查；对应急救援管理全过程进行全面的绩效评估，剖析应急救援管理工作中存在的问题，提出整改措施，并责成有关部门逐项落实，从而提高对突发事件预防和应急处置的能力。

5.2.2 应急预案体系

应急预案指面对突发事件如自然灾害、重特大事故、环境公害及人为破坏的应急管理、指挥、救援计划等。2006年1月，国务院发布《国家处置铁路交通事故应急预案》对突发事件铁路行车安全管理和应急救援处置做出明确规定，特别重大铁路行车事故发生后，国铁集团和国务院有关部门、事发地人民政府按照各自职责、分工、权限，共同做好铁路行车事故应急救援处置工作。

应急预案的编制和救援组织是应急救援的核心内容。我国铁路以安全技术和现代信息技术为支撑，建立了国铁集团、铁路局集团公司、站段三级应急救援系统，相应的应急预案分为综合应急预案、专项应急预案和现场处置预案。综合预案是铁路应急管理的整体预案，从总体上阐述铁路的应急方针、政策、应急组织结构及相应的职责、应急行动的总体思路等。专项预案是针对某种特定的突发事件制定的，例如交通伤亡事故、危险物质泄漏、火灾、地震等应急而制定的。专项预案是在综合预案的基础上，充分考虑了某特定突发事件的特点，对应急的形势、组织机构、应急活动等进行更具体的阐述，具有较强的针对性。现场处置预案是集团公司下属各站段针对各种类型突发事件制定的具体处置措施，它是在专项预案的基础上，根据具体情况需要而编制的。现场处置预案的特点是针对某一具体站段、部门及具体的事故情况，在详细分析的基础上，对应急救援中的各个方面做出具体、周密而细致的安排，因而具有更强的针对性和对现场具体救援活动的指导性。

根据《国家处置铁路交通事故应急预案》《国铁集团关于实施铁路突发公共事件应急预案的决定》《铁路交通事故调查处理规则》《铁路交通事故应急救援规则》等相关法律法规和相关规定，我国高速铁路编制了国铁集团、集团公司、现场三个层次的突发事件应急预案，能够更好地满足高速铁路应急救援需要，进一步增强应对高速铁路突发事件的能力，规范、科学、准确、迅速的实施应急处置，最大限度地减少突发事件造成的人员伤亡、财产损失，保证高速铁路运行安全有序。

结合我国应急预案的执行情况，主要问题包括：

（1）我国应急预案缺乏持续全面的风险评估，运输生产过程中任何一个环节、设备的状态变化都会带来风险，必须持续做好风险评估和预先控制工作，才能进行充足的有针对性的准备和正确高效的响应。

（2）应急资源准备不力，一方面目前我国铁路注重事后的处理，突发事件发生后才启动应急预案，成立应急管理机构，而在事件发生前的应急准备做的不充分；另一方面突发事件的物资、设备等应急保障不力。

（3）应急预案缺乏可操作性。国铁集团和集团公司内部均根据事件的类别制定了一系列的应急预案，应急预案规定了突发事件的组织体系，以及各个部门之间的责任，但各个部门间的协调关系不够明晰。

（4）缺乏完善的组织体系，如果发生的事件性质不明确，存在各相关部门职责重叠，分部门、分场景的应急管理模式大大降低了事件处置的效率。

（5）应急响应过程中存在应急信息不全面、共享效率低、缺乏有效辅助应急决策系统等问题，极大影响到应急响应速度。

自然威胁和技术威胁的不断变化决定了应急预案的动态平衡性，需要实现应急预案的稳定更新，主要表现为预案的编制与修订的动态管理过程，对于风险分析、处置措施等不确定因素，要在编制完成后，经过审核程序和审批，通过培训、演练和实战，发现与实际情况的不符之处，及时进行修改调整，既考虑不变因素、又考虑可变因素，按"风险评估—编制预案—演练评审—修订完善—生产预案"这一修订过程推进，使预案具有更强的针对性和指导性。因此，不管编制完成的预案是否符合应急管理需求，都必须不断重新评估潜在风险，执行"再评估—再编制—再评审—再修订"的过程。可见，预案编制是一个动态的状态，需要不断地循环更新来确保应急预案达到最佳备灾状态。

突发事件往往具有跨区域和多灾种等复杂性，要求应急预案编制必须具备科学前瞻性。也就是说，预案要针对编制对象的特征，采用先进技术手段，指导现场处置，辅助科学决策。为适应多种应急力量跨区域联合作战时统一指挥和高效系统的需要，需要数字化预案。通过搭建应急指挥平台，将各方面信息转化为数据，根据应急处置程序，结合危险源评估、风险发生发展规律分析、危害后果模拟、应急技能分析、立体动态应急网络构建等内容，建立数字化模型，形成规范化、网络化、智能化、实战化的具体直观的应急预案。数字化预案实现了各种数据的网络互联和共享，通过影音动画功能，实现了预案的快速查询和生动演示；同时，通过数字化预案链接到公共信息平台上，实现与公共通信网络、全球定位系统、地理信息系统等系统的互联，可以极大提高跨区域联合作战时的信息沟通能力和力量协调能力。因此，专家智库和科技支撑等辅助决策系统的重要性愈加突出。

5.2.3 应急组织体系

高速铁路突发事件应急组织体系分为国铁集团、铁路局集团公司、站段三层。

（1）国铁集团应急组织机构

国铁集团成立高速铁路突发事件应急领导小组。应急领导小组由国铁集团分管副总经理任组长，总调度长、安全总监任副组长，成员由办公厅、安监、财务、计划、建设、劳卫司，运输局（营运、调度、装备、基础部）、铁路总工会、宣传部、公安局等相关司局负责人组成。应急领导小组下设办公室。办公室设在应急救援指挥中心。

国铁集团应急领导小组负责领导、协调高速铁路突发事件应急处置工作，其主要职责：决定启动或终止本级预案；组织、指导有关集团公司进行突发事件的应急处置；负责与有关部委、地方人民政府相关事务的协调工作；决定向国务院有关部门报告和请求支援；有关事项的决策。

国铁集团应急领导小组办公室负责信息传递、协调组织等工作，其主要职责：负责日常工作和应急领导小组交办事项；收集掌握高速铁路突发事件的信息并及时通报；落实应急领导小组有关应急处置的指示、命令；总结应急预案的执行情况，研究分析存在的问题，组织有关部门进一步修订完善预案。

（2）铁路局集团公司、站段应急组织机构

铁路局集团公司成立高速铁路突发事件应急领导小组。应急领导小组由集团公司分管副局长任组长，成员由局办公室、安监室、运输、客运、货运、机务、供电、工务、电务、车辆、财务、物资、建设、计划、劳卫处、调度所、工会、宣传部、公安局等部门负责人组成。应急领导小组下设办公室。办公室设在应急救援指挥中心。站段有关组织机构由集团公司具体规定。集团公司、站段层面的应急领导小组主要负责突发事件应急处置的组织、执行，具体职责在集团公司、站段高速铁路突发事件应急预案中规定。

根据国家对应急管理工作的要求，为进一步加强铁路系统应急救援工作，提高铁路突发事件的处置能力，最大限度地减少和降低铁路突发公共事件所造成的损失和影响，确保铁路运输安全畅通，原铁道部于2006年6月成立了国铁集团应急救援指挥中心。

在国铁集团调度设立国铁集团应急救援指挥中心（以下简称应急中心），国铁集团应急中心与运输局调度部实行一个机构两块牌子，应急中心主任、副主任分别由调度部主任、副主任兼任。应急中心在国铁集团应急救援领导小组的领导下开展工作，主要承担全国铁路系统突发公共事件应急救援的组织、协调和指挥工作，同时接受国家安全生产应急救援指挥中心的业务指导。组织有关单位按时完成国务院及有关部委应急管理部门下达的交通运输保障任务。与国铁集团应急管理办公室建立信息沟通、日常联系机制和资源共享应急信息平台，做好应急救援工作。

我国高速铁路应急响应采用分级响应的原则，应急响应分为特别重大、重大、较大、一般四级（即Ⅰ、Ⅱ、Ⅲ、Ⅳ级）。发生突发事件时，由相应部门启动应急预案，作出相应级别的应急响应。

应急响应的启动按照启动级别，由国铁集团（铁路局集团公司）高速铁路突发事件应急领导小组以《国铁集团（铁路局集团公司）关于启动高速铁路突发事件X级应急响应的命令》的形式宣布，命令内容应包括灾害基本情况、响应级别、响应单位及相关要求等。

5.2.4 高速铁路应急指挥及救援组织

高速铁路应急指挥及救援组织是应急救援工作的核心内容，为强化调度员、司机、机械师等各工种应对和防范高速铁路事故风险和应急处置能力，需进一步细化大风、雨雪、冰冻等灾害天气和设备故障等突发事件情况下的行车组织办法，明确各层级、各专业、各岗位的职责要求和工作流程，形成以调度为龙头的应急指挥体系，进一步完善我国高速铁路应急救援安全保障体系，推进高速铁路安全管理。

1. 高速铁路应急指挥

集团公司高速铁路应急指挥坚持集中领导、统一指挥的原则，发生自然灾害、设备故障、行车事故时，相关设备单位须在第一时间报告高铁列车调度台，并向相关业务处和单位通报。集团公司应启动应急预案，制定救援、抢修方案，由调度所组织实施。

调度所负责对调度指挥管辖区域内发生的铁路交通事故、设备故障组织救援和处置，调用设备及调度指挥管辖范围内救援力量（含救援列车、救援队）；需出动其他救援力量时，调度所应提前通知相关集团公司，向国铁集团调度发出请求；由国铁集团调度发布救援列车、救援队跨区域出动的调度命令。

突发事件情况下，值班主任组织协调相关调度调整列车开行计划（含客运业务停站股道运用计划、动车组车底运用计划）；掌握高铁列车运行及安全情况，对非正常行车组织、应急处置、重点列车等进行安全盯控；负责调度管辖范围内救援列车、救援力量的调用，需要跨调度管辖范围调动救援列车时，向国铁集团调度申请；负责安全信息的收集、通报，根据应急指挥中心确定的救援方案启动应急预案；协调相关单位组织救援。

列车调度员负责设备故障和行车安全等信息的通报，遇发生铁路交通事故、设备故障、自然灾害、防灾安全监控系统报警及列车报告异常信息等情况时，正确及时处理，通报信息，并按规定填写安监报；根据值班主任的指示，及时发布救援列车出动和运行的调度命令；在转非常站控时，负责向车站值班员下达列车运行调整计划（包括车次、股道、方向、到开时刻），确认进路正确，收取列车到发时刻。

此外，动车组列车发生故障时，动车调度员需组织指挥随车机械师及其他有关人员对动车组故障的应急处理，掌握故障处理进度，并督促管辖范围内有关单位对动车组运行故障进行入库修复、原因分析，及时收取分析报告；因动车组故障或其他原因影响管辖范围内车底正常交路时，组织车底交路调整、热备启用工作。客运调度员高铁管辖范围内客运突发情况的通报、处理，协调列车调度做好列车运行组织和调整，并采取有效措施，减少晚点等对列车正常运行的影响。旅客服务系统故障情况下，客服综控调度员负责向客运站值班站长（客运值班员）通报股道变更、列车晚点信息。动车组故障或突发事件时，动车组司机调度需及时与机务段、司机联系，掌握详细信息，指导动车组司机处置，向高铁值班主任及相关调度台通报；需启动热备（备用）动车组时，及时组织热备（地勤）司机出动，安排好乘务交路；动车组利用救援列车、机车救援时，组织司机、救援机车及时到位、出动。

2. 救援组织原则

集团公司编制的高速铁路应急预案实施细则中规定了各应急救援场景的应急处置流

程，应急处置中涉及调度员、司机、机械师、乘务员等各工种的职责，为更好地组织应急救援，最短的时间内消除故障或事故影响，最大限度保障旅客的生命、财产安全，高速铁路应急救援组织应遵循以下处置原则。

（1）统一指挥。列车运行过程中发生火灾、失去动力等突发事件时，现场需由列车长统一指挥，启动相应场景的应急预案，向列车调度员、邻近车站值班员及有关部门报告，组织列车乘务人员采取积极救援措施，例如火灾时疏散旅客、组织扑救，当公安消防队到达后，由公安消防队统一指挥。

（2）快速反应。当动车组运行过程中发生报警或旅客报警时，列车长、乘警、客运乘务员和随车机械师要立即准备救援设施，并迅速赶赴现场组织救援。

（3）正确处置。在确认故障或突发事件的情况下，立即采取救援措施，并第一时间通知司机，如有旅客被困或受伤，应立即抢救，并迅速正确使用应急设备，司机在确认事件信息后，应立即将故障或事故情况向列车调度员和邻近车站报告。当故障不危及本列车安全时，可不停车，按有关规定限速运行至就近车站处理；当故障危及行车安全时，须立即停车。区间停车时，司机应指挥随车机械师、列车长设置列车防护。

（4）车站协同。当故障或突发事件涉及车站应急处置时，车站应立即启用《××事故应急预案》，做好救援准备，同时联系地方相关救援部门，车站接入故障动车组后迅速组织救援，疏散旅客、抢救伤员；动车组被迫区间停车时，车站应组织救援人员携带应急设备赶赴现场救援。

（5）尽快开车。故障或突发事件消除后，列车长、随车机械师共同检查车辆状况，确认安全后，报告列车调度员尽快开车。

3. 救援组织

（1）信息报告

行车设备发生故障造成动车组非正常运行或停车时，动车组司机、随车机械师应按照有关规定进行处理。司机应及时将故障信息报告列车调度员或就近车站值班员，随车机械师须立即向集团公司动车调度员报告，然后向本属动车段（所）调度报告，动车段（所）调度及时报告集团公司动车调度员。

铁路局集团公司列车调度员、动车调度员接到动车组途中发生故障或其他设备故障影响动车组运行的报告后，应立即向值班（副）主任报告，值班（副）主任及时向集团公司应急调度台、国铁集团应急指挥调度台（高铁调度台）报告。集团公司动车调度员根据有关规定立即向国铁集团动车调度台报告。动车组因故障停车或需出动热备动车组时，集团公司动车调度员应立即向国铁集团动车调度台报告，并按应急处置有关规定及时向有关人员报告和通报。

当动车组发生故障在 20 min 内不能恢复运行或预计运行和到达晚点 30 min 及以上时，集团公司应急调度台接到报告后，立即向调度所主任（副）、总调度长、主管运输副局长报告（遇故障延时超过 1 h 以上时，还应向集团公司主要领导报告），并根据故障类别、性质和影响范围，通知运输、机务、车辆、供电、工务、电务、客运、安监、公安、宣传等部门。

动车组发生故障后，如果区间停车超过 20 min、站内停车超过 30 min 后，仍无法判明故障原因或虽已判明故障原因，但短时间内难以处置修复时，随车机械师须及时果断通知司机请求救援。当故障造成动车组无法运行并全列空调失效时，随车机械师应立即通知司机请求救援。

（2）应急指挥

高速铁路动车组故障应急处置由国铁集团应急指挥调度台、集团公司应急调度台、站段安全生产指挥中心按各自职责规定范围进行组织、协调、指挥。当启动救援时，集团公司主管副总经理（或总调度长）应到集团公司应急调度台进行指挥，故障延时超过一小时以上时，集团公司主要领导要到集团公司应急调度台进行指挥。

列车调度员发现或接到固定（移动）设备故障造成动车组或其他列车无法继续运行的报告后，应立即通知有关设备单位进行处理并报告有关领导。根据设备单位的请求及时发布上线抢修调度命令，组织有关部门及时启动相应应急处置预案。在接到救援请求时，由集团公司应急调度台布置列车调度员发布救援命令。

救援时应优先采用动车组，其次采用内燃机车。特殊情况下，重联动车组可以采用换端重联方式及动车组解编为单组运行方式进行处置；动车组列车操纵端故障需返回后方站时，必须采取整列换端牵引方式进行处置；机车救援时，应指派熟悉救援区段设备设施的机务人员添乘或动车组司机带道；若附近无热备动车组时，可启用备用动车组或调整在线运行动车组交路进行救援，不得已情况下可采用载客动车组进行救援。

区间救援前，列车调度员应详细了解被救援动车组型号、故障现象、头部车号、停车位置、坡度及被救援动车组司机的联系方式等信息。

（3）准备工作

一旦请求救援，相关单位人员要做好以下工作：

救援处置方案确定后，列车调度员应立即通知被救援动车组司机（救援方式、救援方向）。动车组司机应通知列车长和随车机械师。

随车机械师和司机等列车工作人员应第一时间根据相关规定做好救援准备工作。司机应及时打开头罩，随车机械师要确认动车组风压和电压符合救援要求、列车管连接和关门车等相应工作，使用机车救援时还应做好过渡车钩安装工作（CRH1B、CRH1E型动车组除外），必要时由司机或其他专业人员配合。

相关单位抢修人员要在接到故障通知后立即赶赴故障现场进行处理，抢修人员在接到故障通知后要加强与列车调度员的联系，本着快速出动、就近上车原则，利用可用交通工具第一时间赶赴现场处理。如需登乘动车组，可申请要点，列车调度员要及时安排停点上下车，确保抢修人员尽早到达现场。

被救援动车组因作业需要、蓄电池电压不足等原因需关闭应急电源时，司机应先通知列车长、随车机械师。列车长接到通知后，应立即广播并做好应急准备。

被救援动车组如因作业需要、故障等原因不能升弓供电时，司机应及时汇报列车调度员。

动车组列车发生故障时，动车组司机、列车长、随车机械师间应加强信息沟通。列车工作人员要及时广播晚点原因，做好安抚和服务旅客工作，稳定情绪，同时要加大巡视车厢频次，维持好车内秩序。车站客运人员应会同公安人员共同维护好站内运输秩序、治安秩序。发生强占列车、破坏车辆设备等危害铁路运输安全或扰乱治安秩序等情形时，公安、客运等部门应按有关规定及时处理。

铁路宣传部门在接到运输调度部门通报后，及时通过官方微博、新闻媒体等渠道发布消息，同时，将动车组发生故障作为重点舆情进行监控，并妥善处置。

不得已情况下动车组列车需采取开门运行时，应安装好防护网，并在列车乘务人员防护的情况下允许限速 60 km/h 运行，通过高站台时限速 40 km/h，列车调度员应发布调度命令。

救援运行途中应尽量避免实施紧急制动，避免制动与牵引之间快速切换，做到平稳操纵。

（4）救援限制条件

使用动车组救援时，列车管压力为 600 kPa；使用机车救援时，列车管压力采用 600 kPa。

救援限制要求：

CRH2A、CRH2B、CRH2C、CRH2E、CRH380A、CRH380AL 型动车组救援连挂时，仅允许一列动车组的 1 号车与另一列动车组的 8 号（或 16 号）车进行连挂。

CRH3C、CRH380B、CRH380BL、CRH380CL、CRH5A 型动车组同型之间及相互之间可以实施救援；CRH2A、CRH2B、CRH2C、CRH2E、CRH380A、CRH380AL 型动

车组同型之间及相互之间可以实施救援。

遇上述限制条件发生变化时，由集团公司车辆部门及时公布。

机车救援动车组时站内停车规定：

利用机车救援时，救援机车应按"16辆动车组停车位置"标停车，列车长与救援机车司机联系确认列车停妥后，方可通知客运乘务组手动开启车门。

（5）动车组救援动车组时站内停车规定

利用动车组救援时，8辆动车组救援8辆动车组时，列车进站应按"16辆动车组停车位置"标停车，按原有规定开关车门。其他情况动车组救援动车组时，按下列规定处置：

列车调度员（车站值班员）应提前准备进路、开放出发信号，并通知司机。

列车调度员通知车站指派地面人员指挥救援动车组司机将故障被救援动车组按"16辆动车组停车位置"标停车（救援动车组尾部第二辆车接近该停车标时及时呼叫"减速"，救援动车组与被救援动车组间车钩越过该停车标时直接呼叫"停车"）。列车停妥后，由列车长通知客运乘务组手动开启车门。

（6）响应时间

实施机车救援前，动车组打开头罩以及加装过渡车钩时间不得超过 40 min（不含动车组进行关门操作的时间）。

使用固定热备内燃机车救援时，由集团公司机车调度员布置所属机务段派班室，机务段派班室负责通知机车乘务员，机车乘务员接到出动命令后应于 15 min 内出动。设备管理单位抢修人员可携带抢修机具、材料搭乘救援机车赶赴现场进行处置。

非固定热备机车在接到出动命令后，担当机务段应立即安排乘务人员并组织对机车进行技术作业检查，于 30 min 内出动。

在车站热备的动车组 10 min、在车站外热备的动车组 20 min 内应具备车站发车条件。备用动车组救援时，要尽快出动，并配齐机务、车辆、客运和保洁等乘务人员。

（7）动车组救援规定

动车组救援出动时，应就近组织，需跨局救援时，由国铁集团调度发布救援调度命令。集团公司管内救援时，由集团公司调度统一指挥，列车调度员应向救援动车组司机发布开行救援列车的调度命令。

救援动车组进入封锁区间后连挂作业前，司机须与列车调度员联系，列车调度员发布邻线列车限速 160 km/h 及以下的调度命令，限速位置按停车列车位置前后各 1 km 确定。司机在接到列车调度员已发布邻线限速调度命令的口头指示后，方可开始作业。救援动车组司机将救援动车组停在距离被救援动车组 3 m 以外的位置，按照地面人员显示的手信号以不超过 5 km/h 的速度移动动车组，连挂后试拉，随车机械师应确认连接状态。

连挂完毕并进行制动机简略试验后，由被救援动车组司机确认被救援动车组防溜已撤除，人员齐全，车门关闭，具备开车条件后，通知救援动车组司机，救援动车组司机汇报列车调度员，并通知被救援动车组司机后开车。

（8）确定救援方案

列车调度员接到动车组列车需要转移旅客的救援申请时，应立即报告值班主任，根据救援地点确定救援方案。如救援地点距离本局动车段（所）较近，应由本局担当救援任务；如救援地点在外局，应立即报告国铁集团确定救援方案。

本集团公司担当救援任务时，首先考虑启用热备动车组，如热备动车组已派出，应根据备用动车组及区段内动车组列车的运行等情况，确定担当救援的动车组。如确定由运行中的动车组列车担当救援任务时，应通知客调。

客调要详细了解列车定员、换乘人数和停站站名等情况，再确定担当救援的动车组列车，确保满足换乘需求，保证换乘工作的顺利进行。

列车调度员要将相关情况，以及救援动车组从前部或后部的救援方案，通知车站值班员和请求救援的列车司机，以便列车乘务人员采取预防措施，车站值班员做好相关准备工作。

担当救援的动车组需要跨区段担当救援任务时，由于救援动车组司机不熟悉该区段线路、信号、分相区等设备情况，为了防止发生次生事故，保证救援安全、迅速，列车调度员须通知动车调度员指派带道人员为救援动车组带道。

（9）热备动车组启用及开行

根据动车组运用交路日计划图（表）的要求，动车段（所）每日最少应有一台热备动车组，停放在规定地点，根据调度命令投入使用。

① 热备动车组的选择

为避免或减少动车组列车晚点，动车组故障需及时启用热备动车组。更换动车组就需要换乘旅客，因各线运行的动车组型号不同，定员人数不同，如热备动车组定员少于故障动车组实际人数时，应优先使用定员能满足需要的其他动车组，有利于一对一组织旅客换乘。

启用本局热备动车组时，由列车调度员发布热备动车组的出动命令和行车调度命令；如需出动客运乘务人员时，由客运调度员发布客运乘务人员出动命令。

如故障动车组距本局热备动车组停放地点较远，而距其他集团公司热备动车组停放地点较近时，集团公司列车调度员要及时向国铁集团调度报告，由国铁集团调度向有关集团公司发布调度命令，跨局出动热备动车组。

② 热备动车组的开行

列车调度员应提前做好热备动车组开行计划，包括车次、始发与乘的站名、地点、时分、股道、站台等。及时通知有关部门。为便于旅客在站内换乘，热备动车组与被换乘动车组应尽可能接入同一站台。

热备动车组司机、随车机械师、客运乘务等人员接到列车调度命令后，应迅速做好出动动车组的准备工作，具备条件后及时发车。

对担当换乘任务的动车组列车应优先放行，确保及时到位，以减少列车晚点时间。热备动车组完成任务后也要优先放行，及时返回停车地点。

（10）救援作业

① 故障动车组前部救援

在故障动车组前部救援时，区间闭塞方向与救援动车组运行方向相反，列车进入区间后，列控车载设备会收到停车信号，因此需将动车组列控车载设备转为隔离模式。救援动车组进入封锁区间后，司机要注意运行，在接近被救援目标 2 km 时，以在瞭望距离内能够随时停车的速度运行，最高不超过 20 km/h，在距被救援列车不少于 300 m 处一度停车，与被救援列车联系确认后进行作业。

② 故障动车组后部救援

在故障动车组尾部救援时，为使救援列车尽快运行至救援地点，调度集中系统可不设置钮封，在排列列车进路、开放出站信号后，向担当救援的动车组司机发布调度命令。担当救援的动车组司机在收到允许运行的信号和列车调度员发布的调度命令后，方可按完全监控模式进入区间（以部分监控模式由车站到发线发出的动车组，进入区间后转为完全监控模式），在行车许可终点停车，与被救援列车联系确认后，按目视行车模式进入前方闭塞分区，以在瞭望距离内能够随时停车的速度运行，最高不超过 20 km/h，在距被救援列车不少于 300 m 处一度停车，与被救援列车联系确认后进行作业。如行车许可终点距被救援列车不足 300 m 时在行车许可终点停车后，与被救援列车联系确认后进行作业。

③ 连挂作业

连挂作业前，作业人员要根据现场情况，向列车调度员申请邻线列车限速 160 km/h 及以下的调度命令。司机须接到邻线限速的调度命令（妨碍邻线及组织旅客疏散时，为扣停邻线列车的口头指示）后，方可开始作业。

（11）组织换乘

① 站内换乘

在站内组织换乘时，应尽量安排在同一站台的两个站台面进行，既可快速组织旅客换乘和餐料换乘，压缩换乘时间，保证列车正点出发；也避免旅客携带行李走地道或天桥时，发生意外，延长换乘时间。例如，某高铁站组织换乘时，列车调度员未安排同一站台换乘，造成列车晚点12 min，影响对向列车因敌对进路晚到2列，同方向后续列车晚点3列。

组织旅客换乘前，要提前通知站车客服人员，耐心做好宣传、说服工作，并向旅客表示歉意，争取旅客配合，才能保证换乘安全、迅速。

② 区间换乘

在区间组织换乘时，列车调度员在调度命令中应明确停车地点和换乘任务，精心组织担当换乘任务的动车组列车，进入邻线指定位置停车司机停车位置应尽量使热备动车组车门与故障动车组车门对齐，以便安装紧急过渡板，组织旅客安全、快速地换乘。担当换乘任务的列车到达邻线指定位置停妥后，司机向列车调度员报告。列车调度员通过申请换乘的列车司机，通知列车长精心组织旅客换乘。换乘前，列车长要向旅客表示歉意，耐心细致地说明换乘安全注意事项，应急过渡板旁边派人保护，防止旅客跌倒。当换乘任务的列车长确认旅客换乘完毕后，通知司机关闭车门司机通过列车长确认车门关闭，确认具备开车条件后，起动列车，并应列车调度员报告。

2019年7月青盐线，G481次（北京南—盐城北）因1车报网络故障在灌云东站至响水县站间下行线×处自动降弓停车，司机请求救援，灌云东站利用到达的G2059次反方向进入灌云东站至响水县站上行线×处区间换乘，封锁灌云东站至响水县站上下行线进行旅客换乘，换乘完毕开车，G481次区间返回，到达灌云东站后区间下行线开通，G2059次到达响水县站，区间上行线开通，G481次车底开0026次返回石家庄站。

（12）动车组脱轨起复

隧道内受空间范围限制，铁路救援起重机难以发挥作用，应视事故现场动车组脱轨具体情况，确定救援方法。

当车辆脱轨不严重时，应使用吊车羊角钩、液压起复设备、扶正设备等进行起复，如台车未散架时，可使用吊车羊角钩吊复或液压镐顶复，如台车散架，则可用拼装式台车，驾车复轨后，将事故车辆拉出隧道。

如台车全部散架，又无拼装式台车时，可以将线路铺近脱轨车辆，用短钢轨插入车辆底部，使用机车用钢丝绳、套钩把散架的车辆连接，将事故车拖出。作业中，为了减少阻力，避免破坏线路，影响前后车辆，可在基本轨两侧钉上旧轨，形成4—6条轨条，填充石渣，将事故车辆拉出隧道。

当事故机车、车辆造成堆积，车辆车体严重变形，使用破拆、剪切、切割的办法进行分解，然后使用救援轨道起重机，将破拆的碎片吊装在平板车或放在横通道内，开通线路。

脱轨机车、车辆接近隧道口时，应将枕木之间的空隙填满石渣，将事故车拉出隧道口，再进行拉复和起复。

5.2.5 动车组火灾应急处置分析

（1）高铁火灾事故的特点

① 不确定性。主要体现在：一是发生时间不确定。无周期性规律可循，一旦管理环节失控、设备设施失效、外部环境不善，就有可能随时发生火灾事故。二是发生原因不确定。因检修质量不高、操作失误等人为因素，狂风雷击等自然影响，设备故障等技术原因，以及其他外来和内部因素的影响，导致高铁火灾事故呈现多样性和随机性。三是发生地点不确定。高铁站房设置点多，并且发生火灾的位置往往处于高处，导致无法及时扑救，比如站名铭牌失火。另外，由于高铁运营里程线长，发生火灾事故的位置往往在比较偏僻的地段或离公路较远，或在长大隧道内，受地形、交通等条件的制约，消防救援力量难以快速集结、实施救援。

② 难疏散性。高铁火灾事故发生后，通常大量旅客被困于候车室、站台上，特别是高铁客车停滞在高铁干线上，意味着将有大批人员滞留在车厢内或高架、隧道、路基上，造成人员密集性急剧增高，无法迅速将人员疏散至地面安全地带，极有可能发生拥挤、踩踏以致坠落等次生事故。

③ 难扑灭性。由于站区内存在大量库房、机房，仓库内堆放大量可燃物品，加之旅客列车车厢内部采用大量纺织品、海绵等易燃材料，以及油侵式变压供电系统，均会在火灾发生时导致火势迅速扩大。同时，高铁线路是全封闭的，且多数区段为高架线路，没有消防水源，造成火灾事故难以得到及时有效处置。

（2）有关工作重点

① 加强培训教育，注重实战演练，提高作业人员应急处置能力。按照"最复杂、最不利于"灭火与应急救援工作的标准，完善火灾应急预案，明确紧急救援职责，会同公

安、医疗、消防、通信等部门组成综合救援队伍，制定高效可操作、联勤联战联动的火灾事故处置预案。将应急预案主要内容、处置流程等纳入教育培训内容，让作业人员真正熟悉掌握岗位火灾危害性以及站区、旅客列车消防设施的位置、功能和使用方法。充分利用高铁车站停止办客以及高铁列车晚间停轮的时段，精心编制演练脚本，周密安排演练处置火灾过程环节，让作业人员对演练内容、过程、方法记忆深刻。积极主动与地方消防、医疗、铁路公安等相关部门开展联合演练，完善联勤联战联动火灾处置预案，建立演练结果评估机制，充分发挥群防群治作用。

② 立足专业维护，强化巡查监管，确保消防设施器材功能完好有效。明确消防设施使用管理的责任主体，健全完善消防设施使用管理制度，全面落实消防设施使用管理各项措施。加强消防设施日常维护养修、维保过程的旁站监督，提高维护养修质量。按规履行建筑消防设施年检工作，确保完好有效。强化日常巡查巡检，加强隐患排查整治，建立按层级问题隐患销号制度。开展智慧型消控室创建，不间断监控消防设施运用状态，全面分析设备故障原因并及时有效处理，提高设施设备的完好性。

③ 掌握地貌信息，完善功能设计，积极为火灾应急处置做好临战准备。建立完善高铁沿线地形地貌综合地理信息库，并将其纳入到城市应急救援指挥系统中，确保相关部门出动时能准确及时的赶赴灾害现场。在高铁建设发展规划以及相关站区站房、隧道等设计中，将运输安全、经营服务等单位驻点、驻站用房统筹考虑，提前设置灭火救援通道、旅客疏散通道、安全平台等，形成成熟的生产经营消防设施保障系统。

④ 着力过程控制，注重疏散救援，最大限度地减少旅客伤亡和财产损失。准确掌握火灾现场信息，将人员被困、伤亡的数量以及受危险情况，及时向消防与医疗部门汇报，确定事故的准确地点及行驶方向、周边地理、路面交通等关键信息，立即实施铁路管制。迅速成立救生小组，开辟疏散通道，及时稳控被困人员的情绪，切实防止相互踩踏、跳楼、跳桥、下陡坡等危险方式和擅自离开安全区域等次生事故发生。站区内应立即打开闸机和疏散通道门，有序引导旅客疏散至安全区域。根据现场任务的需要，合理安排铁路公安、地方武警等后续救援梯队力量参与现场救援。

⑤ 维护现场秩序，加强协同配合，抓好应急处置的细节管理。及时协调铁路公安等力量进行必要的现场管制，防止现场混乱。设立必要的现场安全观察哨，及时提醒安全异常情况，一旦发现危险事态应迅速报告并及时撤离，避免不必要的人员伤亡。在公安部门未到场前，设置警戒线，隔离围观群众，严禁无关车辆及人员进入现场。救援过程中时刻与公安、消防、医疗管理机构保持联系，及时做好现场安全防护工作。

⑥ 优化处置流程，探索救援途径，加强火灾事故救援装备研究。简化规定中的作业

操作，缩短消防、医疗部门人员到场实施有效处置时间，压缩抢险救灾流程。一旦隧道内高铁动车发生火灾事故，首要使列车自行驶至隧道外的安全地带；如果列车没有能力从隧道内驶离，设置可供着火列车停靠，有序引导旅客避难的"救援点"，并设置消防水炮系统、消火栓系统等设备。为确保旅客疏散安全，应设置应急下车站台、临时避难所以及紧急广播系统。与此同时，根据长大隧道的总长，在合理位置设置"救援点"，加强铁路火灾发生时路轨两用消防车等可移动式救援装备的研发，配备类似民航机舱紧急充气滑梯的大型救援梯等综合救援系统，以提高抢险救援效率和成功率。

5.2.6 隧道内动车组故障应急处置预案综合分析

1. 长大隧道应急处置原则

（1）以人为本。将保障人民群众的生命财产安全作为隧道应急救援的首要任务，采取有效措施确保旅客、沿线群众和救援人员的人身安全，最大限度减少人员伤亡和财产损失。

（2）预防为主。加强隧道内固定设备设施风险隐患排查和整改，确保列车在隧道内运行质量状态良好，并应用先进预警监测技术，不断提高隧道救援装备技术水平和应急救援能力。

（3）统一指挥。落实统一指挥、分级负责、反应灵敏、运转高效的应急救援工作机制，强化协同应对，确保救援有序、高效进行。

（4）快速救援。隧道内救援难度大，要针对隧道内突发事件实际情况，果断处置，力争将突发事件控制在萌芽状态，降低突发事件造成的影响和损失；如需救援，应快速制定救援方案，防止事态进一步扩大和蔓延。

（5）确保畅通。在迅速做好救援同时，要尽快抢通受损设备，恢复通车。

2. 动车组故障救援应急处置方案

（1）处置原则

动车组隧道内故障救援应遵循"响应迅速，同步组织"的原则。

动车组隧道内发生全列制动故障、全列无牵引、走行部机械故障时，经处置无效，随车机械师应立即通知司机向列车调度员请求救援。

动车组全列空调失效超过 20 min 且无法维持运行时，其他故障在隧道内停车超过 20 min 仍无法判明故障原因时，经处置无效后，随车机械师应立即通知司机向列车调度员请求救援。

列车调度员接到动车组故障隧道内停车时，应立即布置救援准备工作，并根据司机请求救援的报告和实际情况组织救援工作，并按规定程序报告调度所值班（副）主任。

（2）旅客换乘

动车组故障无法修复需要救援时，有条件的可先组织旅客换乘，再对故障动车组救援。

（3）先期处置

设置防溜。动车组无动力停留时，必须采取防溜措施。司机负责施加停放制动防溜，坡度大于20‰时还应通知随车机械师设置铁鞋防溜。具体设置方式按照集团公司动车组防溜办法执行。

电压监控。在动车组故障处理过程中，应尽量减少蓄电池电量消耗，动车组司机和随车机械师应加强对蓄电池电压的监控，当蓄电池电压达到规定值时必须关闭蓄电池开关。具备升弓条件的，可升弓充电。

（4）救援方案

动车组相互救援按照《集团公司关于印发〈集团公司动车组相互救援实施细则〉》要求执行。内燃机车救援动车组按照《关于重新公布〈集团公司动车组回送管理办法〉》要求执行。

（5）作业安全

下道、登顶安全防护。隧道内随车机械师下车检查作业时，随车机械师通过司机向列车调度员提出请求。得到邻线列车限速 160 km/h 及以下调度命令已发布的口头指示后，下车检查处理；需登顶作业时，还应得到准许登顶作业的调度命令已发布的口头指示，方可登顶处置，邻线列车是否需要扣停及相邻线路接触网是否需要停电，根据现场作业人员提出的申请办理。登顶作业前，应按规定采取验电、接地等措施后，从非交会侧登顶作业。

（6）隧道照明

动车组列车在隧道内被迫停车及故障处置时，需照明时由隧道内故障救援人员打开相应隧道区段照明设施。

（7）保障措施

调度部门应按规定公布热备动车组信息，并做好日常管理。热备动车组值乘人员均按集团公司有关规定随车备用。机务处按规定公布高速铁路应急热备内燃机车信息，并做好日常管理。

3. 隧道内接触网故障救援应急处置方案

（1）列车调度员（车站值班员）。列车调度员（车站值班员）接到动车组故障、设备异常导致列车区间停车或需区间停车处置时，应扣停尚未进入区间的列车，通知已进入区间的后续列车司机选择合适地点停车，并迅速了解突发事件基本概况，通知相关设备管理单位检查处理；对列车火灾、爆炸、冲突事故，并须扣停邻线列车。对预计短时间内难以恢复的设备故障等需要救援的情况，调度所要通知有关部门做好救援准备，迅速组织确定救援方案后，及时通知被救援动车组司机和相关部门。

（2）动车组司机。动车组列车在隧道内发生突发事件时，司机原则上应将列车运行至隧道外。司机要立即向列车调度员（车站）报告突发事件情况及停车位置，并通知随车机械师和列车长。需要救援时，司机向列车调度员了解救援方案后，通知随车机械师和列车长做好救援准备工作。

（3）随车机械师。迅速检查处理动车组故障情况，对短时间内难以处理完毕的，果断通知动车组司机请求救援，并按规定做好救援准备。

（4）列车长。动车组在隧道内发生突发事件时，列车长要迅速了解、判明情况，做好旅客宣传解释工作，稳定旅客情绪，维护车内秩序。

其中：

（1）应急行车

列车在隧道内运行途中，司机发现接触网有异状、网压异常时，应立即断电、降弓并停车；同时将第一故障点发生时间（公里标）、故障表象、停车地点公里标、停车原因和故障地点，向列车调度员（车站值班员）报告，车站值班员报告列车调度员。动车组列车随车机械师应根据故障信息记录，及时向司机反馈故障发生时间等信息，由司机报告列车调度员，列车调度员及时转报供电调度员。

列车调度员接到报告后，应立即扣停后续列车，不再向该区间放行列车，并向邻线尚未经过该地点的首列列车司机发布口头指示限速 80 km/h 注意运行，限速位置原则上按司机汇报故障地点前后各 2 km 确定。司机应注意观察接触网设备状态，列车调度员根据司机的确认情况，进行后续处理。

停车后，司机（动车组列车为随车机械师通过司机）应向列车调度员申请办理相关手续，下车对受电弓和停车地点可见范围内接触网是否断线等明显故障现象进行检查，判断列车是否可以继续运行。

若受电弓、接触网外观无明显异常，可恢复运行并报告列车调度员（车站值班员），若动车组换弓后可继续运行时，供电设备管理单位应立即派人前往动车组前方停靠车站，人工检查受电弓外观状态，同步保存影像资料。重点查看受电滑板是否受损，受损部位，受电弓是否缠绕接触网线索，车顶其他设备状态。

若弓网受损，接触网未停电时，动车组列车隧道内停车后，车辆部门应根据现场情况优化登顶作业方案，尽可能采用换弓运行至隧道外或前方站处置。供电设备管理单位应立即派人前往动车组前方停车点，人工检查受电弓外观状态，同步保存影像资料，重点查看受电滑板是否受损，受损部位，受电弓是否缠绕接触网线索，车顶其他设备状态。并协助随车机械师登顶作业。

如列车不能继续运行时，应及时申请救援。

经检查处理，本列恢复运行后，在接触网设备未经检查确认前，列车调度员应向本线尚未经过该地点的首列列车发布口头指示限速 80 km/h 注意运行，限速位置原则上按司机汇报故障地点前后各 2 km 确定。司机应注意观察接触网设备状态，发现影响行车异常情况时应立即停车并向列车调度员报告，列车调度员（车站值班员）立即通知尚未经过异常地点的后续列车停车，不再向该区间放行列车，并立即通知供电部门检查处理，列车调度员（车站值班员）按供电部门登记的行车限制条件组织行车。无异常时，司机在通过限速地点后立即向列车调度员（车站值班员）报告，列车调度员（车站值班员）根据司机确认无异常的报告组织后续列车正常运行。

（2）接触网抢修

供电调度员接到报告后，应立即组织供电人员登乘本线或邻线列车巡视检查设备。供电人员根据需要及时向列车调度员提出利用动车组列车运送人员处理故障的申请，列车调度员应根据列车运行情况及时安排。需接触网作业车配合故障抢修时，列车调度员根据申请封锁区间，接触网作业车凭调度命令进入封锁区间。经检查发现受电弓被打翻、滑板断裂、弓头变形等故障时，供电人员应尽可能扩大巡视范围查找明显第一故障点。抢修流程如下：

集团公司供电调度员根据故障信息立即通知相关工区，并要求出动应急处理。

工区接到供电调度故障信息后，按照抢修组内部分工，抢修负责人应立即召集全体人员，根据抢修预案和现场情况，带好工具、材料等。驻站联络员先行赶赴车站行车监控室，工区添乘人员应立即了解询问另一行车辆运行情况携带接触网 2c 巡检装置（或行车记录仪）及时添乘另一行车辆对故障区段进行巡视检查，工区值班人员应及时采用登乘动车组、汽车、作业车等不同方式出动，并将出动时间、负责人及相关情况报告供电调度及本单位调度。

设备管理单位调度接到故障信息后，应立即通知本单位分管领导、值班领导及值班干部，并根据保护装置提供的故障报告、保护动作类型及各方面信息、反映等，结合列车运行、天气情况、视频监控等信息，初步分析判定跳闸故障类别、性质、故障地点或区段，配合供电调度员做好抢修指挥工作，值班领导和干部接到信息后立即赶赴生产调度指导现场抢修。驻站联络员到达车站行车室立即向供电调度联系协调添乘检查相关车次及上车地点。

抢修组成员到达故障点附近的进出线路的地点后，驻站联络员立即向供电调度员汇报人员已经到达相应地点。

抢修组成员对隧道口设备进行巡视检查，并及时联系添乘人员掌握隧道内接触网故障情况，确认影响范围和设备损坏情况，抢修负责人提出抢修的建议方案报供电调度员批准，供电调度员根据现场情况和行车组织情况，及时联系列车调度员，确定抢修方法。抢修负责人通知驻站联络员根据抢修方法办理相关登记、要令手续。

供电调度员、列车调度员根据现场申请合理安排作业，并根据实际条件下达停电作业命令及线路封锁命令。

封锁命令下达后，抢修组成员上道做准备工作；待停电作业命令和封锁命令均下达后，采取验电接地安全措施，抢修负责人下达抢修作业命令。不涉及上道作业时仅需按照停电作业命令执行。

现场抢修作业完毕，且人员、机具撤离至安全地带后，由驻站联络员消令，根据抢修方法登记行车限制条件。

抢修完毕后，现场人员在隧道口观察两趟列车通过无异常后，人员可以撤离。

（3）在隧道内换乘时，列车调度员通知设备管理单位或部门操作开启隧道内的应急照明装置，隧道内的应急照明装置应设置远动开关。在隧道内组织旅客换乘：

① 本线换乘

a）开启隧道照明

列车调度员通知供电部门通过远程控制系统启动隧道照明；无法通过远程控制系统启动隧道照明时，由供电部门安排人员迅速前往隧道手动开启照明。紧急情况供电人员无法及时赶到现场时，列车调度员需向供电部门确定离故障车最近的照明开关箱位置，通知最先到达现场人员开启隧道照明。需故障车列车长开启时，列车调度员通过司机将位置信息转达至故障车列车长。故障车列车长接到通知后，安排客运乘务人员（原则上为男性）携带通讯、照明工具，手动解锁打开列车运行方向右侧车门，并分别沿隧道内的疏散通道前往指定照明开关箱开启隧道照明。

b）引导旅客换乘

待隧道照明开启，故障车和救援车都打开右侧车门，并由列车长组织客运乘务人员放置和固定好疏散舷梯（安全渡板）或应急梯后，组织旅客有序下车、上车，车上、车下均安排人员防护，防止旅客摔伤或误入横通道进入邻线隧道。其他工作人员做好宣传引导，维持秩序。故障车列车长会同乘警（列车专职安全员）全列巡视，确认旅客换乘完毕，并确认隧道内无滞留旅客及遗留行李，通知救援车列车长办理交接。

c）关闭隧道照明

按照"谁打开、谁关闭"的原则，旅客换乘完毕后，故障车列车长应通过本车司机向列车调度汇报，由列车调度员通知供电部门通过远程控制系统关闭隧道照明。由供电人员手动开启隧道照明的，供电人员负责关闭隧道照明；由故障车列车长手动开启隧道照明的，故障车列车长负责关闭隧道照明。手动关闭隧道照明后，关闭人员应通过司机报告列车调度员。

② 邻线换乘

涉及到开启隧道照明及横通道门，应做到：

列车调度员通知供电部门通过远程控制系统启动隧道照明；无法通过远程控制系统启动隧道照明时，由供电部门安排人员迅速前往隧道手动开启照明。列车调度员还需通知工务部门安排人员迅速前往隧道开启横通道门。

紧急情况供电、工务人员无法及时赶到现场时，列车调度员需向供电部门确定离故障车最近的照明开关箱位置，向工务部门确定离故障车最近的横通道门位置，通知最先到达现场人员开启隧道照明、横通道门。需故障车列车长开启时，列车调度员通过司机将位置信息转达至故障车列车长。故障车列车长接到通知后，安排客运乘务人员（原则上为男性）携带通讯、照明工具，手动解锁打开列车运行方向右侧车门，并分别沿隧道内的疏散通道前往指定地点开启隧道照明、横通道门。

③ 引导旅客换乘

列车调度员根据故障车临靠的最近横通道编号及位置，安排救援车的停靠位置，通过司机将横通道位置信息转达至故障车列车长。故障车列车长根据指定横通道位置，确定距横通道最近的两个车门，通知列车工作人员做好换乘准备工作。救援车停稳后，救援车列车长安排人员打开距横通道最近的两个车门，架设疏散舷梯或应急梯，做好换乘准备，完成后通知故障车列车长。

故障车列车长接到救援车列车长的通知后，确认隧道照明、横通道门已开启，立即安排人员打开距横通道最近的两个车门，架设疏散舷梯或应急梯，组织旅客换乘。故障车列车长会同乘警（列车专职安全员）全列巡视，确认旅客换乘完毕，并确认双侧隧道及横通道内无滞留旅客及遗留行李，通知救援车列车长办理交接。

关闭隧道照明及横通道门。按照"谁打开、谁关闭"的原则，旅客换乘完毕后，故障车列车长应通过本车司机向列车调度汇报，由列车调度员通知供电部门远动关闭隧道照明，通知工务人员关闭横通道门。由供电人员手动开启隧道照明的，供电人员负责关闭隧道照明；由故障车列车长手动开启隧道照明、横通道门的，故障车列车长负责关闭隧道照明、横通道门。手动关闭隧道照明、横通道门后，关闭人员应通过司机报告列车调度员。

救援车旅客换乘完毕，客运工作人员应将疏散舷梯或应急梯收好定位存放，锁闭车门并向司机反馈信息。故障车列车工作人员跟随原车底返回。

5.3 事故趋势预测

5.3.1 事故预防概述

事故预防工作范围主要是在生产和使用现场，保证人员不受伤害，技术装备不受到损害。系统工程的事故预防则主要是研究、预测、控制和预防系统全寿命过程中发生的事故。

传统的事故预防工作大多凭经验和直觉来处理安全问题，较少进行深入分析，很少从事物的相互联系去发现潜在的危险，因而难以彻底改善安全状态。系统工程的事故预防则利用系统工程方法，从系统内部、环境和人为因素及其相互联来研究事故原因，从而能比较深入而全面地找到现在危险和不安全问题，以预防事故发生。

现代技术装备系统都是人类制造和使用的，这种客观实际为预防事故提供了基本的前提，因此从理论上来说，任何技术装备系统大型的事故都是可以预防的。所以，人类应该通过各种努力和对策，从根本上消除事故的隐患，将事故发生降低到最低限度。

事故预防可以分为两种情况：

（1）对重复性事故的预防。这种预防是对发生的事故进行分析，找出事故发生的原因及相互关系，提出防范类似事故重复发生的措施，避免此类事故再次放生。此类预防方法采用传统性事故预防技术。

（2）对可能出现事故的预防。利用各种危险因素辨识方法预测出可能出现的事故，对这些事故进行预防。查出事故是由哪些危险因素组合引起的，对可能导致的事故类型进行研究，模拟事故发生的过程，提出消除危险因素的方法，避免事故的发生。这种预防事故并采取措施进行预防的方法，是现代系统安全工程中采用的系统安全分析方法。它从系统整体性观点出发，全面考虑解决安全问题的方法、过程和要达到的目标。系统安全分析方法主要有：安全检查表法、预先危险性分析、故障模式、影响及其危险性分析、事故树分析、事件树分析及危险性和可操作性研究等。

一般地说，导致事故的原因可分为直接原因和间接原因：直接原因又称"一次原因"，是指在时间上最接近事故发生的原因，一般分为物的原因和人的原因两类；间接原因一般主要有技术的原因、教育的原因、身体的原因、精神的原因和管理的原因五项，另外学校教育的原因和社会、历史的原因也是间接导致事故发生的重要原因。

事故的发生与其原因有着必然的因果关系，如技术、教育、管理等间接原因导致了物的不安全状态和人的不安全行为，从而引发了安全事故。事故的预防就是要实施防止对策，切断导致事故的链条。

在上述各种间接原因中，技术的原因、教育的原因以及管理的原因是构成事故最重要的原因，也是最容易有针对性地直接提出防止对策的原因，与这些原因相应的防止对策分别为技术对策、教育对策和管理对策，这三种对策是防止事故的三根支柱。

5.3.2 事故指标

在事故趋势预测前，需要明确要采用的事故指标。事故指标是事故发生后对高速铁路运营系统所造成破坏的统计性指标。直接反映了事故发生的烈度和影响范围，通常用来对高速铁路安全性进行定性分析。统计事故指标通常有事件次数、事故受伤人数、事故死亡人数、列车中断事件以及轨道破坏程度等。其中，事故烈度是指一个国家、地区、单位或每种事故等级发生事故的惨烈程度，即平均每次事故的死亡人数。

目前，国内外对铁路运营安全评价的方法较多，大多数方法主要是根据事故指标进行比较得出结果。事故指标分为绝对指标和相对指标。相对指标通常是由绝对指标推算出来，主要用于横向比较。绝对指标包括受伤人数、死亡人数、中断行车时间、轨道受损程度、直接经济损失等，相对指标有线路事故率、百万旅客死亡率、百万列车公里死亡率等。绝对指标好理解，相对指标称为"相对数"，是用两个有联系的指标进行对比的比值来反映现象数量特征和数量关系的综合指标，表明事物相关程度和发展程度，可以弥补总量指标的不足，可使人清楚地掌握现象的相对水平和普遍程度。高速铁路运营安全的相对指标，是运用对比的方法揭示高速铁路之间的联系程度，用以反映现象之间的差异程度。计算相对指标时要求分子分母要具有可比性。

高速铁路运营事故相对指标主要有：

（1）线路事故率

是用来描述平均每条线路的运营安全水平，可以消除由于线路条数基础不同带来的评价差异。

$$R_l = \frac{F}{L} \tag{5.1}$$

其中，R_l 为高速铁路线路事故率（人/条）；F 为高速铁路事故死亡人数；L 为高速线路总数。

（2）百万列车公里死亡率（运行事故率）

$$R_t = \left(\frac{F}{T}\right) \times 10^6 \tag{5.2}$$

其中，R_t 为高速铁路运行事故率（人/百万 km）；T 为高速铁路列车运行公里数。

（3）百万旅客死亡率

$$R_p = \left(\frac{F}{P}\right) \times 10^6 \tag{5.3}$$

其中，R_p 为高速铁路百万旅客死亡率（人/百万 km）；P 为高速铁路旅客总数。

（4）事故联动系数

高速铁路是一个复杂的线网结构，许多列车在运行过程中会受到同线路列车故障的影响，意味着一辆列车出现故障很可能会引起大面积的高速铁路线路列车运行秩序受到影响。引起事故扩散的主要原因是线网列车运行的联动程度。联动系数从一定程度上反映了车辆调度的合理性，列车事故联动系数计算如下：

$$\lambda = \sum_{i=1}^{c} \frac{k_i}{C} \tag{5.4}$$

式中，λ 为高速铁路的事故联动系数；C 为发生故障高速列车数量；k_i 为受到第 i 次事故影响而发生的事故的列车数量。

（5）月均事故率

反映高速铁路线路每月发生运营事故的频率或者概率。

5.3.3　基于人工神经网络方法的事故趋势预测

南京理工大学胡启洲教授课题组根据 2009—2012 年京沪高速铁路等线的事故总数和联动系数，在没有考虑地理环境和气候条件等原因的情况下，运用人工神经网络方法预测相关高速铁路线的 2013—2015 年事故发生趋势的预测值，相关表格如表 5.4 所示。

表 5.4　基于神经网络的高速铁路运用事故预测

测试线路	2009—2012					2013—2015	
	事故总数/起		联动系数		平均误差/%	预测	
	实际	回归	实际	回归		事故总数/起	联动系数
京沪高速铁路	62	59.00	19	18.00	5.00	72	23
武广高速铁路	141	138.00	21	22.00	3.46	138	26
甬温线	84	85.00	21.5	20.00	4.16	71	17
沪宁城际	75	75.00	1	4.05	2.50	74	6
胶济线	38	37.00	6	5.96	0.90	43	7
广深线	3	2.60	1	1.02	7.68	1.3	2
福厦线	4	2.41	1	1.12	13.50	7	4
达成线	2	2.15	2	1.85	7.50	9	6
汉宜线	2	2.04	2	1.62	10.50	1	1
合武线	30	29.00	1	1.10	6.87	25	7
遂渝线	1	1.05	1	0.98	3.90	1	2
平　均	40.18	39.53	6.59	6.79	5.82	38.57	9.18

分别从拟合和预测两个角度对仿真结果进行分析：

（1）拟合分析：京沪线、武广线、甬台温线、沪宁线、胶济线、合武线、遂渝线的回归结果较为准确，最大误差仅为 6.67%，平均误差为 3.63%，而福厦线、达成线、广深线、汉宜线的回归最大误差达到 13.5%，平均误差为 9.79%，总结为以下两个方面原因：一方面，BP 神经网络拟合的精度建立在大量的训练数据基础上，当时我国高速铁路处于运营初期，缺乏安全运营方面数据，导致拟合效果不佳；另一方面，BP 神经网络的数据拟合本质是平均方差最小理论，可能会出现某一个点或者几个点的回归值偏差幅度大，通常称这样的点为噪声，可利用数据平滑的方法消除这些噪声对整体数据带来的影响。但是从总体的角度说平均误差 5.87%，在可接受范围内。

（2）预测分析

由预测结果可知，除京沪线、达成线、福厦线、胶济线外其他线路的安全运营态势有所好转，原因是 2009—2012 年是高速铁路运营磨合期，高速铁路控制系统仍在完善以及管理人员缺乏经验等，但随着科技的进步和管理手段成熟，高速铁路的安全运营水平将提高；其次、京沪线、达成线、福厦线、胶济线在2013—2015年间的安全态势预测结果与它们在2009—2012年间的安全态势水平相比有所降低，进一步分析发现，这些线路的共同特点是它们的运营时间和运行里程都较长，属于我国高速铁路的首批运营线路，列车长时间高速运行可能会导致零部件疲态，同时信号控制线路也可能出现老化等问题，这些问题都会影响高速铁路的运营安全态势水平。

参考文献 Preference

[1] 曲思源. 高速铁路安全保障体系及应用 [M]. 北京：中国铁道出版社，2018.

[2] 赵峻，唐强. 铁路车务安全管理技术与方法 [M]. 北京：中国铁道出版社，2016.

[3] 曲思源. 铁路运输组织管理与优化 [M]. 北京：中国铁道出版社，2016.

[4] 王达水. 铁路交通事故调查分析图解法及应用 [M]. 北京：中国铁道出版社，2015.

[5] 曲思源. 长三角高速铁路运营管理创新与应用 [M]. 成都：西南交通大学出版社，2019.

[6] 胡启洲，张卫华，张晓亮，胡军红. 高速铁路安全运营的测度理论与监控方法 [M]. 北京：科学出版社，2014.

[7] 曲思源. 高速铁路运营管理纵横 [M]. 成都：西南交通大学出版社，2018.

[8] 徐行方等. 高铁运营组织与管理 [M]. 上海：上海科学技术文献出版社，2019.

[9] 董锡明. 轨道交通事故分析与预测 [M]. 北京：中国铁道出版社，2016.

[10] 董锡明. 轨道交通安全风险管理 [M]. 北京：中国铁道出版社，2014.

［11］曲思源.铁路运营组织与管理系统分析［M］.北京：北京交通大学出版社，2019.
［12］曲思源.城际铁路运营组织与管理［M］.北京：中国铁道出版社，2017.
［13］孙建平.城市安全风险防控概论［M］.上海：同济大学出版社，2018.
［14］王勇.列车运行指挥工作问答［M］.北京：中国铁道出版社，2017.
［15］王芳梅，刘杰，龙讯.高速铁路安全管理与应急处置［M］.北京：科学出版社，2018.
［16］连义平，郑松富.高速铁路行车组织方法［M］.北京：中国铁道出版社，2016.
［17］应慧刚.长三角高速铁路运营管理实践与探索［M］.北京：中国铁道出版社，2019.
［18］郑健，张辉，胡雄伟.高速铁路视频监控智能识别预警系统在沪杭客专上的应用［J］.中国铁路，2016，10：77—80.
［19］罗云.安全生产理论100则［M］.北京：煤炭工业出版社，2018.
［20］袁宏永，黄全义，苏国锋，范维澄.应急平台体系关键技术研究的理论与实践［M］.北京：清华大学出版社，2012.
［21］北京铁路局干部培训教材.安全管理学［M］.北京：中国铁道出版社，2014.
［22］孙鹏举，刘俊，李博.高速铁路列车调度员应急场景处置仿真系统设计研究［J］.铁道运输与经济，2019，5：77—82.
［23］陈兰华等.城市高铁运营与维护风险防控［M］.上海：同济大学出版社，2019.
［24］郭其云.灾害事故应急救援理论与方法［M］.北京：经济科学出版社，2018.
［25］国铁集团公司.《安全双重预防机制工作指南（试行）》，2019.
［26］宋修德等.铁路安全管理大数据分析平台设计与应用［J］.中国铁路，2019（8）.